权威·前沿·原创

皮书系列为
"十二五""十三五"国家重点图书出版规划项目

A 中国社会科学院创新工程学术出版资助项目

河南省社会科学院哲学社会科学创新工程试点经费资助

河南蓝皮书

BLUE BOOK OF

HENAN

河南法治发展报告
（2018）

ANNUAL REPORT ON RULE OF LAW DEVELOPMENT OF HENAN
(2018)

依法治省与金融法治创新

主　编／周　立　张林海

执行主编／李宏伟　王运慧

社会科学文献出版社

SOCIAL SCIENCES ACADEMIC PRESS（CHINA）

图书在版编目（CIP）数据

河南法治发展报告. 2018：依法治省与金融法治创
新／周立，张林海主编. -- 北京：社会科学文献出版
社，2018.6
　（河南蓝皮书）
　ISBN 978 - 7 - 5201 - 3015 - 8

　Ⅰ.①河…　Ⅱ.①周…②张…　Ⅲ.①社会主义法制
- 研究报告 - 河南 - 2018　Ⅳ.①D927.61

中国版本图书馆 CIP 数据核字（2018）第 146904 号

河南蓝皮书
河南法治发展报告（2018）
　　——依法治省与金融法治创新

主　　编／周　立　张林海
执行主编／李宏伟　王运慧

出 版 人／谢寿光
项目统筹／任文武
责任编辑／高　启　高振华

出　　版／社会科学文献出版社·区域发展出版中心（010）59367143
　　　　　地址：北京市北三环中路甲 29 号院华龙大厦　邮编：100029
　　　　　网址：www.ssap.com.cn
发　　行／市场营销中心（010）59367081　59367018
印　　装／三河市龙林印务有限公司

规　　格／开本：787mm × 1092mm　1/16
　　　　　印 张：20　字 数：301 千字
版　　次／2018 年 6 月第 1 版　2018 年 6 月第 1 次印刷
书　　号／ISBN 978 - 7 - 5201 - 3015 - 8
定　　价／89.00 元

皮书序列号／PSN B - 2014 - 376 - 6/9

河南蓝皮书系列编委会

《河南法治发展报告（2018）》
课 题 组

组　　　长　周　立　王深德

执 行 组长　张林海　李天忠

副 组 长　李宏伟　赵小黎

课题组成员　吴云峰　庞　飞　王运慧　陈　攀　翟丽华
　　　　　　刘　旭　祁雪瑞　赵新河　栗　阳　李浩东
　　　　　　郭晓彤　张　永　刘　硕　董珊珊　薛　磊
　　　　　　王世佳　李红宇　韩　林　蒋　颖　李　琨
　　　　　　王　鹏　王韶华　马献钊　张嘉军　朱止宏
　　　　　　卢红丽　石红伟　梁锦学　李　晖　马　斌
　　　　　　芦　磊　刘　迪　张汉元　吴霄霄　王　松
　　　　　　郭宇凌　昌　辉　尹思嘉

主要编撰者简介

周 立 河南省社会科学院党委副书记、研究员，河南省科技文化研究会常务理事、中国生态经济学会理事、华北水利水电大学硕士研究生导师。长期从事决策咨询研究和社会科学研究工作，主要研究领域为农村经济、区域经济和科技创新等方面。先后获得河南省科技进步奖、河南省发展研究奖（河南省实用社会科学研究成果奖）、中国发展研究奖等省部级以上科研奖励20多项，其中省级一等奖5项；先后发表论著100多篇（部），完成包括河南省社会科学规划项目、河南省软科学计划项目、河南省政府决策研究招标课题和河南省政府责任目标课题等重大研究项目150多项；承担完成河南省委、省政府领导交办的重大调研课题30多项，有多项研究成果提交省委、省政府后得到省领导的批示并被省委、省政府决策时采纳，产生了良好的经济与社会效益。

张林海 河南省社会科学院法学研究所所长，副研究员。中国法学会会员，河南省法学会经济法学研究会副会长，河南省第十二届人大常委会立法咨询专家，郑州市人大常委会法律咨询委员会委员，郑州市人民政府法律专家咨询团委员。担任《法治的衡量与实现》主编及《法治河南热点问题研究》《平安河南建设研究》《河南法治蓝皮书》《中原崛起与中国特色社会主义河南实践研究》的副主编工作，获河南社科优秀成果三等奖以上奖励3项，主持或参与省部级以上课题5项。主要从事经济法和区域法治建设方面研究。

李宏伟 河南省社会科学院法学研究所副所长，副研究员，金融法治研究中心主任。郑州市委、市政府民商事专家咨询委员，中共孟津市委专家咨询委员，中共登封市委专家咨询委员，郑州市中级人民法院特邀咨询专家组成员，郑州市管城区人民法院民商事案件专家咨询委员，河南省法学会商法学研究会副会长，河南省法学会航空港实验区政策法律研究会副会长。近年来，公开发表论文 30 余篇，主持或参与完成省部级以上课题 13 项，合著或参编出版著作 10 余部，获省级三等奖以上奖项 5 项。主要从事公司法学、破产法学、金融法学和区域法治建设方面的研究。

王运慧 河南省社会科学院法学研究所副研究员，民商法学硕士，农业与农村法治研究中心主任。河南省立法学研究会、河南省农业与农村法治研究会理事。独立公开发表论文 20 余篇，合著著作 10 余部，参与完成国家及省部级课题多项；参与或独自撰写的对策建议多次得到省领导的批示肯定；获河南省政府发展研究奖二等奖 2 项，获河南社会科学优秀成果三等奖 2 项。主要从事民商法学、农业与农村法治建设方面的研究。

摘　要

2017年，河南法治建设稳扎稳打，铿锵有力。立法更加回应人民群众的热切期盼，执法能力和水平显著提高，司法改革更加深入，全民守法的基础日益牢固。过去一年，法治建设取得的成绩，既包括大刀阔斧的宏观制度建设，也不乏细微之处的措施改进，而这些都让群众感受到更多的公平和正义，也享受到法治带来的更多实惠和便利。2017年，中国特色社会主义建设进入新时代，我国的法治建设也随之开启一个新时代，这意味着一切经济社会发展和改革中的问题都要靠法治思维和法治方式加以解决，而金融对法治的需求迫切：金融创新需要法治引领，金融安全需要法治保障。党的十九大报告提出，"健全金融监管体系，守住不发生系统性金融风险的底线"，这一要求的实现依赖于金融机构的依法经营、监管部门的依法监管和司法部门的依法保障等一系列环节，金融法治的重要性和紧迫性越来越明显。因此，《河南法治发展报告（2018）》的主题就确定为"依法治省与金融法治创新"，借此总结先进做法和有益经验，为河南乃至全国的金融创新工作顺利开展提供丰富的法治理论和实践基础。

《河南法治发展报告（2018）》分为总报告、法治透视篇、法治改革篇、法治规范篇、热点案例篇五个部分。总报告研究了河南法治发展的现状，阐述了河南2017年法治发展取得的成绩与存在的问题，从科学立法、严格执法、公正司法、全民守法四个方面有针对性地提出了解决主要问题的建议，并对2018年河南法治建设的趋势和重点进行了展望。法治透视篇共包括5篇报告，主要是对"金融调解机制""银行业依法收贷""慈善信托立法与实践"等热点问题进行深入解析。法治改革篇共包括5篇报告，主要是对"河南发展农业保险""基层央行行政执法指标评估""地方金融风险防范"

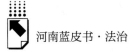

等方面的改革创新进行法治解读。法治规范篇共包括 3 篇报告，主要探讨了"河南银行业监管""金融广告监管""校园网络借贷"等几个金融实践中亟待规范的问题。热点案例篇共包括 4 篇报告，其中《2017 年河南十大法治热点》是常规题目，其他三篇分别是 2017 年河南法院民事、刑事、行政案例分析报告，这些真实的案例及对其进行的法理分析不仅反映了 2017 年河南法院在民事审判、刑事审判和行政审判工作中付出的艰辛努力和果敢智慧，同时也让读者更了解司法审判，更相信司法权威，更拥护司法公信力。

法治是治国理政的基本方式，是实现人民利益的必由之路。2017 年，河南的经济社会发展中释放出越来越多的法治声音，在改革决策和推动过程中的法治思维和法治方式已然成为主导，人民群众的法治获得感越来越强烈，习近平"让人民群众感受公平正义"的治国理念更加落地有声。2018 年，新时代的法治列车已经在路上，让我们秉持着"奉法者强则国强，奉法者弱则国弱"的法治理念，乘着这列开足马力的法治列车，在中原大地上逐梦前行，共享辉煌。

关键词：河南　依法治省　金融法治

目 录

Ⅲ　法治改革篇

Ⅳ　法治规范篇

Ⅴ　热点案例篇

皮书数据库阅读**使用指南**

总 报 告

General Report

B.1
2017年河南法治建设状况
与2018年展望

河南省社会科学院课题组 *

摘　要：　2017年，河南法治建设稳扎稳打，取得了不俗的成绩。在立
　　　　　法领域，河南的地方立法积极回应人民群众的热切期盼，各
　　　　　项立法坚持从省情实际出发，为河南经济社会发展发挥引导
　　　　　和规范作用；在行政执法方面，河南围绕提高各级政府的治
　　　　　理能力和治理水平，努力加快建设高质量的法治政府；在公
　　　　　正司法方面，河南的司法工作围绕全省工作大局有条不紊逐
　　　　　次展开，司法责任制改革全面展开，错案责任终身追究制度
　　　　　率先在全国实施，司法公开持续深化，行政案件异地管辖实

＊　课题组长：张林海，河南省社会科学院法学研究所所长；副组长：李宏伟，河南省社会科学
院法学研究所副所长；执笔：李宏伟、王运慧（河南省社会科学院法学研究所）。

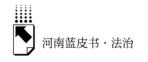

现全覆盖；在推进全民守法方面，河南的法治宣传多管齐下，法治社会基础日益牢固。2018 年，河南将直面法治建设中存在的问题和不足，进一步完善地方立法、健全法治政府、深化司法改革、推进全民守法，让河南的法治建设在新时代奏响最强音。

关键词： 法治河南　法治建设　依法行政　司法改革

2017 年，党的十九大胜利召开，中国的法治发展随着中国特色社会主义建设进入一个新时代。法治强则中国强，法治建设要直面我国当前社会的主要矛盾，为解决人民日益增长的美好生活需要和不平衡不充分的发展之间的冲突而提供坚实的保障。河南的法治建设在这一逻辑起点下依然任重道远，必须在以往社会治理法治化水平不断提高的基础上，进一步完善地方立法，全面推进依法执政，增强群众的司法获得感，促进社会法治基础更加牢固，以法治的全面发展为河南全面建成小康社会奠定良好基础。

一　着力提高地方立法质量，努力实现良法善治

2017 年，河南的立法工作在平稳中前进，对全省的社会经济发展起到了至关重要的引导和规范作用。从《河南省人民代表大会代表建议、批评和意见办理办法》的制定到《河南省见义勇为人员奖励和保障条例》的出台，2017 年河南新制定（含修订）省本级地方性法规 8 部，审查批准设区的市地方性法规 24 部，还对多部法规草案进行了审议，涉及政治、经济、环保、民生、文化等多个领域。①

---

① 阎乃川、高利国：《2017 河南人大立法工作顺利收官》，大河网，https：//4g. dahe. cn/mip/news/20171231245891，2017 年 12 月 31 日。

（一）立法积极回应人民群众期盼

党的十九大报告强调"必须坚持以人民为中心的发展思想"。地方立法工作的宗旨必须坚持以民为本、立法为民。2017年，结合省情和经济社会发展实际，河南将"以人民为中心的发展思想"落实到立法各项具体部署中，把中央要求、地方部署、实际需要和人民群众的强烈期盼有机统一到立法工作中。在遵循立法工作规律的前提下，始终围绕人民群众关切的问题，不断提高地方立法质量，为实现良法善治奠定法制基础。以《河南省物业管理条例》修订为例，物业管理与老百姓日常生活息息相关，与千家万户利益相连。立法者就是站在为实现物业管理与人民群众利益均衡互惠的出发点上，进行尝试和创新，重新规划和设计了许多物业管理的基本制度和行为准则，最终经过三次审议和100多处修改，完成"大修"。修订后的新条例处处充满了时代精神，昭示着群众利益至上的正能量，堪称一部匠心打造的物业管理良法。

当前，人民群众对生态环境的要求逐步提高。党的十九大报告提出：我们要建设的现代化是人与自然和谐共生的现代化，既要创造更多的物质财富和精神财富以满足人民日益增长的美好生活需要，也要提供更多优质生态产品以满足人民日益增长的优美生态环境需要。2017年，河南的地方立法积极践行社会主义生态文明观，想群众之所想，陆续制定和修订了减少污染物排放条例、水土保持法实施办法、湿地保护条例、辐射污染防治条例、云台山景区保护条例等，为建成"美丽河南"提供全方位的法治保障，下大决心推动实行最严格的生态环境保护制度。同时，为贯彻党的十九大关于加快生态文明体制改革、建设美丽中国的重大战略部署，2017年，河南制定了大气污染防治条例，细化了大气污染防治监督管理、重污染天气应对、重点区域协作等一系列内容，对机动车尾气排放、扬尘污染、秸秆焚烧、工业污染达标排放等各类污染源防治采取了强化措施，用法治利剑营造全省人民热切期盼的蓝天白云下自由呼吸的居住环境。

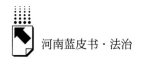

（二）立法坚持从省情实际出发

中国特色社会主义法律体系在 2011 年已经建成，然而有一部分法律并没有被充分利用，部分法律设立时间已久，没有跟上社会的发展而及时修订，因而出现难以解决实际问题的情况。所谓地方立法就是要反映本地特殊性，解决本地突出的而中央立法没有或不宜解决的问题，因此地方立法必须立足省情实际，充分反映全省政治、经济、社会、风土人情等对立法调整的需求程度，有较强的针对性和可操作性。2017 年，河南立法较好地把制定地方规范性法律文件同解决本地实际问题有机结合起来，例如在审议《河南省职业培训条例》时，不仅充分考虑高技能人才缺乏与全民技能振兴工程的关系，同时还注意协调处理一般技能人才与经济转型发展、供给侧结构性改革之间的关系，一方面有助于培养好技能人才，另一方面又促进了地方经济建设，体现了河南地方特色。

（三）设区的市立法工作有序开展

根据立法法有关规定，河南省人大常委会决定分两批推进设区的市制定地方性法规的工作，自 2016 年 1 月起，河南所有设区的市开始行使立法权。除较大的市有立法经验外，其他设区的市都存在地方立法经验不足的实际情况，鉴于此，省人大常委会坚持做到在设区的市制定法规时全员全面全程参与，从法规名称、立法权限、立法体系、条文内容、立法技术、语言逻辑、立法依据、报批程序等方面开展系统的指导、审查、讲解和修改，基本上做到了"一对一帮扶、面对面指导"，极大地提升了地方立法队伍建设和地方立法能力。在此基础上，2017 年，全省设区的市立法工作可谓硕果累累：河南省十二届人大常委会陆续审查批准了《开封市城市饮用水水源保护条例》《驻马店市饮用水水源保护条例》《南阳市白河水系水环境保护条例》《焦作市地方立法条例》《濮阳市地方立法条例》《郑州市湿地保护条例》《安阳市城市管理综合执法条例》《鹤壁市地方立法条例》《漯河市沙澧河风景名胜区条例》《郑州市户外广告和招牌设置管理条例》《新乡市中小学校幼儿园规划建设条例》《濮阳市戚城遗址保护条例》《信阳市鲇鱼山水库饮用水水源保护条例》。①

二 全面推进依法行政，不断提升政府治理能力

国家治理现代化的核心与关键是提高各级政府的治理能力和治理水平。2017年，河南各地市顺应人民群众新期待，适应实践发展新要求，加快建设人民满意的法治政府，一部分人过去那种胆大妄为、无法无天的领导方式、用权方式和行为方式得到彻底改变，依法行政更加全面，政府治理能力不断得到提升。

（一）强化考核措施，推进法治政府建设

法治政府建设是依法治国的具体实践，需要一步一个脚印进行系统深入和逐步落实。当前，河南的法治政府建设工作中还存在一些突出问题和薄弱环节，这些问题既有共性的也有个性的，既有体制机制方面的也有思想认识方面的，既有领导干部的也有普通执法人员的，这些薄弱环节不同程度地制约着依法行政的深入推进，阻碍法治政府的建设进程，束缚政府治理能力的有效提升。在党的十九大报告中，习近平总书记不断强调"深化依法治国实践"，对"建设法治政府，推进依法行政，严格规范公正文明执法"做出重要部署。为适应法治政府建设的新形势、新任务、新要求，河南加大了对依法行政考核的改革力度。2017年初，河南省法治政府建设领导小组印发《河南省2017年度法治政府建设工作安排》（以下简称《年度工作安排》），对全省法治政府建设年度工作进行了安排部署。2017依法行政考核就是对《年度工作安排》落实情况的考核和总结，是对全省法治政府建设成效和问题的重要检验，也是对各地各部门领导干部履职尽责情况的专项检查。由于

---

① 阎乃川、高利国、谢岚、席茜：《河南17地市立法成果显著》，法制网，http：//www. legaldaily. com. cn/zt/content/2017 - 08/25/content_ 7294757. htm？node = 83707，2017 年 8 月 25 日。

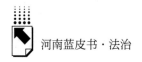

考核内容更加全面，考核主体更加多元，考核方式不断创新，加上将对外公开的考核结果作为省委组织部评价省管领导班子和领导干部的重要依据，这些不仅在行政机关内部和社会上产生了良好反响，也引起了河南各地各部门对法治政府建设的高度重视。①

（二）转变政府职能，提升政府服务效能

进一步改革政府机构、转变政府职能，不仅是提高政府效能的必然要求，也是增强社会发展活力的必然要求。2017 年，河南各地发出了加快建设人民满意的服务型政府的动员令。以平顶山市为例，2017 年的法治政府建设体现了"简权瘦身""服务便民""效能提升"的关键词。自 2016 年起，平顶山市深入推进"放管服"，在行政审批上做"减法"，在市场监管上做"加法"，在公共服务上做"乘法"，不断提升行政服务效能。在认真做好国务院和省政府取消下放行政职权事项承接工作的基础上，取消下放市本级行政职权事项 5 项，清理规范中介服务事项 28 项，削减证明和办事环节事项 235 项，仅保留 23 项，取消的比重达 92.1%；通过"模拟审批"试点建设，实现审批环节减少 12%，审批要件取消 36%，审批时间压缩 15%。这一年，平顶山市的市场准入门槛也实现了大幅降低，将 232 项工商登记前置审批事项调整为后置审批，仅保留 37 项，压减了 84%。在推行"五证合一"的基础上，继续整合 17 个部门的 30 个证照，为 13400 余户市场主体办理了"三十五证合一"营业执照，同时推行工商登记全程电子化注册，有效释放和激发了市场活力。②

（三）推行政府法律顾问制度，积极落实科学民主决策

近年来，重大行政决策的法治化已经成为加快法治政府建设的一个重

---

① 石国庆：《河南省 2017 年度依法行政实地考核工作启动》，人民网，http：//g17. baidu. com/feed/data/landingpage？s_ type = news&dsp = wise&nid = 17087977237734985549&p_ from = 4，2018 年 1 月 4 日。

② 孙聪利：《平顶山市法治政府建设呈现"加速度"》，河南省人民政府网站，http：//www. henan. gov. cn/zwgk/system/2018/01/12/010760773. shtml，2018 年 1 月 12 日。

要环节，河南通过积极落实科学民主决策，严格规范行政执法，推动行政决策法治化的实现。以新乡市为例。2017年，新乡市政府对重要经济合同、重大决策事项、历史遗留问题解决等所有重大行政决策，均通过了公众参与、专家论证、风险评估、合法性审查和集体研究决定的法定程序。此外，新乡市进一步加强政府法律顾问管理工作。出台了《新乡市政府法律顾问考核办法》和《新乡市人民政府关于进一步加强政府法律顾问管理工作的通知》，要求聘请单位建立法律顾问日常工作情况台账，对法律顾问工作实行评分制考核，并将考核结果作为法律顾问评优和续聘、解聘的依据，充分发挥政府法律顾问"外脑"作用。据统计，2017年全市政府法律顾问提供服务1100余次。市政府法律顾问积极参与了新晋高速、东部污水处理厂PPP项目合同、新松机器人项目合同等市政府重点合同审查及重大问题法律论证工作，对政府科学、民主、依法决策发挥了重要作用。①

三 全力服务工作大局，有序推进司法改革

2017年是我国深化司法体制改革的决战之年，河南的司法工作围绕全省工作大局有条不紊逐次展开，司法责任制改革全面展开，错案责任终身追究制度率先在全国实施，司法公开持续深化，行政案件异地管辖实现全覆盖，这一系列工作成绩推动司法更加公正，人民的幸福感再次增强。

（一）主动服务省委中心工作，保证经济社会稳定发展

2017年，河南法院紧紧围绕"三区一群"建设和农村脱贫、国企改革、环境治理、发展转型，出台50余项服务举措，审结相关案件8.3万件，护

---

① 《新乡市人民政府关于新乡市2017年依法行政工作的报告》，新乡政府法制网，http://www.xxfzw.gov.cn/sitegroup/xxfzw/html/402881e448abb50c0148af94407e0806/1e9385691bfd426f990513c81c42fc57.html，2018年1月16日。

航中央、省委重大决策部署顺利实施。国企改革方面，河南法院积极参与"三煤一钢"等企业重整重组工作，审结相关案件 761 件。脱贫攻坚方面，帮助 361 个村庄引进项目 300 余个，改善道路、校舍等基础设施 500 余项。在环境治理方面，河南法院在加大刑事打击的同时，注重民事赔偿、生态修复，审结环境资源案件 1288 件，判处犯罪分子 477 人，罚金 2374.7 万元。同时，2017 年河南检察院自觉把检察工作放在"五位一体"和"四个全面"布局中谋划和推进，为服务中国（河南）自由贸易区建设出台 17 条意见，围绕"四大攻坚战"提出八条具体措施。①

（二）完善制度建设，深化司法体制改革

2017 年，河南通过完善司法领域各项制度建设，有力推进和进一步深化司法责任制改革。首批员额法官 6801 名全部配置到办案一线，坚持入额必办案，入额比例达到 32.9%，三级法院的院、庭长结案 54 万件，占总数的 33.8%，河南法院率先在全国实施错案责任终身追究制度，10 名法官被追究错案责任。河南检察院系统自 2017 年 7 月 1 日起正式确立检察机关提起公益诉讼制度。河南省高院会同省检察院、公安厅出台排除非法证据规定，加快推进以审判为中心的诉讼制度改革，证人鉴定人出庭作证率、律师辩护率同比分别提高 5.8 个和 8.2 个百分点。河南法院持续深化司法公开，累计上网裁判文书 403 万件，占全国的 9.9%；网上直播庭审 22 万件，占全国的 58%；发布审判执行信息 284 万条，微博粉丝数量 841 万人（见表1）。河南法院系统积极探索家事审判改革，推行圆桌式开庭、会客式调解审判模式，引入社会力量参与纠纷化解，聘请咨询师心理疏导，帮助 24.7 万个濒临破碎的家庭重归于好，河南省"创新家事纠纷多元化解机制"被中央综治办确定为重点建设项目，全国最高法院在新乡召开现场会推广河南省经验。②

---

① 2017 年河南省法院工作报告。
② 2017 年河南省法院工作报告。

表1 河南法院 2017 年持续深化司法公开取得的成效

项目	数量
累计上网裁判文书(万件)	403
上网裁判文书占全国比例(%)	9.9
网上直播庭审(万件)	22
网上直播庭审占全国比例(%)	58
发布审判执行信息(万条)	284
微博粉丝数量(万人)	841

数据来源：2017 年河南省法院工作报告。

（三）全面推行行政案件异地管辖

2015 年，河南在全国首创行政案件异地管辖，2017 年实现了异地管辖全覆盖，审判成效日益凸显。一是更多群众选择法律渠道解决纠纷，共受理行政案件 14.2 万件，收案数、增长幅度连续两年居全国法院第 1 位，老百姓遇到行政纠纷，到法院起诉的多了，到党委和政府上访的少了。二是更多行政案件得到有效化解，异地管辖后，一审服判息诉率 79.2%，终审服判息诉率 98.6%，均为全国法院最高比例。三是行政机关更加支持审判工作，各地市均出台行政首长出庭应诉规定，出庭应诉率提升到 37.7%。①

（四）大力开展执行攻坚，持续为农民工讨薪维权

2017 年，河南各级法院加大执行工作力度，攻坚克难，推动"基本解决执行难"工作取得重大进展。一方面建立网络化查控系统，共查冻存款 273.2 亿元、土地 2.2 万宗、房产 11.6 万套。同时，加大曝光力度，累计将 87.7 万人纳入全国法院"黑名单"，在担任公职、融资投标、乘坐飞机高铁、出入境等方面进行全方位限制。2017 年，河南法院坚持以打促执，判处拒执犯罪分子 5531 人，占全国法院判刑人数的半数以上。执行攻坚活

---

① 2017 年河南省法院工作报告。

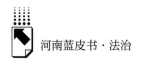

动开展以来，共执结案件 61.4 万件，标的金额 3029.3 亿元，156 个法院实现无执行积案，在解决执行难问题方面取得突破性进展。[①]

河南法院连续八年开展拖欠农民工工资案件集中办理活动，积极推行上门立案、电话预约立案、巡回办案，主动深入建筑工地、厂矿企业帮助寻找证据，坚持快立、快审、快结、快执，依法免除困难农民工的诉讼费、执行费，8 年共审结欠薪案件 8 万件，为 15.5 万人追回劳动报酬 62.5 亿元。周强院长三次批示肯定，并在全国"两会"最高人民法院工作报告中推广河南经验。[②]

（五）服务生态文明建设，公益诉讼取得显著成效

2017 年，河南检察机关积极回应人民群众对美好生活的新期望，进一步加大了对破坏环境资源保护犯罪的打击力度。一方面扎实开展"破坏环境资源犯罪专项立案监督活动"，2017 年共监督行政执法机关移送涉嫌环境犯罪案件 100 件，监督公安机关立案 312 件，已提起公诉 272 件 389 人，判决 265 件 376 人。同时，在生态环境保护方面的公益诉讼取得初步成效。2017 年 7 月以来，全省共收集公益诉讼案件线索 501 件，其中生态环境和资源保护领域 291 件；共立案 380 件，办理诉前程序案件 356 件，其中生态环境和资源保护领域 186 件；直接提起公益诉讼案件 14 件，其中生态环境和资源保护领域 11 件。共收回被损毁国有林地 603.4 亩、集体生态公益林 654.82 亩，督促地方政府完成林地清收还林任务 104.9 亩、复垦耕地 548.69 亩，督促治理恢复被污染的水源地面积 5004 亩、河道 103.9 公里、水域面积 222.1 亩，督促清除处理生产类固体废物 1.01 万吨，督促关停和整治造成环境污染的企业 178 家、未办理环评企业 233 家、违法养殖场 215 家（见表 2）。[③]

---

① 2017 年河南省法院工作报告。
② 2017 年河南省法院工作报告。
③ 《河南省检察院召开新闻发布会晒成绩亮举措服务生态文明建设》，河南省人民检察院网站，http://www.ha.jcy.gov.cn/jczc/jcyw/201804/t20180402_2173468.shtml，2018 年 3 月 27 日。

表2 河南省2017年7月以来生态环境保护公益诉讼成效

项　目	内　容
共收回被损毁国有林地	603.4亩
共收回集体生态公益林	654.82亩
督促地方政府完成林地清收还林任务	104.9亩
督促清除处理生产类固体废物	10100吨
督促治理恢复被污染	水源地面积5004亩
	河道103.9公里
	水域面积222.1亩
督促关停和整治	造成环境污染的企业178家
	未办理环评企业233家
	违法养殖场215家

四　法治宣传多管齐下，法治社会基础日益牢固

与法治国家、法治政府建设相比，法治社会建设更具有基础性。法治社会建设的重要目标就是法治被全体民众接受，并且内化于心，外化于行。2017年，河南举行了形式多样的法治宣传活动，在取得良好效果的同时，促进法治社会的基础日益牢固。

（一）精心组织宣传活动

2017年，围绕宪法宣传，河南各地开展了一系列形式多样的宣传活动，取得了多重效果。

1. 领导干部和国家工作人员的宪法意识得到明显增强

省委政法委、省司法厅、省普法办在全省政法系统举办了"学习宣传贯彻党的十九大精神，新党章百题知识竞赛活动"，全省3万多名干警积极参与。省高院和省检察院在本系统举行了宪法宣誓和公众开放日活动。省新闻出版广电局、省质量技术监督局、省畜牧局举办了宪法知识专题讲座。新乡市举办了市级领导干部参加的"崇尚宪法　厉行法治　推进全面依法治

市"战略论坛。郑州、新乡、南阳、驻马店等市组织公职人员学法用法考试，其中驻马店市就有61356名公职人员参加。三门峡市组织了"学习十九大，手抄《宪法》"专题活动。商丘市举办了国家宪法日学习座谈会和党委（党组）中心组学习宪法专题会。兰考县县直机关举行了升国旗唱国歌活动。

2.青少年的法治教育得到增强

河南各地各部门在"12·4"国家宪法日来临之际，纷纷开展"送法进校园"活动，取得很好的社会效果。省司法厅、省教育厅、省普法办和省法学会共同组织开展了第四届"卓越杯"高校大学生法治辩论赛，并于12月3日在河南电视台举办了决赛和颁奖仪式。洛阳市举行了青少年法治教育基地授牌仪式暨系列法治宣传活动。新乡市在全市举办"千校一课，新时代青少年法治培育工程"。许昌市魏都区法院邀请许昌市建设路小学的学生走进法院感受法律的庄严与神圣。驻马店、南阳、漯河等市组织各大院校、中小学校开展"晨读宪法"活动，通过升国旗仪式、国旗下发言、主题班会等形式，加强宪法教育。漯河市举办第十届"反对性别暴力十六日行动"暨家庭暴力告诫制度宣传活动，运用宣传展板、主题班会、心愿树、观看"白丝带"电影、成立"宣导团"等多种形式，宣传宪法、妇女儿童权益保障法等法律法规。安阳师范学院举办了大学生法律知识竞赛，让广大师生在参与中学习法律知识，提高法治意识。

3.全民参与法治宣传的积极性空前提高

周口市组织50多家单位在市五一广场开展"12·4"国家宪法日集中宣传活动。洛阳市在周王城广场开展了声势浩大的普法文艺演出，普法歌曲、小品、戏曲、舞蹈、排鼓等表演吸引了人们驻足观看。平顶山市在鹰城广场设置的法律知识宣传展板和咨询台吸引了大批群众前来咨询。许昌市在春秋广场，开封市在开元广场、宝津楼广场、小南门法治文化广场、汴京公园，安阳市在北关广场，三门峡市在湖滨广场，济源市在文化城等都举行了大型广场法治宣传活动。巩义市在公园、广场等人流密集区域悬挂横幅300条，利用电子屏播放宪法法律宣传语220条，营造出浓厚的法治宣传氛围。

汝州市文化宫道路两侧的繁华路段,被各种与"12·4"国家宪法日有关的条幅、各种形式的宣传展板覆盖,现场锣鼓喧天,以普法腰鼓队、曲剧为主的文艺宣传形式,更是吸引了来往行人。

4. 法治文化的熏陶作用得以充分体现

开封市组织开展了学习党的十九大知识有奖竞答、法治文艺会演等群众喜闻乐见的"趣味普法"活动,以潜移默化的方式宣讲党的十九大精神、普及宪法知识。安阳市于12月4日举行了龙安法治文化公园开园揭牌仪式,用法治名言、法在身边、普法园地、古今说法、法律常识等形式把法治文化思想理念与现有的环境、设施相融合,突出了公园的法治主题特色。南阳市、新乡市等组织首届"十大法治人物""最美普法人"评选活动,在全社会弘扬崇尚法治、厉行法治的新风尚。平顶山市、商丘市、漯河市举办了法治书法绘画摄影展、书画名家作品展等,通过艺术表现形式反映法治建设。焦作博爱县的法治文化研究室创作了50余幅法治书法作品,100余米长的《宪法》手抄正楷作品,向群众展示法治文化的魅力。① 郑州市金水区宋砦村法治展览馆2017年接待参观人数达2万余人次,包括党政军干部、社区居民、学生等,宣传普法效果明显。

(二)深入开展法治宣讲

2017年,为了推动法治宣传取得更加显著效果,河南省法学会组织开展了"百名法学家百场报告会"法治宣讲活动和"青年普法志愿者法治文化基层行"活动。"百名法学家百场报告会"重点围绕"习近平总书记关于法治建设的重要思想""五大发展理念的法治保障""涉法舆情的处置与防范"等主题举办报告会136场,累计听众达7.9万人次。其中,省直单位理论中心组专场报告会29场、各级党委理论中心组专场报告会41场、学习宣传贯彻党的十九大精神专场报告会12场,场次和规模均居全国前列,有效

① 河南省普法办:《全省各地积极开展"12·4"国家宪法日集中宣传活动》,河南省司法厅网站,http://www.hnsft.gov.cn/sitegroup/root/html/40288177333cb015013354a15c5d01b6/20180125102355559.html,2017年12月31日。

提高了各级领导干部运用法治思维和法治方式解决问题和推动工作的能力。"青年普法志愿者法治文化基层行"活动共举办法治讲座 6000 余场，开展集中普法宣传活动 7000 余次，举办模拟法庭 750 余场，发放各类普法资料 817 余万份（册），全省共有 47332 名普法志愿者参与活动，为 800 余万人提供了法律服务，取得了良好的法律效果和社会效果（见表3）。①

表3 "青年普法志愿者法治文化基层行"活动成效

活动项目	效果
举办法治讲座	6000 余场
开展集中普法宣传活动	7000 余次
发放各类普法资料	817 余万份(册)
举办模拟法庭	750 多场
参与活动普法志愿者	47332 名
提供法律服务对象	800 余万人

（三）扎实推进法律服务

2017 年 6 月，河南省综治办、普法办、法学会在许昌召开全省基层法律服务站建设推进会，按照社会治理社会化、法治化、智能化、专业化的总要求，对工作进行安排部署。到目前为止，共建成乡（镇、街道）法律服务站 2456 个，建成村（社区）联络点 48488 个，基本形成了覆盖全省的基层法律服务平台和服务体系。此外，河南省法学会成立了"河南省法学会外商商务投资法律咨询服务中心"，为全省外商投资企业提供全方位的咨询服务。其中，"台商法律咨询服务中心"开展了一系列法律咨询服务，受到在豫台商的好评。河南省法学会还与省直有关部门联合开展法律服务进医院、进学校系列活动，推动法律服务覆盖面进一步扩大。②

---

① 《河南省法学会 2017 年综合工作报告》，中国法学会网站，https：//www. chinalaw. org. cn/Column/Column_ View. aspx？ColumnID = 1142&InfoID = 26443，2018 年 2 月 1 日。
② 《河南省法学会 2017 年综合工作报告》，中国法学会网站，https：//www. chinalaw. org. cn/Column/Column_ View. aspx？ColumnID = 1142&InfoID = 26443，2018 年 2 月 1 日。

五 发挥智库作用，繁荣法学研究

2017年，省法学会以习近平新时代中国特色社会主义思想为指导，深入学习贯彻党的十九大精神和中央、省委重大决策部署，加强思想政治引领，持续强化思想理论武装，牢牢掌握意识形态工作的领导权、管理权、话语权和主动权，团结引领广大法学法律工作者牢固树立"四个意识"，不断增强"四个自信"，坚定不移走中国特色社会主义法治道路，积极组织开展法学研究、法治宣传、法律服务、对外交流等活动，持续加强组织和平台建设，在发挥智库作用、繁荣法学研究方面取得较好成效。

（一）持续加强平台建设

1. 继续推进市县法学会规范化建设

制定《河南省市县法学会工作规范》，对市县法学会的管理体制、组织架构、职责任务等提出指导性意见，规范各地组织建设和业务工作。目前，市县法学会基本达到了"有人员、有经费、有场所、有活动、有机制、有成效"的目标。

2. 加强研究会组织建设

成立反邪教政策法律研究会，根据学科发展需要，将民商法学研究会分设为民法学和商法学两个研究会，指导法学教育研究会、宪法学研究会、刑事诉讼法研究会召开换届大会，指导农业与农村法治研究会、郑州航空港政策法律研究会召开理事会调整主要领导。截至2017年底，省法学会所属研究会已达到43个，基本形成了具有河南特色、结构更加合理的研究会组织体系。

3. 加强会员服务管理

积极吸纳全省优秀法学法律工作者加入法学会，不断扩大会员覆盖面。目前，全省有中国法学会团体会员711个、个人会员44129名，保持全国第一的位置。建成省、市、县三级法学会会员联络组，实现法学会机关与会

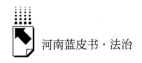

员、会员与会员之间的动态交流，及时通过短信、微信群和自媒体平台等发布会员工作和活动信息，法学会的吸引力、号召力、凝聚力进一步增强。许昌、周口、滑县、睢县、汝南等地通过建设会员工作站、会员之家、联系点等方式，积极探索会员服务工作新路子。

4. 加大培训力度

组织全省120余名市县法学会工作人员参加全国法学会干部培训班，直接接受中国法学会的培训和教育，受到各地普遍欢迎和好评。

5. 积极探索"互联网＋法学会"工作新模式

举办河南省法学会"互联网＋法学会"培训班，切实提高全省法学会干部的互联网思维和新媒体工作能力。深入推进全省法学会"一网双微一端四矩阵"建设。目前，"法治中原"微信公众号的关注"粉丝"已超过6万人，全年总阅读量达到185万次，"法治中原"微博的关注"粉丝"已超过4万人，创建的"法治中原"话题阅读量达到108万次，"法治中原"头条号全年累计阅读量达到123万次，连续两年荣获全国政务头条号"特别贡献奖"，是全国法学会系统唯一获此荣誉的单位。[①]

（二）全力推动法学研究

1. 组织全省法学法律工作者申报课题

2017年，全省共有1项国家社会科学基金重点课题、12项国家社会科学基金一般项目和青年项目、10个中国法学会课题获批立项。

2. 公开发布研究课题

面向社会公开发布"化解基层矛盾纠纷的心理疏导机制""未成年人预防被害认知能力实证""信访分类与规范化治理"等河南省法学研究课题50项，就河南省法治建设和经济社会发展中的热点难点问题进行研究，较好地服务了党委和政府的中心工作。

---

① 荆锐：《立足新起点　实现法学会工作新发展》，《河南法制报》2018年3月9日。

3. 开展优秀成果评选

组织开展第二届"法学优秀成果奖"评选活动，共评出优秀成果 52 项，充分展示了近年来全省法学研究所取得的成就，提高了广大法学法律工作者参与法学研究的积极性。

4. 加强成果转化

与省直有关部门建立合作机制，积极组织法学法律工作者参与法治实践，畅通研究成果转化应用渠道。2017 年共编印《成果专报》18 期，向党委、政府和有关部门报送优秀科研成果。《人民检察院提起公益诉讼立法研究》《关于中国（河南）自贸区知识产权制度建设的建议》《人民陪审员制度试点改革的实证研究》得到全国最高法院、最高检察院和省领导的批示肯定，《大数据与审判体系和审判能力现代化研究》被中国社会科学规划办录入年度重大课题项目。此外，还支持民诉法研究会、民商法研究会等开展优秀成果评选，出版《民事诉讼热点透视》《民商法评论（第六卷）》。

5. 积极开展学术研讨

2017 年成立了河南省法学会乡村法治研究中心，为乡村法治建设提供理论支撑和智力支持。组成课题组对"航空港经济法治保障""农村精准扶贫法治保障"等中国法学会重点委托课题进行专门研究。举办"第二届法治河南乡村论坛""第二届法治河南青年论坛"等活动，围绕法治建设中急需解决的问题进行研讨。其中"第二届法治河南乡村论坛"形成《农地"三权分置"法律实施机制理论与实践》研究成果并公开出版。协办第十届"中部崛起法治论坛"，共征集论文 123 篇，报送 53 篇，获奖 22 篇，获奖数量居中部六省前列。

6. 加强法治人才队伍建设

进一步完善"河南省法治智库"，新选聘非法律专业智库专家 25 名①，

---

① 《河南省法学会 2017 年综合工作报告》，中国法学会网站，https：//www. chinalaw. org. cn/ Column／Column＿ View. aspx？ ColumnID＝1142&InfoID＝26443，2018 年 2 月 1 日。

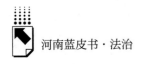

目前智库专家已达175人，结构更加完善。联合省司法厅、省教育厅举办第四届"卓越杯"大学生法治辩论赛，有力推动了法治人才教育培养。

（三）法学院系学术研究成果逐步增多

1. 公开发表论文方面

2017年，郑州大学法学院发表与法学相关的论文256篇，河南大学法学院86篇，河南财经政法大学法学院82篇，河南师范大学法学院45篇，河南工业大学法学院19篇，华北水利水电大学法学与公共管理学院27篇。其中在法学类核心期刊发表：郑州大学法学院10篇，河南财经政法大学法学院8篇，河南大学法学院3篇，河南师范大学法学院1篇。

2. 文章引用方面

郑州大学法学院41次，河南大学法学院26次，河南财经政法大学法学院17次，河南师范大学法学院10次，河南工业大学法学院4次，华北水利水电大学法学与公共管理学院2次（见表4）。[①]

表4　2017年河南省各高校法学院部分科研成果统计

单位＼科研成果	公开发表论文（篇）	法学类核心期刊发表（篇）	引用转载率（次）
郑州大学法学院	256	10	41
河南大学法学院	86	3	26
河南财经政法大学法学院	82	8	17
河南师范大学法学院	45	1	10
河南工业大学法学院	19		4
华北水利水电大学法学与公共管理学院	27	2	2

六　2018年河南法治发展展望

2018年，是改革开放40周年，河南的法治建设将迈上一个新起点。时

---

① 笔者根据中国知网数据库整理而成。

不我待，只争朝夕，全省人民对法治生活的新期待为河南法治建设指明了方向，但是面对改革的深水区必须要直面法治建设中存在的问题和不足，进一步完善地方立法、健全法治政府、深化司法改革、推进全民守法，让河南的法治建设在新时代奏响最强音。

（一）加强重点领域立法，为改革开放提供法治引领

党的十八届四中全会指出："实现立法和改革决策相衔接，做到重大改革于法有据、立法主动适应改革和经济社会发展需要。"2018年，河南经济社会重大领域方面的改革也将进入攻坚期，但很多改革内容还没有具体可遵循的法律法规。造成这种局面的原因，一方面在于河南的地方立法速度落后于国家改革意见的发文速度；另一方面则是实践中地方性法规的可操作性和实用性不强，导致这些法规"无用武之地"。2018年，新时代的法治建设要求地方立法应当着力服务改革重点，为这些重点领域制定高质量和易操作的地方性法规，为改革大局保驾护航。具体而言，新的一年，河南将逐步制定和修订符合省情的《安全生产条例》《预算监督条例》《老年人权益保护条例》《治理货物运输车辆超限超载条例》《气候资源保护与利用条例》《突发事件应对条例》《促进科技成果转化条例》《水污染防治条例》等，为法治新时代的"善治"提供"良法"基础。

（二）自觉坚持依法行政，提高政府治理能力

2018年，河南依法行政不仅在客体范围上将更加广泛，主体意识也将更加自觉。过去那种依法行政意识薄弱、行政作风不实、行政追责不严的现象将得到根本上的摒弃和消除。党的十九大对法治政府建设提出了新的要求，河南各级政府应当严格按照这些新要求，提升法治自觉，提高治理能力。首先，各级领导干部的法治思维要做到"三个改变"，即改变把法律当作管理群众手段的落后观念、改变"法律是摆设"的错误观念、改变"只要结果不问过程"的认识偏差，着力做到"四个带头"，即带头学法、带头

懂法、带头用法、带头守法。① 其次，实现行政决策程序的法治化，进一步落实法律顾问制度，建立健全决策问责机制，坚决杜绝一切不科学不合法的决策行为。再次，力争创新执法模式和强化执法监督，消除行政执法的各种诟病。2018 年，河南的行政执法将以服务型行政执法为有力抓手，努力实现法治政府和服务型政府建设有机统一、协同推进；同时要加强对关键部门和岗位的监督制约，通过进一步完善政府内部层级监督和专门监督，不断推进行政复议规范化建设。最后，要努力打破政府部门之间的信息壁垒，为更加全面的政务公开提供新渠道。

（三）全面落实司法体制改革，如期完成"基本解决执行难"目标

2018 年，河南司法改革将进一步深化，各项改革措施的相互促进作用将日益凸显。同时，改革后的磨合期有可能出现一些过渡性的不适合问题，需要调整解决。2018 年，河南将全面深化司法体制综合配套改革，通过加快推进员额管理、新型办案团队、司法绩效考核等改革，大力推进矛盾化解方式多元化，使各项改革措施相得益彰。

2018 年是"用两到三年时间基本解决执行难"的攻坚之年，也是决胜之年，全省法院肩负着解决执行难的责任和使命，时间紧迫，任务繁重，必须严格依照第三方评估指标体系，查找不足，补齐短板。2018 年，全省法院将在过去成绩的基础上，再接再厉、发力攻坚，坚决打赢基本解决执行难这场硬仗，如期完成"用两到三年时间基本解决执行难"的任务，增强群众的司法获得感、社会安全感、人生幸福感。

当前，河南法院系统的智慧法院建设机会千载难逢，紧抓机遇而后主动作为，才能取得显著成绩。2018 年，河南将大力推进智慧法院建设，不断完善智慧法院功能，减轻群众诉累；进一步完善类案推送、智能纠错、电子卷宗随案同步生成等系统，尽力减轻员额法官非审判事务性工作负担。

---

① 屈芳：《自觉坚持依法行政，提高政府治理能力》，《河南日报》2017 年 11 月 16 日。

（四）强化普法教育，推动法治深入人心

党的十九大报告提出，要加大全民普法力度，建设社会主义法治文化。习近平总书记提出要努力营造形成一种办事依法、遇事找法、解决问题用法、化解矛盾靠法的良好法治环境。① 无论是法治文化还是法治环境，其培育和形成，关键途径都是要通过强化普法和法治宣传教育，增强政府部门和社会公众的法律意识，促进宪法和法律内化于心，外化于行，最终形成有利于法律实施的社会氛围。

2018年，河南在培育社会主义法治文化和推进全民守法方面还有很多事情要做，需要在短期任务和长期目标两个方面双管齐下。一方面要继续精心组织"百名法学家百场报告会"法治宣讲活动，以习近平新时代中国特色社会主义法治思想、宪法、国家监察体制改革等为重要宣讲主题，推动"双百"活动进各级党委（党组）中心组、进党校（行政学院）、进干部学院、进党政机关、进高等院校、进大型企业，不断增强各级领导干部的法治意识和法治思维。另一方面，应围绕党的十九大提出的"建设社会主义法治文化"新要求，不断丰富"法治文化基层行"等活动的形式，积极拓展活动载体，探索开展远程服务，继续向基层延伸，力争覆盖全省所有乡镇。法治意识和法治思维的形成推动法治文化的沉淀，而法治文化的熏陶又可以改变传统文化中不重视法律在调整社会关系中作用的社会心理倾向，强化法律意识和法治观念，促进全民守法成为一种自觉，二者相辅相成、互为表里。②

往日不可追，来日犹可期。2017年，河南的法治建设取得了不俗的成绩，但那只代表过去；2018年，中国的法治建设已经跨步进入新时代，河南的法治脚步也必然更加铿锵有力。新时代是奋斗者的时代，河南人民的幸

---

① 《切实维护国家安全和社会安定为实现奋斗目标营造良好社会环境》，《人民日报》2014年4月27日。

② 韩丹东：《社会主义法治文化有何内涵》，法制网，http：//www.legaldaily.com.cn/Culture/content/2017－11/10/content_ 7384185. htm？node＝80488，2017年11月10日。

福也要靠奋斗才能获得。2018 年，让我们从内心更加信仰法律，行动上更加遵守法律、依靠法律，意识上努力监督法律的实施，信念上更加维护法律的权威，让我们奋斗的脚步踏着法治的节拍，扬帆新时代，逐梦新征程！

参考文献

卓泽渊：《法治国家论》，法律出版社，2008。

张文显：《法治中国的理论建构》，法律出版社，2016。

丁同民、张林海主编《河南法治发展报告（2016）》，社会科学文献出版社，2016。

公丕祥：《法治中国进程中的区域法治发展》，《法学》2015 年第 1 期。

中共中央宣传部理论局：《新时代面对面》，学习出版社，2018。

张林海主编《河南法治发展报告 2017》，社会科学文献出版社，2017。

张林海、李宏伟主编《河南全面推进依法治省研究》，社会科学文献出版社，2016。

《人民法院信息化建设五年发展规划（2016～2020）》，2016 年 1 月。

《中共中央关于全面推进依法治国若干重大问题的决定》，2014 年 10 月。

《中共河南省委关于深入学习贯彻党的十九大精神决胜全面建成小康社会开启新时代河南全面建设社会主义现代化新征程的意见》，2017 年 11 月。

法治透视篇

The perspective of the rule of law

B.2

河南省金融调解机制现状、问题及对策

刘　旭*

摘　要： 多年来，河南省集中开展金融纠纷诉调对接活动，搭建了行业性金融解纷平台，并开通了社会性的金融调解渠道。这一金融调解架构为化解金融领域矛盾纠纷、维护金融消费者权益发挥着积极作用。在全面深化改革的新阶段，河南金融调解工作还面临着发展策略不完善、独立性设计欠缺、衔接不到位等问题。为了解决这些问题，就要贴近纠纷发生现状及公众现实诉求，制定切合金融纠纷实际的发展策略，并着力增强金融调解机构的独立性设计，启动第三方金融调解机构设置，同时开展多类型调解方式的合理配置，促成多元化金融调解途径的有效衔接。

关键词： 金融消费　金融调解　金融监管　金融仲裁

---

*　刘旭，河南省社会科学院法学研究所副研究员。

金融调解是化解金融纠纷的重要手段，在多元化金融纠纷解决机制中处于关键地位。金融调解在国家弘扬调解传统、加大调解实践应用的背景下，不断受到重视及日益普遍的政策支持。河南省响应中央深化改革部署，加快金融诉调对接以及解决金融纠纷平台建设步伐，在推动运用金融调解化解积案、减轻司法诉累方面不断取得进展。改革进入新时代，河南省的金融调解需要以深化改革、开拓创新的精神为指导，适应金融发展新形势，贴近公众金融诉求，在金融调解机构设置、金融调解运行机制等方面主动调适、不断改进，推动建成切合实际、衔接严密、运行高效的金融调解制度体系。

一　河南省开展金融调解的主要做法

为了有效应对金融纠纷日益增多的新形势，河南省依照建设多元化纠纷解决机制的指导方针，以司法纠纷解决平台为重要依托，融合司法队伍以及金融专业人才两方面的力量，分别在银行业、保险业以及证券期货业等相关领域设立了专门的社会法庭，为促进金融纠纷的及时化解做出了贡献。多年来，河南省金融行业积极打造行业性的纠纷平台，包括依托银行系统设立的权益保护平台以及由行业协会成立的专业性的调解平台，同时，还探索各类社会力量参与的金融纠纷解决方式，诸如投资服务、贸易服务等类型的组织等，推动形成多部门参与、多领域协作、多渠道互动的金融调解运行架构。

（一）集中推行金融纠纷的诉调对接

金融诉调对接是河南近年来集中发力实施的重点举措，它成为河南在这一领域创造的亮点。河南省较为重视在金融审判各环节引入多方调解资源，在强化金融审判力量和机构配备的同时，在诉前、诉中吸收金融专门人才，与专业审判力量形成合力，共同作用于金融纠纷化解。多年前，河南各地方与保险业界机构合作的诉前巡回调解就获得大量运用。① 2013 年 3 月，河南

---

① 王一川：《河南：涉保案件诉前巡回调解显效力》，《中国保险报》2012 年 3 月 1 日。

省 163 家基层法院全部成立了金融审判庭或金融专门合议庭。2013 年 6 月和 9 月，省高院分别与省银监局、省保险行业协会合作，设立了银行业和保险业社会法庭，同年 11 月，省高院还邀请金融监管部门、金融实务机构、高校、科研机构内的专家教授，组建了覆盖银行信托、保险、证券期货、票据四大类的金融案件专家咨询库。① 2014 年 3 月，河南省还成立了全国首个证券期货业社会法庭。② 2016 年 9 月，河南省保险行业协会、郑州高新区法院、郑州市保险行业协会、郑州市公安局交警六大队联合成立了河南省涉保险纠纷诉调对接中心，与省保险行业社会法庭合署办公。③ 诉调对接机构在实践中产生了降低当事人成本、节约司法资源的效果。2017 年，河南全省保险纠纷方面的诉调对接机构共受理案件 4227 件，调解成功 2705 件，调解金额达 2.51 亿元。④

（二）搭建行业性金融纠纷调解平台

一直以来，河南省各类金融行业协会发挥行业组织自律功能，在各自金融行业领域搭建服务平台，开展相关行业内金融纠纷的调解工作。河南省保险行业协会设立初，便制定了《河南省保险合同纠纷调解处理委员会自律公约》和《河南省保险合同纠纷调解处理办法》；2011 年 8 月，河南省保险行业协会又成立了专门的"河南省保险合同纠纷调解中心"，到 2012 年 10 月底，该中心受理投诉 77 件，涉及金额 180 多万元。⑤ 中国人民银行郑州中心支行发挥其银行业监管职能，运用调解协商方法处理金融消费争议，促进了金融消费权益纠纷的高效化解。2013 年底，河南省有 17 个地市中心支行及 110 个县支行均成立了金融消费权益保护中心，到 2013 年 11 月末，这

---

① 谢建晓：《我省法院创新金融纠纷化解机制》，《河南日报》2013 年 11 月 15 日。
② 刘鹏：《河南成立证券期货业社会法庭 致力金融调解》，中国新闻网，http://www.chinanews.com/fz/2014/03-27/5999065.shtml，2014 年 3 月 27 日。
③ 辛莉：《河南保险行业社会法庭日益发挥作用》，《河南日报》2017 年 11 月 8 日。
④ 《河南保险纠纷诉调对接实现诉、调、审、判无缝对接》，中国保监会河南监管局网站，http://henan.circ.gov.cn/web/site10/tab588/info4099679.htm，2018 年 2 月 23 日。
⑤ 董婉苏：《河南：产生保险纠纷首选调解》，《中国保险报》2012 年 12 月 6 日。

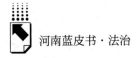

些机构共受理社会公众金融消费申诉 485 起，接受各类咨询 377 次，调解处理各类纠纷 285 起。①

（三）探索社会力量主导的金融调解

随着我国社会建设的日益进步以及社会治理体系的不断完善，商业性、自治性以及公益性的社会组织逐渐活跃，金融纠纷解决领域中的社会力量也在壮大发展。在此背景下，河南省也出现了社会性的金融解决纠纷机构，包括投资服务企业、金融律师事务所等，它们透过多样化的社会渠道，在金融纠纷解决方面发挥作用。2016 年，中证中小投资者服务中心与河南证监局、河南省证券期货业协会、河南上市公司协会就河南地区证券期货纠纷解决达成框架协议，约定在吸引市场主体参与调解、统一专业调解规则的适用、组建专家调解员队伍、设立投资者服务中心河南辖区调解室等方面展开合作。② 金融纠纷解决多元结构的拓展，激发了传统调解渠道的活力，河南省人民调解机构也在顺应形势，启动了在金融领域的调解。2017 年 7 月，汤阴县成了河南省首家行业性人民调解机构——金融消费纠纷调解委员会。③

二 河南省金融调解存在的主要问题

在国家大力倡导多元化渠道解决纠纷的形势下，河南省通过强化诉调对接、搭建行业性调解平台、允许社会力量参与等举措，使金融调解初具框架，并产生了诸多实效。但从整体来看，河南省的政策举措较为侧重诉讼阶段的调解介入，纠纷前及纠纷初期等关键期的制度供给不到位，金融发展策略表现出偏离实际和重心失当。这一问题还引发了金融调解与其他金融纠纷解决方式之间的失调，带来制度配置的错位，导致制度运行效率不佳。金融

① 《河南省开展金融消费权益保护工作成效初显》，《大河报》2013 年 12 月 31 日。
② 朱宝琛：《投服中心与河南证监局开展证券期货纠纷调解合作》，《证券日报》2016 年 11 月 16 日。
③ 郭凡：《金融消费遇纠纷　调委会帮咱解忧》，《安阳晚报》2017 年 7 月 15 日。

调解制度设计不切实际，以及衔接不当、运作空置的弊端也引起了研究者的注意。[①]

（一）金融调解发展策略不完善

多年来，河南省对金融调解的政策和实务，较多地集中于为化解诉讼积案而实施的调解引入，以及诉讼环节与金融行业协会的合作，这一策略过于关注纠纷后阶段，而忽视了纠纷前及纠纷初期阶段，后置了金融纠纷化解进程，偏离了金融消费者权益保障的实际。法院在诉调对接中的过于积极的角色设计，形成越位和错位，邀请调解及委托调解既耗费了法院职能，也侵蚀了社会性的调解功能。[②] 对金融纠纷现实需求把握不到位，对金融纠纷介入期及介入点的设计不健全，导致金融调解可接近性较差，调解救济不及时、不精准，形成空假制度供给及低效制度供给现象。

（二）金融调解独立性设计欠缺

河南省金融调解机构在行业协会内密集设立，展现出行业主导的特征。并且，金融调解的条形结构还较为明显，保险、证券及银行分业分列、自成体系。已经有研究者关注现行金融调解途径存在的独立性缺陷，提出行业协会主导的调解独立运行保障较弱的问题。[③] 在经费提供、调解人员来源及任免方面过于倚重金融机构自身，自然会给金融调解机构的中立性和公信力造成影响，带来调解的立场偏失，制约调解机构的功能发挥。

（三）金融调解构成衔接性不足

当前金融调解在引入点、引入阶段等方面的衔接不到位，导致金融调解

① 张邦铺：《诉调对接纠纷解决机制及其完善——基于 S 省 P 县法院的实证分析》，《西华大学学报》（哲学社会科学版）2016 年第 1 期。
② 杨娟：《法院主导型诉调对接机制的困境与出路》，《淮北师范大学学报》（哲学社会科学版）2017 年第 2 期。
③ 龙骁：《我国金融中心金融调解机制的困境和对策》，《财经科学》2015 年第 6 期。

在多渠道之间运转不畅，降低了金融调解的效率。政策及其实施对诉讼环节与调解的衔接较为偏重，对纠纷解决关键期、关键点的把握及设计严重滞后，产生司法偏位，也拖后了解决纠纷的时机。法院在诉调对接中不恰当的定位会影响裁判效率；[①] 不仅分散和干扰裁判权，还违抵诉讼期许，掣肘诉权的行使。[②] 调解发生部位、时间与调解机构的救济不衔接，金融投诉机构与第三方调解机构的不够衔接，金融调解机构与法院诉讼环节的不当衔接，使得整个金融调解构成难以形成有效衔接的体系。

三 推动河南金融调解发展的主要对策

为了解决河南省金融调解面临的诸多问题，就要更加贴近金融纠纷发生及演变的实际情况，制定接近需求、符合实际的金融调解发展策略，包括科学的流程策略、信息嵌入策略等，推动形成近距及时、对接紧密、运转流畅的金融调解机制。当前，还要积极借鉴域外经验，在设置第三方性质的金融调解机构方面加强探索，改进河南省金融调解机构体系的结构和功能。特别注意，在多类型金融调解机构之间，要摆正职能定位，按照纠纷调处运行机理，理顺调解机构间的关系，促进调解对接的合理化及规范化。

（一）制定切合金融消费者权益保障实际的金融调解发展策略

金融调解策略的制定，前提是对纠纷当事人心理需求、纠纷第一现场实况予以有效把握。金融调解策略要重心和端口迁移，关注纠纷前和纠纷当时，抓住调解介入纠纷的关键期和着力点，将调解的力量集中投放到纠纷初发阶段，使调解可接近性得到有效改观。把握金融纠纷心理需求，关键在于了解金融纠纷双方不对等的地位，明确金融消费者权益保障的立场，推行诸如赋予消费者调解选择权、各金融机构强制接受调解等制度安排，发挥调解

---

① 孙霞：《"诉调对接"初探》，《唯实》2007 年第 10 期。
② 刘练军：《法院调解优先之忧思》，《浙江学刊》2013 年第 3 期。

节约成本、高效快捷的优势，满足消费者快速解决纠纷的现实诉求。

要端正司法及调解两方面的定位，纠正调解资源过于集中诉讼阶段的现象，使之更多地应用到纠纷初发阶段。立足于金融消费者权益保障的立场，体现维护受损权益的迫切性，首先要进一步改进和加强金融监管机构搭建的金融投诉平台，促使金融从业机构强化内部治理，使纠纷在金融现场及第一时间得到解决。其次，金融监管投诉平台要与第三方金融调解平台实现无缝对接，在投诉失灵时，给金融消费者提供更加专业的金融调解服务。为此，金融调解策略要有前瞻性，预先搭建好相应的制度平台，通过在金融窗口、金融现场及金融服务协议中，推广鲜明易用的信息嵌入和信息提示，搭建及时便捷的信息沟通平台，满足金融消费者的知情权和选择权（见图1）。

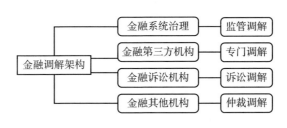

图1　金融调节架构

（二）强化金融调解机构及其人员独立性的设计及其运行保障

域外许多地方在金融调解机构设置及运行方面积攒了有益的经验，其中金融调解机构的第三方性质，及其相应的运行独立性的制度保障，值得我们认真了解加以借鉴。例如，澳大利亚成立了第三方的金融调查服务处，该机构并不附属于金融机构，它以其独立于金融纠纷双方的地位，面向金融消费者提供免费的调解服务；[1] 中国香港金融纠纷调解中心于2012年设立，该机构由特区政府出资运作，为非营利性机构，机构管理人员及调解人员也由

---

① 柳鸿生：《澳大利亚金融消费纠纷非诉调解机制借鉴》，《中国经济周刊》2015年第15期。

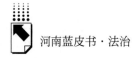

政府部门任命。① 域外诸多金融调解机构均不隶属于金融机构，相关设计便为金融调解的独立专业化运作提供了制度保障。

河南省金融调解机构设置要逐渐摆脱以行业协会主导的现状，加大政府支持调解机构建设的力度，及时启动设置第三方金融调解机构的进程，促成金融调解机构在资金供给、人员任命等方面独立运营。在当前阶段，要稳步推进现行金融分行业、条状结构的金融调解体制的改革，尝试在证监会、银保监会等机构支持下，设立由政府出资的、人员独立任免的分业性金融调解机构。通过深化改革，并借助金融办等工作部门进一步地探索跨行业的、中心性的金融调解机构的设立。按照立法先行的法治方针，河南为配合金融调解机构改革，可以尝试制定颁行金融领域纠纷调解事务的地方规则;② 河南也可以利用自贸区建设的有利时机，在局部地方金融调解机构的设置上先行先试，创造试点经验。③

（三）做好金融调解与其他纠纷解决方式相互间的协调与衔接

推行金融多元化纠纷解决机制，旨在发挥不同纠纷解决方式在各自领域的优势，通过多类型解决纠纷渠道的优势互补，实现金融调解资源的有效配置，促使它们的功能互济和协同增效。金融监管调解、金融第三方调解、金融商业调解在调解主体、调解运行方式等方面均有不同，它们同金融诉讼调解、金融仲裁调解也存在着差异。因此，要清晰界定各自途径中调解的性质和内容，厘定调解在各自职能机构中的定位，同时对不同调解渠道相互间的关系加以调适，形成适当而顺畅的衔接机制。

金融监管调解的行使要不影响其应有的监管站位，并切实完善案件信息的流转机制，做好与第三方金融调解平台的紧密衔接。第三方金融调解要履

---

① 席滔:《金融纠纷非诉解决机制研究——以中国香港"金融纠纷调解中心"运作为例》，《西南金融》2013 年第 9 期。
② 李慈强:《论金融消费者保护视野下金融纠纷调解机制的构建》，《法学论坛》2016 年第 3 期。
③ 代思浓:《上海自贸区金融消费者保护的调解机制》，《国际商务研究》2015 年第 3 期。

行中立的、独立性的调解职能，通过公开的平台开展信息告知，便利金融消费者对调解结果的认定，展开调解不成后的诉讼等进一步的行动。第三方调解与法院之间搭建信息共享机制，加强调解结果的认证，减少反复性信息的提交以及反复性的调解，减少双方人员互邀所带来的耗费，从而节约司法与调解双渠道的资源和运行成本。要明确司法机构裁判职能的定位，专注抓好审判公正和效率，在履行裁判职能的前提下，开展以法官为主导的、适时适量的调解。仲裁调解也要明确其适用及定性，同时第三方调解也可以汲取域外经验，适应各地方金融纠纷调处实际，试行调解加裁判的改革。①

参考文献

王伟：《金融纠纷解决机制的基本理念研究》，《北京政法职业学院学报》2012 年第 4 期。

周荃：《人民法院委托行业协会调解的实践及其规制——以金融纠纷调解为视角》，《北京政法职业学院学报》2011 年第 4 期。

余涛、沈伟：《游走于实然与应然之间的金融纠纷非诉讼调解机制——以上海为例》，《上海财经大学学报》2016 年第 1 期。

梁玉秀：《诉讼与调解能否有效对接——×法院诉调对接机制运行情况考察》，《实事求是》2017 年第 4 期。

---

① 上海银监局消保处：《金融消费纠纷第三方调解的上海实践》，《中国农村金融》2016 年第 7 期。

B.3
金融乱象的法治剖析及其治理对策

吴云峰　庞飞*

摘　要： 本文在梳理金融机构、互联网金融和民间金融乱象的基础上，对暴露出监管规则不全面、监管机制不完善和监管责任追究不到位的问题进行了分析。建议出台相关法规，提高监管统筹协调的有效性，建立穿透式监管机制，从严执法，强化监督问责。通过完善金融法治和建立长效机制，从源头上根治金融乱象，促进金融业平稳有序发展。

关键词： 金融乱象　监管协调机制　穿透式监管

2017年7月24日，中共中央政治局会议首次点名"金融乱象"，清晰传递中央持续强化从严金融监管的信号，并将防范化解重大风险列为我国"三大攻坚战"的首位。只有完善法治建设，明晰运行规则，才能正本清源，才能实现我国金融业健康、平稳发展，守住确保不发生系统性风险的底线。

一　金融乱象的表现形式

（一）准入混乱

在传统金融领域，金融机构设有较为规范的程序，但在具体业务（产

---

* 吴云峰，法学博士，中国人民银行郑州中心支行法律事务处主任科员，经济师；庞飞，法学硕士，中国人民银行郑州中心支行法律事务处副主任科员，助理经济师。

品）开发上，会存在监管不到位或者滞后的情况。在互联网金融领域，业务形态较多，各种业务形态的准入在审批机构、准入程序和准入标准上，有的缺乏规定，有的不能有效防控业务风险，还存在很大的改良空间。在民间金融领域，没有准入性法规，处于地下运行状态，在风险没有暴露之前，基本处于有效监管之外。

（二）名称混乱

名称混乱突出表现在两个方面。一是从事金融业务主体名称混乱，在互联网金融领域和民间金融领域表现尤甚，目前关于互联网金融主要业务形态基本明确，民间金融本身就处于正式监管之外，因而业务主体名称不受约束，花样翻新，不审查其从事的具体业务，单从主体名称不能看出其业务范围和性质。二是业务（产品）名称混乱。在传统金融领域，金融机构名称明晰，但从事的业务已经混业交叉，单单从名称上，已经无从分辨业务性质。在互联网金融领域和民间金融领域，很多业务（产品）打着业务创新的旗号，吸引眼球。很多结构化金融产品，是通过复杂数学模型演算设计而来，即便是金融专业人士，也不一定能解释到位。

（三）空转套利

空转套利突出表现在两个方面。一是资金空转，在传统金融领域，资金空转主要表现为资金在各类金融机构之间循环、流转，而实体经济却无法得到急需的资金，主要类别为：贷款空转、票据空转、理财空转和同业空转；在互联网金融领域和民间金融领域，表现为高息揽存和庞氏骗局。二是监管套利，在传统金融领域中，表现为两类，一类是规避各种监管指标，通过各类资管计划，对同业业务不严格遵循会计准则进行核算；利用吸收存款通过票据业务，虚假改变存贷款规模，没有在自营业务和理财业务间建立风险防火墙，将性质不同的一般性存款违规转化为理财资金，造成符合资本充足率、信用风险、流动性风险等各类监管指标的假象。另一类是规避各项宏观调控、风险管理、不正当竞争等监管政策，将资金投放到禁止投资的领域或行业。

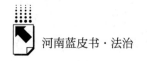

（四）场外配资推动股市异常波动

场外配资通俗说就是借钱炒股票，其实质是高流动性的股权质押贷款，股民将股权质押获得的资金投资股市。在股市大涨的预期下，来自银、证、保领域和互联网金融渠道的资金，借助通道业务和结构化嵌套设计，大批量投向股市，推动上证指数从2014年11月的2000多点快速上涨到2015年6月的5000多点。后遭证券监管机构清理配资，在多重因素影响下，上证指数在2015年8月跌破3000点，场外配资是这轮股市异常波动的重要推动力量。我国《商业银行法》规定："商业银行在中华人民共和国境内不得从事信托投资和证券经营业务"，明确规定银行理财资金不能直接投资股市。但在实际经营过程中，监管机构无法核实真实的底层资金，对资金来源、过程、投向和杠杆无法实施有效监管，对蕴藏的风险无法准确评估。理财资金可通过信托公司的通道业务，提供给配资公司和私募基金，终端配资需求方从这些公司获得资金，进而投资到股市。

（五）部分保险机构资金运用不透明

2015年场外配资推动股市出现异常波动，2016年险资在证券市场大肆举牌。部分获得保险牌照的公司其业务重点不是放在传统保险业务发展上，而是大力发展新兴的保险产品。当获得资金后，在支付高额收益压力下，采取更激进的投资风格，突出表现为在股市大肆举牌。大量收购上市公司股票，拉动股价大幅上涨获利，或者取得现金流充裕公司的控制权，套取资金。

（六）互联网金融异化

互联网金融在金融创新和金融科技推动下迅猛发展，金融监管缺失诱发互联网金融发生变异。一是从事民间借贷。利用互联网金融公司注册管理松散的漏洞，注册设立互联网金融网络平台，为自身资金需求募集资金。很多注册成立的互联网公司并不是金融机构，但从事着金融业务，这样的公司避开了国家对金融市场的宏观调控，也避开了针对金融机构实施的复杂准入和日常监管，增加了金融市场风险。二是进行非法揽储。依照现行的规范，互联网金融借贷平台为资金需求方提供信息，建立平台，撮合双方的交易，其本身不能像银行业金融机构那样，进行揽储。但在现实中存在互联网借贷平台无视法律禁止性规定，私自揽储，从事违法金融活动。平台经营管理混乱，不依法进行资金第三方托管，投资者利益得不到有效保障。

（七）非法集资出现新变化

互联网金融和民间金融领域，容易出现非法集资。以微信群、微博、App等现代信息手段，扩宽传播渠道，传播快速，扩大了受众面，受害者人数众多，极易诱发跨区域群体性事件，影响恶劣。近年来，随着国民财富增加，保值收益的需求不断强化，国家加大环保治理力度，出台鼓励创新政策。非法集资等违法活动紧跟时代变化，以高额利息为诱饵，编织虚假重大项目，伪造技术革新，打着财富管理、投资理财的旗号，诱骗投资者上当受骗。

二　金融乱象的整体特点

（一）在资金整体流向上表现为脱实向虚

上述金融乱象在资金流向上的总体特征为"脱实向虚"，尽管资金交易量巨大，但许多只是发生在金融机构之间，甚至只在金融结构内部流转，为了获取监管套利，实体经济的资金需求在这种资金空转中得不到有效满足。具体有两种表现：一种是资金在各类金融机构之间流动，出现很多模糊业务的特征，横跨银行业、证券业和保险业，拉长交易链条，产品结构复杂，披露信息不公开透明的业务产品，但这些业务产品并没有将资金导向实体经济；即便最终有部分资金进入实体经济，因为经历了太多环节，导致融资成本的增加。另一种是将资金导向实体经济中限制或者禁入行业和领域，违反

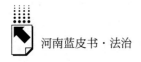

了投资者适当性等监管要求，将资金投向高污染、高耗能、产能过剩、僵尸企业、房地产等限制性、禁止性投资领域，或者投向不符合贷款业务准则、难以通过正规渠道获得贷款的企业，吹大房地产领域泡沫，为本应退出的企业提供续命资金，从而进一步损害实体经济。

（二）在经济结构上表现为金融化占比过高

金融乱象融通的资金大部分只在金融机构内部流通，使得金融行业规模增速过快，引发过度繁荣的隐忧，集聚了金融的系统性风险。一是银行业资产占比过高。截至2016年末，我国银行业资产（这还不是全部金融业资产）占GDP之比为307%，比2008年的197%增加了110个百分点，就翻了一倍；占全球银行业资产的比重从2003年的7%增加到2016年的22%。与金融业发达的美国和欧洲相比，这些数值明显偏高。[①] 二是金融业增加值占比过高。2016年，国内金融业增加值占GDP比重达到8.4%，而美国金融业增加值占GDP的比重最高时也只有7.6%，更何况美国是金融高度达发达的国家。

（三）在业务产品上表现为链条拉长

金融乱象在产品设计上表现为层层嵌套，在业务链条上表现为通道过长。金融产品在期限、风险、收益、信用、流动性、杠杆等各项指标方面存在着差异。短期资金成本低，收益低；中长期投资收益高，风险高；信用高的产品，安全性高，预期收益率低；信用低的产品，风险性高，预期收益高；流动性高，投资机会多；流动性低，投资机会少；杠杆小的产品，撬动的资金体量小，风险小；杠杆高的产品，撬动的资金体量大，风险高；等等。本来银行、证券、保险和信托等产品因为直接投资和间接投资的类别差异，产品业务设计遵循各自行业的要求。而在金融乱象之下，随意打破界限，呈现任意交叉组合、借短买长、以小博大、不断衍生、复杂设计等现象。

---

① 2016年底，美国和欧洲银行业资产占GDP比重分别只有86.3%和261.2%。

三　金融乱象的根源剖析

（一）在宏观上金融监管不完善

1.监管不一致

我国金融业正在发生着深刻而复杂的变化，其中之一就是金融混业的程度不断加深，持有金融领域全牌照的金融控股公司不断出现，业务交叉，金融科技、金融创新和互联网金融又强化了这种金融业务复杂性、交叉性和新颖性特征。而与之对应的监管体制，在总体上仍然是"一行三会"依据各自监管范围对其辖下的金融机构进行分业监管的模式。尽管从美国次贷危机以来，我国不断加强宏观审慎的监管，强化金融监管机构之间的协调。这种金融混业和监管分业容易出现监管真空和监管重叠的现象。监管真空导致有效监管缺失，监管重叠会引发监管标准不一致，产生监管套利的空间。后者恰恰就是当前金融乱象中产品层层嵌套，业务通道过长的重要原因，利用监管不一致，在期限、风险、收益、信用、流动性、杠杆等指标不同的产品、领域中套取利润。

2.监管不到位

有些金融领域虽也存在监管，但其规范业务开展、防范化解金融风险的作用没有充分发挥出来。比如，之前我国对互联网借贷公司成立没有专门规定，其成立注册和普通互联网公司一样，只是到工商局完成工商登记，到通信管理部门完成信息备案，这容易被互联网平台钻法律漏洞。

（二）在微观上信息披露不充分

1.规则缺失导致信息披露动力不足

相比证券市场等领域，互联网金融业务和同业、理财产品的信息披露规则尚需完善。为数不少的金融从业者在销售产品时夸大产品收益，错误描述产品期限，模糊产品性质，掩饰亏损风险，不全面告知双方权利义务、免责

条款，随意夸大产品"高收益"和"稳健性"，混淆预期收益与承诺模拟收益的区别，对消费者和投资者进行误导和欺诈。

2. 产品复杂增加披露困难

金融产品设计复杂，不断衍生，再加上金融知识欠缺，产品提供者利用信息不对称，在客观上导致信息披露困难，加深了市场主体之间的信息代沟。

3. 业务模式导致披露不足

互联网金融的运营是在云计算基础上对海量非结构化数据进行实时分析，挖掘客户交易信息、预测客户行为。这种业务模式必然会导致信息不公开。因为一旦披露过多的原始数据，其竞争者即可利用这些数据与其竞争。

（三）在制度层面上规范不到位

1. 制度规范缺失

制度规范缺失一方面源于金融混业不断加深和互联网金融快速发展，出现了很多新兴领域，产生了很多新兴业务。另一方面源于现有分业监管体制，缺乏对交叉产品、长链条产品的有效监管。

2. 制度规范效力层次低

为了适应新形势，对新兴业务，监管部门通过出台"办法""指引"等类文件加以规范。比如对于网络借贷，银监会从2017年8月开始，陆续出台了《网络借贷信息中介机构业务活动管理暂行办法》《网络借贷信息中介机构备案登记管理指引》《网络借贷资金存管业务指引》《网络借贷信息中介机构业务活动信息披露指引》，初步实现了有章可循的局面。前者属于部门规章，后者是政策性文件，稳定性和效力都有待提高。

3. 与现行法律制度存在冲突

比如现有的《证券法》规定："不特定对象发行证券或向特定对象发行证券累计超过200人都属于公开发行，需要经过证券监管部门核准才可进行。"在传统金融条件下，200人是一个较为合理的界限。但在互联网技术下，P2P、众筹等非常容易超过这种边界。正在修改的《证券法》必须要对这种情况做出回应。在分业经营的框架下，出台的《商业银行法》《证券法》《保险法》《票据法》等都面临着同样的挑战。

（四）在执行上有禁不止

一是金融从业人员职业素质不高。主要表现在为了虚增业务规模、调整监管指标实现监管套利，故意违背管理规定，虚增环节，违规收费，"坐地收钱""只收钱不干活"。违反管理规定，不依法评估，擅自开展新业务，设计销售新产品。二是监管者和被监管者存在勾连。违反任职回避和业务回避规定，金融机构以优惠条件录取监管机构家属子女，对亲友任职的机构不公正执法等。

四 治理金融乱象的法治对策

（一）完善金融监管

方面强化监管协调。充分发挥金融稳定发展委员会的功能，整合现有监管资源，增强金融监管的专业性，统一各金融机构的监管标准，适时建立穿透性监管机制，将从事金融业务的各类主体都纳入法律规范和金融监管范围，构建覆盖全面、无死角的金融监管体系。另一方面畅通监管互通渠道。健全金融风险监测预警机制，尽早干预和化解金融风险，加强金融监管和管理机构之间的统筹协调，建立金融基础设施的互联互通，打破壁垒，构建金融业综合统计和信息共享平台，为统筹协调监管打下坚实基础。

（二）弥补制度短板

在目前情况下，要尽快出台《金融交叉性产品管理办法》和《金融统计管理条例》，一行两会都要参与，建立一个在机构上覆盖银行业、证券业、保险业等金融机构，在业务上覆盖金融机构表内、表外业务，在产品上能够覆盖新兴的代客理财、信托投资计划、衍生产品、资产证券化等，统一分类、统一标准和定义，为全面监管和清晰准确刻画金融业全貌打下坚实制度基础。下一步要在现有"办法""指引"基础上，针对实施中暴露出的问题和不断创新产生的新业务，不断完善，适时出台效力位阶高的法律法规。同时，要根据实际情况适时修订《银行业监督管理法》《证券法》《保险法》《信托法》等相关法律法规，弥补制度漏洞。

（三）强化信息披露

金融本来就是资金在不同主体、时空的配置，因此完备的信息披露是评估风险、做出决策的重要依据。金融法规的重要原则之一就是公开原则，体现的就是详细信息披露。随着金融混业趋势加深，金融产品设计越来越复杂，同时金融科技迅猛发展，互联网金融占据越来越大的份额，这些都对信息披露提出了新要求，必须提升金融产品信息披露水平和强制对金融消费者进行风险揭示。建议参照《合同法》中对免除、限制己方责任，加重对方责任等情形下的明示义务的规定，强化对金融产品的风险揭示和产品性质、信息等方面的披露。

（四）严厉打击乱象行为

只有严厉打击乱象行为，使得作乱无利可牟，才能清除乱象产生根源，铲除乱象丛生的土壤。金融乱象形形色色，具体行为林林总总，根本目的都在于牟利。金融乱象为什么丛生，金融消费者、投资者金融素养不高，金融从业者职业道德素质不齐是客观方面的原因，但从动机上还不能做到伸手必被捉、违法必被惩。在现实中确实存在火中取栗，乱中取利，引发破窗效应，这才是金融从业者有禁不止、有令不行，金融消费者和投资者蜂拥而来的根源。因此，必须加大治乱查处力度，严厉打击乱象行为，使禁令成为"带电高压线"，加大作乱违法成本，确保违规成本的增加能够对行为扭曲形成常规性的约束效应。

参考文献

胡服：《资产管理乱象及治理对策探析》，《经济师》2015 年第 5 期。

杨东：《P2P 网络借贷平台异化及其规制》，《社会科学》2015 年第 8 期。

邓建鹏、黄震：《互联网金融的软法治理：问题和路径》，《金融监管研究》2016 年第 1 期。

邵传林：《农村非正规金融的兴起逻辑、现实困局与合法化难题》，《经济体制改革》2012 年第 6 期。

宋清华：《金融监管协调机制：国际经验与中国的选择》，《金融论坛》2017 年第 3 期。

李小鲁：《我国金融监管体制的缺陷及其完善》，《广西社会科学》2017 年第 10 期。

杨雪：《金融机构风险管理体系建设经验研究》，《吉林金融研究》2016 年第 12 期。

李曙光：《论互联网金融中的法律问题》，《法学杂志》2016 年第 2 期。

赵洋：《整治金融乱象需要协调监管"重拳"》，《金融时报》2017 年 8 月 5 日。

B.4
银行业依法收贷工作中的困境及出路

陈攀 翟丽华*

摘 要： 伴随我国经济的飞速发展，银行业也经历了大规模的信贷投放和产品创新。近年来，受经济结构调整及经济下行影响，各家银行"打官司"收贷案件持续高发。本文从法律角度分析银行依法收贷工作中面临的困境及具体表现，探索提升依法收贷效益的措施和出路，这对加大银行不良资产清收力度，构建防范和应对策略，推动金融司法进步，都具有重要的现实意义。

关键词： 依法收贷 信用风险 风险防控

近年来，受经济结构调整及经济下行影响，各家银行"打官司"收贷案件持续高发。银行依法收贷的方式也不再局限于诉讼清收，重组转化、批量转让、资产证券化等新型不良贷款处置方式在各家银行中大量运用。内外部清收环境的变化，也使得依法收贷这一常规清收方式面临一些新困难，迫切需要寻求新的现实出路。

一 银行依法收贷中存在的问题

（一）产品创新带来新的法律问题

近年来，银行在传统信贷业务领域，立足支持经济发展和国际化的视

---

* 陈攀，中国工商银行河南省分行法律事务部总经理；翟丽华，中国工商银行河南省分行法律事务部经理。

角，面向市场推出了一系列创新产品。例如，个人类的消费贷款、助业贷款、经营贷款、助学贷款等，法人类的贸易融资贷款、各种收费权质押贷款、重组贷款、经营性物业贷款，等等。又如，表外业务中的黄金租赁融资、投资银行业务中的各种非标准股权投资、债权投资，等等。这些产品的推出，大多是为了解决借款人无法提供财产担保的融资难题，破解小微企业融资难，响应党中央支持小微企业发展的各项政策。但是，我国社会诚信环境建设还处于起步阶段，因此银行业的产品创新面临较大的信用风险，各家银行也为此付出了一定的代价和成本。

例如，动产质押类的商品融资贷款，产品设计是为了兼顾小企业正常生产活动中对质押物的消耗需求，和银行对质押物的交付和控制要求。因此，未将质押物移库占有，而是允许借款人将生产线上的、厂区仓库内的存货类动产设定质押，通过引入独立第三方监管的方式完成质押物交付和占有。但在司法层面，各地法院在实务中的裁决尺度不一致，有的认为质押不生效，有的认为监管属于保管法律关系，有的认为监管和借款不属于同一法律关系，要求银行另案起诉，等等。加上有的监管方提出各种抗辩、异议等力图免责，使得银行债权实现的道路漫长而艰辛。

此外，由于法律的滞后性和立法空白，有些法院判例的出台，在一定程度上促使银行完善了内部风险控制，严格了操作规程管理，但有些案例却成为债务人恶意逃废债的工具，直接导致银行担保权益的丧失。例如，商品房买卖合同被依法确认无效后银行抵押权是否应当保护，期房建成后产权未登记至借款人名下时银行抵押权是否应当保护，抵押预告登记是否能够产生优先受偿的效力，银行借助信托通道开展的非标准股权投资，是"明股实债"还是"明债实股"。

（二）银行内部管理失范增加维权难度

过去十多年来，随着我国经济经历的一段高速发展时期，银行也度过了一个信贷投放的黄金发展期。但银行内部信贷管理不规范，风险防范措施不严谨，也产生了一些信贷业务操作方面的问题和瑕疵，这些问题在依法收贷

案件中，很容易转化为现实的法律风险，增加债权实现难度，甚至产生败诉案件，形成债权损失。

例如，追加担保的形式不规范问题。部分小企业贷款，当初发放贷款时为了增强担保效能，往往追加多个股东、实际控制人、法定代表人等自然人担保。但在实际诉讼中，往往因为一两个人的送达障碍，导致完不成公告送达，影响案件整体清收进程。有的保证人仅出具简单的一纸承诺（担保函、具结书等），对保证责任形式、保证责任期间等关键要素约定不明。根据《担保法》当事人对保证方式没有约定或者约定不明确的，按照连带责任保证承担保证责任。连带责任保证的保证人与债权人未约定保证期间的，债权人有权自主债务履行期届满之日起 6 个月内要求保证人承担保证责任（银行格式文本保证合同约定的保证责任期间一般是两年）。如果银行在主债务履行期满之日起 6 个月内未及时行使权利，保证人保证责任将依法免除。

再如，变现障碍因素考虑不周，抵押品价值不足的问题。为了加快不良贷款处置进度，银行可以运用《物权法》《民事诉讼法》规定的直接实现担保物权制度，不经诉讼，直接处置抵押物。但实务中，部分贷款业务片面追究形式上的足值甚至超值担保，对担保实质风险的缓释能力以及担保物的变现性能缺乏考量，导致抵押物根本无法快速处置。有的抵押物处置完毕后，无法覆盖贷款本息，还要另行起诉借款人和其他保证人，造成重复诉讼，增加了诉讼的时间成本、财务成本。

（三）社会信用环境现状带来依法清收困难

和发达国家相比，我国信用体系建设起步相对较晚。近年来，各相关部门尽管出台了一系列的制度文件，加大了惩戒力度，增加了失信成本，使被执行人的失信行为与其经济利益、个人名誉、交易机会甚至生存空间直接联系。但由于社会整体信用体系尚未完善，失信惩戒的效果不尽如人意。受经济下行影响，企业间大量处于隐蔽状态的矛盾不断显现，部分贷款客户受信用环境中不良因素的影响，还款意愿差，认为"苦撑"无意义，"放弃"无影响，造成负面社会影响，诱发恶意逃废金融债务行为。虽然在国家严厉打击"老赖"的浩荡声势中，有些企业有所收敛，但我国并未建立起完善的社会信用体系，因此仍有部分债务人对失信惩戒后果心存侥幸，抱有不切实际的幻想，进而影响整体的失信惩戒效果。

在实务操作中，有的法院在失信被执行人名单制度的执行方面有所欠缺，因而无法实现对相关人员的全覆盖。一是部分法院录入公示案件不全，《最高人民法院关于公布失信被执行人名单信息的若干规定》施行之前的案件录入较少。二是部分法院因执行案件数量巨大，法院执行人员不足，有迟延录入现象。三是现有失信被执行人名单系统操作较为繁复，导致在涉及批量金融借款纠纷执行时偶有遗漏现象。四是部分法院对于抵押物价值能全额覆盖债权，甚至仅是存在抵押担保的案件，就对全部被执行人都不纳入失信名单，削弱了失信名单制度的执行效果。

此外，相关制度漏洞及法院案多人少的客观现实，导致限制高消费、限制出境措施的效果打折扣。例如，目前民航和铁路系统对失信被执行人的拦截限于通过身份证信息查控，若失信被执行人转而使用护照、港澳通行证等购买高铁票、机票（《中华人民共和国护照法》中在护照登记项目中取消了居民身份证号码），票务部门无法通过护照号识别这些失信被执行人。在限制出境方面，由于公安系统对限制人员的身份证件仅能是身份证或是护照，择定一项，仍可持另一项身份证件办理出境。部分经济发达地区，失信企业的法定代表人、实际控制人虽因被保证人身份而列入失信人员名单，但这些人大多拥有境外合法身份，所持身份证件亦是境外地区或国家所颁发，在限制高消费与出境方面存在障碍。而且限制出境措施存在较短的期限限制，若需延长，需要多次反复申请，在法院案多人少情况下，通常难以顾及到位。在目前采取的失信惩戒措施中，除录入最高人民法院失信被执行人名单库外，使用其他媒介进行公示的案件数量偏少，而部分地区通过媒体曝光失信被执行人仅局限于个人等小部分被执行人。未能充分使用报纸、广播、电视、网络及微信公众号等进行公示，公示效果未能实现最大化。

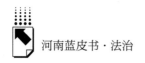

（四）非法集资社会现象产生依法收贷障碍

近年来，非法集资、民间借贷一度盛行，借款人的"隐形"负债也产生了一些银行依法收贷的困难。一是信息不对称，造成银行对债务人负债情况掌握不全，贷款风险应对不足。有的贷款抵押物系用非法集资款购买，有的企业一夜之间被民间借贷债权人封门围堵甚至"跑路"、停产。二是涉刑案件对依法收贷有不利影响。有的非法集资、民间借贷案件触犯刑律，被公安机关侦办处理，全部资产甚至是银行抵押物都被公安机关查封。这种情况下，银行通过民事诉讼途径实现债权被法院以"先刑后民"为由中止，而刑事案件的处理期限普遍较长，加之公安机关、当地政府维护稳定，保障集资人权益的办案理念，有的刑事案件长达数年未结案，银行债权实现遥遥无期。有的政府工作组出于对维护稳定、保护集资人利益的考虑，限制银行对抵押物处置变现的权利，导致债权实现的不确定性较大。

（五）法院案多人少的矛盾影响依法收贷质效提升

2016年《最高人民法院工作报告》披露：2015年"地方各级人民法院受理案件1951.1万件，审结、执结1671.4万件，结案标的额4万亿元。同比分别上升24.7%、21.1%和54.5%"。2016年的《政府工作报告》披露：2015年"国内生产总值达到67.7万亿元，增长6.9%"。也就是说，国内生产总值增长率6.9%，而地方各级法院受理案件增长率为24.7%。近年来法院案多人少的矛盾一直比较突出，加上司法体制改革，案件管辖权下沉，目前河南省基层人民法院的立案金额大多是3000万元。与此同时，银行陆续完成股份制改革之后，由于案件减少，机构撤并，很多基层机构与当地司法机关的协调机制基本断档。随着近年来依法收贷案件特别是疑难复杂案件的增多，立案难、送达难、执行难的问题较为突出，加之债务人利用复杂的社会关系干预、拖延案件进程，依法清收效率和清收效果受到一定影响。

（六）快速排解纠纷制度本身存在实务操作难度

快速实现债权的法律规定比较笼统，在实务操作层面缺乏统一规范，各地法院尺度掌握不一。目前河南省内有的基层法院对银行申请直接实现担保物权案件的受理和处理不积极，导致抵押人或案外人恶意提出异议，故意拖延银行抵押债权的实现。受到法院案多人少矛盾的影响，以及有的法院对公证、仲裁案件的执行力度限制，在银行依法收贷案件中，通过公证强制执行、仲裁申请执行的比例不大。没有充分发挥快速实现债权、解决纠纷法律机制的应有作用。

（七）不良贷款批量转让带来一定的负效应

近年来，为了适应市场化发展和快速压降不良贷款的需求，很多银行采取批量转让方式实现不良贷款清收。导致有的分支行对常规诉讼清收不重视，在依法收贷工作面前存在畏难情绪，思想上严重依赖核销和批量转让来压降不良贷款。在案件处理中的主观能动性不足，外部协调力度不够，内部激励机制匮乏，上下联动迟缓。有的分支行将诉讼资料交给法律部门后，一交了之，不管不问，配合力度不够。有的贷款一次转让后，资产管理公司委托银行代为清收处置。在受托处置过程中，有的案件已经委托律师代理，有的案件已经进入审理，甚至强制执行程序。此时，又进行二次转让，不仅影响律师代理的积极性，而且形成恶意循环，不利于律师在其他案件代理工作上的投入。

（八）法律专业队伍力量严重不足

完备的法律专业清收队伍建设是当前法律清收的必备要素。目前，笔者所在银行整个河南省辖属二级分行从事专职法律清收的人员仅有20余人，而且专业素质普遍不高，年龄偏大，临近退休，缺乏"接班人"，工作疲于应付。这些专职人员中仅有4名为全日制法律专业本科毕业，5人通过自考等方式取得法律专业本科文凭。近年来，为满足工作需要，省内多家银行陆

续成立专门的处置清收团队，但实际上人员存在一定的重合，人员缺口仍然较大。在目前案件高发的态势下，特别是疑难复杂案件的代理和外部协调中，法律专业人员力量不足，显得捉襟见肘。法律专业在银行内部不是主业，不受重视。笔者所在银行的人才招聘数据显示，近六年来全省招聘的法律专业毕业生中只有28人，而且绝大部分集中在郑州。周口、济源等8个地市分行近10年没有接收过法律专业毕业生。

二　银行依法收贷的出路和措施

银行依法收贷工作中暴露出来的种种难题，说到底还是金融合规意识和法律意识不强。有的借款人包括某些地方政府、司法机关工作人员，错误地认为银行的钱是国家的，不要白不要。俗话说，治病先要找准病根。银行要想摆脱这种依法收贷中的尴尬局面，需要着重解决好以下几个问题。

（一）严格规范的内部管理，争取司法和政府机关的支持

"打铁还需自身硬"。银行在业务拓展、产品创新过程中要增强风险防范和依法合规意识，立足对实质性风险的识别和防控。在贷款发放前要做好抵（质）押物变现障碍、市场因素、价格变动等不准确因素的量化分析，准确估值。严格贷后管理，从严治贷，切实落实贷后管理措施，及时发现风险隐患，补充增信担保。以确保贷款到期能够顺利收回，确保依法收贷诉讼稳操胜券，坚决避免因不规范操作而给债务人提供恶意逃废债、恶意抗辩的漏洞和机会，给司法机关留下不必要的自由裁量的空间。

获得司法和政府机关的支持是保障依法收贷工作向纵深开展的保障。大多数银行案件所涉及的法律权利义务关系相对简单，但执行收回效果不理想。如何实现收回效率和收回金额的提升，如何达到快立、快审、快判、快执的案件处理效果，如何实现银行对大型贷款企业债权的顺利收回和社会稳定的统一，以及在"僵尸"企业退出市场的破产和重组工作中，都需要争取司法和政府机关的理解和支持。对于个别存在法律技术性困难、地方保

护、恶意逃废债、法院消极不作为、多地法院执行争议等情况的案件，更需要做好外部沟通协调工作来保障依法收贷工作的有效推进。

（二）强化失信惩戒措施的运用

2013 年 7 月，最高人民法院印发《关于公布失信被执行人名单信息的若干规定》（法释〔2013〕17 号）。2016 年 1 月，最高人民法院与国家发改委等 43 个部委联合印发《关于印发对失信被执行人实施联合惩戒合作备忘录的通知》（发改财金〔2016〕141 号），进一步拓展了对失信被执行人实施联合信用惩戒的广度与深度。2017 年 3 月，最高人民法院修订印发《失信名单规定》并向社会公布。近年来，各级机关对失信被执行人联合信用惩戒制度体系不断完善，失信被执行人在担任公职、党代表、人大代表、政协委员，以及出行、旅游、投资、消费等多方面都已受到明显限制，基本处于"一处失信、处处受限"状态。

银行在依法收贷工作中，应高度重视失信惩戒措施的应用，借助这些措施，提升债务人的还款意愿和主动性。从目前情况来看，失信惩戒措施对生产、生活状态较为正常的被执行人，特别是个人类贷款的被执行人有明显效果。一旦被法院采取失信惩戒措施，这些人的出行、银行贷款等生产、生活都受到直接影响。但对于名下资产早已转移完毕，退居幕后，财产线索较为隐蔽，或者生产经营陷入停顿，四处躲债等类型的被执行人以及大额债务缠身的公司贷款案件的被执行人的惩戒效果不够突出。银行应充分借助行业协会、监管机构的力量，全面加大对失信惩戒措施的运用力度，对恶意骗贷、逃废债的债务人形成彻底的威慑，改善社会诚信环境，实现交易秩序的良性循环。

（三）充分发挥快速排解纠纷机制的积极作用

利用快速排解纠纷机制不仅可以有效缓解法院案多人少的矛盾，还可以提高依法收贷成效。快速排解纠纷机制的运用需要银行内部上下级行和部门之间的联动管理和配合，需要在贷款发放时或贷后管理中就完成对借款合同、担保合同等的强制执行公证手续，签订仲裁方式排解纠纷条款，夯实抵押物权属和评估价值，杜绝可能出现的法律瑕疵和变现障碍。在贷后管理和催收工作中，需要全面掌握债务人的资产动态和状况。一旦发现问题，就立即申请资产保全，进而利用直接实现担保物权，申请仲裁，申请公证强制执行等快捷路径，提升依法收贷效率和效果。

（四）发挥社会中介律师的积极补充作用

借助律师、会计师事务所等社会中介力量及时弥补银行内部清收人员的不足，也是改善当前依法收贷效果的有效措施。从实际收回效果来看，对法律关系疑难复杂、债务人财产线索不明、异地起诉执行等，需要做大量调查取证、研究论证和外部沟通协调工作的案件；对案件事实或法律适用问题存在争议，法院有一定自由裁量空间，可能影响胜诉或者因其他外部因素干扰，诉讼或执行结果存在不确定风险的案件；以及短期内批量发生的个人贷款、信用卡透支等案件，行内员工自行代理人手不足的案件，外聘社会律师代理的效果比单纯的自行代理清收要好，清收效率也相对较高。

（五）提高银行内部法律清收人员的专业素质

银行法律工作人员要同时学习银行新产品、新业务，研究其中可能出现的法律问题和漏洞，同时熟练掌握有关法律条款和监管规章的规定，正确运用法律手段，在实务中动脑筋、想办法，创新性地开展工作，推动立法完善和司法进步。近年来，浙江高院在当地银行和银行业协会的帮助下，从司法专业站位出发，采取了诸多切实可行的做法和政策解决银行收贷难题，如申请直接实现担保物权案件，在银行提供反担保措施的前提下，对抵押人的非实质性异议，不停止执行；对抵押房产的"带租拍卖"，等等。这些无不是银行法律工作者和司法人员实践智慧的结晶。

B.5
慈善信托立法与实践报告

张　永*

摘　要： 慈善信托与一般信托截然不同，必须以公益为目的，且不
存在特定的受益人，受到银监部门和民政部门的双重监管，
且只有慈善组织与信托公司才可以作为受托人。慈善信托
在我国属于新鲜事物，理论研究几乎空白，但在业务层面
已经取得较大的进步。与此同时《慈善法》仍然存在不少
立法漏洞，慈善信托在实际操作中也存在不尽顺畅之处。
河南省亟须出台更加细化的规定，促进慈善信托在河南省
快速发展。

关键词： 慈善信托　受托人　备案制　监察人

一　信托与慈善信托

《信托法》规定信托是指委托人基于对受托人的信任，将其财产权委托
给受托人，由受托人按委托人的意愿以自己的名义，为受益人的利益或者特
定目的，进行管理或者处分的行为。委托人、受托人、受益人在中华人民共
和国境内进行的民事、营业、公益信托活动，都适用《信托法》。此项界定
与日本《信托法》基本相似。① 根据《慈善法》，慈善信托是委托人基于慈

---

* 张永，民法学博士，百瑞信托有限责任公司家族与慈善办公室总经理。
① 〔日〕能见善久：《现代信托法》，赵廉慧译，中国法制出版社，2011，第315页。

善目的依法将其财产委托给受托人，由受托人按照委托人的意愿以受托人名义进行管理和处分，开展慈善活动的行为。根据《信托法》《慈善法》《慈善信托管理办法》以及民政部、中国银监会联合颁布的《关于做好慈善信托备案有关工作的通知》（民发〔2016〕151号）的相关规定，结合目前信托公司开展的慈善信托业务实践，慈善信托具有不同于一般信托鲜明的个性和特点。①

（一）慈善信托是企事业单位履行社会责任的上佳选择，法律明确支持并鼓励

以往企事业单位履行社会责任往往采取直接捐赠的方式，受赠的基金会需按照法律要求每年支出大笔本金，可持续性较差，而慈善信托的方式具有较强的造血功能，尤其以信托公司单位为受托人，其具有很强的资产保值增值能力，而且法律没有要求每年必须支出固定的比例，因此可以实现细水长流、持续资助。同时作为主要发起人的企事业单位可以用自己单位的名称来冠名慈善信托，起到很好的宣传作用，企业员工、其他社会爱心人士也可以选择加入该信托，而且没有门槛限制，最低1元即可成为慈善信托的委托人。

（二）无须事先审批，只需事后向民政部门备案，设立方便

《信托法》第62条规定公益信托的设立和确定其受托人，应当经有关公益事业的管理机构批准，未经公益事业管理机构的批准，不得以公益信托的名义进行活动。此次《慈善法》第45条明确废止了事先审批制，确立了事后备案制，即设立慈善信托，受托人应当在慈善信托文件签订之日起7日内将相关文件向受托人所在地县级以上人民政府民政部门备案。这一规定彻底解决了阻碍慈善信托发展的绊脚石，必将大大激发整个社会的公益热情，推动慈善信托的蓬勃发展。

---

① 张永：《为精准扶贫涵养源头活水》，《人民日报》2018年2月28日。

（三）《慈善法》明确规定备案的慈善信托享受税收优惠

《慈善法》第45条明确规定，经过备案的慈善信托享受税收优惠；第80条明确规定，企业慈善捐赠支出超过法律规定的准予在计算企业应纳税所得额时扣除的部分，允许结转以后三年内在计算应纳税所得额时扣除。若该条款同样适用于慈善信托，必将对慈善信托的投资人产生正向激励，刺激更多的机构投资慈善信托项目。①

（四）信托监察人由强制设置改为任意设置，赋予委托人充分的选择自由

《慈善法》第49条则规定，慈善信托的委托人根据需要，可以确定信托监察人，由慈善信托当事人根据实际需要自由裁量。但事实上处于严格监管、确保规范运行的考虑，民政部门在实际备案时，多建议慈善信托设立监察人。

（五）受到民政部门和银监部门的双重监管，确保慈善信托运作规范

根据《慈善法》规定，慈善信托应当向民政部门备案，并由民政部门统一管理、监督。同时信托公司作为慈善信托的受托人，还要接受银监部门的监督和管理，因此慈善信托项目受到双重监管，最大限度地确保慈善信托的规范、透明、合法运营。

（六）慈善目的非常广泛

《慈善法》第3条规定，本法所称慈善活动，是指自然人、法人和其他组织以捐赠财产或者提供服务等方式，自愿开展扶贫、济困，扶老、救孤、恤病、助残、优抚，救助自然灾害、事故灾难和公共卫生事件等

---

① 何宝玉：《信托法原理与判例》，中国法制出版社，2013，第374页。

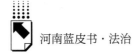

突发事件造成的损害，促进交易、科学、文化、卫生、体育等事业的发展，防止污染和其他公害保护和改善生态环境，符合本法规定的其他等公益活动。

（七）受托人有严格的准入门槛，确保专业的人干专业的事

《信托法》关于公益信托的规定没有明确受托人的准入门槛，而《慈善法》则要求慈善信托的受托人只能是信托公司或慈善组织，（民发〔2016〕151号）进一步明确其他任何单位和个人不得以"慈善信托""公益信托"等名义开展活动。

（八）有严格的信息披露要求，保证慈善财产在管理上的阳光、透明

《慈善信托管理办法》规定，民政部门和银行业监督管理机构应当及时向社会公开多项慈善信托信息。受托人应当在民政部门提供的信息平台上，发布相关慈善信息，并对信息的真实性负责。慈善信托的受托人应当于每年3月31日前向备案的民政部门报送慈善信托事务处理情况和慈善信托财产状况的年度报告。目前，民政部已开通专门的慈善信息公布平台网站（http://cishan. chinanpo. gov. cn/platform/login. html），披露全国所有已经备案的慈善信托项目。

（九）信托财产必须全部用于公益目的，杜绝善款私用

有效的慈善信托其每一个信托目必须都具有公益性，只要其中一个信托目的含有非公益性，即不能成立有效的慈善信托。[①]《慈善信托管理办法》第23条借鉴日本的经验正面规定，慈善信托财产及其收益，应当全部用于慈善目的。[②]

---

① 何宝玉：《信托法原理与判例》，中国法制出版社，2013，第377页。
② 徐孟洲：《信托法》，法律出版社，2015，第221~222页。

二 慈善信托的现行法依据

《慈善法》已于 2016 年 3 月 11 日经第十二届全国人大第四次会议审议通过，并已于 2016 年 9 月 1 日生效。《慈善法》关于慈善信托主要做了以下规定。一是明确了慈善信托的备案制度，受托人应当在慈善信托文件签订之日起七日内将相关文件向受托人所在地县级以上人民政府民政部门本案。二是确定受托人的范围，受托人可以由委托人确定其信赖的慈善组织或者信托公司担任。三是将是否设置监察人的权利授予委托人。2016 年 8 月 25 日为解决慈善信托备案的相关具体问题，民政部、中国银监会颁布了《关于做好慈善信托备案有关工作的通知》（民发〔2016〕151 号），对于慈善信托的备案管辖机关、备案程序和要求、管理和监督、信息公开、组织保障等进行了具体明确的规定。2017 年 7 月 26 日，为进一步规范慈善信托的具体管理和监督，中国银监会、民政部颁布了《慈善信托管理办法》，对慈善信托的设立、慈善信托的备案、慈善信托财产的管理和处分、变更和终止、促进措施、监督管理和信息公开及法律责任做了更加明确的规定（见表 1）。

表 1 我国慈善信托制定的法律依据

名称	生效时间	备注
信托法	2001 年 10 月 1 日	第六章《公益信托》
慈善法	2016 年 9 月 1 日	第五章《慈善信托》
关于做好慈善信托备案有关工作的通知	2016 年 8 月 25 日	民政部、银监会颁布
慈善信托管理办法	2017 年 7 月 26 日	银监会、民政部颁布

无论是《信托法》《慈善法》都规定了十分广泛的慈善目的覆盖范围。早在 2001 年 10 月 1 日生效的《信托法》第 61 条明确了国家鼓励发展慈善信托的基本立场，《信托法》第 60 条规定了救济贫困，救助灾民，扶住残疾人，发展教育、科技、文化、艺术、体育事业，发展医疗卫生事业，发展环境保护事业维护生态环境，发展其他社会公益事业等公共利益目的之一而

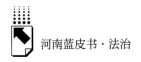

设立的信托,属于公益信托,《慈善法》对扶贫工作非常重视,将其列为典型公益活动之首,该法第3条规定慈善活动是指自然人、法人和其他组织以捐赠财产或者提供服务等方式,自愿开展的公益活动:如扶贫、济困;扶老、救孤、恤病、助残、优抚;救助自认灾害、事故灾难和公共卫生事件等突发事件造成的损害;促进教育、科学、文化、卫生、体育等事业的发展;防止污染和其他公害、保护和改善生态环境;符合本法规定的其他公益活动。①

此外针对慈善信托的独特作用,不少地方出台了或修订了规范性文件。例如,北京市政府出台了《北京市慈善信托管理办法》,江苏省人大审议通过了《江苏省慈善条例》,甘肃省慈善总会发布了《甘肃省慈善捐助管理办法》,湖北省慈善总会出台了《湖北省慈善总会财富管理方案》等,但目前河南省还没有出台相关慈善信托方面的地方性法规或地方政府规章。

三 慈善信托的多重优势

扶贫也是目前我国慈善信托业务实践中的一个最为重要的慈善目的,通过慈善信托管理运作慈善资金具有多方面的重要优势。

(一)在顶层设计层面

国家出台多部法律法规鼓励支持扶贫慈善信托的开展,除了《信托法》,2016年9月1日生效的《慈善法》充分解决了慈善信托的备案问题,2016年8月民政部、银监会颁布了《关于做好慈善信托备案有关工作的通知》(民发〔2016〕151号)。2017年7月银监会、民政部又颁布了《慈善信托管理办法》对慈善信托的具体管理、监督进行了进一步细化。这些规范性文件明确扶贫、济困是最典型的慈善目的之一,且所有经过备案的慈善信托均享受税收优惠,从而为扶贫慈善信托的合法性保驾护航。

---

① 周小明:《信托制度:法理与实务》,中国法制出版社,2012,第378~389页。

（二）在慈善资金持续性方面

慈善信托具有极强的造血功能，尤其是信托机构作为受托人可以发挥其专业的资产管理优势，较好地实现扶贫资金的保值增值。2017年9月，共青团国家电力投资集团团委作为委托人发起的"百瑞仁爱·映山红慈善信托"，委托人将195万元以信托的方式委托受托人百瑞信托进行管理。受托人作为专业的金融服务机构，以自己名义管理、运用和处分信托财产，致力于信托财产的保值增值，并将信托本金、收益长期用于救济贫困人群，包括贫困儿童、失学儿童、留守儿童、贫困老人和贫困家庭等。该信托期限长达20年且可延期。按照年化收益率6%保守计算，该信托每年的收益将达到12万元，能够满足当年信托运营中的预计开支，抵消通货膨胀的负面冲击，而且能够在本金不被消耗且不断增值的基础上实现对扶贫事业的持续支持。

（三）在监督管理方面

慈善信托受到民政部门和银监部门的双重监管，民政部门依法履行受理慈善信托受托人关于信托事务处理情况及财务状况报告、公开慈善信托有关信息、对慈善信托监督检查及对受托人进行行政处罚等职责；银监部门则履行对信托账户资金保管业务的监管。此外慈善信托均设置有信托监察人（通常由律师事务所担任），对慈善信托进行全流程监管，切实维护不特定受益人的利益，双重监管和监察人以在最大限度确保了慈善信托的规范、透明、合法运营，严格监管是目前国际通行规则，目的是确保慈善事业能够长久地开展下去。

（四）在信息披露方面

慈善信托必须严格按照民政部门、银监部门的要求准确、及时、完整地披露信息，内容包括慈善信托的备案事项、终止事项、检查评估情况、相关处罚、财产使用情况等，受托人应于每年3月31日前向备案的民政部门报

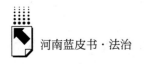

送慈善信托事务处理情况和慈善信托财产状况的年度报告，所有慈善信托的信息必须在民政部开通的专门网站进行披露。

（五）在确保专款专用方面

《慈善信托管理办法》明确慈善信托本金及其收益均必须用于慈善目的。因此扶贫慈善信托的所有信托财产都必须用于扶贫，而不得用于私益，更不能要求本金返还或将扶贫资金用于特定的个人或机构。即使信托终止，剩余信托财产也必须用于目的近似的慈善组织或其他慈善信托。

四　慈善信托在河南的发展现状

民政部官方网站公布的数据显示，2016年9月《慈善法》实施至2018年3月12日，共备案69单慈善信托，总规模8.9亿元。目前，河南省已备案落地3单慈善信托业务，均由百瑞信托做独立受托人。

河南省在公益信托、慈善信托领域一向保持着领先优势。近年来，河南省信托业积极顺应行业发展趋势和监管导向，努力推动业务升级转型，并针对不同客户特定需求和风险偏好进行管理。目前，百瑞信托已设立运营多单公益信托、慈善信托、准公益信托，募集善款约7000万元，分别用于地震救灾、偏远地区教育事业、脑瘫儿童救治、困难学子帮扶、信托业理论研究、奖学金发放等。河南省在公益慈善信托领域的研发能力和业务落地能力一直居于全国信托行业前列。

早在《慈善法》生效前，百瑞信托作为受托人就设立了多单公益信托、准公益信托。2008年10月设立"百瑞信托·郑州慈善（四川灾区及贫困地区教育援助）公益信托"，致力于四川地震灾区灾后重建及学龄儿童教育，是我国第二单纯粹的公益信托，目前已捐建了三所希望小学，具有重要的行业影响力。2013年12月设立"百瑞仁爱·天使基金1号集合资金信托计划"，致力于脑瘫儿童救助事业，目前规模为800万元，已捐赠550万元。2013年10月设立"百瑞仁爱·瑞祥基金集合资金信托计划"，致力于高等教育事业，为优秀学子颁发奖学金，目前规模为 700 万元，颁发奖学金 160 万元。2016 年 7 月设立"百瑞安鑫·信托金融理论研究创新型公益信托"，致力于信托基础理论研究，探求信托行业基础发展规律，目前规模 3150 万元，2018 年预计支出 50 万元。

《慈善法》生效后，百瑞信托作为受托人备案成立了三单慈善信托，也是目前为止河南省仅有的三单慈善信托。

百瑞仁爱·映山红慈善信托 初始委托人为共青团国家电力投资集团团委，受托人为百瑞信托，备案机关是郑州市民政局，备案时间为 2017 年 6 月 5 日，监察人是北京大成（郑州）律师事务所，资金保管行为中信银行郑州分行营业部；初始信托规模为 195 万元，目前规模 295 万元；信托期限为 20 年，可延期；主要用于开展救济贫困人群的慈善活动，包括但不限于贫困儿童、失学儿童、留守儿童、贫困老人和贫困家庭等需要救助的个人和家庭等。

百瑞仁爱·甘霖慈善信托 初始委托人为中外建设发展（上海）有限公司，受托人为百瑞信托，备案机关是郑州市民政局，备案时间为 2017 年 8 月 25 日，监察人是刘梅，资金保管行为中信银行郑州分行营业部，初始信托规模为 153 万元，信托期限为永续；主要用于开展救济贫困、扶老救孤、恤病助残、促进教育、科学、文化等事业，发展环境保护事业，维护生态环境等慈善活动。

百瑞仁爱·金庚慈善信托 初始委托人为北京长江科技扶贫基金会、汝州市金庚康复医院，受托人为百瑞信托；备案机关是郑州市民政局，备案时间为 2017 年 12 月 8 日，监察人是北京大成（郑州）律师事务所，资金保管行为中信银行郑州分行营业部；初始信托规模为 294 万元；信托期限为 30 年，可延期；主要用于脑瘫患儿、困境儿童救助、脑瘫医护人员培训、脑瘫救治研究和医学交流以及与脑瘫儿童、困境儿童救助的其他相关慈善活动。

目前正在实现落地的慈善信托还有：百瑞仁爱·中宽慈善信托、百瑞仁爱·正商慈善信托、百瑞仁爱·万家慈善信托、百瑞仁爱·天爱慈善信托、百瑞仁爱·百年慈善信托、百瑞仁爱·郑商所慈善信托等。

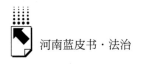

五 《慈善法》与《信托法》比较分析

（一）《慈善法》关于慈善信托的立法突破

1. 改事前审批制为事后备案制

《信托法》第 62 条规定，公益信托的设立和确定其受托人，应当经有关公益事业的管理机构批准，未经公益事业管理机构的批准，不得以公益信托的名义进行活动。但是什么机构属于公益事业管理机构，是民政部门、教育部门、医疗服务部门还是文化部门？ 如何进行审批，由哪个级别的公益事业管理机构来审批？ 非常不明确。此次《慈善法》第 45 条明确废止了事先审批制，确立了事后备案制。

2. 明确备案的慈善信托享受税收优惠

《信托法》没有明确与公益信托相配套的税收制度，《慈善法》第 45 条明确提出，经过备案的慈善信托可享受税收优惠，这必将对慈善信托的投资人产生正向激励，刺激更多的机构投资于慈善信托项目。

3. 信托监察人由强制设置改为任意设置

《信托法》第 64 条规定，公益信托应当设置信托监察人。《慈善法》第 49 条规定，慈善信托的委托人可根据需要来确定信托监察人，即设立信托监察人由慈善信托当事人根据实际需要自由裁量。

（二）亟待解决的重要问题

1. 监察人对信息披露的认可权

《信托法》在受托人在信息披露问题上，强调了信托监察人对披露报告的认可权，即必须经过监察人认可后，该报告才能最终经过公益事业管理机构核准并予以公告，因此监察人认可是信息披露的必经环节。而《慈善法》第 48 条则忽略了这个问题，即受托人仅仅需要将信息披露报告向备案的民政部门报告后即可向社会公开。如何处理两者之间的冲突，可能的方案有以下几种。一是如果慈善信托设置了监察人，并且监察协议中约定受托人的信息披露报告必须经过监察人认可，则应当认定约定有效，监察人基于约定取得了对信息披露报告的认可权。二是若慈善信托设置了监察人，但是没有上述约定，则该监察人能否根据《信托法》第 67 条主张行使认可权成为重要问题，结合《慈善法》第 48 条、第 50 条的规定，有理由认为《慈善法》第 48 条应当优先于《信托法》第 67 条适用，即此时的监察人不能基于《信托法》第 67 条主张认可权，否则《慈善法》第 50 条的规定将流于具文。三是若根据《慈善法》第 49 条第一款慈善信托没有设置监察人，则监察人的认可权也无从谈起，适用《慈善法》第 48 条第二款处理完全没有障碍。四是若公益信托完全根据《信托法》中的规定设立，一直存续到《慈善法》生效后，监察人能否主张后法优于前法，从而放弃行使认可权。从原则上讲，法律不溯及既往，因此已经设立的公益信托遵循《信托法》进行管理完全符合法理。且从方便管理的角度应当保持公益信托运营管理的持续性，认可权是监察人的重要权利，对于确保公益信托的规范、透明至关重要，从某种意义上讲这种权利也含有义务的属性，而义务具有不可放弃性。从实际操作层面分析，为了杜绝法律关系的复杂化，最大限度避免争议，同时兼顾设置监察人的其他优势，建议在《慈善法》生效后于慈善信托成立生效之际设置监察人，并在监察协议中约定监察人对受托人信息披露报告的认可权。

2. 信托监察人监督权的缺位填补

根据《慈善法》第 50 条、《慈善法》第 49 条第一款显然应当优先于《信托法》第 64 条适用，即委托人完全可以不设置监察人，从而慈善信托受益人的利益无人维护，若此处理与慈善信托的性质直接冲突，构成明显的法律漏洞。可能的解决方案有以下几种。一是回到《信托法》第 64 条，在信托文件没有设置信托监察人时，由公益事业管理机构指定信托监察人。但这样处理与《慈善法》第 50 条直接矛盾，并使《慈善法》第 49 条第一款规定的监察人任意设置的条文形同虚设，且《慈善法》并没有"公益事业管理机构"的位置，也无从获得批准，因此这种方案行不通。二是借鉴日本和韩国相关法律的规定，在委托人没有设置信托监察人时，由法院指定或者选任监察人，但这种处理实质上又回到了《信托法》第 64 条，即仍然是强制设立监察人，与第一种方案存在相同的问题。三是由慈善信托的委托人代表受益人行使《慈善法》第 49 条第二款规定的监察人的权利。这种处理的障碍在于《慈善法》没有明确赋予委托人这样的权利，因为慈善信托中的委托人十分众多、分散，且捐赠门槛低，对监督受托人、切实维护慈善信托受益人权益的热情有限，在实际操作上存在困难。而根据《慈善法》第 49 条第二款的规定，监察人发现受托人违反信托义务或者难以履行职责的，应当向委托人报告。《慈善法》显然将监察人和委托人分列为不同的角色，充任不同的职能，若由委托人行使监察人的职权显然与目前立法结构冲突。四是由备案的民政部门行使《慈善法》第 49 条第二款规定的权利。但《慈善法》目前的立法政策基本上把民政部门作为慈善信托的业务主管机构，其对慈善信托的备案是代表国家行使公权力，而监察人的权利则产生于监察服务合同，两者具有不同的性质。此外，民政部门作为备案部门，不适合实质介入慈善信托的运作、管理，作为非专业部门，民政部门能否准确判断受托人是否违反信托义务或者难以履行职责也存在质疑，考虑到我国民政部门实际工作的繁重程度，由民政部门行使监察人的权利至少在可操作性上有待商榷。从实际操作层面分析，比较稳妥的办法是在慈善信托设立时就设置监察人，从而可以充分落实《慈善法》第 49 条规定的立法精神，避免事后再寻找合适的受益人利益代表以及由谁来监督受托人的问题。

3. 在情事变更的情形下变更信托文件条款权利的归属

《信托法》第 69 条则规定："公益信托成立后，发生设立信托时不能预见的情形，公益事业管理机构可以根据信托目的，变更信托文件中的有关条款。"但是《慈善法》对此问题没有明确的规定。可能的解决方案是根据《慈善法》第 50 条规定，《慈善法》未规定的，适用《信托法》的有关规定。如此，问题又回到了《信托法》第 69 条，即《慈善法》生效后设立的慈善信托依然适用《信托法》第 69 条来处理情事变更问题，由公益事业管理机构根据信托目的，在"发生设立信托时不能预见的情形"时变更信托文件中的有关条款。但是《慈善法》将事前审批制改为事后备案制，而整个慈善信托在运作过程中，任何变动事项也只需要事后在民政部门备案即可。如果依然根据《信托法》第69条处理，则可能在民政部门之外又出现了各种"公益事业管理机构"参与慈善信托的管理，甚至可能变更慈善信托的条款。如此处理，显然与《慈善法》以"民政部门"取代《信托法》中的"公益事业管理机构"的立法设计相左。另外一个可能的方案是由民政部门来行使《信托法》第69条规定的变更信托文件条款的权利，这与《慈善法》的整个立法架构是吻合的，民政部门作为《信托法》中的"公益事业管理机构"的替代机构来行使其相应权利也符合职能替代的原则。但是，目前的困难在于民政部门并没有慈善信托条款调整的经验，甚至慈善信托对民政部门来说也是全新的事物。此外从立法论上讲，应当尽快出台相关的司法解释或者部门规章，从立法层面尽快明确在情事变更的情形下，民政部门有变更慈善信托文件中有关条款的权利。

4. 慈善信托受托人辞任的批准权配置

《信托法》第66条规定公益信托的受托人未经公益事业管理机构批准，不得辞任。《慈善法》对慈善信托中受托人的辞任问题没有规定，大致的解决方案有三个。一是按照《慈善法》第50条处理，针对慈善信托受托人辞任的批准问题，《慈善法》没有规定，因此只能按照《信托法》的相应规定处理，事实上《信托法》的有关规定指的就是《信托法》第66条。若如此处理，则会出现确定受托人、变更受托人都由民政部门负责备案，而受托人辞任却需要有关的公益事业管理机构批准，逻辑上明显存在问题，且由于可能存在两个官方机构，在管理上会存在尺度不一的情况，也与《慈善法》以"民政部门"替代《信托法》中的"公益事业管理机构"的立法政策背道而驰。二是根据《慈善法》的立法精神，取消了"公益事业管理机构"的概念，而规定"民政部门"负责慈善信托的备案管理工作，则有关的权利应当由民政部门承继，这其中当然也包括批准慈善信托受托人辞任的权利，其基本逻辑是既然慈善信托设立时确定受托人由民政部门备案，运行中变更受托人也由民政部门重新备案，则受托人辞任当然也要经过民政部门批

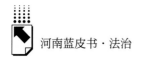

准。三是突出委托人的作用，这也是《慈善法》对《信托法》的一大改进，《慈善法》将确定受托人、变更受托人的权利都交给了委托人，改变了《信托法》的相应规定。那么遵循这一立法思路，《信托法》第66条规定的由公益事业管机构享有的批准受托人辞任的权利也应当由委托人享有。课题组以为，这样处理最符合《慈善法》的立法精神，为避免争议，最具可操作性的办法是在慈善信托合同中明确受托人若辞任必须经过委托人大会批准，并且规定比较明确的委托人大会的表决机制。

六 结论

慈善信托属于公益信托，是指委托人基于慈善目的，依法将其财产委托给受托人，由受托人按照委托人意愿以受托人名义进行管理和处分，开展慈善活动的行为。公益信托具有信托目的的公益性、设立条件严格、由专门机构监管、公益信托的变更和终止有其特殊性、公益信托享受税收优惠、公益信托的受托人受到较多监管等特点。慈善信托的公益性包括目的公益性、效果公益性和完全公益性三个层面。在法律适用上，慈善信托首先适用《慈善法》来调整，如《慈善法》没有规定的可适用《信托法》的规定，两部法律规定不一致时，应优先适用《慈善法》。《慈善法》生效前已成立并存续的公益信托，根据"法不溯及既往"的原则，应继续适用《信托法》来调整。《慈善法》生效以后从解释论上应认为不得继续根据《信托法》来设立公益信托。在两部法律因衔接不当而形成法律漏洞时，应通过法律解释、漏洞填补等来最小化法律适用的困难，从立法论上应尽快在立法中明确这些问题的处理依据。境外公益信托发展时间长，形成了稳定的监管与税收优惠制度。《慈善法》关于慈善信托的立法有重大突破，但仍有几个问题需要关注，如慈善信托的清算、谁有公益信托受托人的变更权、监察人对信息披露的认可权、信托监察人监督权的缺位填补、情事变更情形变更信托文件条款权利的归属、慈善信托受托人辞任的批准权配置、公益信托的公募等。

从河南省的慈善信托实践来看，目前有必要出台更加细化、具有可操作性的地方性法规或地方政府规章，针对备案、管理、投向、信息披露、新委托人加入等问题做出更加具体的规定。此外，应积极鼓励基金会与信托公司广泛合作，各自发挥各自优势。慈善信托同时受银监部门和民政部门监管，如何协调两者的关系值得关注。而在慈善信托的税收优惠方面也可以尝试做出初步规定，使慈善信托的委托人和受益人群确实从中得到益处。

参考文献

赵磊：《公益信托法律制度研究》，法律出版社，2008。

解锟：《英国慈善信托制度研究》，法律出版社，2011。

周小明：《信托制度：法理与实务》，中国法制出版社，2012。

周小明：《信托制度与比较法研究》，法律出版社，1997。

何宝玉：《信托法原理与判例》，中国法制出版社，2013。

何宝玉：《英国信托法原理与判例》，法律出版社，2001。

施天涛、余文然：《信托法》，人民法院出版社，1999。

谢哲胜：《信托法总论》，台北：元照出版公司，2003。

何宝玉：《信托法原理研究》，中国政法大学出版社，2004。

张淳：《中国信托法特色论》，法律出版社，2013。

张淳：《信托法原论》，南京大学出版社，1994。

张淳：《信托法哲学初论》，法律出版社，2014。

张天民：《失去衡平法的信托——信托观念的扩张与中国信托法的机遇和挑战》，中信出版社，2004。

胡卫萍、田田：《慈善资金的信托运营研究》，《企业经营》2012年第9期。

乔文湘、夏瑜杰：《准公益信托的可行性研究》，《现代管理科学》2011年第5期。

王建军、燕翀、张时飞：《慈善信托法律制度运行机制及其在我国发展的障碍》，《环球法律评论》2011年第4期。

许多奇、杨州：《公益信托灾害救济的税法扶持与规制》，《法学》2010年第9期。

郝琳琳：《我国公益信托发展中的税法缺失》，《河北法学》2010年第12期。

薛智胜、王海涛：《论我国公益信托监察人制度的完善》，《天津大学学报》（社科版）2009年第2期。

B.6
河南保险消费纠纷多元化解决机制研究

郭晓彤*

摘　要： 河南作为我国重要的区域性保险市场，近年来总体保持了平稳健康的发展态势。但由于保险市场仍处于发展阶段的初创时期，且河南又是农业和农村人口大省，社会公众保险知识相对匮乏，加之部分保险公司经营管理比较粗放、保险销售人员素质普遍不高等因素，河南保险消费纠纷总量一直居全国前列，行业矛盾不断凸显。本课题通过对河南保险消费纠纷解决途径现状的调研和分析，立足于保险行业和保险纠纷自身的特点，进一步探索适合河南省实际的低成本、高效率、灵活而适用性强的保险消费纠纷多元化解决机制，迅速、妥善解决矛盾纠纷，保护保险消费者合法权益，提升行业的美誉度，进而促进保险业长远发展。

关键词： 保险消费者　保险消费纠纷　多元化机制

随着我国保险市场的快速发展，保险消费纠纷案件也日益增多，且随着社会环境变化等多重因素影响，保险纠纷案件呈现出复杂化、多样化的趋势。河南作为我国重要的区域性保险市场，近年来总体保持了平稳健康的发展态势。但由于保险市场仍处于发展阶段的初创时期，且河南又是农业和农村人口大省，社会公众保险知识相对匮乏，加之部分保险公司经营管理比较

---

* 郭晓彤，河南保监局消保处副处长。

粗放、保险销售人员素质普遍不高、保险消费者群体庞大等因素，河南保险消费纠纷总量一直居全国前列。因此，结合河南省实际情况，建立完善多元化的保险消费纠纷解决机制，快速、妥善、高效解决保险消费纠纷，对维护保险消费者的合法权益，促进保险业持续平稳发展具有重要意义。

一　河南省保险消费纠纷现状

（一）河南保险消费纠纷基本情况

数据显示，2012 年以来，河南保险消费纠纷逐年呈上升趋势，除具备多发性、专业性、不对等性、急迫性等特点以外，还呈现民事纠纷占比高、增长速度快、纠纷解决难度加大等态势。

1. 合同纠纷占比逐年增高

以监管部门投诉为例，全省保险合同的民事纠纷占比从 2012 年的 94.33% 上升至 2016 年的 98.53%，合同纠纷占比高且呈逐年增加的态势（见图 1）。保险消费者反映的民事纠纷主要集中在销售、理赔、保全、退保等环节。

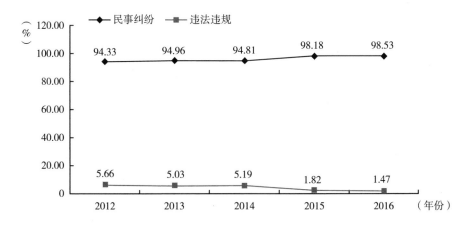

图 1　2012~2016 年民事纠纷与违法违规投诉占比

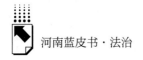

2. 保险消费纠纷总量快速增加

以监管投诉为例，自 2012 年 12378 保险消费者投诉维权热线开通后，河南保监局接收的保险消费有效投诉呈现爆发式增长。2012 年以来，接收涉及保险消费者权益的有效投诉量年均增长 43%，截至 2016 年底已累计达到 1.76 万件。2016 年有效投诉数量是 2015 年的 2.1 倍。（见图 2）

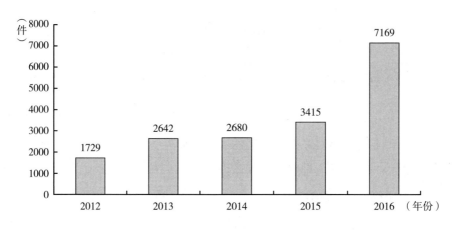

图 2　2012~2016 年保险消费有效投诉量

3. 保险消费纠纷解决难度不断增大

近年来，保险消费纠纷在数量激增的同时，解决纠纷的难度也越来越大，分析原因主要有以下两个方面。

（1）职业投诉代理人增加。近年来，保险业的快速发展引起了社会各界越来越多的关注，一些民间维权人士开始专门从事投诉保险业务的活动，有些"维权人士"还利用互联网的优势组建了网络组织，如"世纪保网""维权保险联盟 qq 群"等，在全国范围内代理保险消费者投诉。由于有代理人在幕后出谋划策，保险公司与投诉人协商时往往进展不顺利，投诉人一般在关键环节征求代理人意见，时常出现反复协商未果的情况，增加了投诉处理的难度。尤其是 2015 年以来，消费者在投诉保险机构销售误导时，要求保险公司给予 3 倍赔偿的诉求日趋增多，究其原因主要是《消费者权益保护法》2014 年修订后，将金融产品纳入其调整范围，并将原第 49 条双倍赔偿内容修订为第55条"经营者提供商品或者服务有欺诈行为的，应当按照消费者的要求增加赔偿其受到的损失，增加赔偿的金额为消费者购买商品的价款或者接受服务的费用的三倍"，一些职业投诉人或保险消费者利用上述规定，提出获得高额赔偿，其过高的经济诉求无疑增加了保险消费纠纷的处理难度。

（2）消费者维权意识增强但法律意识不强。近年来，随着我国改革开放，公民的权利意识逐渐增加。但与一些法治国家相比，我国许多公民在社会经济活动中只强调自身权利，往往在行使自身权利时不顾及他人利益。一些公民在社会经济活动中只要觉得自己不如意，就认为他人侵犯了自己权益，没有考虑自己本身是否有过错，或他人的做法是否有依据，动辄投诉他人。许多保险消费纠纷也是如此，一些消费者投诉保险公司实际上并没有法律依据，只是因为保险公司未满足其不合理要求。一些保险消费者与保险公司发生争议和纠纷的原因并非保险公司真正侵害了消费者利益，而是因为消费者自身对保险产品的责任及特点存在误解，或是其提出的要求没有法律及合同依据。

（二）保险消费纠纷产生的原因

保险产品和保险合同的复杂性决定了保险合同纠纷产生的原因具有多样性。简单来看，保险消费纠纷通常由以下原因引起：一是消费者没有履行法律规定和合同约定的义务，保险公司履行了，引发纠纷。二是消费者履行了法律规定和合同约定的义务，保险公司没有履行，但没有违反保险监管的法律、法规和规定，引发纠纷。三是消费者履行了法律规定和合同约定的义务，保险公司没有履行，且违反了保险监管的法律、法规和规定，引发纠纷。四是双方都履行了法律规定和合同约定的义务，但双方对有关概念、行为的含义理解有分歧，引发纠纷。

除此之外，还有社会环境方面的原因：一是媒体报道不客观。报纸、网络等媒体对保险公司的负面报道时有发生，一些报道没有站在公正立场，在没有对事实予以核实的情况下单方面听信消费者的反映，对保险公司进行诬

蔑中伤，致使社会公众和保险消费者对保险行业产生不信任。二是司法裁判不公正。部分法院的法官不了解保险原理，在审理保险消费纠纷时不以《保险法》规定和保险合同条款为依据，将保险合同纠纷作为普通民事纠纷对待，并打着保护社会弱者的旗号，在不区分原被告双方责任的情况下直接判决保险公司败诉。这些判决书在网络等媒体大量转载传播，在社会上产生较大影响，起到很不好的负面效应，致使许多保险消费者只要与保险公司发生纠纷，就选择诉讼方式解决。

二 河南保险消费纠纷解决机制的现状与不足

（一）河南保险消费纠纷现有解决途径及存在问题

目前河南保险消费纠纷解决途径主要有四大类，即投诉、调解、诉讼、仲裁。

1.投诉

目前，河南省保险消费者就保险纠纷事项主要向以下三个部门进行投诉。

（1）向保险公司投诉。由于保险产品具有专业性、复杂性特征，保险消费过程中极易发生纠纷事件，各家保险公司为提高服务时效，及时处理纠纷，采取多种方式接收保险消费者咨询投诉，并将接收渠道向社会公布，如24小时服务电话、网站信箱、微信微博、营业地址等等。大部分保险消费者在遇到纠纷时首先选择直接与保险公司交涉，寻求妥善解决问题。保险公司接到投诉后，通常先与消费者就投诉事项进行沟通协商，双方通过谈判的方式解决争议，达成和解。

经统计，2016年，河南省各保险公司与消费者自行协商和解保险消费纠纷案件共计6.8万件，占到纠纷解决总量的60%。从人身险公司情况看，自行和解方式解决保险消费纠纷发挥的作用更大。2016年，河南省人身险公司通过自行和解途径解决纠纷案件占其同期纠纷解决总量的96%。这一数据表明,大部分保险消费纠纷通过和解方式是可以解决的。通过这种方式化解纠纷,一方面不会激化矛盾,可以在没有第三方介入的情况下解决双方争议,双方都保留了情面;另一方面,如果公司处理得当,争取到消费者的谅解,消费者在争议或纠纷解决后可能愿意在公司继续投保,由冤家变为朋友,取得双赢的结果。但是,和解本身具有非正式性,双方能够和解成功基本依靠双方力量的博弈和让步,这对于双方来讲均不具有任何强制执行力。

(2)向保险监管部门投诉。中国银保监会作为保险行业的监督管理部门,近年来先后采取了一系列有力措施加大保险消费者合法权益保护力度,如成立保险消费者权益保护局,开通12378保险消费者投诉维权热线,出台《保险消费投诉处理管理办法》《保险销售行为可回溯管理暂行办法》《关于加强保险消费风险提示工作的意见》等多项规定,广泛开展消费者教育和风险提示,等等。尤其是12378保险消费者投诉维权热线的开通,为消费者处理投诉纠纷、损害救济提供了一条成本低廉、方便快捷的解决途径。

但从工作职责来看,中国保监会履行对保险业的监督管理职能,通过对保险公司偿付能力和市场行为等监督管理来保护保险消费者的合法权益。保险监管机构只负责处理保险公司或保险从业人员违反有关保险监管的法律、行政法规和行业规定,损害保险消费者合法权益的投诉件,并没有裁判保险合同纠纷的职能和职权。因此,保险监管部门在接到保险消费者投诉后,对涉及保险条款、理赔、退保、保全等事项的合同或服务纠纷,并不能直接处理,而是转交给被投诉机构处理,只是关注处理情况。因此,保险监管部门在保险纠纷的解决中仅仅起到了辅助性的作用,没有成为解决保险纠纷的主要渠道。

(3)向新闻媒体投诉。然而,新闻媒体仅是通过舆论监督的方式影响纠纷的处理结果,并不能直接处理消费纠纷,纠纷的解决仍然需要保险公司与消费者进行协商沟通。同时,从新闻媒体对保险公司的影响来看,一些媒体对此类案件的报道存在为引起社会公众关注,歪曲事实真相的做法,反而可能给保险业带来负面影响。

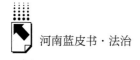

2.调解

目前，调解是世界上广为应用的保险消费纠纷解决方式。根据调解主体的不同，可以分为社会组织调解和司法调解。近年来随着保险纠纷解决方式的创新发展，在上述两种传统调解类型外又出现了诉调对接类型。

（1）社会组织调解，目前尚未成为解决保险消费纠纷的主要渠道，更多的是由保险行业协会进行调解。河南省保险行业协会下设保险消费者权益保护中心，18个省辖市行业协会均设有保险纠纷调解部门，并向社会公开公布维权热线，积极接收调解纠纷案件，促使当事人自愿达成调解协议，化解矛盾纠纷。但从实际情况看，保险行业协会作为第三方参与调解成功的案件比较少，2016年河南省保险行业协会及18个省辖市保险行业协会成功调解保险消费纠纷案件的数量为312件，占同期保险消费纠纷解决总量的0.28%。

（2）司法调解。司法调解是指纠纷处理进入诉讼程序后，当事人双方在法院的主持下，通过当事人之间达成一致意见来解决纠纷的一种重要方式。司法调解是作为民事诉讼程序的一个环节来进行的，是否接受调解取决于双方当事人自愿，法院不能强迫双方当事人进行调解，因而调解过程不具有司法属性，但由于司法调解是在当事人起诉后由法院提议进行，有时法官还会主导双方的调解过程，而且通过司法调解产生的调解协议具有强制执行力，因此这种调解具有准司法性质。经统计，2016年河南省保险消费纠纷通过司法调解解决的案件为1.2万件，占同期纠纷案件总量的10.6%。在处理保险消费纠纷过程中，司法调解虽然在诉讼程序中发挥了一定的调解优势，但目前的司法调解基本上还是由法官主持，并未明显缓解法官压力；而且在消费者准备诉讼、准备庭审过程中还需要付出较大的经济和时间成本，因此并未给消费者带来更多的便利。

（3）诉调对接

在诉调对接机制下，保险消费者向法院起诉保险公司后，法院会征求当事人意见，将符合条件的案件移交专门的调解组织（之前名称不统一，2016年开始统一名称为保险社会法庭）开展调解，调解人员由行业协会人员担任或行业协会从保险公司推荐人员中选任，对调解成功的案件，法院可以依当事人请求制作司法确认书，使调解协议具有可执行性。2016年，全省诉调对接机构共接收涉保纠纷诉讼案件4511件，调解成功2261件，调解成功率50.12%，调解金额达1.48亿元。保险诉调对接机制在及时化解矛盾纠纷，降低保险消费者维权成本，维护当事人的合法权益，提升行业社会形象等方面发挥了重要作用。一是"息诉止争"效果好。调解建立在双方自愿基础上，从调解成功的诸多案件来看，全省平均调解执行率达到93%，基本没有出现反悔、上访、重新诉讼等情形。二是有利于司法资源的优化配置。三是有效减轻消费者的维权成本。"诉调对接"具有民间性、中立性、专业性，又不失权威性，为化解纠纷提供了程序简单、方式简易、方法亲和且法律效力充分的纠纷解决平台，平均调解周期仅为24.85天，减轻了诉讼双方律师费、鉴定费、诉讼费等维权费用，避免了误工时间和诉累，大大降低维权成本。2012年以来，河南保监局在中国保监会消保局的指导下，按照"省会先行、省市联动、因地制宜、全省推进"的思路，陆续指导18个省辖市保险行业协会与法院联合建立保险纠纷诉讼与调解对接机制，实现了保险诉调对接机制全省覆盖，在保险消费纠纷化解工作中取得了较好的成效。2016年，仅诉讼费就节省近300万元，节省律师费或风险代理费近3000万元。

3. 诉讼

诉讼作为最有效、最终的纠纷解决手段，在民事纠纷的处理中发挥主导作用。在保险消费纠纷化解中，诉讼途径同样也发挥着较大的作用。经统计，2016年度河南省保险消费纠纷通过诉讼判决方式解决的案件数量为3.25万件，占同期纠纷案件总量的29%。从财产险公司情况看，通过诉讼判决途径解决保险消费纠纷的比例更高，占比为47%。

但是，保险消费纠纷具有多发性、专业性、不对等性、急迫性的特点，因此诉讼在化解保险消费纠纷时也存在一定局限性。一是保险消费纠纷的数量大，增长快，已成为法院诉讼压力的重要来源。二是保险合同专业性较强，且与保险业快速发展相比，目前保险立法存在滞后性，导致法官在审理

保险纠纷时难以做出合理的判断,诉讼解决纠纷方式的效果不理想。三是通过诉讼方式解决纠纷耗时比较长,消费者在诉讼时要交纳诉讼费、律师费等各项费用,还要承担法定的举证责任,这对急需资金的消费者不能提供及时有效的帮助。

4. 仲裁

仲裁具有保密性好、技术性和专业性强、简便快捷、公正程度高以及灵活性大等多重优点,从理论上而言可谓一种较为理想的保险纠纷解决方式。然而调研发现,几乎所有保险合同中争议解决方式选择的都是法院诉讼,在现实中保险纠纷采用仲裁方法解决的案例寥寥可数。2016 年,河南省保险消费纠纷通过仲裁方式解决的案件数量为 150 件,占同期保险消费纠纷解决总量的 0.13%。仲裁在解决保险消费纠纷中,没有发挥其应有的作用。究其原因主要有三个方面:一是我国的仲裁法律制度起步晚、发展慢,社会公众对仲裁方式比较陌生,多数人并不了解仲裁的优越性,也不了解相关的仲裁法律制度。二是仲裁受理的依据是仲裁协议,没有仲裁协议的保险纠纷,仲裁委员会无权受理。虽然很多保险公司的保险条款中都有关于仲裁的内容,但都规定得过于笼统,难以得到有效的贯彻执行。三是仲裁要收取不菲的仲裁费,解决成本高,保险争议双方选择仲裁方式解决纠纷的意愿不强。

(二)河南保险消费纠纷解决机制存在的不足

1. 纠纷解决主体多元且缺乏协调,易造成社会资源浪费

目前,河南省保险纠纷解决主体多元,人民法院、监管机构、消协、媒体都能参与保险消费纠纷的化解,而且相互之间缺乏整体协调性,通常同一保险消费纠纷案件,消费者可以同时向多个纠纷解决机构投诉或寻求帮助,而各个机构之间并没有任何衔接,也未建立形成协调沟通机制。例如,一名消费者将纠纷提交一个纠纷解决机构后,如果对该机构处理结果不满,可以继续要求另一家纠纷解决机构解决上述纠纷,各种机构重复劳动,增加了纠纷解决的成本,造成社会资源的浪费。各个纠纷解决机构在处理纠纷时,相互之间缺乏信息沟通,适用的标准也不一致,往往不同机构对同一保险纠纷

案件做出的结论或处理结果存在差异，也增加了当事人寻求权利救济的选择。此外，在保险消费纠纷解决主体多样且相互之间缺乏整体协调性的现状下，部分消费者为追求利益最大化，在投机心理支配下，同时选择多种维权途径寻求纠纷解决，以获取对其"最有利"的处理结果。

2. 现行保险消费投诉管理制度存在缺陷，设计不合理

现行保险消费投诉处理只是依照《保险消费投诉处理管理办法》执行，存在较大缺陷，主要表现在以下几个方面。一是对于投诉的有效性缺乏明确的标准，导致一些不合理的投诉也被当作正常投诉处理。例如有的消费者对已进入诉讼程序的保险纠纷进行再投诉，有的消费者对已经终止多年的保险合同进行投诉，有的消费者对已经与保险公司达成和解的纠纷事项进行投诉，甚至有的代理人冒充保险消费者本人拨打热线投诉，等等。二是未明确投诉人的义务。一些投诉人在提出投诉后，对后续处理工作不予配合，使得后续工作无法正常开展。例如，有的投诉人不配合提供相关证据材料，有的投诉人对处理结果不满意或者问题已经得到解决就不接听监管部门或保险机构电话，不配合开展投诉处理的后续工作，导致投诉处理工作不能正常开展。三是对保险消费投诉的代理人（受托人）资格未设置限制条件。《保险消费投诉处理管理办法》第十五条规定："保险消费者本人提出保险消费投诉确有困难的，可以委托他人代为提出……"此款规定的本意是为了向提出投诉有困难的保险消费者提供便利，但因为没有限制"他人"的范围，导致一些社会闲散人员在获知消费者与保险公司发生纠纷后，主动联系消费者，代理投诉事宜，从中获得收益。一些职业投诉代理人通过网络或街头广告招揽生意，替消费者书写投诉材料时，故意隐瞒真实情况，捏造事实，教唆投诉人不配合监管机构调查工作，或直接出面阻挠消费者本人接受调查人员询问，增加了投诉处理的难度。一些职业代理人甚至通过行政复议、行政诉讼、政务信息公开等方式向监管部门施压，以达到索取高额赔偿的目的，自己从中牟取不法利益。四是投诉成本低，对提出保险消费投诉及申请行政复议没有设置任何门槛。保险消费者提出保险消费投诉既可以采取邮寄、传真、电子邮件等方式，也可以采取电话、面访等方式，且提出投诉时不需要

缴纳任何费用。监管机构在接收投诉后必须将受理情况及受理投诉后调查处理情况以书面形式告知投诉人，如果投诉人对保监局处理结果不满意，可向保监会申请核查或提出行政复议申请，这只需要将有关资料寄给保监会既可，基本没有成本。这与原告向人民法院提起诉讼时需要预交诉讼费用，向仲裁机构申请仲裁预交仲裁费用形成极大的反差。所以当消费者与保险公司发生纠纷时，消费者通常不愿意通过诉讼、仲裁等方式解决，即使保险机构极力引导消费者通过法律途径解决，消费者也会坚持首选通过向监管部门投诉解决问题。

3. 纠纷解决未与社会诚信体系关联，易造成权利滥用

当前，我国社会诚信体系建设不完善，征信系统尚未完全建成，部分投诉人失信行为较为严重，但因为没有有效的制度进行约束，导致对恶意投诉行为无法追责。尽管《保险消费投诉处理管理办法》中要求投诉人应如实反映情况，不得捏造、歪曲事实，伪造证据，但是却没有明确上述行为的法律后果及责任追究方式，条文形同虚设。保险消费者通过投诉方式进行维权成本较低，通常发送一封电子邮件、拨打一个投诉电话或者写一封投诉信就可以向相关部门提出投诉，部分投诉人对其反映的事项无法提供证据材料，少数投诉人为了达到解决自己诉求的目的，在投诉过程中进行虚假陈述，甚至捏造证据、歪曲事实，利用制度漏洞对保险机构进行恶意投诉。更有甚者，一些消费者在保险机构满足其投诉要求后，主动以电话或书面形式向保险监管机构承认自己诬告了保险机构。而保险监管机构因为职权有限，即使在调查取证后发现投诉人歪曲事实、伪造证据，也无法对投诉人追究责任，无法采取惩罚措施，只能书面告知投诉人其反映事项与事实不符，恶意投诉人不承担任何法律后果，助长了恶意投诉的气焰。

4. 部分纠纷处理机构未能依法公正履职，易助长过度维权

当前，我国正处于发展的重要战略机遇期，随着改革的不断深入，各种社会矛盾随之凸显，加上公众的维权意识不断增强，越来越多的人开始通过信访、投诉、媒体、诉讼等多种方式表达自己的利益诉求；近年来，维护社会稳定是各级党委和政府的一项重要政治任务。因此，一些纠纷处理机

构往往为了息事宁人、避免群众上访，打着保护社会弱势群体的旗号，在处理保险消费纠纷时牺牲公平正义，片面保护消费者利益而由保险机构承担不利后果。在调研时笔者了解到，部分法官不依据保险合同条款处理保险合同纠纷，采取偏袒消费者的态度，判决结果未体现依法公正。上述情况直接导致法院受理的保险合同纠纷案件增加，一些理赔案件的被保险人在出险后不先向保险公司申请理赔，而是直接到法院起诉对保险公司提出高额赔付要求。一些媒体为吸引社会公众"眼球"，对保险消费纠纷事件在没有全面调查核实事实真相的情况下，进行以偏概全、断章取义甚至有悖事实的报道，对保险行业的声誉造成不利影响，甚至可能引发不稳定事件等不良后果。

三　完善多元化保险消费纠纷解决机制的构想与建议

完善多元化保险消费纠纷解决机制，对于切实保护保险消费者合法权益、促进保险行业健康持续发展以及提升行业形象具有重大意义。

（一）完善现有制度机制，发挥保险消费纠纷解决机制整体协作效应

1. 明确各主体在处理消费纠纷工作中的职责，并规定保险消费纠纷处理程序

在现行制度体系下，保险消费者与保险机构发生争议纠纷后，可以同时或先后选取多个渠道解决争议纠纷。保险消费者既可以直接向涉及保险分支机构的上级机构进行投诉，也可以向保险监管机构投诉，还可以向消费者协会或保险行业协会投诉，同时也可以直接向人民法院提起诉讼，或向仲裁机构申请仲裁。上述制度安排固然为消费者维权提供了极大方便，但是造成了公共资源的极大浪费，容易导致权利滥用，增加了处理消费投诉的成本。一个投诉事项经过一个机构调查处理后，如果消费者对处理结果不满，可以继续向其他机构投诉，寄希望于其他机构能做出有利于自己的处理。一件保险消费纠纷的解决占用了多个机构和部门的人力、物力和时间，实际上是对公

共资源的浪费。

解决上述问题需要对现有制度予以改进，通过完善现行法律来明确各类纠纷的处理程序。对保险消费纠纷而言，可以大概分为两大类型，一类是涉及保险机构或中介机构及其从业人员违反有关保险监管法律法规的消费纠纷，简单归类为保险经营违规；另一类是消费者因保险合同条款与保险机构发生争议，或因保险销售、承保、退保、保全、赔付等业务发生争议的，可归为广义上的民事纠纷。对于第一类纠纷，由于涉及保险经营违规，依法应由保险监管机构行使监管职责进行调查处理，此类争议只能向保险监管机构投诉。但是保险监管机构依职权只能对保险违法违规行为进行查处，无权处理双方民事争议，如果消费者想从保险机构获得民事赔偿，可以依据保险监管机构的查处结果向人民法院提起诉讼，主张自己的民事权利。对于第二类纠纷，消费者除了可以向保险机构投诉外，还可以通过向消费者协会、保险行业协会投诉，或直接到法院起诉。消费纠纷进入诉讼程序的，人民法院的裁决应为最终裁决，一旦生效，消费者不能再就同一事项向保险监管机构或其他部门投诉。保险消费纠纷经保险机构或消费者协会、保险行业协会处理，保险消费者已经与被投诉人达成一致意见或撤回投诉后无新的事实和理由的，不得再向保险监管部门进行投诉；对于处理结果不满意的，未达成一致处理意见的，可以再向保险监管部门进行投诉。消费纠纷在向保险机构投诉前或保险机构未对投诉做出最终处理意见之前，不得直接向保险监管机构投诉。

2. 完善现有保险监管投诉管理制度

（1）理顺12378管理归属关系。为保护保险消费者合法权益，中国保监会于2012年在"一行三会"中率先设立了12378保险消费者投诉维权热线，在保监会机关及各保监局分别设立总中心及分中心，总中心由保监会消保局直接管理，分中心由各保监局管理。12378热线开通后，为维护保险消费者权益发挥了重大作用，但在投诉处理过程中也引发一些争端。12378热线虽然由保监会管理，但并非所有保险消费投诉都属于保险监管机构职责范围，根据《保险消费投诉处理管理办法》第九条规定，保险机构负责处理保险消费者提出的下列投诉：因保险合同条款与本单位发生争议的；因保险销售、承保、退保、保全、赔付等业务与本单位发生争议的；因保险消费活动与本单位发生其他争议的。而第十条及第十一条则规定了中国保监会及其派出机构负责处理保险消费者提出的反映保险公司及其分支机构、保险中介机构、保险从业人员违反有关保险监管的法律、行政法规和中国保监会规定，损害保险消费者合法权益，依法应当由中国保监会及其派出机构负责处理的投诉。按照该第二十二条规定，中国保监会或派出机构收到完整投诉材料后，应当及时进行审查，并根据下列情况分别做出处理：依照本办法规定，属于本单位负责处理的保险消费投诉，予以受理；属于本办法规定的保险消费投诉，但是不属于本单位负责处理的，不予受理，并可以转相关单位处理。据统计，在12378接收的有效投诉中超过80%的投诉都是反映消费者与保险机构之间的理赔、承保纠纷，这些投诉依照职权不属于保险机构负责处理范围，监管机构应不予受理，并转交投诉涉及的保险机构处理。但许多消费者在接到保险监管机构不予受理告知后却非常不满，认为既然保监会建立了保险消费维权热线，就不应将消费者的投诉转交保险机构处理，否则就是不履行监管职责。部分学者及业内人士也对12378热线目前的管理模式提出质疑，认为该投诉维权热线应由保险行业协会管理，而不应由保险监管机构直接管理。

通过对其他行业情况的了解，目前已开通投诉维权热线的行业中，投诉热线通常由行业组织管理。例如，证券行业的投诉咨询热线12386由中国证券投资者保护基金有限责任公司负责具体建设和全面管理，12315热线是由消费者权益保护协会管理。行业协会由各会员单位组成，具有自律、维权等职能，由其承接消费者投诉，更能体现行业组织的特点，发挥行业组织的作用。如果在消费者投诉事项中涉及违反监管规定的行为，可以由行业协会移交行政机关调查处理。

综上所述，笔者对12378保险消费维权热线管理及处理流程的建议是：12378热线由中国保险行业协会统一管理并负责系统平台维护，各保监局所在地保险行业协会设立分中心，话务人员接听电话后先了解投诉事项及诉求，并询问投诉人是否已向相关保险机构投诉，如果投诉人之前未向保险机构投诉，告知其应先向保险机构投诉，如果投诉人对于保险机构处理结果不满，才可以投诉至保险监管部门。如果投诉人告知其已向保险机构投诉而没有得到处理，话务人员在系统中记录投诉事项后，由分中心管理人员进行甄别，对于单纯反映保险机构因保险合同条款或因保险销售、承保、退保、保全、赔付等业务与消费者发生争议的投诉，直接转交涉诉保险公司总公司或省级分公司调查处理，限期回复投诉人；如果在投诉反映事项中涉及保险机构或保险从业人员违反有关保险监管的法律法规或其他监管规定的，则将投诉事项移交保险监管部门调查处理。由保险监管机构依据自身职责决定是否受理，并给予消费者答复。

（2）修订《保险消费投诉处理管理办法》。一方面对保险消费投诉代理人（受托人）的资格给予明确规定。现行《民事诉讼法》对于诉讼代理人的资质做出明确规定，明确律师、人民团体或当事人所在单位推荐人员、当事人监护人或亲友可以作为被委托的辩护人。针对目前一些社会人员滥用代理权进行保险消费投诉的行为，建议参照《民事诉讼法》规定对公民代理保险消费者投诉的资格条件给予明确规定，明确如职业律师、消费者的监护人或直系亲属等特定人员可以接受委托提起保险消费投诉，遏制当前网络代理维权、过度维权现象愈演愈烈的态势。另一方面，明确投诉人应承担的义务。例如，在投诉处理过程中应当配合监管部门和投诉处理机构的调查工作，并提供相关证据材料，否则监管部门或投诉处理机构将视此投诉为无效投诉，不予接受。

（3）适当提高投诉门槛。对于通过12378热线投诉的投诉人，话务人员如果认定属于有效投诉，在登记录入系统的同时，有权要求投诉人寄送书面投诉材料及身份证明材料，必要时可以要求投诉人提交身份证原件。投诉内容以书面材料中反映的事项为准，如果投诉人拒绝提供书面投诉材料，可以不予回复。投诉人对投诉处理结果不满意，提起行政复议时也必须提交身份证原件。部分地区政府已将上述方式付诸实践，如河北清河县人民政府要求复议申请人提交身份证原件用于核对申请人身份的做法先后得到邢台市中级人民法院和河北省高级人民法院的支持。[①]

3. 加快保险业信用体系建设

云南、福建等省份已出台推进个人信用体系建设的文件，拟建立统一的个人信用查询和管理平台，郑州市政府也于 2017 年出台相关规定。在保险行业信用体系中，投诉人的行为应当与保险消费者信用记录挂钩，监管机构在调查核实投诉事项时，如果确认投诉人故意歪曲事实、捏造证据陷害保险机构或保险从业人员，可以将恶意投诉人报送至信用管理部门留下不良记录，予以失信惩戒。惩戒可以包括以下方式：保险公司对于恶意投诉人新的投保申请提高审核标准或提高商业车险保费，也可以对恶意投诉人拒保某些险种。同时，对构成妨碍国家工作人员依法执行公务或诬告陷害行为情节严重的恶意投诉人，监管部门一经查实，即可以移送公安部门，公安部门应及时给予行政处罚或追究刑事责任，以维护国家法律尊严。

（二）健全保险公司内部纠纷处理机制，严守第一道防线

保险公司作为市场经营主体，应承担消费者保护及保险消费纠纷化解的主体责任。但调研了解到，目前保险公司在销售、服务以及化解保险消费纠纷过程中仍然存在 些问题，如销售行为不规范、服务质量有待提升、处理纠纷工作人员少且经验欠缺等，导致一些纠纷无法及时化解在萌芽状态，进而升级扩大。因此，保险公司应不断提升服务水平，完善内部纠纷处理机制，牢牢守住纠纷化解的第一道防线。

1. 完善保险合同条款及版面设计，避免引发争议

保险公司自身应完善产品条款设计，积极推进保险条款通俗化，并按照对合同法律效力的影响和双方权利义务影响的重要程度确定保单册的装订顺序，方便消费者阅读、理解和关注。

2. 加强销售、承保与理赔管理，预防纠纷发生

在销售环节，保险公司应持续加大对销售人员保险法律法规、保险基础

---

① 参见河北省高级人民法院行政判决书〔2017〕冀行终 343 号。

知识等内容的培训力度，同时加强业务品质考核、惩罚和责任追究力度，规范其销售行为，避免销售误导问题的发生。在承保环节，保险公司应严格履行承保程序和手续，认真审核投保资料填写内容的完整性和真实性，及时发现代签名、业务员代填写投保资料、代抄录风险提示语句等问题并予以补正，提高承保质量。在理赔环节，保险公司应提高理赔服务的专业化和标准化水平，增加核赔的透明度。在理赔流程设计方面，应从消费者角度考虑，适当简化内部流程，提高理赔效率，并在客户出险报案后就将公司理赔流程予以告知。

3. 重视客户服务，有效化解矛盾

保险公司应加强员工培训，对基层服务人员或纠纷处理岗位工作人员而言，保险公司除了注重业务操作层面的技能培训之外，还应持续加强服务态度、纠纷苗头敏感度、突发事件应对能力等方面的培训演练，提高服务人员处理疑难复杂消费纠纷的能力。保险公司服务热线应提供 24 小时接听服务，对客户提出的咨询和疑问，坐席人员应耐心解答。投诉热线接到客户投诉事项后，应立即转给相关机构联络客户予以安抚并解决问题，相关机构工作人员应热情对待客户，避免引发投诉升级。只有切实提升一线销售服务人员的业务素质和水平，才能从根源上减少矛盾纠纷的数量。

4. 完善纠纷化解工作管理体系

（1）建立科学合理的考核制度。在指标设计上，保险公司应结合纠纷总量、有效投诉数量、处理时效、规定时间结案率、消费者满意度等多个指标建立保险消费纠纷化解考核体系，全面、客观评价基层公司的纠纷处理工作。在人员追责上，应同时加大具体岗位人员、直接责任人员及相关管理人员考核问责力度。保险消费纠纷案件通常多因销售或服务前端而起，因此在考核问责时应严格追究直接责任人员的责任，同时上追相关管理人员责任，甚至基层机构一把手责任，以加大涉及机构对纠纷处理的重视程度，倒逼其不断加强日常管控。

（2）建立有效的监督机制。保险公司应明确纠纷处理各个环节的时效，明确各节点责任人，完善公司的投诉信息管理系统，通过信息化手段实现对投诉处理工作的实时监控，对拖延、推诿纠纷处理的工作人员严肃问责。

（三）建立独立专业的保险消费纠纷调解机构，快速高效化解行业矛盾纠纷

1. 组织形式

借鉴发达国家和地区金融纠纷解决机构设置的优点，结合现实情况，以"监管主导、行业共建、独立设置"的形式成立"保险消费者权益保护中心"，作为独立第三方保险消费纠纷调解机构。具体做法为：由保险监管机构制定统一规范，依托现有保险行业协会保险纠纷调解组织力量，在各省辖市分别建立保险消费者权益保护中心，机构性质应为事业法人（深圳市保险消费者权益服务中心为事业单位法人），需要有一整套规范的程序、专业化的队伍、健全的组织机构。保险消费者权益保护中心接受保险监管机构的指导和监督，案件调解人员需要取得保险监管部门的资格认证，经费独立，独立开展保险消费纠纷调解工作，以提高行业调解组织的公信力。保险消费者权益保护中心的职能包括调解保险消费纠纷，开展保险消费者教育，统计分析保险消费纠纷数据等。

2. 案件来源

（1）当事双方自行协商未果的纠纷件。保险公司内部接收的投诉件，保险消费者与公司通过自行协商不能达成一致意见的保险合同纠纷，可以到当地保险消费者权益保护中心申请调解。

（2）将保险监管机构受理的投诉纳入调解范围。部分保险消费者向保险监管部门投诉反映保险公司或销售人员涉嫌违法违规的情况，但大多诉求是要求保险机构满足其经济方面要求，要求监管机构维护其民事权利。因此，建议将12378热线以及监管部门通过来信、来访等方式接收的投诉件，凡是诉求主张其民事权利且当事双方同意第三方调解的，均转至各省辖市保险消费者权益保护中心进行调解，以提高保险消费纠纷解决的时效性，优化监管资源的配置效率。

（3）法院涉保案件分流。保险监管部门可协调省高法，将涉保案件分流至保险消费者权益保护中心的数量占比纳入法院考核指标体系，法院在立案前加强对当事人的引导，加强庭前调解力度，逐步扩大专业机构调解的广度和深度。

3. 调解结果效力

一是如果经消费者权益保护中心调解后，双方当事人达成一致意见的，由双方签订民事调解协议，并由中心出具调解书或确认书。调解结果对涉纠纷当事人均具有约束力，双方均不能再反悔或通过投诉、仲裁、诉讼等其他渠道寻求救济。二是如果经过调解，双方当事人无法达成一致意见，则保险消费者可以通过其他途径寻求解决。

（四）探索发挥行政调解作用，完善第三方调解方式

行政调解是指由行政主体主持，依据相关法律法规和政策，以自愿、平等为原则，促使当事人协商沟通、达成协议，化解争议和纠纷的活动。近年来，保险监管机构因监管力量不足、担心在纠纷调解中越权等原因，行政调解工作一直没有得到有效开展。笔者认为，行政调解具有主体上的行政性、形式上的准司法性、效力上的非拘束性、调解方式上的非强制性等特点，可以作为化解保险消费纠纷的一种补充方式。具体而言，保险监管部门将行政调解与依法履职相结合，设立行政调解委员会，明确行政调解的性质、范围、主体和程序等，建立专兼职调解员队伍和调解专家库，组织构建行政主导、社会参与的行政调解机制，对典型疑难的投诉纠纷案件开展行政调解，充分发挥行政调解专业性、权威性的优势，有效化解保险消费纠纷。

（五）重视加强保险消费者保险知识和法律教育

保险消费者权益保护是保险业持续、健康、有序发展的基础，与保险消费纠纷解决的救济意义相比，加强保险消费者教育虽然不是直接的救济方式，但其意义在于从源头上防范保险消费纠纷的发生，进而起到维护保险消费者合法权益的作用。2015年，国务院办公厅印发了《关于加强金融消费

者权益保护工作的指导意见》，提出要进一步加强金融消费者教育，保障金融消费者受教育权，建立金融知识普及长效机制，切实提高国民金融素养。《意见》对于进一步加强保险消费者权益保护，推动保险消费者教育工作深入开展具有重要意义。

1. 健全务实的教育内容体系

（1）普及保险基础知识，既包括保险与风险的基础知识，如保险的概念、作用、种类以及与风险的关系等；也包括保险合同基本术语，如投保人、被保险人、受益人、保险费、保险金额、保险期限、缴费期间、保险责任、犹豫期等订立保险合同、理解保险条款、申请保险理赔必备的基础知识。

（2）培养保险消费技能。培养保险消费技能，是消费者进行科学消费的必要保障。主要是通过对不同险种的保障功能、适用对象、风险情况的介绍，帮助消费者提高辨别分析能力，判断产品是否适合自身需求。此外，通过保险消费提示、风险警示、案例披露等，帮助消费者清楚地了解保险与其他金融产品的区别，避免被误导。

（3）增强消费者合法维权意识。此项教育重点在于，让消费者知晓其所享有的基本权利和应履行的义务，了解与其关系密切的保险法律法规内容，以及合法维权途径的类型及特点，如何采取合法合理有效的维权方式获得救济。

2. 拓宽丰富多样的教育渠道

（1）深入挖掘传统教育方式的潜力。保险消费者教育要在户外广告、主题活动、专项展览、知识竞赛等传统方式的基础上不断创新思路。例如，提炼文字简捷生动、内容通俗易懂、吸引力强、便于记忆的宣传用语，对公众保险消费中最集、容易出现误解、误导的险种进行消费提示，在保险机构营业网点的电子屏、宣传视窗滚动播放或醒目张贴，进行长期不间断的告知宣传。根据受众群体保险需求特点、知识结构水平、生活生产实际分类设计编写知识读本，免费发放。例如，在广大农村地区，读本指南要符合农村人口的知识水平，在市民社区要贴近民众生活并符合民众的基本需求。开展保

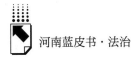

险进学校、进机关、进社区等活动，要结合最近发生的国内外灾害或重大事故和突发事件，吸引公众对风险防范的关注，提高保险普及程度。

（2）充分利用新媒体、新方式。信息化发展和科技手段的日益更新，为保险消费者教育便捷化、迅速化提供了有力支持。保险消费者教育方式要与时俱进，有效地借助网络、微信、微电影等新兴媒体平台传递保险业正能量。如探索开发通俗易懂、简单生动的多媒体保险教育资料，通过数字移动电视、桌面视窗、微信传播等方式，使公众可以便捷地认识保险、熟悉保险。借鉴其他金融行业自助终端运用经验，开发操作简易、界面清晰、功能齐全的保险自助终端设备或触摸媒体等载体，把传统的保险指南手册中的内容编入其中，广泛放置于广场、商场、医院等公众场所，供查询体验，为社会公众提供全面、细致、立体的保险消费知识，使保险消费宣传深入渗透人们的日常生活。

（3）探索更为广泛的教育渠道。要把保险消费者教育向纵深推进，开展教育工作必须增强及时性、开放性、专业性和互动性，不断强化信息披露。充分发挥市场主体和保险行业协会的作用，把承保、保全和理赔等保险信息真实地反馈给消费者，促进消费者更加客观地审视消费行为，更好地提升服务体验，同时做好消费提示、风险提示、销售后续提醒和维权咨询等。保险行业组织应加强与教育部门、其他金融业等单位在保险消费者教育合作渠道方面进行新的探索，如开办免费的保险培训课程、组织不同行业代表开展信息交流、派驻义务保险讲师、帮助培训保险教育师资等，积极提高保险消费者教育的深度和密度。

参考文献

陈战芒：《保险纠纷的非诉解决机制研究——以化解车险理赔纠纷为视角》，《浙江省 2013 年保险法学学术年会论文集》，2013。

强文瑶：《保险消费合同纠纷诉讼外解决机制研究》，南京大学硕士学位论文，2013。

邓静：《建立我国多元化保险纠纷解决机制的思考》，西南财经大学硕士学位论文，2007。

延婧婧：《我国金融消费纠纷解决机制的重思与探讨——以保护金融消费者权益为视角》，西南财经大学硕士学位论文，2012。

黄海晖、黄胜英：《保险合同纠纷的业内解决机制研究》，《南方金融》2006年第9期。

陈奎：《论我国消费纠纷解决机制的价值错位及其矫正》，《特区经济》2009年第7期。

于海纯：《国外保险消费纠纷替代性解决机制及其启示》，《大连理工大学学报》（社会科学版）2015年第4期。

阮友利：《论我国保险纠纷非诉讼解决机制的完善——以英国金融申诉专员制度为借鉴》，《中国保险》2011年第1期。

安红丽：《金融消费纠纷解决机制研究——以金融消费者保护为视角》，山西大学硕士学位论文，2013。

贾小雷、刘媛：《我国保险消费纠纷的替代性解决机制分析》，《保险研究》2011年第6期。

法治改革篇

Reform of the rule of law

B.7
河南发展农业保险的法律风险及其防治

刘　硕　　王运慧*

摘　要：　近年来，河南省农业保险发展态势良好，保障范围不断增加，惠农力度逐渐增强。农业保险的功能从基础的风险保障向融资增信、精准扶贫等综合功能扩展。不可否认，河南省农业保险仍然处于初级阶段，在发展过程中仍然面临法律适用风险、合规风险和履约风险。破解法律适用风险需坚持法治思维，要逐步完善农业保险法律法规体系。应对农业保险经营中出现的合规风险需加强多部门的合作，在强化对农业保险的全面监管上下功夫。为防范履约风险，要建立多层次的大灾分散机制，同时强化信息化建设，为农业保险提供强有力的技术支持。

关键词：　农业保险　中原粮仓　法律风险　保险监管

* 刘硕，河南保监局干部；王运慧，河南省社会科学院法学研究所副研究员。

　　河南是传统的农业大省，自古就有"中原粮仓"的美誉。站在新的历史起点上，河南省以发展集约、高效、绿色现代农业为目标，着眼于提质增效、节能降耗，不断推进农业供给侧结构性改革，实现了夏粮产量的"十三连增"。但是农业生产仍然面临多重不利因素，具体表现为粮价"天花板"、生产成本"地板"、农业补贴"黄线"、资源环境"红灯"等几大约束。① 农业保险作为国家支农惠民的重要举措，可有效化解在农业生产经营过程中的各种风险，促进农业稳定健康发展，被誉为农业发展、农民增收的"防火墙""保障网"。党和国家历来注重发挥农业保险的作用，连续发布多年的"中央一号文件"对落实农业保险制度提出政策支持，其中尤以2016年"中央一号文件"以专条提出完善农业保险制度为甚（见表1）。

表1　2012～2017年"中央一号文件"关于农业保险的制度设计

文件名称	涉及农险的有关内容	"农险"出现次数
2012年"中央一号文件"	扩大农业保险险种和覆盖面。健全农业再保险体系	1
2013年"中央一号文件"	健全政策性农业保险制度，完善农业保险保费补贴政策	4
2014年"中央一号文件"	加大农业保险支持力度。提高中央、省级财政对主要粮食作物保险的保费补贴比例	3
2015年"中央一号文件"	促进新型农村合作金融、农业保险健康发展	1
2016年"中央一号文件"	完善农业保险制度。把农业保险作为支持农业的重要手段，扩大农业保险覆盖面、增加保险品种、提高风险保障水平	8
2017年"中央一号文件"	持续推进农业保险扩面、增品、提标，开发满足新型农业经营主体需求的保险产品，采取以奖代补方式支持地方开展特色农产品保险	1

　　2007年，河南省成为首批中央财政农业保险保费补贴试点省份之一。十年间，河南省农业保险在国家政策支持及监管部门、保险公司的共同努力下，取得了可喜可贺的成绩。但是受制于内部制度设计、外部运行环境

---

① 徐斌、孙蓉：《粮食安全背景下农业保险对农户生产行为的影响效应》，《财经科学》2016年第6期。

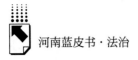

等因素的影响，农业保险在经营过程中也存在较大法律风险。为厘清农业保险发展过程中的法律风险，提高监管的针对性和有效性，本文拟对河南省农业保险的发展情况进行分析，积极探索破解河南省农业保险法律风险的路径。

一　农业保险基本功能分析

（一）风险保障功能

风险保障是农业保险首要的核心功能。农业保险以农林作物、牲畜等为保险标的，主要保障农户在农业生产过程中因保险标的遭受自然灾害、意外事故、疫病等事故造成的财产损失。农业生产经营受自然灾害、传染病等因素影响较大，易造成严重的自然灾害损失。而农业保险正是通过聚合灾害风险，将灾害损失在参保农户之间进行分散，从而达到管控风险、保障农民收入的目的。尤其是对新型农业经营主体而言，其承担了更大的经营风险，更需农业保险上牢"安全锁"，以降低自然灾害等事故造成的损失，维持经营的稳定性。

（二）融资增信功能

农业保险系金融产品，具有融资增信的功能。近年来，农业保险通过与涉农信贷、农产品期货等协调配合，不断强化融资增信功能，拓展金融服务水平，业已成为盘活农村资源、变资源为资本的有力工具。例如，通过实行农业保险保单质押贷款，可以加强农业保险与银行信贷的紧密合作，拓展农户的融资渠道，提高农业的担保额度，深化农村的融资水平；通过试点"保险＋期货"模式，可以建立农产品价格风险管理新模式，以较低的成本和较高的效率确保农民增收。①

---

① 乔林生：《郑商所启动"保险＋期货"试点建设》，《期货日报》2017年8月2日。

（三）精准扶贫功能

农业保险是保险业打好扶贫攻坚战的主攻方向之一，在助推精准扶贫方面具有天然的优势。农业生产受自然灾害影响大，一场天灾可造成农户一年的收成毁于一旦，对收入浅薄的农户来说无疑是雪上加霜。农业保险可以发挥扶危济贫的作用，保障贫困户农业生产活动，支持贫困地区特色产业发展，守护来之不易的脱贫成果。因此，在精准扶贫、脱贫攻坚的过程中，充分发挥农业保险的作用，满足贫困农户多元化的保险需求，提高保险覆盖面，可为贫困户的生产经营兜底，帮助灾后贫困户迅速恢复生产，构建稳定持续的风险防御屏障。

二 河南省农业保险的发展现状

近年来，河南省农业保险呈现迅速发展之势，在"扩面、增品、提标"方面取得了显著的成效。自 2010 年以来，农业保险保费收入整体呈上升趋势，且保持较快增速。2017 年河南省农业保险保费规模达 34.41 亿元，居全国前列，同比增速为 23.39%（见图 1）。农业保险的保障范围也逐步扩大，基本覆盖了全省种植业、养殖业、林业，主要承保品种包括小麦、玉米、水稻、生猪、奶牛、烟叶、公益林等，并积极探索地方特色农业保险产品。通过多年的发展，农业保险支农惠农的力度不断加大，在服务现代农业、助推脱贫攻坚方面取得显著成效，业已成为河南省农业风险管理的有效途径。

虽然河南省农业保险步入新的发展时期，对灾后恢复生产、保障农民收入发挥了重要作用。但是受自然条件、政策因素、农民文化水平及小农经济模式等因素的制约，河南省农业保险尚未进入精细化、集约化的发展阶段，保险的深度、密度较发达地区仍存在差距。长期以来，河南省农业保险仅保障农作物的物化成本，甚至个别地市还未全部覆盖物化成本，保险保障金额低于农户的实际支出，农业保险的保障水平有待于进一步提高。此外，河南

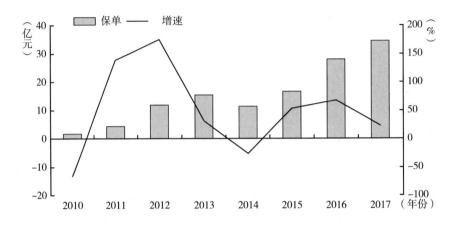

图1　2010～2017年河南省农业保险保费及增速情况

省农业保险保障品种还相对较少，许多经济作物尚未覆盖，农业保险在"增品"上仍存在较大空间。

三　农业保险现行法律法规体系梳理

农业保险的健康发展离不开法律法规的约束，国家历来重视农业保险的立法工作。农业保险坚持政府主导、市场运作的原则，兼具普惠性和市场性双重属性，区别于商业保险的纯市场性行为。因此，现行《保险法》第184条规定："农业保险由法律、行政法规另行规定。"2012年国务院制定《农业保险条例》，填补了我国农业保险领域的法律空白，标志我国农业保险正式进入有法可依、有据可循的阶段。此后，为了规范农业保险的发展，财政部、农业部、中国保监会等部门制定了多部涉及农业保险的规范性文件。中国保监会制定的规范性文件主要规范农业保险业务经营资质、条款和费率、承保理赔等内容；财政部制定的规范性文件多侧重于保费补贴、大灾风险准备金等内容。（见表2）

河南省作为首批中央财政农业保险保费补贴试点省份，积极贯彻落实《农业保险条例》及其他规范性文件要求，连续多年出台农业保险工作方案，

表 2　近年来与农业保险有关的法律法规及其他规范性文件

制定机关	名　称
国务院	《农业保险条例》(国务院令〔2012〕629 号)
中国保监会	《农业保险承保理赔管理暂行办法》(保监发〔2015〕31 号) 《农业保险数据规范》(保监发〔2015〕77 号) 《关于进一步贯彻落实〈农业保险条例〉做好农业保险工作的通知》(保监发〔2013〕45 号) 《关于加强农业保险业务经营资格管理的通知》(保监发〔2013〕26 号) 《关于加强农业保险条款和费率管理的通知》(保监发〔2013〕25 号)
财政部	《中央财政农业保险保费补贴管理办法》(财金〔2016〕123 号) 《农业保险大灾风险准备金管理办法》(财金〔2013〕129 号) 《关于在粮食主产省开展农业大灾保险试点的通知》(财金〔2017〕43 号) 《农业保险大灾风险准备金会计处理规定》(财会〔2014〕12 号) 《关于进一步加大支持力度做好农业保险保费补贴工作的通知》(财金〔2012〕2 号) 《关于加大对产粮大县三大粮食作物农业保险支持力度的通知》(财金〔2015〕184 号)
中国保监会、财政部、农业部	《关于进一步完善中央财政保费补贴型农业保险产品条款拟订工作的通知》(保监发〔2015〕25 号)
河南省财政厅、农业厅、畜牧局、林业厅、烟草专卖局、河南保监局	连续多年出台《河南省农业保险工作方案》
河南保监局	《关于进一步规范农业保险损失鉴定工作的意见》(豫保监发〔2016〕55 号) 《关于进一步加强公司内控规范农业保险经营行为的通知》(豫保监发〔2014〕1 号)

明确每年农业保险的工作重点、保费补贴范围等，农业保险出现了快速发展的良好势头。此外，河南保监局还根据河南省农业保险经营的实际状况，因地制宜制定了规范农业保险市场的制度文件。一方面为进一步规范农业保险经营行为，河南保监局于 2014 年制定了《关于进一步加强公司内控规范农业保险经营行为的通知》，以更高的效能发挥公司内控在风险防范中的基础性作用；另一方面为了进一步提高农业保险损失鉴定工作的公正性和规范性，切实维护参保农户的合法权益，2016 年河南保监局制定《关于进一步规范农业保险损失鉴定工作的意见》。上述制度文件的制定，规范了河南省农业保险市场的发展，切实维护了参保农户的合法权益。

四 明确农业保险业务的法律风险

（一）法律法规体系滞后导致的法律适用风险

我国农业保险规模持续扩大，但相应的法律法规体系仍然相对滞后，难以应对实践中出现的新情况、新问题，以致出现法律适用风险，在一定程度上制约了农业保险的健康发展。一是法律规范的层次较低、效力不强。目前，我国尚未出台一部专门调整农业保险法律关系的部门法，《农业保险条例》仅为行政法规，河南省经营农业保险适用的规范性文件多散见于国务院及地方职能部门制定的规定、办法、通知、意见等，效力层级较低。二是法律规范不完整，存在空白地带。目前各部门出台的规范性文件仅涉及农业保险条款费率、承保理赔、保费补贴等内容，但对农险市场准入、竞争模式、承保服务、违法违规处罚等内容进行的顶层设计较少。法律规范的不完整导致业务部门对农业保险的性质认识不准确，各地在推行农业保险的思路、模式、成效上也会产生较大的差异。三是法律规范存在部分不协调现象。目前，农业保险涉及农业、林业、财政、保监、税务等多个部门，各个部门仅基于自己的职权范围制定相关制度文件，就会使得规范性文件过于分散，缺乏系统性，甚至各个法律法规之间还存在着不协调和冲突的现象，在一定程度上降低了农业保险法律法规的效力。

（二）违法违规经营导致的合规风险

为了充分发挥农业保险的支撑和保障作用，河南省连续多年出台有关农业保险的工作方案，对农业保险给予大量的财政补贴，根据险种类别补贴比例为10%~90%不等。农业保险本是惠民举措，然而在利益的驱动下，这项惠民政策在实践中却成了个别不法分子争抢的"唐僧肉"，个别基层干部、保险公司违规操作，采取虚保、冒保、替保等手段套取资金，存在合规风险。一是村镇干部以农户名义"冒保"，套取财政补贴。例如，个别地区在推行农业保险过程采取欺瞒农户、由村委会代替农民垫交保费的形式虚假承保，以套取财政补贴。二是个别农户虚构保险标的"虚保"。例如，个别投保户利用农险标的特征不清晰、查勘定损困难等情况，采用虚报参保数量的方式骗取理赔款项。三是保险公司虚假承保、理赔。例如，个别保险公司工作人员为了自身利益，伙同村镇干部虚假承保骗取财政补贴、虚构保险事故骗取理赔款项。上述"假业务"的存在，违反了农业保险经营的法律规范，挫伤了农户参保的热情，不利于农业保险的健康发展。

（三）农业大灾和信息化落后导致的履约风险

较之车险等其他财产险种，农业保险起步较晚，在经营农险业务过程中，保险公司因缺乏应有的风险甄别、防范、分散技术，易发生部分履约或履约不能的法律风险。一是保险公司应对农业大灾风险的能力仍有待加强。目前，防范农业大灾风险的形式还比较单一，虽然财政部出台了《农业保险大灾风险准备金管理办法》，要求经营农业保险的公司计提大灾风险准备金。但是，由于大灾风险分散制度尚未完善，加之我国自然灾害频发，若遇到损失惨重的农业大灾，保险公司恐难以应对，以致出现履约困难。二是农业保险信息化建设较为滞后。目前，农业保险的风险数据积累依然不充分，信息技术在识别重复投保、虚假标的、查勘定损等方面的作用还比较有限。例如，河南省农作物生长周期一般较短，单纯依靠人力无法逐一完成查勘定损工作，个别地区保险公司确定农险损失程度及赔付金额主要依靠谈判，因此理赔过程中难免就会出现平均赔付、选择性赔付等情形。因定损金额缺乏专业的技术支持，理赔数据不完整，极易造成履约的不稳定性、不可持续性，从而发生履约风险。

五 防范农业保险法律风险的思路和举措

（一）明确农业保险法律风险管理的思路

1. 坚持法治化思维

近年来，河南省农业保险的发展进入新时代，迈上新征程，保障能力不

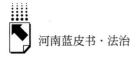

断增强，服务水平不断提升，惠民力度不断加大。但是在农业保险发展过程中依然伴随着各种法律风险，不容小觑。治国无其法则乱，守法而不变则衰。因此，防范农业保险的法律风险，必须运用法治思维和法治方式，沿着法制轨道，发挥制度效力，营造良好的法治化环境，把农业保险引入良性的发展轨道，为促进河南省农业发展提供强有力的支撑。

2. 强化多部门合作

河南省农业保险在经营过程中面临的各种法律风险，紧靠保险公司一己之力无法有效破解，必须加强多部门协同，凝聚保险公司、政府部门、保险监管部门、参保农户等多方智慧和合力。保险公司应依法合规经营，增强服务意识；政府部门要在完善制度设计、强化补贴资金使用上多下功夫；保险监管部门要立足职责，强化监管，加大对违法违规行为的处罚力度；参保农户要积极响应号召，增强维权意识。

3. 紧扣河南省省情

河南作为农业大省和农村人口大省，具有开展农业保险的条件和先发优势。但是河南地处中原，受一家一户小农经营模式影响根深蒂固，农业保险经营对象多为"散户"，加之农民的文化水平较低，法律意识淡薄，由此也导致了"虚假承保""虚假理赔"等现象屡禁不止。上述客观环境是河南省发展农业保险必须面对的现实，也是防范农业保险法律风险的重点。因此，河南省不能单纯复制、简单推广其他地区的先进经验，要切实把发展农业保险和满足农户特定需求、保障农业健康发展有机结合起来，因地制宜推行适合河南农险业发展的制度设计。

（二）防范农业保险法律风险的具体举措

1. 建立健全农业保险的法律法规体系

健全的农业保险法律法规体系是农业保险健康可持续发展的重要前提。目前，我国尚未形成系统性、完备性、科学性的农业保险立法体系，在一定程度上制约了农业保险的发展。因此，必须加快农业保险的法治化建设，使合规经营、依法经营成为市场的自觉行为。一是要对现行的农业保险规范性文件进行清理，对依据缺失、内容抵触以及不适应发展要求的规范性文件及时予以修改或者废止。二是针对农业保险立法中的空白领域，应及时总结实践经验，持续推进立规矩、建机制，明确各方当事人的权利义务、行为边界、法律责任等内容，在条件成熟时对《农业保险条例》予以修订，提升农业保险立法的层级和效力，建立农业保险全覆盖的制度体系。

2. 强化对农业保险的全面监管

强化对农业保险的监管是确保农业保险健康、可持续发展的重要前提。农业保险与其他商业性保险相比，在业务性质、服务对象、经营方式等方面存在较大的差异。因此，要多角度、全方位推行农业保险监管工作。一是加强对政府部门的违规问责。现行农业保险法律责任主要针对保险公司，对地方政府违规行为的处罚鲜有提及。因此，要完善农业保险监管体系，加强对政府部门、村委会及村镇干部、协保员等的约束，避免出现"监管漏洞"。二是严格规范公司经营行为。要按照"三到户""五公开"的政策要求，做好承保、理赔公示工作，确保农户信息真实性。要坚持严查重处，对以虚假承保、虚假理赔等方式骗取保费补贴等违法违规行为"零容忍"，予以严厉打击，起到强有力的威慑作用。三是建立市场退出机制。要定期对经营农业保险的主体进行考核，对出现重大违法违规行为的保险公司，实行市场禁入，倒逼保险公司"深耕细作"，增强合规的自觉性。四是加强保费补贴资金的管理。财政部门要加强补贴资金管理，提高资金使用效率，严防"跑冒滴漏"现象。要建立监督检查工作机制，定期组织人员抽查资金拨付、使用等情况。[1]

3. 建立多层次的农业大灾分散机制

农业灾害具有波及面广、风险单位大、受灾受损重等特点。保险公司在承保过程中需要承担巨大的风险隐患，面临履约不能的法律风险。因此要建

---

[1] 冯文丽、王芳、黄英爽、耿江薇：《河北阜平农险全覆盖助推金融扶贫》，《中国保险报》2016年2月4日。

立多层次的农业大灾分散机制，促进农业保险稳健发展。一是建立充足的农业大灾风险准备金。目前，省内保险公司大灾风险准备金仍处于资金积累的初期，应对农业巨灾的能力仍有待于加强。因此，在经营农业保险时应增强风险抵御能力，及时足额计提大灾风险准备金，并规范资金的管理和使用，必要时可以在农业保险各大类险种之间统筹使用。① 二是鼓励通过再保险、联办共保等方式分散农业保险经营的风险。再保险作为分散风险的有效手段，其作用自不待言，要不断加强中国农业保险再保险共同体对河南省农业保险业务的再保险支持力度。此外，在存在巨灾风险的领域，也可借鉴河北阜平联办共保的模式分散风险。具体而言，由政府牵头，保险公司参与，二者承保、理赔按照5∶5的比例进行联办共保，以降低经营风险，提高保险公司经营的积极性。② 三是建立大灾风险的救助机制。比如，可由财政部门拨付资金建立农险保障基金，以提高保障和赔付能力，确保农业保险可持续性发展。

4. 加强农业保险的信息化建设

农业保险在费率厘定、承保、定损、理赔等方面具有较强的专业性。因技术手段的相对落后，导致农险业务存在法律风险。随着物联网、云计算、大数据等科学技术的进步，农业保险应逐步走入专业性、信息化的轨道。通过科技手段完善农业保险服务体系，防范农业保险经营的法律风险成为农业保险未来发展的新趋势。具体而言，要通过现代网络、传感器、地理信息技术等科技手段将复杂的农业保险标的固定下来，建立信息数据库，为承保和理赔工作提供空间数据和分析管理支持，从而有效地解决农业保险经营中信息不对称和经营成本高等问题，实现承保、理赔的速度化、高效化，降低由此而产生的履约不能的法律风险。③

---

① 张琳、白夺林：《农业保险巨灾风险准备金计提和适用问题研究》，《保险研究》2016年第3期，第50页。
② 姚庆海：《助推脱贫攻坚：保险业在行动》，人民出版社，2017。
③ 郭清、何飞：《空间信息技术在农业保险中的应用研究》，《地理信息世界》2014年第1期，第80页。

六　结语

当前,河南省农业正积极推进供给侧结构性改革,探索多种形式的适度规模经营。与此同时,农业经营主体承担的自然风险、市场风险和质量安全风险不断累积。发展现代农业对农业保险的需求更加强烈,故应加快推进以市场为导向、以农户为中心的农业保险制度,不断提高农业保险的覆盖面和保障水平。当前和今后一段时期,农业保险仍然会面临日趋复杂的法律风险,因此必须紧跟市场顺应形势,加快推进农业保险体制机制创新,将农业保险发展成为推动农业现代化的重要引擎。

参考文献

徐斌、孙蓉:《粮食安全背景下农业保险对农户生产行为的影响效应》,《财经科学》2016 年第 6 期。

乔林生:《郑商所启动"保险+期货"试点建设》,《期货日报》2017 年 8 月 2 日。

冯文丽、工芳、黄英爽、耿江薇:《河北阜平农险全覆盖助推金融扶贫》,中国保险报网站,http://xw.sinoins.com/2016-02/04/content_ 183894.htm,2016 年 2 月 4 日。

姚庆海:《助推脱贫攻坚:保险业在行动》,人民出版社,2017。

中国保险年鉴编委会:《中国保险年鉴(2017 年)》,中国保险年鉴编辑部,2017。

张琳、白夺林:《农业保险巨灾风险准备金计提和适用问题研究》,《保险研究》2016 年第 37 期。

张爽:《精准到户是科技农险的目标》,《中国保险报》2018 年 2 月 9 日。

B.8
证券公司融资融券收益转让业务探析

董珊珊　薛磊*

摘　要： 证券公司融资融券收益权的转让业务具有融资期限灵活、无规模限额的限制、无资金用途约束的优势，已成为当前我国证券公司重要的融资来源。收益权转让业务迅速扩张，重塑了证券公司的盈利模式。但是该业务也存在着相关问题和风险，如现行法律规范体系对两融收益权均缺乏明确界定，收益权在实践操作中并未实现真正转让，收益权转让在实际操作上存在明显障碍、收益权转让程序不规范等。若进一步规范、发展收益权转让业务，可采取的对策为：明确两融收益权的法律地位，完善收益权转让业务操作流程，建立两融收益权质押登记制度，积极推进融资融券收益权资产证券化业务。

关键词： 证券公司　收益权转让　融资融券　金融豫军

一　收益权转让业务的运作模式

（一）融资融券收益权转让业务模式

目前证券公司负债渠道包括短期融资券、公司债、短期公司债、次

---

* 董珊珊，中原证券股份有限公司法律合规部法务专员；薛磊，中原证券股份有限公司法律合规部法务专员。

级债、收益凭证、转融资、融资融券收益权转让和融出资金资产证券化。随着投资者融资需求的不断增加，对证券公司的资金筹措能力提出了挑战。在这种形势下，部分证券公司创新运用融资融券收益权质押贷款的方式筹措资金，融资融券收益权转让方式应运而生。融资融券收益权转让是指证券公司把融资融券业务未来一个时段内的收益包装成资产包，将融资业务债权收益权转让给交易对手，并与其签订回购协议的方式向银行等金融机构借钱融资。在融资融券收益权转让业务中，证券公司向受让人转让两融收益权时，通常会与受让人签署收益权转让及远期回购协议，约定证券公司将其合法开展融资融券业务所取得的债券收益权转让给银行等交易对手，并于约定时间以约定价格回购。证券公司转让的收益权包括融资本金、约定利息以及在融资融券业务合同项下可能取得的其他任何财产权利，回购期满后，交易对手将上述收益权回售给证券公司。

（二）融资融券收益权转让业务与其他融资方式的比较

相较于同业拆借、次级债、公司债券、短期融资等传统的融资方式，两融收益权转让作为新兴的融资方式，交易对手多为商业银行、保险公司等金融机构。收益权转让业务具有以下自身优势：一是收益权受让方多为商业银行。融资融券收益权转让业务涉及银行、保险和证券公司等不同类型的金融机构，融资融券收益权的直接受让方主要包括商业银行、保险公司、基金子公司专项资产管理计划等，但以商业银行居多。以中原证券融资融券收益权转让业务为例，中原证券从2014～2017年开展的29起两融收益权项目的直接受让方均为商业银行。二是融资融券收益权转让业务存在流动性较差、资金成本控制较为被动两方面的不足。融资融券是类似"贷款"性质的金融业务，证券公司为客户提供融资融券业务的资金通常来自其自有资金，再通过向银行转让收益权实现资金流转，该种模式下的证券公司对资金成本的控制较为被动。

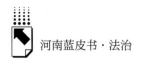

二 融资融券及其收益权转让业务开展情况

（一）融资融券市场情况

我国证券公司信用业务主要包括股票质押式回购业务、约定购回式证券交易业务、融资融券业务等。其中融资融券业务规模近年来经历了快速增长，2013年"两融"规模增长率达到287.11%，随后增速放缓，2015年两融余额规模达到了11742.67亿元，2016年有所回落。2017年"两融"余额规模回升，截至9月30日，两融余额为9694.98亿元，较上年同期增长11.21%。在两融规模中融资占主导地位，近年来在"两融"余额规模中的占比均超过99%。截至2017年9月30日，融资余额规模达到9657.01亿元，较上年同期增长11.17%。① 在我国证券公司三种信用业务中，融资融券业务规模最大，这对证券公司创新运用融资融券收益权质押贷款方式筹措资金提供了条件和基础。

（二）融资融券收益权转让业务开展情况

目前，通过对国内部分上市券商的收益权转让业务开展情况进行分析发现，2014年我国证券公司的收益权转让业务的总体市场规模已在4000亿元左右。近年来，两融收益权转让业务的融资规模增长迅速，收益权转让业务已经成为证券公司的重要融资来源之一，其融资规模超过公司债券、短期融资券、拆入资金、次级债券等传统融资方式的融资规模。

（三）中原证券融资融券收益权转让业务开展情况

中原证券作为"金融豫军"的重要力量，其市场布局的重点是立足河

---

① 《详解券商两融收益权 ABS PPP + REITs 是如何运作及 PPP 与 REITs 相结合的融资模式》，搜狐财经，http://www.sohu.com/a/208729204_465587，2017年12月6日。

南本地，其融资融券收益权转让业务有一定的代表性。在股市行情较好、市场交投活跃的情况下，该业务规模快速扩张的势头不会减弱，在实体经济不景气、银行坏账率上升的背景下，交易对手同样有意愿与证券公司开展收益权转让业务。以中原证券股份公司融资融券收益权转让业务情况为例，2014～2017 年融资融券收益权转让项目共 29 起，融资规模共 65.8 亿元。2014 年和 2015 年市场行情较好，融资融券收益权项目数共 26 起，约占 2014～2017 年项目数的 89.6%，2014 年和 2015 年融资规模 57.8 亿元，约占 2014～2017 年融资规模的 87.8%（见表 1）。2014～2017 年，中原证券收益权转让业务不同期限的融资分为一年以下、一年和一年以上三种，其中一年以下融资规模占绝对多数（见表 2）。2017 年中原证券收益权转让业务期限分为 60 天、92 天和 182 天三种，融资规模相差不多（见表 3）。

表 1　2014～2017 年中原证券融资融券收益权转让业务量情况

年份	项目数（个）	融资规模（亿元）	融资规模占比（%）
2014	12	24.6	37.4
2015	14	33.2	50.5
2016	0	0	0
2017	3	8	11.2

表 2　2014～2017 年中原证券收益权转让业务不同期限的融资情况

单位：亿元，%

资金来源	期限	融资规模	融资规模占比
商业银行	1 年以下	55.2	83.9
商业银行	一年	5.6	8.5
商业银行	一年以上	5.0	7.6

表 3　2017 年中原证券收益权转让业务期限情况

单位：亿元，%

资金来源	期限	融资规模	融资规模占比
商业银行	60 天	3	37.5
商业银行	92 天	2	25.0
商业银行	182 天	3	37.5

三　两融业务收益权的范围及其特点

（一）两融业务收益权的范围

两融收益权属于"特定资产收益权"的范畴。融资融券业务债权收益权转让及回购合同一般均约定为融资融券业务的债权收益权的范围，即转让方证券公司向商业银行等交易对手转让的，证券公司合法开展融资业务对其融资客户进行融资所产生债权所对应的财产收益权利，包括但不限于合同项下该期转让清单所列示融资融券合同项下融资客户偿付的融资余额、利息、违约金、违约情况下，转让方证券公司将融资客户提供的担保证券强制平仓所得、融资客户用于担保证券公司融资债权的保证金和证券的担保权益、信托权益，转让方证券公司就不足清偿融资债务部分向转让方证券公司融资客户继续追索所得，以及转让方证券公司在融资融券合同项下可能取得的其他任何财产收益。

（二）两融业务收益权是证券化资产的独有特点

1. 资产不断变化，资产池总额不断波动，即"动态池"

基础资产存在不确定的超额担保，担保物价值一般要求在资产价值的150%以上，"两融"作为担保物一般为客户提交的保证金、融资买入的全部证券和融券卖出所得的全部资金及上述资金、证券所产生的孳息等；当担保物价值/资产价值低于130%时，在客户不增加担保物的情况下，证券公司将采取强制平仓措施，以保证资产回收，因此一般来说两融业务的实质性损失要低于信用卡。需要注意的是，2015年7月1日发布实施的《证券公司融资融券业务管理办法》就客户违约情形下担保物处置方式进行了优化，在客户违约时更加注重证券公司与客户之间的意思自治，由券商与客户在互相信任的基础上自由协商担保物补充的具体期限和比例，取消在法定期限内补充担保物至法定标准的强制性规定，从而提高对融资融券业务风险控制的灵活性。

2. 资产池质押率较高，信用风险较小

收益权转让业务作为质押物的信用业务规模占"两融"业务总额比重较高，证券公司参与收益权转让业务的积极性较强，收益权转让业务的质押率较高，多在80%以上，部分公司的质押率高达100%，较高的质押率意味着商业银行、保险公司等交易对手对质押物的认可度较高，证券公司获得资金的难度较低。另外，由于信用业务本身存在维持担保比例的风险控制指标，商业银行、保险公司等交易对手的融出资金存在双重保障，作为质押物的信用业务资产包基本不存在信用风险。

3. 融资融券债权作为基础资产具有"强分散"的特征

债权资产包在地域分布等方面具有较强的分散性，抵质押物的价值较为稳定且抵质押物更容易处置，总而言之具有较强的风险承受能力，因此融资融券债权作为基础资产有先天优势。近期，在金融监管趋严的整体市场环境下，债券市场利率持续走高，进而推动以项目资产为支撑的证券化融资方式（ABS）的产品利率快速上行。ABS产品投资者对产品收益率要求较高，致使ABS产品发行难度大。在当前的时点上，短期限、安全性较高的ABS品种受到了投资者的青睐。

四　融资融券收益权转让的主要风险和问题

（一）现行法律规范体系对"两融"收益权均缺乏明确界定

对于"两融"收益权的概念，目前《民法总则》《合同法》《证券公司融资融券管理办法》等现行法律规范体系对"两融"收益权均缺乏明确界定。从"两融"收益权的法律性质来讲，法学理论上对这方面有着不同的见解。有观点认为，"两融"收益权不属于传统的用益物权，但其是特殊的新型用益物权；从本质上来看，收益权属于用益物权范围。收益权的出现，主要是为了配合财产流转的需要，在不改变所有权的基础上，实现收益权的转让。① 也有观点认为，收益权在本质上只是法定权利下的一种权能，并不能将其视为权利的一种，所以收益权既不是物权也不是债券。就物权法规定的所有权而言，该种物权具有占有、使用、收益、处分四项权能，缺一不可，它们是所有权的固有权能而不是数量上的集合。所有权人可以出租所有物，但这并不是说将所有权的各项权能分离转让，而是所有权人在其权利之上设定的权利负担，设定该种权利负担并不影响所有权人的合法地位，也不会改变所有权的归属。② 由于资产收益权性质缺乏明确的法律规定，登记机关难以操作，存在各种法律风险。

（二）收益权在实践操作中并未实现真正转让

不动产物权的转让以登记作为公示手段，动产物权以转移占有作为公示手段，转让债权需要通知债务人作为对债务人生效的公示手段，而在"两融"收益权转让中，基础资产并未真实出售，其仍属于原权利人所有，"两融"业务相关的资产风险与回报均未转移，相关资产仍在证券公司资产负债表中体现，也没有任何权利让与的公示手段。③ 鉴于上述"两融"资产收益权并非实际发生并可直接转让的现实债权，仅属于转让方证券公司对融资融券客户潜在合同债权的预期收益权，上述收益权在目前法律框架下尚无独立法律地位和实际可操作性，即便转让成功对于转让方证券公司和融资融券客户之间的权利义务也缺乏任何实质影响和制约。笔者认为：鉴于该类收益权既非《民法总则》现实债权，也非《物权法》中所有权的一项专项权能，在操作上也没有发生无实质性转让，也达不到资产转让的法律后果。

（三）收益权转让在实际操作上存在明显障碍

根据《物权法》的相关规定，转让债权时担保该债权的抵押权一并转让，以及《证券法》《证券公司融资融券管理办法》《上海证券交易所融资

---

① 曹仪：《资产收益权的法律性质与风险防范》，《法制与社会》2017 年第 13 期，第 100 页。
② 陈媛媛．《资产收益权能否成为信托财产》，《经济与法》2016 年第 9 期，第 154 页。
③ 陈媛媛：《资产收益权能否成为信托财产》，《经济与法》2016 年第 9 期，第 154 页。

融券交易实施细则》等融资融券监管规范，在融资融券业务过程中，除非证券公司与客户之间的融资融券业务由于客户违约无法偿还进而形成实际债权债务关系，否则转让方证券公司与客户之间的合同关系及对于客户信用账户内的担保物无法实施转让。退一步，即便上述合同之债务可以转让，客户担保物也必须随主债务一并转让，不得单独转让。鉴于以上法律规定，笔者认为：转让方证券公司与客户之间的合同债务、担保物及相关收益权转让在实际操作上存在明显障碍。

五 规范、完善融资融券收益权转让业务的对策和建议

（一）明确"两融"收益权的法律地位

鉴于"两融"收益权既非《民法总则》规定的现实债权，也非《物权法》中所有权的一项专项权能，"两融"收益权在目前法律框架下尚无独立的法律地位和实际上的可操作性，即便转让成功，对于转让方证券公司和融资融券客户之间的权利义务也缺乏任何实质性影响和制约。因此，有必要明确"两融"收益权的法律属性。《融资收益权转让及回购合同》虽然在整体上不属于典型借贷合同或买卖合同，但其中涉及了债权的实现和债务的履行问题，为保障债权的实现，申请人根据"法无明文规定即可为"原则，可以依法设定担保。修订后的《应收账款质押登记办法》明确了"两融"收益权的法律地位，因此可以根据《物权法》等相关法律规定将"两融"收益权出质，并办理相应出质登记。

（二）完善收益权转让业务操作流程

由于证券公司融资融券收益权转让融资业务量大，对此类项目缺乏及时、准确、全面的信息登记，现行法律法规又缺乏明确规定，受让方对转让方的转让文件局限于形式审查，可能会导致重复转让或部分转让。为避免此

类情况发生，转让方证券公司一方面应建立融资融券收益权转让信息登记制度，及时、准确地掌握转让收益权的权利状况及转让历史，以便于收益权受让方查询、监督，同时向受让方充分揭示收益权转让的风险，要求受让方承诺责任自担；而受让方应对收益权转让背景进行必要的了解，对转让原始权益状况进行必要审查，以保证交易的有效性，对重复转让或其他瑕疵转让的应予以拒绝或要求补正；证券监管部门应积极协调银保监会等相关部门，健全收益权转让业务规则，明确监管规定，为证券公司融资的稳定性和多元化提供政策支持。此外，针对收益权转让业务主要通过"卖出回购金融资产款"进行核算产生的问题，建议将收益权转让作为"卖出回购金融资产款"的二级科目明确列示，并加强期限、融资市场等数据的信息披露。①

（三）积极推进融资融券收益权资产证券化业务

"两融"业务收益权作为基础权利或资产具备资产证券化的先天优势，针对券商证券公司对资金成本的控制较为被动的情况，融资融券收益权资产证券化可以盘活融资余额，使融资来源进一步扩展，由商业银行、保险公司扩大到资产支持证券的合格投资者，为"两融"发展提供新的资金来源。证券公司通过将"融出资金"这一部分的债权作为基础资产，设立资产支持专项计划进行证券化操作以实现自我融资。这样既能盘活证券公司的优质存量资产，为其提供低成本融资渠道，又能够促进融资融券业务的良性循环，尤其利好融资融券利息收入占比高且资本匮乏的券商。此外，收益权转让业务为非标业务，而资产支持证券可在场内挂牌、转让，使标准化程度和流动性得到提升。建议证券公司根据《证券公司及基金管理公司子公司资产证券化业务管理规定》，积极开展融资融券收益权资产证券化业务。

---

① 李振涛、孙立洋：《我国证券公司信用业务收益权转让业务探析》，《青岛科技大学学报》（社会科学版）2015 年第 3 期，第 70 页。

参考文献

孙起然、李慧：《论银行在收益权质押业务中的风险防控》，《法制博览》2017 年第 3 期。

陈嫒嫒：《资产收益权能否成为信托财产》，《经济与法》2016 年第 9 期。

郭谐怡、包长河：《防范收益权类理财产品风险》，《中国金融》2015 年第 20 期。

李振涛、孙立洋：《我国证券公司信用业务收益权转让业务探析》，《青岛科技大学学报》（社会科学版）2015 年第 3 期。

《详解券商两融收益权 ABS PPP + REITs 是如何运作及 PPP 与 REITs 相结合的融资模式》，搜狐财经，http：//www. sohu. com/a/208729204_ 465587，2017 年 12 月 6 日。

杜佳盈：《收益权类资产证券化风险及防范研究》，《金融发展研究》2017 年第 4 期。

王晓芬：《中原证券融资融券业务存在的问题及对策研究》，《现代经济信息》2017 年第 12 期。

李玉峰：《资产收益权的法律属性分析》，《金融经济》2017 年第 20 期。

曹仪：《资产收益权的法律性质与风险防范》，《法制与社会》2017 年第 13 期。

王晓红：《商业银行资产收益权类理财业务的法律风险及其防范》，《金融纵横》2012 年第 12 期。

安迪：《信托受益权转让的法律问题研究》，《活力》2016 年第 8 期。

赖杨山、张馨月：《融资融券交易风险及我国融资融券法律规则体系存在的问题》，《职工法律天地》2015 年第 12 期。

B.9
诉讼财产保全责任保险中的问题及对策

李浩东*

摘　要： 诉讼财产保全责任保险是近年来保险业的一个新型险种，它旨在降低财产保全门槛，减少当事人诉累，助力破解执行难。它在国内具有一定的可行性，但其面临着受诉法院认可难，国内实践经验匮乏，风险评估和控制机制不完善，恶意诉讼及虚假诉讼等问题。为此，应加快完善相关立法，增强法院的认可度，规范行业标准，保证理赔效率，建立科学有效的风险评估与控制制度，建立相关机制防范恶意诉讼和虚假诉讼。

关键词： 财产保全　责任保险　民事诉讼

　　根据我国民事诉讼法和相关司法解释的规定，法院受理财产保全以申请人提供价值相当的担保为前提，然而关于财产保全担保的方式却无明文规定。当前的司法实践大致有以下三种担保方式，即申请人或第三人提供等价值的现金或无权利负担的实物，担保公司的保函，商业银行保函。但这几种担保方式各有弊端。第一种担保方式，法院在受理申请人或第三人提供的担保时往往要求较高，通常只认可等值或价值相当的财产，如果达不到这个标准，往往裁定不予保全。第二种担保方式的困境在于担保公司的信誉资质是否被本地法院所认可和接受，面对全国担保公司资质状况良莠不齐，在实务中常出现担保能力不足、跑路等现象，担保公司的选择往往受限。第三种担

---

　　* 李浩东，河南省社会科学院法学研究所副研究员。

保方式虽然解决了申请人自有资金不足的困难，但能让银行出具保函的企业往往都是信用度极好的国有企业或在本地极具影响力的大公司。

诉讼财产保全责任保险（以下简称诉责险）正是在传统担保方式难以适应现实发展需要的背景下产生的。自 2012 年云南诚泰保险试点以来，诉责险取得了良好的成效，它降低了保全的门槛，减少了申请人的诉累，提高了法院的保全效率，拓展了财产保全担保的途径，发挥了保险行业风险防范与控制的功能，节约了有限的司法资源，有助于破解执行难的难题。

一 诉讼财产保全责任保险的概念及可行性分析

（一）诉讼财产保全责任保险的概念

诉责险是近几年来的新生事物之一，它自出现即被赋予"以保全促调解、促和解、促执行"[①] 的重要期待。作为新生事物，诉责险究竟是什么，梳理相关论文和保险操作实践，我们可以得出以下结论，诉责险是指在民事诉讼过程中申请法院保全前，申请人为防止被告在法院生效判决做出前变卖、转移财产，而与保险人签订的在保全错误发生时，保险人承担相应的保全赔偿责任的商业保险行为。其本质是把保险产品设计为一个虚拟的担保物，为财产保全提供便利。

（二）可行性分析

目前，国内诉责险尚处于探索阶段，开展此业务的保险公司主要有诚泰财险、平安财险、人保财险等 18 家保险公司。[②] 诉责险自试点以来，已经取得了全国 700 多家法院的认可与支持，在实践过程中出现了不少保单保函的案例，分析这些案例，我们发现诉责险的业务范围主要集中在民间借贷、

---

① 黄克：《把维护社会公平正义作为首要价值追求》，《广西日报》2017 年 8 月 17 日。

② 朱忠念：《中国诉讼财产保全责任保险研究——以云南诚泰保险试点为例》，辽宁大学硕士学位论文，2017。

买卖合同纠纷案件中。2012 年，诚泰财险率先在云南开展诉责险试点工作；2013 年，深圳龙岗法院认可平安财险的诉责险保单得到了业界好评；2014 年 10 月，天津市第二中级人民法院在审理一件民间借贷案件时，由于原告担保资金有限，法院在做了大量工作后，充分认可原告提出的以诉责险这种新型险种保单作保；2015 年，全国人大代表湖南省高院院长康为民在第十二届全国人大第三次会议上提出"诉讼保全引入保险担保机制"的建议，自此诉责险应用于司法实践的步伐显著加快；2016 年 10 月，《最高人民法院关于办理财产保全案件若干问题的规定》的司法解释出台，首次肯定了诉责险，自此开启了诉责险的大发展时期（见图 1）。

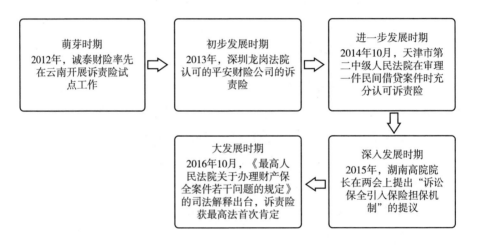

图 1　诉讼财产保全责任险的发展历程

诉责险在我国发展是有一定可行性的。首先从市场发展水平来看，随着改革开放的深入推进，经济活动和经济纠纷愈发复杂，市场风险也逐渐加大，这带来了保险业务的发展契机。正如有的学者指出，诉责险的介入，犹如在财产保全的高墙边搭建了一个梯子，使一部分缺乏经济能力的民众有效借助此途径进行财产保全。① 其次，从诉责险收取的保费金额来看，一般保

---

① 陆鹏：《引入诉讼财产保全责任保险，完善法院诉讼保全担保机制》，《上海保险》2016 年第 3 期。

单保函仅是保全金额的 1% 左右，这为此项保险的应用和推广提供了可能。最后，与传统担保方式相比，保单保函规范快捷，赔付力强，使购买者放心安心，不失为一个良好的选择。

二　诉讼财产保全责任保险面临的问题

诉责险的出现也就短短四年时间，在实践中这个新生事物不可避免遭遇各种障碍。只有对其存在的各种困难、障碍进行仔细对比研究，才有助于诉责险在全国范围的推广与应用。

（一）受诉法院认可难

诉责险是一个新型责任保险，作为一种新生事物，关键在于如何得到受诉法院的普遍认可。作为一种创新性担保方式，我国立法层面尚欠缺相关规定，虽然该险种在司法实务界中已经有部分法院在实行，但无最高法和保险监管部门的明确表态，全国大部分法院对此保险多以观望的态度对待。究其原因，首先，这与法官的办案原则有关，一段时间以来，"有法可依"成为法官们办案的基石，鉴于诉责险没有在立法和司法层面被广泛认可和接受，于法暂时无据，所以有些法官为保险起见暂时不执行。其次，司法改革正在如火如荼地进行着，法官错案终身责任追究制使得法官在处理相关案件时不得不谨小慎微。最后，法学是一门包罗万象的学科，有些法官对保险金融、保险等知识知之甚少，再加上保险公司宣传力度不够，所以有些法官对此新生事物抱有怀疑态度。

（二）国内实践经验的匮乏

诉责险在国外是一项发展相对成熟的险种，已经成为一种程序规范、体系健全的业务，但在国内它还处在起步和探索阶段，面临各种各样的问题。首先，保险公司出具的保单保函没有确定统一的标准，保险责任的表述不规范，免责条款不符合诉讼担保的内在需求。其次，费率标准不一，目前市场

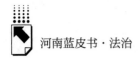

基础费率维持在 0.5% 左右，而有的保险公司为了抢占市场费率低至 0.2%，具有极大的不确定性。[①] 最后，在适用范围上，仅适用于民事诉讼的财产保全，而在证据保全、行为保全等方面不能适用。

（三）风险评估和控制机制不完善

风险评估和控制是诉责险健康发展的关键。但由于诉责险出现的时间短暂，因此保险公司对诉责险的评估和控制机制仍不完善。例如，诉责险在保险条款设计、缴费方式方法、理赔流程等方面缺乏有力的数据及理论支撑，诉责险在实施过程中多借鉴外国同类保险或国内其他保险业务的数据进行比对，这一因素在一定程度上抑制了诉责险持续健康的发展。

（四）恶意诉讼及虚假诉讼问题

在诉责险模式下，申请保全人保全错误时，由保险人代替申请保全人进行赔偿，保险公司承担最终责任。如此一来，容易引发诉讼双方当事人恶意串通进行虚假诉讼骗取保险金的事情发生。究其原因，主要在于我国保险法并未把虚假诉讼和恶意诉讼确定为保险公司的免责事由，加之现在的诉责险在保单保函设计上还不够严密，由于各种原因，大多未把免责事由列入保单保函，这样一来，即使在证实申请人提起恶意或虚假诉讼的情况下，保险人也不能向申请人追偿，这就造成了保全申请和责任承担的分离。再者，法院在立案审查时按照法律仅做形式审查而不做实质审查，而这种审查方式给恶意及虚假诉讼提供了可能。

三 诉讼财产保全责任保险发展的对策研究

我国诉责险的发展只有 4 年时间，仍处在初步发展阶段，在立法、司法

---

① 巩瑶：《诉讼财产保全责任险法律问题研究》，大连海事大学硕士学位论文，2017。

和保险公司经营方面都存在一些问题，为了促进诉责险的健康发展，笔者拟从以下几个方面对诉责险进行完善。

（一）加快完善相关立法，增强法院的认可度

诉责险作为一项新生保险业务，亟待国家层面的支持和认可，把诉责险引入司法，是财产保全的需要，更是司法为民的要求。国家首先应从立法层面充分肯定诉责险的功能与定位，赋予其合法地位，加大对此新型险种的推广，同时推动保险公司和法院的业务往来，通过宣传诉责险保障弱势群体的合法权益，弘扬司法关怀。其次，财产保全毕竟区别于一般商业保险，鉴于实践中保险公司的偿付能力、资信状况良莠不齐，建议推广诉责险保险机构市场准入制度，筛选资质实力雄厚、标准流程严格的保险机构。最后，可以借助相关行业协会的力量进行业务推动，扩大诉责险的影响力和普及程度。

（二）规范行业标准，保证理赔效率

诉责险进入我国市场比较晚，可以参考的数据和经验较少，缺乏精算和技术支持，因此市场上的诉责险鱼龙混杂，费率具有极大的不确定性。保险公司应多学习和借鉴国外保险市场的相关经验，结合国内外相关损失赔偿案件合理界定费率因子和行业标准，并在不断的实践中调整相关费率，逐步使其合理化、规范化。对于风险巨大的案件可以通过"再保险"的形式转嫁一部分风险，保证充足的赔付率。投保人在事故发生后申请理赔时，保险公司应在核实的基础上，及时高效地帮助办理理赔手续，确保理赔效率。

（三）建立科学有效的风险评估与控制制度

诉责险不同于一般责任保险，它随着标的物的不同有着不同分类，因此有必要制订多种多样的风险评控方案。保险公司首先应在大数据的基础上，结合相关法律法规，科学估算不同种类标的的相关费率，关注国内外行业动向，对保险公司开发设计此项业务可能存在的风险和误区进行充分评估。其次，鉴于诉责险的专业性，风险审查可由律师进行初步审查，分公司负责审

核，最终由总公司审批把关。① 再次，完善核保机制。对于投保主体，主要考察其资产及信用等，可以通过征信机构进行对接。对于案件性质，承保应局限于财产权利，对于刑事案件、行政案件等不予以承保。对于风险评估，应侧重于债权债务关系是否明确、原告胜诉概率等等方面。对于保全措施，应区别对待，因为采取不同保全措施所造成的损失是不一样的，赔偿数额应有所区分。最后，除了核保应注意的具体细节之外，核保队伍建设对此项业务的开展也具有非常重要的影响。对于这点，一方面可以在公司内部通过集训、案例研讨等方式提高核保人员的专业性，另一方面也可以从外部聘请具有风险评控能力经验的律师、退休业务法官等提高核保的效率，从而降低风险。

（四）防范恶意诉讼和虚假诉讼

1. 健全信息甄别机制，严格担保资质审查

诚实守信是当今市场经济的基石，无论对投保人还是保险人都有重大而深刻的意义，对于保险公司，应建立健全信息甄别机制，深度审核投保人信用，以防范业务风险。保险公司可以在与征信机构进行业务合作的基础上建立一套体系完整、运转高效的客户信息档案，关注诉责险和司法诉讼相关业务，记录客户的诉讼经历和基本信用，对投保人之前投保的情况进行调查，综合判断投保人的投保动机和投保目的。

2. 健全内部管理，打造职业顾问

保险公司应选拔具有一定的法律基础知识、业务能力强的保险专员作为职业顾问，职业顾问直接负责核保和理赔，这样不仅能弥补保险公司在此类业务法律知识上的不足，更能降低保险公司大量的时间和经费支出。另外，加强内部管理，合理配置人员，使人员各司其职，专人专用，这对防范恶意诉讼和虚假诉讼也有一定意义。

---

① 任柏桐、云月秋：《我国诉讼财产保全责任险的产生环境与发展建议》，《保险职业学院学报》2016年第4期。

116

3. 建立健全保险业信用共享互通机制

保险行业的发展离不开各保险公司的共同努力，如果能充分发挥保险行业协会的力量，建立健全保险业信用共享互通机制，则能在一定程度上降低恶意诉讼和虚假诉讼的可能性。建立信用共享互享机制并不是把客户的所有信息共享，而只是对客户的信用共享，这并不会泄露各保险公司的商业秘密，保险业信用共享互通机制的建立必将繁荣保险行业，促进保险业的健康发展。

参考文献

黄克：《把维护社会公平正义作为首要价值追求》，《广西日报》2017年8月17日。

朱忠念：《中国诉讼财产保全责任保险研究——以云南诚泰保险试点为例》，辽宁大学硕士学位论文，2017。

陆鹏：《引入诉讼财产保全责任保险完善法院诉讼保全担保机制》，《上海保险》2016年第3期。

巩瑶：《诉讼财产保全责任险法律问题研究》，大连海事大学硕士学位论文，2017。

程鑫：《海事诉讼保全责任险的发展态势、省思与前瞻》，《中国海商法研究》2016年第3期。

欧秋钢：《诉讼财产保全责任保险在司法实践中的问题及对策——以保险公司经营的视角》，《上海保险》2015年第11期。

任柏桐：《我国诉讼财产保全责任险的产生环境与发展建议》，《保险职业学院学报》2016年第4期。

B.10
基层央行行政执法指标评估体系研究

李天忠　王世佳*

摘　要：　伴随着我国全面依法治国战略的提出和基层央行对外履职的不断深入，对基层央行行政执法的水平和能力要求越来越高。然而，目前我国基层央行在实施行政执法过程中还存在一定问题，并且对行政执法工作的评估缺乏一套完备、量化和具有可操作性的指标体系，不利于促进基层央行行政执法水平和能力的提高。基于此，本文从构建行政执法指标评估体系的必要性、当前基层央行行政执法评估工作中存在的问题和国内外行政执法指标评估体系构建的相关实践等方面出发，通过分析比较，提出了构建基层央行行政执法指标评估体系的新路径和基本框架，用以指导基层央行行政执法评估工作。

关键词：　基层央行　行政执法　指标评估体系

作为金融法律法规的重要实施主体，基层央行处于执行货币政策、防控金融风险、维护区域金融稳定、实施金融管理与提供金融服务的第一线，其行政执法状况直接彰显法治央行建设水平，影响法治央行建设进程。为深入推进依法履职和依法行政，有必要结合基层央行行政执法实际，构建一套科学、系统、具有可操作性的行政执法评估指标体系，通过定性或定量指标来

---

* 李天忠，中国人民银行郑州中心支行法律事务处处长、高级经济师；王世佳，中国人民银行郑州中心支行法律事务处科长、经济师。

全面检测、衡量基层央行的行政执法工作,以督促、引导基层央行严格依法规范公正文明执法,全面加快基层法治央行建设。

一 构建行政执法指标评估体系的必要性

（一）构建行政执法指标评估体系,是基层央行贯彻落实全面依法治国战略的必然要求

党的十八届四中全会提出要全面推进依法治国,形成完备的法律规范体系、高效的法治实施体系、严密的法治监督体系、有力的法治保障体系、完善的党内法规体系,实现科学立法、严格执法、公正司法、全面守法,促进国家治理体系和治理能力现代化。央行系统作为国家重要的金融执法力量,在基层建立实施行政执法指标体系,对于规范执法权力、全面推进法治央行建设具有重要意义,是贯彻落实全面依法治国战略、促进基层央行治理体系和治理能力现代化的必然要求。

（二）构建行政执法指标评估体系,是打造基层法治央行的现实需要

《中国人民银行关于贯彻落实党的十八届四中全会精神的指导意见》（银发〔2014〕372号）中提出要"探索建立依法行政评估制度,制定评价办法和评价标准"。作为法治建设指标的重要组成部分,行政执法指标是对基层央行依法履职本质要求和精神实质的细化和量化,可避免法治央行建设目标因概括抽象而流于口头化、形式化和盲目化,有效推动基层央行依法高效履职。

（三）构建行政执法指标评估体系,是基层央行加强执法监督的重要方式

构建基层央行行政执法指标评估体系,是进一步加强执法监督的重要方

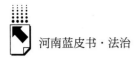

式，既能够发挥执法"方向标"的作用，有效引导干部职工的行为；还能够有效考查基层央行法治央行建设的进展和成效，了解行政执法中存在的问题和不足，从宏观上把握基层央行行政执法的现状和未来趋势，推动基层央行依法严格规范文明执法。

二　当前基层央行行政执法评估工作中存在的问题

当前基层央行行政执法评估工作正在逐步健全和完善当中，还存在很多问题亟待解决，主要体现在：一是缺乏统一的评估体系。当前基层央行对行政执法工作进行评价、评估的主要依据为《中国人民银行行政执法评议考核办法》（银办发〔2006〕116号）。该办法提出各分支机构要通过内部评议和外部评议的方式，对行政执法活动进行监督，但并未建立明确、统一的行政执法指标评估体系。二是缺乏量化的评估指标。在实践中，不少基层央行在行政执法评估工作中，采用的多为描述性、抽象化的指标，具体、量化的指标少，缺乏执法的制度性指标、行为性指标和效果性指标。三是对评估结果利用率不高。部分基层央行对行政执法评估工作重视度不够，评估结果仅被当作金融法治工作的一个参考，评估之后便不了了之，对评估结果的利用率偏低。四是外部主体参与度有限。基层央行行政执法评估目前大多仅限于系统内评估，社会公众、第三方机构等并未参与到执法评估工作中。系统外主体参与度不高，容易引起社会对评估公正性的疑虑。

三　国内外行政执法指标评估体系构建的相关实践

（一）国外行政执法指标评估体系的相关实践

1.英国

英国政府执法指标评估工作源于20世纪60年代对政府部门进行的生产率测定。21世纪后，英国政府全面实施了绩效指标评估工作。英国行政执法指标评估工作的目标概括为"4E",即经济（economy）、效率（efficiency）、效益（effectiveness）和公正（equity），评估工作更加富有包容性。同时，评估主体多元，由公共组织、一般社会公众和专家学者等共同参与对政府部门的执法活动进行评估。

2. 韩国

韩国政府从 20 世纪 90 年代开始改革，以建立负责、高效、公众参与的政府，由此拉开了行政执法指标评估工作的序幕。从政府绩效评估系统看，韩国评估是集个体评估、内部评估和外部评估于一身的综合评估体系。韩国政府评估的内容包括政策评估、政策实施能力评估和民众的满意度三部分，政策评估侧重于评估政府机构和代理机构实施政策的效果，政策实施能力评估侧重于评估政府机构对计划要实施的政策和实际执行的能力，民众的满意度主要考查政策实施后的社会效果。

（二）国内行政执法指标评估体系的相关实践

我国的行政执法指标评估工作起步较晚。1999 年国务院颁布《关于全面推进依法行政的决定》明确提出："要积极推进行政执法责任制和评议考核制。"2004 年国务院颁布《全面推进依法行政实施纲要》提出："要建立公开、公正的评议考核制。"此后，不少地方政府或者部门都制定了相应的行政执法指标评估体系，并且在实践中不断完善，取得了很好的效果。

以广东、吉林、深圳、江苏、内蒙古为例，从指标体系中的一、二、三级指标的内容来看，广东、吉林、深圳的一、二、三级指标构建内容是依托于《全面推进依法行政实施纲要》框架内容进行设计，而江苏、内蒙古则依托于《法治政府实施纲要（2015～2020 年）》，作为行政执法指标体系一、二、三级指标的构建基础。

从国内外行政执法指标体系的相关实践看，有关国家和地区均开展了行政执法评估工作。部分发达国家和地区一般并不开展单独的执法指标评估工作，而是设定某些原则或价值标准，将执法评估工作纳入政府行为或公共政策的绩效评估中去考量，由政府部门、社会公众、专家学者共同参与评估工作。国内一些开展行政执法指标评估工作的省份，则基本由地方政府主导，从执法体制、执法资格、执法程序、执法的合法性与合理性等维度，设计了三级指标，但存在社会公众参与度不高、指标体系设计过于强调统一性而针对性不足、可量化的程度不够等问题，需要在设计基层央行行政执法指标体系时加以避免。

四　基层央行行政执法指标评估体系的构建路径

基层央行行政执法指标评估体系的构建包括指标项目的选取和指标之间结构关系的厘定，是定性分析和定量分析的有机结合。构建基层央行行政执法指标评估体系需要明确构建原则、依据、步骤与方法等内容。

（一）构建原则

基层央行行政执法指标评估体系的构建，应当把握以下几个基本原则。一是科学性原则。指标选取既能够科学反映基层央行行政执法建设的现状和水平，也要与基层央行依法行政的客观要求相符合。二是实用性原则。指标体系要繁简适中，所需的各项数据易于采集，各项评估指标及相应测算方法都要标准化、规范化。三是可比性原则。指标体系的建立要考虑同一基层行不同时期的纵向和不同基层行行政执法工作之间的横向可比性。四是代表性原则。指标体系必须抓重点、抓典型，筛选影响行政执法实施和成效的特定工作指标，选择和设计核心指标，考察指标体系变动的代表性，以此减少工作量，不断提高评估工作的效益。

（二）构建依据

一是党的十八大以来关于全面推进依法治国的新目标。指标体系的构建应全面贯彻和落实党的十九大精神，并吸纳《关于全面推进依法治国若干重大问题的决定》所规划的法治建设目标和提出的具体工作要求。二是中央银行法律体系。以《人民银行法》为核心的履职法律体系是指标体系制定的基本依据。指标体系中的具体标准设定、文本解释均应以现行履职法律体系为依据，并需要不断增强标准的协调性、逻辑性和可行性。三是根据中共中央国务院《法治政府建设实施纲要（2015～2020年)》《国务院关于加强法治政府建设的意见》及相关文件的要求，尤其是严格规范公正文明执法，应成为指标体系构建的重要指引。四是中国人民银行依法行政系列文件和《法治央行建设实施方案（2016～2020年)》。《中国人民银行关于推进分支机构依法行政工作的指导意见》《中国人民银行关于贯彻落实党的十八届四中全会精神的指导意见》《中国人民银行执法检查程序规定》等一系列文件均应作为执法指标体系制定的重要依据。五是国内同类执法指标设计和评估经验。现有的国内地方政府和部门的执法指标体系制度建设和实践经验，应作为构建指标体系的参考，如大部分城市依法治市指标体系中的执法指标。

（三） 构建方法

基层央行行政执法指标评估体系构建是一个系统工程，需要统计、法律、管理等多方面的知识，并需要通过理论和实证检验。从统计学角度来看，基层央行行政执法指标评估体系的构建包括指标选样、指标评估体系有效性统计检验和指标权重分析三个步骤。从评估方法来看，行政执法的公共属性和社会价值，使其更适用于价值性评估——间接性评估，通过测量一些具有行政执法特质或者价值的固定指标，依靠测量数据或者效果来分析行政执法的实效与价值。但当前由于缺少顶层制度设计，基层央行行政执法指标评估体系的构建，首先是规范问题，然后才是技术问题，对它的调整应是制度规范与技术规范并举，有鉴于此，笔者建议出台《基层央行行政执法指标评估体系》和考评办法，对评估标准、评估内容、评估指标、评估结果应用等进行明确，使行政执法评估工作能够从探索层面走向制度层面，最终实现行政执法指标评估体系的合法化、科学化、规范化。

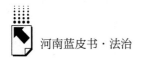

（四）基本框架

从依法行政的逻辑结构和行政权力的运行过程来构建，即主要依据《全面推进依法行政实施纲要》对法治政府提出的内在要求来构建行政执法指标体系。但是指标体系的建立依据应主要来自《法治央行建设实施纲要（2015～2020年）》。依照该纲要，基层央行行政执法评估体系应包括行政执法体制、行政执法程序、行政执法方式、行政执法责任制、行政执法队伍建设和行政执法保障六个子系统。以上子系统构成基层央行行政执法指标评估体系的一级指标系统，该系统内各指标权重之和为1。二级指标的确立同样建立在对每一个一级指标分析和细化的基础上，将每个一级指标划分为若干个不同的部分，选择与之联系密切的因素，就可形成二级指标。每个一级指标下的二级指标权重之和为1，所有的二级指标构成行政执法指标评估体系的二级指标系统。因二级指标的内容仍然比较概括和抽象，实际可操作性不强，仍然要对二级指标进行分解。通过对二级指标的内容分析，寻找能够表征二级指标所描述状况的具体化、可操作的标准，从而确定三级指标。三级指标是基层央行行政执法成效评价的关键，这一级指标应可测量。

五 基层央行行政执法指标评估体系的试构及应用

（一）基层央行行政执法指标评估体系的试构

在前面考察国内外行政执法指标评估体系立法实践，借鉴其成功经验的基础上，依据相关法律制度和政策要求，研究建立一套相对科学的、符合基层行履职实际的行政执法指标评估体系（见表1）。该指标体系共包含7项一级指标，即在行政执法体制、行政执法程序、行政执法方式、行政执法责任、行政执法人员管理、行政执法保障基础上加上公众（或者行政相对人）对行政执法的评价；25项二级指标；65项三级指标。

表 1 行政执法指标评估体系

单位：%

序号	一级指标 名称(权重)	代码	二级指标 名称(权重)	代码	三级指标 名称	代码	权重	评价方式
1	行政执法体制(15%)	A1	依法界定和规范市县两级基层央行行政执法职能(25)	B1	依法准确界定职责权限，梳理并制定行政执法权力清单、责任清单——清单化程度	C1	50	检查相关制度和记录：有权责清单得分，否则不得分
					公开行政执法权责清单——公开及时程度	C2	20	检查相关记录和公开资料，按照规定公开的得分，不公开不得分
					对执法权力清单和责任清单实施动态管理——完善程度	C3	30	根据法律、机构、职能调整的变化，及时调整权责清单的得分，否则不得分
			优化市县两级基层行政执法内部组织结构(20)	B2	依法、科学设定各对外执法部门——合法、合理化程度	C4	25	各执法部门的配置有依据，能满足对外履职的得分，否则少得分或不得分
					依法、科学设定执法岗位——合法化、合理化程度	C5	25	各执法岗位设定有依据，能满足履职需要的得分或者不得分
					基层行政执法人员的编制依据核定——合法化、合理化程度	C6	25	基层行政执法人员的编制依据核定，科学合理的得分，或者不得分
					执法部门之间的职责争议处理与内部协作机制健全并得到有效运行	C7	25	发生执法越位、缺位、重复执法等问题不得分，否则得分
			严格履行行政执法职责(30)	B3	严格履行金融法律法规规定的行政许可、行政处罚、行政检查等行政执法职责——严格规范程度	C8	40	执法主体合法、程序合法、权限合法，行政决定合法的得分，否则少得分或不得分

125

续表

序号	一级指标 名称（权重）	代码	二级指标 名称（权重）	代码	三级指标 名称	代码	权重	评价方式
	行政执法程序（15%）	A2	理顺申请行政强制执行制度（15）	B4	加大对支付结算、人民币管理等关系群众切身利益、国家金融安全等重点领域的执法检查	C9	40	调阅案卷资料和走访调查，了解人民群众的获得感。群众获得感高的得分，否则酌情减分
					及时查处金融违法行为——立案/检查比率、检查与处罚比率	C10	20	立案/检查率高于95%以上的得分，否则不得分；检查比低于20%不得分
					健全与法院、公安机关的协调配合机制——健全程度	C11	40	检查制度与记录，建立制度的得分，否则不得分
					确定基层申请行政强制执行的条件、程序——制度化程度	C12	40	检查制度和记录，有制度的得分，否则不得分
					申请强制执行的效率	C13	20	依照规定申请强制执行的得分，未按规定申请强制执行的不得分
			建立健全行政执法和刑事司法衔接机制（10）	B5	市县两级行要建立公安机关、检察机关、审判机关，案件移送标准和程序——制度化程度、完善程度	C14	50	检查案卷资料；建立机制的得分，否则不得分
					信息共享、案情通报、案件移送的情况——通报率、移送率	C15	50	检查案卷资料。通报率达80%，移送率达100%的得分，否则不得分
			行政执法程序的制度化、流程化、具体化（30）	B6	行政执法工作流程化、合法化、规范化、完善程度	C16	70	检查相关资料，抽查执法检查卷，符合要求的得分，不符合要求、流于形式的少得分或不得分
					公开行政执法流程及时性、准确性	C17	30	检查公开资料，及时准确公开的得分，否则不得分

续表

序号	一级指标 名称(权重)	代码	二级指标 名称(权重)	代码	三级指标 名称	代码	权重	评价方式
	行政执法方式(15%)	A3	规范行政裁量权行使(40)	B7	行政裁量权细化程度	C18	60	建立行政裁量适用规则的得分
					行政裁量权制度公开程度	C19	15	公平行政裁量规则的得分
					行政处罚等行政决定书中说明裁量理由和依据	C20	20	抽查执法案卷,说明裁量要求的得分
			规范行政执法过程中立案、调查取证、决定等环节(30)	B8	行政执法过程中立案、调查取证、核查、决定、送达等环节的规范程度	C21	30	抽查案卷符合行政许可、行政执法、行政处罚要求的得分,否则不得分
					行政执法决定合法化程度(符合告知、听证、赋予当事人陈述申辩、复议权等)	C22	20	抽查案卷,符合做出行政决定的得分,否则不得分
					行政执法时间	C23	20	行政执法每一个阶段符合法律法规规定要求的得分,否则不得分
					重大行政执法决定法律审核把关率	C24	20	检查有关记录,有合法性审核实例的得分,否则不得分
			推行基层人民银行行政执法信息公示制度。(20)	B9	执法信息公示信息的规范程度	C25	25	查看公示的行政执法信息,真实、准确、完整公示的得分,否则不得分
					执法信息登记备案率	C26	25	公示的行政执法信息在本行事务部门备案率达到100%的得分,否则不得分
					执法信息动态更新次数/周	C27	25	符合规定的得分,否则不得分
					行政执法信息产生与公布时间间隔	C28	25	符合规定的得分,否则不得分

续表

序号	一级指标		二级指标		三级指标			评价方式
	名称(权重)	代码	名称(权重)	代码	名称	代码	权重	
			建立并完善"双随机"制度(20)	B10	建立市场主体名录库和检查人员名录并及时更新	C29	50	检查登记簿、建立并更新的得分,否则不得分
					"双随机"抽查率＝随机抽查/检查	C30	50	检查执法案卷,符合规定的得分,否则不得分
			加强行政执法信息化建设和信息共享(20)	B11	电子政务普及率——建立基层人民银行行政审批网上办理系统	C31	50	检查网站、建立并网上办公的得分,否则不得分
					科技、装备在行政执法中的应用率	C32	50	检查科技工具在执法中的配置和应用情况
			推行行政指导等非强制性执法手段的应用(20)	B12	行政指导使用率	C33	70	查看记录或案卷,在行政执法中是否运用辅导、约谈、建议、回访等方式,有的得分,没有的不得分
					行政合同使用率	C34	30	查看有关合同,看行政合同的使用情况
			落实行政执法全过程记录制度(20)	B13	执法案卷管理制度化程度	C35	25	抽看制度和案卷,有执法案卷制度的得分,否则不得分
					行政执法案卷规范程度、完整度	C36	25	抽查行政许可、执法检查、行政处罚案卷是否符合规定
					行政执法案卷评查次数	C37	25	查看记录、评查报告、整改通报,一年至少开展一次执法案卷评查的得分,否则不得分;对评查结果通报的得分,否则不得分
					行政执法案卷评查不合格率	C38	25	不合格率低于10%的得分,否则不得分

续表

序号	一级指标		二级指标		三级指标			评价方式
	名称(权重)	代码	名称(权重)	代码	名称	代码	权重	
	行政执法责任(20%)	A4	完善行政执法责任制(25)	B14	行政执法责任制覆盖率	C39	100	检查有关制度和责任书,覆盖率达到100%的得分,否则酌情减分
			严格执法责任追究(25)	B15	行政执法责任制问责率	C40	100	检查有关问责文件,问责率达到100%的得分,否则酌情减分
			加强行政执法的内部监督、法治监督、监察、内审和层级监督(25)	B16	行政执法监督管理制度化程度	C41	25	检查制定并落实行政执法监督管理制度的情况
					开展法治监督、监察、审计监督的次数/年	C42	25	调阅监察、审计案卷、通报材料,有的得分,没有的不得分
					法治、监察、审计监督的落实程度	C43	25	查阅资料和现场查看,看监督检查的落实情况
					作为被申请人的复议结果撤改率	C44	25	低于20%的得分,否则不得分
			加强行政执法外部监督(25)	B17	行政应诉败诉率	C45	30	检查案卷资料,确认违法履行低于20%的得分,撤销、变更、确认违法或者无效的得分,否则不得分
					举报投诉信访办结率	C46	50	及时受理办理行政执法投诉举报信访案件,办结率达95%以上的得分,否则酌情减分
					在地方依法行政工作考评中的位次	C47	20	在地方党委、政府相关考评中取得较好成绩

续表

序号	一级指标 名称（权重）	代码	二级指标 名称（权重）	代码	三级指标 名称	代码	权重	评价方式
	行政执法人员管理（10%）	A5	行政执法人员持证上岗和资格管理制度（50）	B18	行政执法人员的数量和构成行政执法人员证上岗率	C48	50	抽查案卷并检查人员持有执法证情况,持证率达100%得分,否则不得分
					行政执法人员培训的年平均次数/年平均人次/年平均学时	C49	50	行政执法人员培训的年平均次数/年平均人次/年平均学时必须达到规定的得分,否则不得分
			推行行政执法人员日常考核制度/考核结果应用（50）	B19	行政执法人员日常考核制度化程度	C50	25	建立并落实制度的得分,否则不得分
					建立行政执法人员考核指标体系	C51	25	建立行政执法指标考核体系的得分,否则不得分
					行政执法人员年度考核合格率	C52	25	合格率高于95%以上得分,否则不得分
					行政执法人员年度考核结果的运用	C53	25	查看有关资料,考核结果作为执法人员职务调整、交流岗位,教育培训,奖励级别奖惩的重要依据,酌情给分,否则不得分
	行政执法保障（15%）	A6	组织保障（20）	B20	组织保障程度	C54	100	检查有关记录,落实组织保障的得分,保障不力的酌情扣分
			人员保障（20）	B21	人员保障程度	C55	100	调阅执法人员名册,了解执法力量配备情况
			经费保障包括执法装备配备,科技方面的投入（40）	B22	执法经费足额拨付率	C56	100	执法经费足额拨付,专项投入,能满足正常执法需要得分,否则不得分

续表

序号	一级指标		二级指标		三级指标			评价方式
	名称（权重）	代码	名称（权重）	代码	名称	代码	权重	
			严格执行罚缴分离和收支两条线管理制度（20）	B23	执行罚缴分离和收支两条线管理制度	C57	50	罚没收入管理规范,严格执行罚缴分离,收支两条线制度的得分,否则不得分
					行政事业性收费和罚没收入指标挂钩率	C58	50	行政事业性收费、罚没收入同部门利益完全脱钩的得分,否则不得分
	公众（或者行政相对人）对行政执法的评价（15%）	A7	对执法主体执法形象的满意度（50）	B24	对执法主体和执法人员服务态度的满意度	C59	30	委托第三方独立机构调查,满意度达到90%得分,否则不得分
					对执法主体和执法人员专业程度的满意度	C60	40	委托第三方独立机构调查,满意度达到90%得分,否则不得分
					对执法主体和执法人员廉洁性的满意度	C61	30	委托第三方独立机构调查,满意度达到100%得分,否则不得分
			对执法活动的满意度（50）	B25	对执法行为合法性的满意度	C62	25	委托第三方独立机构调查,满意度达到90%得分,否则不得分
					对执法行为公平性的满意度	C63	25	委托第三方独立机构调查,满意度达到90%得分,否则不得分
					对执法行为规范性的满意度	C64	25	委托第三方独立机构调查,满意度达到90%得分,否则不得分
					对执法行为效率性的满意度	C65	25	委托第三方独立机构调查,满意度达到90%得分,否则不得分

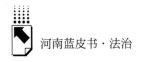

河南蓝皮书·法治

（二）未来基层央行行政执法指标评估体系在实践中的应用

1. 指标评估体系的验证与完善

行政执法指标评估体系是否科学、可行，能否达到预期效果，必须经过实践的验证来查找不足，不断完善指标体系。一是要明确评估目标。评估目标要结合人民银行行政执法职能和执法形势发展的需要加以确定，通过评估能够正确反映基层央行行政执法现状，能够诊断基层行政执法中存在的问题；通过指标评估体系设计和具体的实效评估，能够发现影响基层央行行政执法成效的各种因素；通过实证分析寻找提升基层央行行政执法成效的有效对策。二是确定评估主体和评估对象。对基层人民银行行政执法成效评估，可以采取以"省级人民银行评估为主，省级与地市级人民银行相结合"的方式进行，对象可以是人民银行所有执法部门，或对外执法部门中的一个或几个部门。三是选择评估方法。由于指标体系既有技术性、统计性、办事效能等客观性指标，又有满意度指标、与群众关系密切联系的主观性指标，还有兼具客观性和主观性特点的指标，因此要采取多种评估方式来进行。四是找出评估障碍。仔细评估行政执法指标评估体系应用中存在的主要障碍，及各障碍因素在实际评估中的影响权重，及时对指标体系各种制约因素进行优化、提高。比如，评估指标内涵不明确，所带来的适用中的歧义；评估数据采集困难，评估信息采集量大；等等。五是优化行政执法指标评估体系。减少基层央行行政执法指标数据采集的难度，不断优化和改良评估指标，提高数据采集的力度和效用。六是指标评估体系结果要有反馈机制。要通过一定的信息沟通渠道，使评估主体、评估对象及社会公众都看到结果，在评估中共同找准位置、发现问题、提升实效。

2. 行政执法评估结果的应用

行政执法评估结果应当作为衡量基层央行及其领导班子和领导干部工作实绩的重要内容，纳入对单位年终绩效考核范围，发挥执法评估对依法行政、法治央行建设的重要推动作用。在具体的评估结果应用途径上，可以采取以下方式。一是在基层央行内部通报，采取适当方式向社会公布。二是向基层行下发整改意见书，对整改工作进行督促检查。整改情况纳入下一年度对该单位（部门）考评内容。三是对评估结果优秀的予以通报表彰，对连续评估结果优秀的单位，可直接确定为法治央行建设先进单位或依法行政先进单位。四是对年度考评靠后的、问题较多的，应及时约谈、通报批评，取消该年度相关方面的评先评优资格，并与单位、员工绩效奖金挂钩。五是根据评价结果，基层央行应建立持续改进行政执法工作机制。例如，畅通基层央行和行政相对人提出改进诉求和动议渠道、建立诉求快速反馈机制和突发事件应急机制等。

总而言之，建立科学的行政执法指标评估体系是一个长期的过程，指标评估体系并不是静态的、一成不变的，需要根据政策、法治实践的变化而相应做出调整和变动，使之跟上时代的步伐。指标评估体系确立后，可先试点，以检验指标评估体系的科学与合理，最终形成权威性的评估体系。

参考文献

钱弘道、王朝霞：《论中国法治评估的转型》，《中国社会科学》2015 年第 5 期。

张德淼、李朝：《中国法治评估指标体系的生成与演进逻辑》，《理论与改革》2015 年第 2 期。

汪全胜：《法治指数的中国引入问题及可能进路》，《政治与法律》2015 年第 5 期。

杨小军、陈建科：《完善法治政府指标体系研究》，《理论与改革》2013 年第 6 期。

王敬波：《法治政府的评估主体指标与方法》，《理论与改革》2014 年第 9 期。

张志铭、廖奕、林海：《量化法治的实践之道》，《检察日报》2013 年 7 月 16 日。

杨小军：《论法治政府新要求，行政法学研究》2014 年第 1 期。

袁曙宏、韩春辉：《社会转型时期的法治发展规律研究》，《法学研究》2006 年第 4 期。

汪习根：《法治政府的基本法则及其中国实践》，《理论视野》2015 年第 1 期。

陈柳裕：《法治政府建设指标体系的袁氏模式、样态异化及其反思》，《浙江社会科学》2013 年第 12 期。

"中国法治政府评估"课题组：《中国法治政府评估报告 2013》，《行政法学研究》2014 年第 1 期。

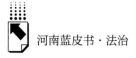

〔德〕赖因哈德·施托克曼、沃尔夫冈·梅耶：《评估学》，唐以志译，人民出版社，2012。

朱景文：《法治的可比性及其评估》，《法制与社会发展》2014年第5期。

戢浩飞：《法治政府指标体系研究》，《行政法学研究》2012年第1期。

蒋立山：《中国法治指数设计的理论问题》，《法学家》2014年第1期。

姚锐敏：《县级政府依法行政动力系统存在的主要问题及改善途径》，《政治学研究》2014年第5期。

郑方辉、周雨：《法治政府绩效满意度实证研究》，《广东行政学院学报》2013年第6期。

汤梅、申来津：《法治政府测评指标设计及其操作实务》，《湖北社会科学》2009年第4期。

倪斐：《地方先行法治化的基本路径及其法理限度》，《法学研究》2013年第5期。

付子堂、张善根：《地方法治建设及其评估机制探析》，《中国社会科学》2014年第11期。

杨小军、宋心然、范晓东：《法治政府指标体系建设的理论思考》，《国家行政学院学报》2014年第1期。

B.11
地方金融风险防范的法律机制研究

赵小黎 李红宇 *

摘 要： 防范地方金融风险，就是让金融回归实体经济，回归到金融本身健康性的认知。本文探讨了地方金融风险的表现形式，介绍了我国防范地方金融风险的基本做法，分析了当前防范机制运作中存在问题，在借鉴国际经验基础上，尝试性提出了关于完善我国地方金融风险防范法律机制的一些建议。

关键词： 地方金融风险 区域性金融风险 系统性金融风险 法律防范机制

按照党的十九大的要求，2018～2020 年要打好"防范化解重大风险、精准脱贫、污染防治"三大攻坚战，第一攻坚战就是"防范化解重大风险"，而"防范化解重大风险"首当其冲的是在今后一段时间内防控金融风险。地方金融风险作为金融风险一个重要表现形式，是防范和化解金融风险一个薄弱环节，也是诱发区域性、系统性金融风险一个重要因素。因此，建立起常态防范化解地方金融风险法律体制机制，对于防控地方金融风险、促进地方金融回归实体经济、提高金融体系自身的健康性，具有重大的现实意义和理论价值。

---

* 赵小黎，中国人民银行郑州中心支行经济师；李红宇，中国人民银行信阳市中心支行经济师。

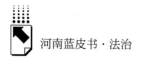

一 地方金融风险的理论阐释

（一）地方金融的含义

地方金融，从地域上看，是在一定行政区域内设立的地方金融机构、金融市场和金融基础设施等。其中，地方金融机构，包括由一行二会（原为一行三会）批准设立的持有金融牌照的金融机构，如银行、证券、保险、财务公司等；由地方政府批准设立的不持有金融牌照的机构，如小额贷款公司、各类交易场所、微盘交易中心和平台等；依托于互联网技术处于金融监管之外的新金融、类金融等新业态；还有一些金融乱象，如非法集资（各类违规投资公司等）、违法违规金融广告、新技术引起的金融乱象（如ICO）等，需要监管及时跟进。从产权主体来源看，多为当地组织、机构、企业或个人，但控制权不一定归属于当地机构；从服务对象上，主要为当地居民、企业提供金融服务，随着互联网和信息技术的发展，金融产品和服务已打破地域、部门、行业的限制，呈现出跨地域、跨部门、跨行业的发展态势。

（二）地方金融风险的内涵

金融风险是金融领域各种风险的统称。地方金融风险作为一般的金融风险表现形式，其风险发生地、结果地或问题金融机构所在地主要限于一定区域。在宏观上，呈现为地方金融领域一系列矛盾的显露、激化，会对地方经济社会的健康发展产生影响，需要地方政府和监管部门来承担防范和化解的责任；在微观上，则为金融中介、金融市场、金融基础设施、金融消费者在具体经营中，有遭受损失与额外收益之间的概率，需要地方金融机构、金融消费者作为独立的市场主体来承担风险和责任。从宏观来讲，地方金融风险不同于系统性金融风险，其作用于金融体系和实体经济的负面影响，尚未达到系统性金融风险程度。所谓系统性金融风险是波及整个金融系统，造成巨大经济损失、重挫市场信心、增加经济金融运行的不确定性并极有可能冲击实体经济的一类风险。① 系统性金融风险不仅仅局限于整个金融体系（即金融中介、金融市场、金融基础设施），而且对实体经济冲击的可能性较高，一旦系统性风险未能及时得到化解，金融危机就成为现实。所以要防范地方金融风险演变成为系统性金融风险。

（三）地方金融风险的类型

1. 从风险的可控的相对程度来讲，可以分为可控的地方金融风险和不可控的地方金融风险

可控的地方金融风险通常表现为正规的地方金融机构的风险，因其有一套成熟的风险预防、监测、预警、救助、处置办法、措施和路径安排，有成熟的实践防范处置经验，通常是可预见、可控制的。反之，则是一些不可控的风险，如影子银行、新金融、类金融、金融乱象等，这些机构、平台的金融活动，监管机构对其资产负债能力、经营状况、损失吸收能力及潜在风险，尚处于观测、了解之中，甚至一些机构、金融活动本身就游离于监管之外。这些看不到的风险，是监管的重点领域之一。要建立防火墙，防止这些看不到风险、金融乱象波及正规的金融机构的正常经营活动。

2. 从具体的地方金融风险涉及的行业部门来看，地方金融风险主要体现在三个层面

（1）由"一行两会"批准设立持有金融牌照的存款类放贷机构所面临的风险，尤其是地方中小法人金融机构经营状况，如地方商业银行、农联社、村镇银行，这类持有牌照的金融机构，总体上风险可控，但需要条线监管的持续施力，对那些存在监管不足或躲避监管的传统业务之外的新业务风险状况，如资产证券化、部分理财业务等，特别需要持续关注和分析。

（2）由地方政府设立的不持有金融牌照的存在监管不足的信用中介机构，如小额贷款公司、各类交易场所、地方金融控股企业、融资担保公司、

---

① 加里·J. 希纳希：《维护金融稳定》，中国金融出版社，2009，第72～73页。

典当行、融资租赁公司、商业保理公司等非存款类放贷机构、融资机构或中介机构所面临的风险，特别是上述一些机构依托于互联网和信息技术，将资产证券化并出售给公众，变成影子银行，地方政府对此监管很难。

（3）一些不持有金融牌照的新金融、类金融等信用中介机构，如新型网络金融公司、第三方理财机构等，处于无监管、无序发展状态。这些机构没有金融牌照，依托于互联网技术从事金融业务，业务呈现交叉性、跨地域、跨机构、跨市场、跨业态的发展特点，其在经济金融活动中的市场份额和在民众中的影响力越来越大，急需填补监管空白、加强监管，防范风险。

3. 从负责任金融（responsible finance）角度来看

地方金融风险的产生与金融机构"自我放任、违规经营"有关，与监管机构"监管失当"有关，与消费者"非理性选择"有关。金融机构的非责任性、监管机构的过度监管、监管漏洞、监管俘获、监管空白，以及消费者的不理性消费、投资，都可能引发地方金融风险。从地方金融机构来讲，其经营中主要有信用风险、流动性风险、操作风险、关联风险、市场风险等。① 但产生地方金融危机最基本的机制有三个，即"破产风险的外部化""挤兑风险的全面化""金融机构大而不能倒的问题"。② 在防范监管机构引发的金融风险过程中，要纠正因监管过度或实施某些监管措施可能引发的新的风险，因为任何政策都是双刃剑。比如，一旦资金过于紧张，央行应该提供流动性，保证经济运行的需要。当然，由监管引发的地方金融风险，还可能是监管漏洞、监管缺位造成的，个别情况下存在监管俘获问题。关于消费者非理性选择的问题，主要是打破刚性兑付，让"卖者尽责，买者自担"。

4. 从地方金融风险发生的重点领域来看，主要是信用风险过度积聚于银行系统

一些领域的信贷风险突出，如房地产泡沫、债务违约风险（包括个人、企业、地方政府债务率、杠杆率较高，个人债务率过分上涨、企业债务明显偏高，以及一些地方政府违法违规和变相举债导致的地方政府债务风险增速

---

① 王立军、范国强：《我国地方金融风险的文献研究综述》，《经济师》2016年第6期。

② 徐成钢：《恢复金融责任性监管》，《新财富》2009年第9期。

过快)，因资金期限过度错配等因素所致的金融机构流动性风险；资产管理业务（如理财产品的刚性兑付）风险。此外，互联网跨界金融等新型金融业务风险、民间融资风险（主要是高利贷风险和非法集资风险）也是地方金融风险发生的重点领域。

二 当前我国防范地方金融风险的基本做法和问题分析

根据地方金融风险所处的不同发展阶段，笔者分别给予防范、救助和处置等不同对策，以维护金融稳定、减少风险因素、恢复公众对金融稳定的信心。防范地方金融风险，就是防范、戒备、限制地方金融风险，使发生的损失性控制在一定区域范围内，最终不至于危害地方经济金融社会发展稳定。

（一）当前我国防范地方金融风险的基本做法

1. 制度规定

当前我国防范地方金融风险的制度散见于中央和地方的规定。在中央层面上，有中央全面深化改革委员会出台的规定，如《关于规范金融机构资产管理业务的指导意见》《关于加强非金融企业投资金融机构监管的指导意见》；有国务院出台的规定，如《关于加强地方政府性债务管理的意见》（国发〔2014〕43号）、《关于妥善解决地方政府融资平台公司在建项目后续融资问题意见的通知》（国办发〔2015〕40号）、《关于印发地方政府性债务风险应急处置预案的通知》（国办函〔2016〕88号）、《关于进一步做好防范和处置非法集资工作的通知》（国发〔2015〕59号）、《关于印发互联网金融风险专项整治工作实施方案的通知》（国办发〔2016〕21号）、《关于加强影子银行监管有关问题的通知》（国办发〔2013〕107号）；有一行两会出台的规定，如人民银行出台的《非金融机构支付服务管理办法》及其实施细则、《关于印发〈条码支付业务规范（试行）〉的通知》（银发〔2017〕296号）等；有财政部出台的规定，如《关于地方金融企业财务监

督管理办法》（财金〔2010〕56号）、《关于规范金融企业对地方政府和国有企业投融资行为有关问题的通知》（财金〔2018〕23号）；有一些部际领导小组出台的文件，如互联网金融风险专项整治工作领导小组办公室出台的《关于加大互联网开展资产管理业务整治力度及开展验收工作的通知》等。

在地方层面，相关规定有《山东省人民政府关于建立健全地方金融监管体制的意见》（鲁政发〔2013〕28号）、《山东省地方金融条例》、《河北省地方金融监督管理条例》、《河南省关于贯彻落实国发〔2015〕59号文件精神进一步做好防范和处置非法集资工作的通知》（豫政〔2015〕70号）、河南省打击和处置非法集资领导小组出台的《关于进一步加强农村非法集资问题防范治理工作的通知》（豫处非领〔2016〕15号）等。

上述规定呈现出以下特点。一是针对金融风险（包括地方金融风险）防范和处置的规定，除《存款保险条例》和少量地方性法规以及部分以国务院决定形式或以党的政策决议形式外，多以"意见""通知"等部门规范性文件或地方性政府（或部门）规范性文件为表现形式，是一种专项的应急性非系统性的制度安排。二是针对金融风险积聚的突出领域、业务的不同，政令部门也呈多样化，既有"条条"部门也有"块块"部门，既有行业部门也有中央或地方政府，既有机构监管也有功能监管、专业监管，当然，这种安排是由地方金融风险的复杂性、突发性、传染性、破坏性决定的。三是规范的内容多从地方金融风险发生的重点领域或业务风险特点加以规范，如地方政府性债务风险、影子银行风险、资产管理业务风险、地方金融控股公司风险、互联网金融风险、非法集资等。

2. 监管架构

在地方金融风险防范、救助、处置责任的安排上，与金融监管体制安排、行政区划一致。按照中央决定，我国金融监管部门有中央和地方之分。中央层面由国务院金融稳定发展委员会、中国人民银行、中国银行保险监管管理委员会、中国证券监督管理委员会、国家外汇管理局组成。地方由上述"一行两会一局"的派出机构和各地方政府的金融主管部门组成。"一行三局"（人行、银保局、证监局、外汇局）负责对货币市场、信贷保险市场、资本市场、外汇市场进行监管，地方政府（县级以上政府）负责中央金融监管部门法定监管范围之外的新型金融组织和金融活动的监管，履行属地金融监管和风险防范处置责任。这样的安排，既强化了专业监管、责任监管，又注重全面监管和功能监管。①

从地方金融监管规定来看，除山东、河北两省将分散于多个部门的监督管理职能集中于金融办（金融监督管理局）外，绝大部分省份的地方金融监管，按照谁批设机构谁负责风险处置的原则进行分工，仍是多头管理。例如，典当、融资租赁的审批与监管归属于商务部门，发改局负责管理各类股权投资公司、投资基金、企业债的发行等。

3. 防范手段

除了"一行三局"规定防范金融风险的手段（如存款保险）外，从地方金融监督管理规定和地方政府金融办（局）的三定方案来看，地方金融监督管理部门主要采取监测、监管评级等手段防控风险。其中，监测主要有两种方式：非现场监测，比如广东省政府依托广州商品清算中心建设广东省地方金融风险监测防控平台，通过大数据系统及时找到高危企业，进而采取防范措施；现场检查，即进入金融组织现场实地进行监督，包括采取询问、查阅复制与检查事项有关资料，检查业务数据管理系统等。《河北地方金融监督管理条例》专章规定"金融风险防范"：一是实施许可、审批、准入制度，提高准入门槛。如规定各类交易场所（中央规定以外的）必须实行实缴资本制，对名称中有交易场所字样的，要求一次性实缴货币资本不低于人民币 5000 万元，对进入各类交易场所投资者实行准入制度，等等。二是规定县级以上政府建立金融风险监测预警、早期预防机制，健全金融风险突发事件防范处置制度，统筹监管金融基础设施，实施地方金融统计和监管信息共享。三是对可能引发或已经形成金融风险的问题金融组织，要重点监控，向利益相关人进行风险提示，或暂停相关业务。四是对存在金融违规行为的地方金融组织，根据其行为危害程度，视情况给予约谈、风险提

---

① 魏革军：《金融监管的新格局》，《中国金融》2018 年第 6 期。

示、责令限期改正、没收违法所得、罚款、停业整顿等。五是规定禁止性的金融广告行为。六是规定县级以上人民政府是履行防范和处置非法集资第一责任人。

（二）当前地方金融风险防范机制中存在的问题

目前，我国地方金融风险防范监管制度体系多以"意见""通知"等部门规范性文件或地方性政府（或部门）规范性文件为代表形式，多为政策层面，不能从根本上消除市场参与者的法律风险顾虑。政策性规定具有灵活性、针对性强的特点，但相对于法律，容易随形势而改变，由此构建的金融权利义务关系不具有稳定性。

从整体上来看，我国地方金融风险防范监管制度体系不健全、效力层级相对较低，缺乏长远、前瞻性的法律制度规划与设计，有"头痛医头、脚痛医脚"的临时性或运动式监管问题。

在涉及高风险的金融机构处置、地方金融控股公司、担保链、非法集资等领域，多采取"一事一议"的非制度化安排，难以达到常态化防范、处置问题机构、推动金融创新、提高金融业效率的金融改革和发展要求。

在涉及中央和地方金融监管边界的划分上，存在不少模糊地带，如重复监管、多头监管、监管空白；在监管合作和监管信息共享等方面，缺乏中央与地方监管部门、地方与地方监管部门（包括地方政府部门）之间常态化、有约束力的制度化安排。

在实践中，存在地方金融监管权力与承担地方金融风险防范第一责任人责任不匹配问题，表现在过度强化地方政府的地方金融风险防范处置责任，而不赋予地方政府与之相匹配的监管能力、手段，结果地方政府对防范金融风险动力不足。

此外，地方金融监管机构集金融发展与金融监管职能于一身，易形成发展权与监管权之间的冲突，特别是当监管权让位于发展权时，极有可能会导致金融风险的集聚。

三　国外地方金融风险防范的做法与经验

（一）美国

1. 对金融业实行双线多头的监管模式

美国对地方金融业实行州、联邦两个层次的监管。在州注册的金融机构和金融服务提供者，要接受双重监管，既要接受州一级独立监管部门的监督和管理，还要接受联邦的监管——美联储的监管。美联储制定和解释与金融服务相关的联邦消费者法律，为支付系统提供监管标准等；州的监管机构不能对联邦注册的金融机构和其他州的金融机构进行监管。为防止监管空白、监管漏洞、监管套利以及监管标准不一致问题，美国建立了联邦—州金融监管工作组，共同制定监管标准和监管实务规范。[①] 发挥行业协会在推动行业发展、评估监管空白和影响新规则建立等方面的作用，如美国州银行监管协会（CSBS）是一个议事协调机构，负责各州之间的监管协调以及州与州之间的监管事务和协调，其监管领域从银行逐渐扩大到非银行机构。

2. 在金融立法方面，美国历来重视立法先行，通过法律的形式明确监管职责与措施，构建常态化的监管机制

1933 年美国颁布《格拉斯·斯蒂格尔法》以金融市场安全为立法目的，确立了对金融业实行严格的分业监管和分业经营体制。20 世纪 70 年代，美国通过司法解释和专项立法等形式，调整了单纯为安全而立法，转向为"效率"而立法。1999 年颁布的《美国服务现代法》，以增强美国金融企业国际竞争力理念，确立了美国金融业混业经营的模式，构建与此相适应的金融监管体制，实行功能监管，把规范的重点从金融机构转变到金融交易过程和防范金融风险上来，转变到促进金融市场主体竞争和效率上来。2008 年美国金融危机过后，美国对其中央银行职能架构进行了调整，

---

① 桂祥：《地方金融监管风险处置机制》，《山西财政税务专科学校学报》2015 年第 8 期。

于 2010 年 7 月年颁布了《多德—弗兰克华尔街改革与消费者保护法案》，美联储除了对传统的货币政策制定和执行职责外，还大幅扩充了其在宏观审慎监管、微观审慎监管、金融消费者保护和金融基础设施监管的职权，确立了美联储在美国系统性风险管理和金融审慎监管框架中的核心地位。2015 年通过《美国自由法案》，对涉及恐怖融资洗钱等问题进行监管。根据《货币服务法案》授权，美国各州可对非储蓄类货币服务提供商进行市场准入监管。

3. 在社会信用信息体系建设方面，美国的社会信用体系高度发达、全面

美国财政部建议消费者金融保护局（CFPB）和公平贸易委员会（FTC）下一步将信息披露纳入消费者披露标准和指导方针，推动第三方机构建立独立的信息汇总平台。

（二）英国

1. 基本情况

在美国金融危机之前，英国实行由财政部、英格兰银行、金融服务管理局（FSA）共同负责金融稳定制度，但 2008 年的美国金融危机证明，这种"三驾马车"体制存在严重缺陷。金融监管权集中于 FSA，但是职能侧重于对机构监管，忽视对金融行为尤其是跨机构之间的金融行为的监管；财政部负责维护金融体系的法律框架，却没有直接应对危机的职能；英格兰银行名义上负责防范和化解金融风险职责，却缺乏相应的监管手段和工具。上述架构没能实现对金融危机的早期识别、预警、防范功能，也未能在危机处置中采取有效措施。基于此，英国政府启动了改革法案。一是通过法律形式固定了英格兰银行的金融稳定职责，并赋予其强有力的宏观审慎监管手段以及对问题金融机构处置职责。二是通过《2012 年金融服务法》（2013 年 4 月 1 日生效）将英国金融服务管理局更名为金融行为监管局（FCA），作为负责金融机构行为监管和保护消费者权益的独立机构，直接对英国财政部和议会负责。

2. 英国行为监管框架内容和特点

（1）监管目标。对违规或有损金融消费者合法权益的金融行为（如开发金融产品和服务）进行事前干预，快速高效处理有明确风险的金融行为，确保金融行为符合法律规定和消费者利益。

（2）组织架构。FCA 下设的职能部门包括审批、市场、检查、处理、调查研究、国际交流、运行、综合服务等。

（3）监管手段。FCA 的监管手段多样，在金融行为各个阶段、各个方面都能够介入，如审核和批准金融机构的相关申请、对产品和服务进行评估、实施产品干预（如"监管沙箱"计划，是专门针对金融科技产品创新的测试、评估、干预和激励机制）、开展日常检查、对违规金融行为进行处理、开展金融消费者教育等。

（4）监管标准。采取严格的预防性风险监管标准，为防范风险可能造成的损失，FCA 基于专业知识来分析、判断某一种金融行为运行会否产生风险，若判断会产生损害金融消费者权益的问题，不必等待损失发生，FCA 即可做出纠正和处理。

（三）日本

1. 基本情况

（1）2008 年美国金融危机发生前，日本实行财务省、金融厅、日本银行的三方监管体制。2002 年，日本打破银行证券保险的分业监管模式，通过《金融厅设置法》确立了日本统一的金融监管模式，由作为内阁组成部门的金融厅承担全部金融的相关制度设计、检查监督等职责，只有在处置金融破产和金融危机相关事务时，金融厅才与财务省共同负责。根据《日本银行法》日本银行作为中央银行，有权基于最后贷款人的地位，对与其有业务往来的机构通过签订检查合同方式进行检查，并采取措施，但没有行政处罚权。

（2）在美国金融危机后加强了金融监管的举措，日本监管体制呈现出稳定性，没有大的结构性改革措施，主要是强化中央银行的宏观审慎管理职

能方面。2011年发布了《日本银行强化宏观审慎管理的方案》，加强金融厅和央行在宏观审慎监管中的配合，并予以法律化、制度化。加强对系统性金融风险监管，如对日本三大银行和野村控股分别派驻监管小组，按季度向社会公众披露金融机构及次贷产品相关资产的敞口及损失情况等。

2. 改善金融监管制度行动

为提升日本金融市场的竞争力，日本金融厅于2007年7月开始实施"改善金融监管制度行动"，力图通过改善金融监管制度①，防范与管理未来风险，对高度优先级金融问题，迅速做出监管回应；与金融机构建立激励相容的监管关系，持续改善监管活动的透明度和可预见性。

（四）启示与借鉴

他山之石可以攻玉，我们从国外地方金融风险防范的先进做法与优秀经验中可以得到以下启示。

1. 立法先行

各国金融风险防范的监管体制机制改革，均是在法律框架下进行的，在完善监管法律制度中，主要是提高监管质量及透明度，这为金融发展、风险防范与化解提供了依据，为引导市场预期提供了行为指引。

2. 金融发展与金融监管分权制衡

各国金融监管体制的改革与完善是在金融创新、发展与监管并重中推进的。为避免发展与监管职能冲突，实施了金融发展权与监管权分离，分别由不同部门负责。而金融监管则从传统的分业监管、机构监管模式变成统一监管、功能监管、行为监管模式，这种变革是大势所趋。

3. 风险防范和处置须结合当地情况和经济金融发展特点进行

纵观各国在美国金融危机之后的金融监管体制改革中，一条基本经验就是要与本国的国情和经济金融发展特点相适应，防范与化解地方金融风险的体制机制安排，必须结合当地的社会、政治和经济发展的特点

---

① 参见张承惠、陈道富：《我国金融监管架构重构研究》，中国发展出版社，2016。

进行安排。对我国来说，如何在适合自身经济发展的前提下协调并有序推进地方金融监管体制改革，避免因监管而引发金融风险，是相当重要和关键的。

4. 强化事前风险防范职能

无论是行为监管还是功能监管，无论是产品干预还是"监管沙箱"，均关注未来风险的防范与管理，强调"事前防范""监管前移"，因为事中的风险救助和事后的风险处置成本太高，影响面太大。

5. 发挥市场机制对金融主体行为的约束作用

强化金融信息披露、实施监管信息公开等措施，是各国防范金融风险的普遍做法，也是一条最节省成本的监管方法。

四　完善我国防范地方金融风险法律机制的建议

（一）建议出台地方金融稳定发展法

按照《立法法》第八条第九款规定，有关金融的基本制度只能由法律规定，条例、规章或其他规范性文件不能规定。地方金融风险防范化解职能，既涉及中央和地方的配合和分工，又涉及地方政府各部门金融监管权的分工与配合，应属于金融的基本制度范畴，有必要从法律的层面上加以界定和明确。以法律形式作出规定，就能使地方金融发展形成合理的监管预期，减少监管不确定性给市场参与者带来的交易顾虑，这是金融法律制度建设的要求，更是全面推进依法治国的要求。防范和化解地方金融风险是维护区域金融稳定的重要内容，在地方金融稳定发展的立法中应当明确地方金融监管机构防范和化解金融风险的主要内容、手段和有关措施。例如，建立完善地方金融风险监测、预警制度，地方性金融风险评估制度，地方性金融风险救助制度、处置制度，审慎的市场准入制度，及时的监督纠错制度，以及地方性重要金融机构、金融市场、金融基础设施的识别、监管及风险处置制度等。当然，从近期看，制定和细化地方监管领域内的金融行为（业务）规

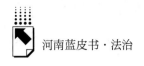

范性意见，及时准确传达监管意图和合规要求，也是防范化解地方金融风险不可或缺的制度安排。

（二）完善监管机构之间的分工与协作机制

建议在地方成立国务院金融稳定发展委员会的派出机构，为地方金融风险防范和化解提供统一的组织保障。在现有监管体制下，"一行三局"（人行、银保局、证监局、外管局）之间，地方金融监管机构与"一行三局"之间，与政府其他部门之间，以及与司法机关之间，在监管信息共享、风险识别和处置等方面，尚未建立具有法律约束力的高效常态化的制度化协作机制和信息交流机制，导致一些监管举措和金融政策很难落实，甚至一些监管政策还存在冲突。为此，为促进地方金融监管部门之间的信息共享和监管协调，建议将金融委办公室最低下设到地市级人民政府或地市级人民银行，协调建立地方金融监管、金融风险防范处置、金融消费者保护、金融监管信息共享等协作机制，推动地方金融政策与地方财政政策、地方产业政策协调配合，促进地方性金融风险监测、识别、评估、预警、救助和处置体系的完善。

（三）赋予地方金融监管机构实施审慎监管与行为监管的权力，强化事前风险防范职能

地方政府或地方金融监管部门负有防范和化解地方性金融风险的责任，应赋予其统筹审慎监管、行为监管的职权。这些监管权包括在金融领域对金融机构和金融业务审批、核准权力；作为监管机关，有权从金融主体获取相关数据和材料，进入金融主体的金融数据平台；有权对金融主体执行相关监管政策等情况进行监督检查；有权依法采取有关行政处罚、吊销许可证等行政措施。

强化对地方金融风险防范职能，切实要求地方金融监管机构要关注未来风险的防范与管理，实施行为监管，实现"监管前移"。同时，在风险防范和危机应对中，地方政府、监管机构要充分发挥市场约束的力量，发挥存款

保险等类似制度在金融机构评估评级、打破刚兑、避免挤兑和化解地方性金融风险方面的作用；保持金融政策的弹性和灵活性，切实防范道德风险，以更低成本更高效率保持金融稳定。

参考文献

张承惠、陈道富：《我国金融监管架构重构研究》，中国发展出版社，2016。

孙天琦：《金融业行为监管与消费者保护研究》，中国金融出版社，2017。

加里·J. 希纳西：《维护金融稳定——理论与实践》，中国人民银行金融稳定局译，中国金融出版社，2009。

仲彬、刘念、毕顺荣：《区域金融风险预警系统的理论与实践探讨》，《金融研究》2012 年第 2 期。

魏革军：《金融监管的新格局》，《中国金融》2018 年第 6 期。

桂祥：《地方金融监管风险处置机制》，《山西财政税务专科学校学报》2015 年第 8 期。

王立军、范国强：《我国地方金融风险的文献研究综述》，《经济师》2016 年第 6 期。

徐成钢：《恢复金融责任性监管》，《新财富》2009 年第 9 期。

汪娟：《地方金融风险预警系统研究——以杭州市为例》，浙江大学硕士学位论文，2007。

张亮：《河南省区域金融风险预警机制构建研究》，郑州大学硕士学位论文，2014。

法治规范篇

Legal Specification

B.12

河南银行业监管中的风险
控制与消费者权益保护

祁雪瑞　韩　林*

摘　要：　风险控制与消费者权益保护是银行业监管的两项重要职能，
　　　　　牵涉行业稳定和社会稳定。河南银行业监管的法制背景主要
　　　　　是银监会制定的一系列规范性文件，这些文件是监管工作中
　　　　　风险控制与消费者权益保护的主要依据。河南银行业风险控
　　　　　制监管，包括构建"大案防"工作格局、加强大型银行风险
　　　　　防控、严格股权和独立董事监管、规范从业人员职务行为等。
　　　　　河南银行业消费者权益保护监管活动主要包括打击非法集资
　　　　　专项行动、销售专区录音录像管理、规范校园贷款、发布消
　　　　　费风险警示公告等。未来的监管工作应借鉴英国的先进理念

* 祁雪瑞，河南省社会科学院法学研究所研究员；韩林，河南豫北律师事务所副主任。

和措施，加大消费者权益保护力度，遵循四项基本原则，处理好四对重要关系。

关键词： 河南银行业监管　风险控制　消费者权益保护

　　金融即资金融通，银行业是其主要渠道。监管是监督和管理的总称，风险控制与消费者权益保护是银行业监管的两项重要职能，牵涉行业稳定和社会稳定，所以这两项职能的实现尤为重要。中国金融机构正在从国家垄断逐步有限地向民间和国际开放，河南也在有计划地引导外资和民资进入银行业。金融是创新最多且最频繁的领域，法律特别是成文法永远跟不上现实的发展，而且金融创新专业性很强，多数消费者无法了解和理解消费对象，这就要求监管者必须勤勉履职。中国传统金融机构是大分业经营，创新能力有限，允许混业经营后，监管更是明显滞后于现实。不过，纵向比较，河南金融监管和全国一样，取得了明显的成效，2017 年甚至获得了国际评估机构的认可。中国金融监管体制是一级多头，在中央层设立"一行三会"，向下派驻机构，系统性风险由央行承担。这种体制好处是监管专门化，缺点是对金融创新往往无能为力。银行业监管在货币市场维持公众信心，在资本市场维护中小企业利益。

一　银行业破产条例凸显监管与风控重要性

　　在银监会"2017 年立法工作计划"中，关于银行破产条例列在其中，这标志着银行业发展的新时代即将到来。由不允许破产到允许破产，是深入市场化和与国际接轨的监管思维体现。银监会正在起草《商业银行破产风险处置条例》，并加快推出。这意味着钱存在银行也有风险，但是普通储户几乎无法知晓风险信息，判断风险程度，只能依赖预防性监管，这就使得银行业合规监管与风险控制越来越重要。[1] 目前，中国的商业银行破产法律制度主要是由《商业银行法》《民事诉讼法》《企业破产法》及其相关的行政法规、司法解释等构成的，分散且不具有针对性，而央行一直没有推出统一的法规制度。早在 2007 年，国务院法制办就开始酝酿起草银行业破产条例，经过数次讨论后在 2009 年基本成稿，但当时全球金融危机蔓延，为了稳定市场而一度中止。[2]

中外金融差别最大的地方，就是银行业破产问题。1998 年，受亚洲金融危机冲击，不良资产比例大、资本金不足、支付困难的海南发展银行发生挤兑现象。但是，所有储户的存款本金及合法利息，最后由中国人民银行指定工商银行保证支付。该事件耗尽了银行准备金和国家 34 亿元的救助资金依然未能挽回局面，结果被中国人民银行关闭。此后发生的河北省肃宁县尚村农信社破产案，同样是由央行指定救济。政府兜底的做法，实质上是全社会成员买单，这种做法除了殃及无辜，也扭曲了金融业，破坏了市场规律。银行如果不需要为储户的存款负责，那么从心理学的角度看，在放贷时就必然倾向于高风险、高回报的项目，事实也是如此。这使得银行的风险普遍加大。

二 河南银行业监管的法制与行业背景

（一）河南银行业监管的法制背景

银行业立法工作涉及金融安全、银行业监管、银行业持续发展、国民经济发展等重大领域，需要遵守《立法法》《规章制定程序条例》等相关规定，以及《银行业监督管理法》和《商业银行法》的原则性规定。中国银监会"2017 年立法工作计划"要制订 11 项规章，其中包括《商业银行流动

---

[1] 银行业各类风险包括：信用风险、市场风险、流动性风险、操作风险、国别风险、银行账户利率风险、声誉风险、战略风险、信息科技风险以及其他风险。

[2] 王涵：《银监会起草银行破产风险处置条例 允许银行倒闭》，新浪财经，http：//finance. sina. com. cn/money/bank/bank_ hydt/2017 - 08 - 10/doc - ifyixiar8917960. shtml，2017 年 8 月 10 日。

性风险管理办法（试行）》（修订）、《中国银监会监管制度法律审查办法（暂定名）》等。中国银监会 2017 年完成的立法项目 46 项，其中代拟行政法规 4 项，包括《处置非法集资条例》和《商业银行破产风险处置条例》。制定和修订规章 11 项，规范性文件 31 项，包括《商业银行信用风险管理指引》《商业银行表外业务风险管理指引》《商业银行银行账户利率风险管理指引》《交叉金融产品风险管理办法》等。[①]

（二）河南银行业监管的行业背景

截至 2017 年 8 月，河南全省银行业不良贷款率为 2.5%，而年初是 2.82%，下降较为明显。法人银行业金融机构资本充足率则呈现更加明显的上升趋势，同比提高 1.6 个百分点，核心一级资本充足率同比提高 1.2 个百分点，流动性覆盖率较年初提高 34.4 个百分点，覆盖面大为扩展。以上数据显示，河南全省银行业的经营形势总体较好（见表 1）。[②]

表 1　2017 年四季度河南省银行业运行数据

项目		数值	比年初增加
机构网点数（个）		13071	89
法人机构（个）	合计	238	2
	1. 城市商业银行	5	0
	2. 农村信用社（含联社）	62	−19
	3. 农村商业银行	78	19
	4. 村镇银行	79	2
	5. 农村资金互助社	3	0
	6. 信托公司	2	0
	7. 财务公司	6	0
	8. 金融租赁公司	2	0
	9. 消费金融公司	1	0

---

① 按照监管规定，商业银行应依据风险程度将贷款划分为正常、关注、次级、可疑和损失五类，前两类为正常贷款，后三类合称为不良贷款。正常贷款中，关注类贷款指借款人目前有能力偿还贷款本息，但存在一些可能对偿还产生不利影响因素的贷款。

② 《上半年河南银监局加大服务实体经济和风险防控》，中国银监会河南监管局网站，http://www.cbrc.gov.cn/henan/docPcjgView/46FDBC038547499F9226757C259E7A72/601207.html，2017 年 8 月 8 日。

项目		数值	比年初增加
分支机构（个）	合计	30	0
	1. 政策性银行	3	0
	2. 大型商业银行	5	0
	3. 股份制商业银行	12	0
	4. 外资银行	3	0
	5. 邮储银行	1	0
	6. 资产管理公司	4	0
	7. 财务公司	2	0
从业人员（人）	合计	203961	1503
	1. 法人机构	89559	596
	2. 分支机构	114402	907
资产状况	总资产（亿元）	75966.61	6364.64
	总负债（亿元）	73033.26	5936.34
	各项存款（亿元）	60037.60	5056.59
	各项贷款（亿元）	42546.79	5407.19
	不良贷款（亿元）	978.81	-86.69
	不良贷款率（%）	2.30	-0.57
	拨备覆盖率（%）	132.87	23.06
	不良贷款（主要商业银行）（亿元）	366.21	41.50
	不良贷款率（主要商业银行）（%）	1.68	0.00
	拨备覆盖率（主要商业银行）（%）	123.92	-1.94
	资本充足率（%）	13.99	1.99
	涉农贷款（亿元）	16763.02	1802.55
	小微企业贷款（亿元）	12010.36	1663.50
	保障性安居工程贷款（亿元）	2202.93	470.47
效益性指标		余额（亿元）	比同期增加（%）
本年利润（亿元）		686.25	17.68

注：1. 各项存款和各项贷款均使用人民银行口径。

2. 主要商业银行口径为国有商业银行和股份制商业银行。

数据来源：河南银监局《2017年四季度河南省银行业运行数据》，中国银监会河南监管局网站，http://www.cbrc.gov.cn/henan/docPcjgView/D8A038195FA04741AC68E13A16427183/12.html，2018年2月22日。

截至 2017 年末，河南银行业共有机构网点 13071 个，从业人员 203961 人。第四季度分支机构不良贷款率为 2.30%，较年初减少 0.57 个百分点，减少额度较为明显；主要商业银行不良贷款率1.68%，年内没有变化。银监会公布的数据显示，全国商业银行不良贷款率1.74%，河南主要商业银行不良贷款率比全国低，与上半年同期相比明显下降，表明银行业监管卓有成效。农村信用社改制为农村商业银行占比约1/3，经营更加规范。①

（三）银行业监管工作的宏观标准

银行业是高负债运行，最怕的是储户挤兑，所以储户的信心很重要。银监部门的作用，就是维持银行业合法稳定运行，维持公众对银行的信心。良好的监管，既要保障金融稳定，又要促进金融创新，提升银行业的国际竞争力。稳定与创新显然是一对矛盾，想要准确把握平衡点很难。为此，必须科学、合理设置各类监管，使得监管度既能消除风险隐患，又能保持创新空间，同时还要鼓励公平竞争，提升金融服务质量。另外，对监管者和被监管者都要实施严格的问责制，保障政策目的的实现。

三 河南银行业风险控制与消费者权益保护的监管现状

（一）河南银行业监管的职能部门及其职责

1. 河南银监局的监管职责

河南银监局是中国银监会的派出机构，根据授权进行监管工作。河南银监局机构设置，共有13个业务处室。其中，办公室负责信息披露；政策法规处制定法规、制度方面的实施细则和规定，实施行政处罚；消费者权益保护处负责消费者权益保护工作和消费者投诉处理。

2. 河南省政府金融办的监管职责

河南省政府金融服务办公室为省政府直属机构，设立金融稳定处等业务

①　河南银监局网站。

处室。主要职责包括全省各类交易场所的日常监管、统计监测、违规处理、风险处置等工作，负责小额贷款公司和融资性担保机构的监督管理，会同有关部门防范、化解和处置全省金融风险，协调有关部门做好打击非法集资、非法证券交易工作。

（二）河南银行业监管工作现状

1. 河南银行业风险控制监管现状

（1）通过银税合作筛选优质客户。河南银监局深入推进银税合作，与省国税局、省地税局联合制定了《河南省"银税互动"工作方案》，建立了三方信息交换和沟通机制。依托企业纳税信息情况，积极筛选优质客户，实现银税企三方共赢，有效避免了呆坏账的出现。

（2）构建"大案防"工作格局。河南银监局突出"五个强化"，构建"大案防"工作格局。一是强化风险意识，深刻认识新形势下银行业潜在风险不断显现，案防形势严峻。二是强化责任落实，明确案防主体责任。三是强化机制建设，做好关键环节管控，强化打击非法集资、虚假信息诈骗。四是强化员工管理，加强员工行为动态排查，加强对高管人员的管理。五是强化责任追究，明晰案件处理的及时性。

（3）加强大型银行风险防控。督促大型银行健全管理体系，"降存控增"化解信用风险，"内查外防"整治操作风险，"透明隔离"防范交叉风险，"主动应对"管理声誉风险。要求大型银行严明内控制度，严格合规执行，严密风险排查，严肃整改问责。在强化传统监管手段的同时，重点探索建立风险会商制度、创新现场检查方式。

（4）严格股权和独立董事监管。一是严格股权变更审批程序。二是强化对股东资质的监管。严格落实中国银监会《市场准入工作实施细则（试行）》要求，防止关联交易和市场垄断。三是完善股权监管台账。强化属地监管职责，对主要股东逐户进行登记，并按季监测股东变动情况。四是加强独立董事监管，确保独立董事在独立性、专业知识、经验和能力等方面持续符合监管要求。

（5）化解产能过剩领域贷款风险。一是落实绿色信贷政策，拣选授信对象，对产能过剩行业中产能利用率低于80%的企业不得新增贷款。二是建立重点关注行业统计制度，对"两高一剩"行业压缩退出情况持续跟踪和定期分析。三是强化准入管理，明确准入条件，在尽职调查、审查审批、授信后检查等各环节严格把关。

（6）监管从业人员职务行为。按照中国银监会《银行业金融机构从业人员行为管理指引》（征求意见稿），要求银行业金融机构建立全面覆盖、授权明晰、相互制衡的从业人员行为管理体系，并明确董事会、监事会、高级管理层和相关职能部门在从业人员行为管理中的职责分工。银行业金融机构董事会对从业人员的行为管理承担最终责任，银行业金融机构从业人员行为管理应以风险为本，重点防范从业人员不当行为引发的信用风险、流动性风险、操作风险等各类风险。

（7）对行政案件实行"双罚"。行政处罚是法律赋予银监会及其派出机构的一项重要监管权力和职责。银监会在2015年修订了《中国银监会行政处罚办法》，形成了调查、审理、决定相分离的行政处罚机制，银监会机关、各银监局及各银监分局都具有处罚权。

2017年8月7日，河南银监局公布了6张罚单，焦作市、商丘市、信阳市分别对中国工商银行焦作分行、睢县农信社、罗山农商行3家机构开出罚单，处罚金额合计85万元。2017年末，河南银监局查处了辖内银行质押贷款被诈骗案件，对涉及该案的工商银行河南三门峡灵宝支行处以罚款250万元，对该支行及工商银行三门峡分行9名相关责任人予以处罚，其中取消5人的高管任职资格，对4名高管分别给予警告。①

案件暴露出一些银行业金融机构内控管理存在诸多缺陷。一是贷款"三查"形同虚设。相关银行业金融机构贷前调查不尽职、贷款审查不严格、贷后管理缺位，在业务办理过程中违规操作，严重违反审慎经营规则。

---

① 银监会宣传部：《银监会依法查处陕西、河南银行业金融机构质押贷款案件》，中国银监会网站，http：//www.cbrc.gov.cn/chinese/home/docView/D08AFDF669A44C3DB9B1E1030F463033.html，2018年2月2日。

二是押品管理严重失效。相关银行业金融机构对贷款质押物的检测及价值评估存在重大纰漏。三是业务开展盲目激进。重要岗位未形成有效制约，内控审计作用缺失。

2. 河南银行业消费者权益保护的监管现状

近年来，河南银行业消费者权益保护的监管工作从宏观方面取得了很大进展：河南银监局在2014年成立了消费者权益保护处，之后又成立了河南银行业消费者权益保护指导委员会，并建立了联席会议制度。2016年初，挂牌成立了河南银监局信访投诉接待中心，统一受理投诉和举报，先后办理消费者各类投诉举报2000余项。① 针对投诉主体、投诉事由的日益多样化，河南银监局先后制定了《河南银监局机关信访事项处理操作细则》和《河南银监局银行业消费者投诉处理实施细则》。河南银监局还从加强行为监管入手，先后组织开展银行员工行为排查、不规范经营检查等系列专项整治活动，并要求银行业机构开展"双录"专区建设。河南银监局通过要求银行业机构建立起内部消费者保护制度体系，"一个纲领性文件＋多份专项管理制度＋若干产品管理办法"，强化内部考核与问责。在具体层面，河南银监局着力开展以下几项消费者权益保护专项工作。

（1）打击非法集资专项监管。一是筑造打非防火墙。督促银行业机构实行一把手负责制，要求明确各项涉非监管行为的责任追究办法，造成严重后果的上追两级问责。要求各银行业机构建立一套完整的涉非账户资金监测和预警指标体系，建立贷前涉非调查承诺制度和涉非客户"黑名单"，加强异常资金往来账户的监测和报告。二是规范从业人员行为。出台了《河南银行业金融机构从业人员三十个严禁》，并将"严禁组织、参与或变相参与非法集资"放在首位。要求各银行业机构把在岗员工、退休人员、临时用工等全部从业人员纳入涉非工作监控范围。从2014年起，每年全省1.24万个银行业各级机构、17万名从业人员全部签订了不参与非法集资"三项承

---

① 田建华：《时刻牢记为民监管职责切实保护银行业消费者合法权益》，《河南日报》2017年9月13日。

诺书"。①

（2）销售专区录音录像管理。为规范银行业金融机构产品销售行为，有效治理误导销售、私售"飞单"等问题，银监会发布了《银行业金融机构销售专区录音录像管理暂行规定》，要求银行业金融机构实施专区"双录"，即设立销售专区并在销售专区内装配电子系统，对产品销售过程同步录音录像。

（3）加强校园贷款规范管理。互联网贷款申请的便利使得校园网贷快速发展，出现了各种各样的违法违规现象，严重侵犯了学生的合法权益。为此，中国银监会、教育部、人社部联合印发了《关于进一步加强校园贷规范管理工作的通知》，要求开正门，补服务，鼓励针对大学生合理需求研发产品，用"良币驱逐劣币"。

（4）发布消费风险警示公告。2017年9月，中国人民银行等7个部门联合发布了《关于防范代币发行融资风险的公告》。指出代币或"虚拟货币"不由货币当局发行，不具有法偿性，存在多重风险。② 2016年9月，处置非法集资部际联席会议等部门联合提示：个别不法分子假借办理预付卡或预付消费的名义，变相承诺高额回报，违背消费服务的价值规律，存在高度风险。2016年1月，银监局警示，"MMM金融互助社区"等以高额收益为诱饵，吸引广大公众参与投入资金，具有极大风险隐患。类似金融互助平台未经工商部门注册登记，其推广网站未经核准备案或由境外直接接入，系非法机构。

（三）监管成效获得国际认可

2017年12月7日，国际货币基金组织和世界银行公布了《中国金融体

---

① 《河南银监局以踏石留印的劲头抓好打击非法集资工作》，中国银监会网站，http: // www.cbrc.gov.cn/chinese/home/docView/B690C5510A8E41AEB2B29422C7714F3F.html，2016年4月1日。

② 代币发行融资是指融资主体通过代币的违规发售、流通，向投资者筹集比特币、以太币等所谓"虚拟货币"，本质上是一种未经批准非法公开融资行为，并涉嫌金融诈骗、传销等犯罪活动。

系稳定评估报告》《中国金融部门评估报告》以及三份国际标准与准则执行情况报告。[1] 评估团认为，中国银行业监管高度遵循了国际标准。河南银监局持续完善监管规制，发布了一系列银行业监管规章，完善了银行业全面风险管理、并表监管、内部控制和审计等一系列监管指引，着力解决监管套利和不规范经营等问题。

四 河南银行业监管的未来展望

（一）银行业监管的国际经验

英国金融监管的理念和措施在当今世界最为先进。英国政府设立金融服务局，确立监管服务四大目标，目标之一是保护金融消费者，目标之二是提供金融图书馆，这是消费端风险控制举措。21 世纪金融创新大爆发，很多人难以了解金融衍生品究竟意味着什么，所以要让大众充分了解这些创新是否适合自己。目前，中国的措施是宣传教育，与服务质量存在较大差距，需要大力借鉴。

英国金融监管的原则有：加强国际合作原则，以母国为主，以东道国为辅；系统监管与区别对待相结合原则，分配监管资源，区分监管措施；行业自律与外部审计相结合原则。中国的行业自律基本没有发挥作用，官办色彩浓厚，缺乏社会公信力强的第三方专业评估机构，需要着力培育。

（二）银监会2018年的工作部署

2018 年初，银监会印发了《2018 年整治银行业市场乱象工作要点》，明确 2018 年重点整治公司治理不健全、违反宏观调控政策、影子银行和交

---

[1] "金融部门评估规划"是国际货币基金组织和世界银行于 1999 年联合推出的评估项目，主要目的是评估成员经济体的金融体系发展程度和稳健性、监管框架质量以及应对金融危机的能力。中国于 2009~2011 年首次接受了"金融部门评估规划"评估。参见张末冬：《积极评价中国银行业监管成效》，《金融时报》2017 年 12 月 8 日。

叉金融产品风险、侵害金融消费者权益、利益输送、违法违规展业、案件与操作风险、行业廉洁风险等方面，基本涵盖了银行业市场乱象和存在问题的主要类别。同时单独列举了监管履职方面的负面清单，对监管行为具体规范。

（三）对河南银行业监管的建议

1. 明晰监管理念

监管不是管制，是为了防范风险而不得不采取的措施，目的不是制约。监管是尊重市场规律，管制是人为干涉经营。应多用监管，少用管制。比如，利率管制违背市场规律，应该逐步取消。

2. 加强国际合作

金融全球化是必然的趋势，必须全球合作才能监管好。这就需要以接轨国际为指导，系统修改相关指导原则和制度规定。鉴于河南银监局是派出机构，自主权较少，需要以报告和建议的方式促进制度改革。比如，应把董事、高管等关键岗位人员强制休假上升到监管法规层面。目前这一措施只是倡导性的，只有个别银行系统进行了明确规定。这项制度的主要功能是暴露问题、预防风险。

3. 遵循四项基本原则

银行业监管应当遵循以下基本原则。一是匹配性原则。全面风险管理体系应当与风险状况和系统重要性等相适应，并根据环境变化予以调整。二是全覆盖原则。全面风险管理应当覆盖各项业务条线，本外币、表内外、境内外业务；覆盖所有分支机构、附属机构，部门、岗位和人员；覆盖所有风险种类和不同风险之间的相互影响；贯穿决策、执行和监督全部管理环节。三是独立性原则。银行业金融机构应当建立独立的全面风险管理组织架构，赋予风险管理条线足够的授权、人力资源及其他资源配置，建立科学合理的报告渠道，与业务条线之间形成相互制衡的运行机制。四是有效性原则。银行业金融机构应当将全面风险管理的结果应用于经营管理，根据风险状况、市场和宏观经济情况评估资本和流动性的充足度，有效抵御总体风险和各类

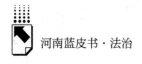

风险。

4. 处理好四对关系

一是"稳"和"进"的关系。稳是大局，在化解存量风险上求稳，在遏制增量风险上求进。对于存量业务，给予一定的消化期和过渡期，差别化处置；对于新增业务，严格按照法律法规进行规范，依法查处。二是短期化和常态化的关系。立足当前，坚决查处违法违规行为；着眼长远，注重长效机制建设，引导银行业从高速度增长向高质量发展转变，提升防风险的内生动力。三是合规发展和金融创新的关系。当前金融创新相对不足。银行业出现的一些乱象，不是创新本身导致，而是部分金融机构以创新之名行套利之实，扰乱了市场秩序。银监会鼓励银行业发展那些有利于促进实体经济发展、有利于防范化解风险、有利于维护金融安全稳定的创新业务，同时，也列出明令禁止的负面清单，识别以套利为主要目的的"伪创新"。四是防范金融风险和服务实体经济的关系。实体经济是银行业生存发展的基础。扭转资金脱实向虚的势头，实现金融与实体经济的协调发展。

5. 用足监管措施

对于预防性的监管措施要定期循环运用，建立台账管理，如大股东资格动态审查、后续注资能力验证、资产负债比例限制、关联交易禁止等措施。对于救援性的监管措施，无论是危机接管还是充当最后贷款人，都应该在宏观与微观方面统筹兼顾，把握好行为的必要性与路径的合理性。

6. 加强流动性风险管理

巴塞尔银行监管委员会于 2014 年推出了新版的净稳定资金比例（NSFR）国际标准。银监会据此对流动性风险监管制度进行了修订，修订后的《商业银行流动性风险管理办法》于 2018 年 3 月 1 日起生效，这是河南银监局 2018 年度工作的重要参照。该管理办法进一步完善了流动性风险监测体系，对部分监测指标的计算方法进行了合理优化。同时，细化了流动性风险管理相关要求，如日间流动性风险管理、融资管理等。

7. 提升保护消费者履职能力

2008 年次贷危机警示，对金融消费者教育保护不足，不仅会导致金融机构滥用优势地位，而且会导致消费者出现"集体非理性"的行为偏差。当前非法金融侵害更加隐蔽，河南银监局应实施审慎监管与行为监管并重的"双峰"监管框架，从提高监管的全面性和针对性，强化与其他金融监管部门和相关单位的联动，引入社会力量，建立中立的第三方调解组织，针对重点人群普及金融知识等方面提升保护消费者能力。[①]

[①] 张末冬：《全面提升银行业金融机构风险管理水平，引导银行业金融机构更好服务实体经济》，《金融时报》2016 年 10 月 1 日。

B.13

金融广告监管中的法律问题及对策

蒋颖 李琨 王鹏*

摘 要： 信息不对称问题在金融消费领域表现得尤为突出。金融广告呈现的收益、费用、风险和品牌形象等，对金融消费者的决策行为有重要影响。有害金融广告不仅助长金融消费者的非理性行为，甚至导致违法金融活动蔓延，扰乱金融秩序，滋生社会问题。我国现有法律并未对金融广告监管问题进行专门规定，监管机制不健全，存在监管短板。为保护金融消费者，遏制金融违法行为，维护金融稳定，应完善对金融广告的法律规制。

关键词： 信息不对称 金融广告 法律规制

金融广告有助于降低金融消费者获取信息的成本和交易成本，但有害金融广告不仅助长金融消费者的非理性行为，甚至为违法金融活动提供掩护，加速违法金融活动蔓延，侵害金融消费者权益，扰乱金融秩序，滋生社会问题。目前，我国缺少专门针对金融广告的法律规范，监管机制不健全，存在监管短板，导致有害甚至违法金融广告现象多发。本文尝试分析我国在金融广告监管方面存在的问题，梳理了国外和我国台湾地区在金融广告管理方面的做法，提出了完善金融广告监管的建议。

---

* 蒋颖，中国人民银行郑州中心支行金融消费者权益保护处副处长、经济师；李琨，中国人民银行郑州中心支行金融消费者权益保护处科长、经济师；王鹏，中国人民银行商丘市中心支行科员。

一 金融广告的界定

（一）金融广告的含义

美国广告界知名人士威廉·阿伦斯（William F. Arens）等在全球畅销的广告学教材《当代广告学》一书中，将广告定义为"由可识别的出资人通过各种媒介，通常是有偿的、有组织的、综合的和非人员性劝服的，进行有关产品（商品、服务和观点）的信息传播活动"[①]。《中华人民共和国广告法》第二条规定："在中华人民共和国境内，商品经营者或者服务提供者通过一定媒介和形式直接或者间接地介绍自己所推销的商品或者服务的商业广告活动，适用本法。"据此，《广告法》所指广告，是指商品经营者或服务提供者通过一定媒介和形式推销商品或者服务的活动。鉴于我国现行法律未对"金融广告"进行界定，为便于理解，本文所指金融广告是指金融产品和服务的提供者，为推销金融产品和服务而通过各类媒介进行的营销行为。

（二）金融广告的特殊性

金融产品和服务的特殊性，决定了金融广告的特殊性。

1. 在目的方面

一般广告的目的是劝说消费者购买商品的所有权或使用权、接受特定服务。比较而言，金融广告的目的一般有四种：一是金融消费者让渡资金使用权，广告主[②]支付费用（利息、收益等）；二是广告主让渡资金使用权，金融消费者支付费用（利息、手续费等）；三是广告主提供专业服务（信息中

[①] 〔美〕威廉·阿伦斯、迈克尔·维戈尔德、克里斯蒂安·阿伦斯：《当代广告学》，丁俊杰、程坪、陈志娟等译，人民邮电出版社，2010，第7页。

[②] 《广告法》第二条规定，广告主是指为推销商品或者服务，自行或者委托他人设计、制作、发布广告的自然人、法人或者其他组织；广告经营者，是指接受委托提供广告设计、制作、代理服务的自然人、法人或者其他组织；广告发布者，是指为广告主或者广告主委托的广告经营者发布广告的自然人、法人或者其他组织。

介、技术服务、投资咨询等）；四是展示机构和品牌形象、理念等，使金融消费者由潜在客户转变为现实客户。金融广告的不同目的之间往往互有交叉。

2. 在主体方面

最终履行金融广告所引起权利义务的主体，一般应当是经过特别许可从事相关金融活动的主体。

3. 在复杂程度方面

一般广告背后的商品和服务往往是有形的，消费者能够比较容易地从广告呈现出的品牌等要素判断出商品和服务的提供者，对商品和服务进行衡量和比较，形成对商品的直观认识，权利义务关系相对简单明了。金融广告背后的产品和服务多是抽象的，内在交易关系和权利义务更为复杂，需要具备一定的专业知识才能认识和评价。

4. 在对价和风险方面

一般商品和服务的对价是确定的，商品和服务往往具备清晰的质量判定标准，满足保障消费者人身和财产安全的要求。金融产品和服务的对价具有不确定性，一般会伴随风险，金融消费者让渡资金使用权的广告甚至需要明确告知受众"投资有风险，选择需谨慎"。

鉴于金融广告的特殊性，对金融广告的监管，除关注金融广告本身之外，应更加重视金融广告背后的金融产品和服务，包括其合法性、合理性和公平性。因此，金融监管部门应当在金融广告监管中发挥重要的作用。

（三）金融广告的分类

对金融广告进行科学分类，是实施科学有效监管的前提。不同类型广告，其监管侧重点、监管手段和监管方式应各有不同。本文认为可对金融广告做如下分类：一是按照资金流向，分为投资理财类和借贷类；二是按照广告主不同，分为金融机构类和非金融机构类；三是按照传播媒介，分为传统媒介类（报纸、杂志、电视、广播等）和互联网类。

二 当前我国金融广告领域存在的突出问题

社会财富的快速增加、金融业的蓬勃发展和公众理财意识的提升，使金融广告在社会生活中随处可见。不可否认，金融广告在增长金融消费者的金融知识、降低金融消费者获取信息成本和交易成本等方面发挥了重要作用。但随着金融广告的无序发展，金融广告乱象受到了社会的广泛关注。对2015～2017年河南省233家金融机构投放金融广告的情况调查发现，共有3家机构因金融广告行为受到金融消费者投诉，2家机构因金融广告用语不规范受到行政处罚。而据不完全统计，2017年河南省人民银行系统共接到声称受到网贷平台、手机分期贷款等虚假宣传侵害的消费者投诉达到100余起，被投诉对象多数为非金融机构。因此，投资理财类、非金融机构类和互联网类金融广告应当成为监管重点，这些金融广告主要存在三个方面的突出问题。

（一）传播违法金融活动

相对于金融业务资质的高要求，金融广告的发布门槛过低，导致违法金融广告泛滥。例如，2017年11月1日，笔者以"股票"为关键词，通过某搜索引擎检索3次，共呈现15条广告，均涉嫌非法从事证券业务。其中，有3条广告的广告主为境外证券公司、交易商，声称其受英国金融行为监管局（FCA）认可和监管，广告内容是为境内居民投资欧美股票、境外炒汇提供开户和资金存取等服务；有12条广告的广告主为各类信息咨询公司、投资公司、网络传媒公司、软件技术公司等，广告内容为要求消费者添加私人微信、QQ，由各种名义的"老师""分析师"通过私聊、群聊等形式推荐"牛股""庄股"。此外，使用其他金融行业术语和搜索引擎进行检索，疑似违法金融广告均有不同程度的呈现。

案例1 2017年6月，王某在某网站看到可以投资美股、港股的广告后，按照提示在境外开立了证券账户，并以旅游名义兑换港币汇往境外证券

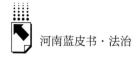

公司指定账户。此后，王某欲将股票投资收益汇往境内时，因违反境内居民办理购汇业务不得用于境外证券投资的有关规定，汇款受阻。

（二）诱导非理性消费

部分金融广告片面追求商业效果，把"卖出"产品和服务作为唯一目的，迎合部分消费群体的不良投资和消费习惯，如追求高收益、对风险的侥幸心理、贪图便捷、贪图享乐等，助长甚至诱导消费者进行非理性消费，未能做到"把合适的产品卖给合适的人"。

1. 突出宣传产品收益

投资理财类广告往往将产品收益作为唯一"卖点"进行突出显示，并通过过往表现、为新客户提供短期的高回报、与存款利息相比较、利用热门商品等，暗示高收益，诱导消费者。

2. 风险提示不到位

除不能在广告的显著位置以显著方式提示风险外，通过各种手段和伎俩暗示产品的安全性。例如，查阅众多的 P2P 平台网站发现，其产品介绍往往将交易资金由银行存管、网络信息安全技术、还款来源、企业信用等作为重点宣传内容，模糊消费者对投资风险的认知。

3. 片面宣传产品优势

有的借贷类广告往往突出宣传"零门槛""随借随还""快速审批、极速到账""日还低至×元""高额度"等内容，掩盖实际借贷行为的高成本。

4. 诱导无节制消费

互联网企业基于大数据进行的金融广告投放行为，可能助长无节制消费行为。例如，在部分聚合类新闻 App 中点击"小额信贷"广告后，该类App 会连续集中推送不同平台的借贷广告，部分广告甚至以"借新还旧"为内容，极易助长无节制的借贷行为。

（三）恶意侵害消费者权益

除违法金融广告外，部分金融广告虽然未被法律禁止，却暗含消费陷阱，甚至处心积虑规避法律强制性规定，侵害消费者权益。例如，公众反映强烈的现金贷问题。部分P2P平台提供的现金贷产品以低门槛、快速放贷、高额度、低利息等为宣传噱头吸引消费者借贷。消费者往往在实际借款时才发现，除利息外还需要支付名目繁多的服务费、信息费、贷后管理费等，且费用在发放贷款时一次性扣除，综合借贷成本远高于预期。若逾期还款，消费者不仅需要支付高昂的违约金、滞纳金等，还可能面临暴力催收。进一步分析发现，此类现金贷为规避法律规定，往往通过关联公司模式运作，即由同一控制人分别注册网络科技公司、金融信息服务公司、资产管理公司、担保公司、线下推广代理公司等，不同公司在借贷业务中扮演不同角色，增加贷款环节，收取各种名目的服务费，规避"借款利息不得预先在本金中扣除"的法律规定，同时为消费者维权设置障碍。

案例2 2017年3月，河南的李某通过搜索引擎看到某网站"手续简单，无担保无抵押，月费率低至0.7%，贷款费用合理，闪电放款"的广告，提供身份证、银行卡信息后成功借款。借款金额6万元，期限3年。发放贷款时，一次性扣除手续费2万元，实际到账4万元。根据还款计划，李某共需偿还7.4万元，借贷成本远超预期。李某认为受到欺诈，遂反映到有关部门。调查发现，李某借款时签订有电子合同《信息咨询与管理服务协议》，合同相对人为乙商贸公司、丙计算机软件公司和丁信息科技公司，注册地位于北京、上海等地。3家公司最终受同一控制人控制，分别负责线下业务拓展、线上借贷和线上投资理财，向李某收取名目不一的服务费用。

三　我国金融广告监管法律制度现状及面临的困境

我国现行法律虽未明确"金融广告"这一概念，但从2016年10月国家工商总局等17部委联合印发的《开展互联网金融广告及以投资理财名义从事金融活动风险专项整治工作实施方案》看，金融广告作为一种特殊的广告类型已成为共识。梳理发现,《广告法》和金融监管法律法规等对金融广告的内容准则、行为规范和法律责任等均有不同程度的规定。但从实践来看,这些规定存在着重点不突出、针对性不强、衔接不到位、标准不具体、监管协作不充分等问题。

(一)《广告法》等对金融广告的规制

1.《广告法》作为广告领域的基础性法律,是进行金融广告监管的基本依据

《广告法》第二十五条规定,"招商等有投资回报预期的商品或者服务广告应当对可能存在的风险以及风险责任承担有合理提示或者警示",并不得含有"对未来效果、收益或者与其相关的情况做出保证性承诺,明示或者暗示保本、无风险或者保收益等"内容。该条规定可以看作对投资理财类金融广告的特别规定。除第二十五条规定外,《广告法》关于广告应当遵守诚实信用原则、不得误导或欺诈消费者、不得妨碍公序良俗、广告经营者和广告发布者应当建立健全广告业务审核制度等内容的规定,同样适用于金融广告领域。此外,《广告法》第六条规定,"国务院工商行政管理部门主管全国的广告监督管理工作,国务院有关部门在各自的职责范围内负责广告管理相关工作",该条规定可以看作对金融监管部门开展金融广告监管工作的授权。

2.《互联网广告管理暂行办法》是进行互联网金融广告监管的重要依据

《互联网广告管理暂行办法》(以下简称《暂行办法》)针对互联网广告的特点,明确了互联网广告参与各方应当履行的义务和互联网广告违法行为的管辖问题,为加强互联网金融广告监管提供了依据和方法。

3. 其他相关法律法规为加强金融广告监管提供了有益借鉴

除《广告法》和《暂行办法》外,《广告发布登记管理规定》对广播电台、电视台、报刊出版单位发布广告的活动进行了规范,《互联网信息服务管理办法》对通过互联网向上网用户提供信息服务的活动进行了规范。这些规范是指导加强金融广告发布者管理的重要依据。此外,特殊领域的广告规范对建立健全金融广告审查备案制度等具有借鉴意义,如《医疗器械广告管理办法》《酒类广告管理办法》《食品广告管理办法》等。

（二）金融监管法律法规对金融广告的规制

金融监管法律法规对金融广告的管理要求主要体现在三个方面。

1. 明确金融机构在交易活动中应当遵循的原则和规则

金融广告作为交易活动的重要组成部分，当然地应遵守该类规定。如遵循诚实信用原则，不得做出虚假陈述或信息误导等。如《证券法》第七十八条规定："禁止证券交易所、证券公司、证券登记结算机构、证券服务机构及其从业人员，证券业协会、证券监督管理机构及其工作人员，在证券交易活动中做出虚假陈述或者信息误导。"此外，贯彻金融监管法律法规关于金融机构资质、业务经营范围、产品审查备案等内容的要求，是从事金融广告活动的应有之义。

2. 明确对金融机构业务宣传活动的管理要求

该类规定虽未明确将"宣传活动"等同于金融广告，但其符合金融广告的全部特征，可以理解为是对金融广告的特别规定。如《商业银行理财产品销售管理办法》对理财产品宣传材料①的内容准则进行了详细规定，包括"应当全面、客观反映理财产品的重要特性和与产品有关的重要事实，语言表述应当真实、准确和清晰"，不得"虚假记载、误导性陈述或者重大遗漏"，不得"违规承诺收益或者承担损失"，等等。商业银行广告涉及理财产品时，应遵守这些规定。

3. 除法律法规外，对金融广告的管理要求还散见在"一行三会"出台的规范性文件当中

《中国人民银行金融消费者权益保护实施办法》第十八条规定："金融机构进行营销活动时应当遵循诚信原则，金融机构实际承担的义务不得低于

---

① 《商业银行理财产品销售管理办法》第十一条规定：本办法所称宣传销售文本分为两类。一是宣传材料，指商业银行为宣传推介理财产品向客户分发或者公布，使客户可以获得的书面、电子或其他介质的信息，包括宣传单、手册、信函等面向客户的宣传资料，电话、传真、短信、邮件、报纸、海报、电子显示屏、电影、互联网等以及其他音像、通信资料，其他相关资料。二是销售文件，包括理财产品销售协议书、理财产品说明书、风险揭示书、客户权益须知等，经客户签字确认的销售文件，商业银行和客户双方均应留存。

在营销活动中通过广告、资料或者说明等形式对金融消费者所承诺的标准。"《中国银监会关于规范商业银行代理销售业务的通知》第二十四条规定："代销产品宣传资料首页显著位置应当标明合作机构名称,并配备以下文字声明:'本产品由××机构(合作机构)发行与管理,代销机构不承担产品的投资、兑付和风险管理责任。'"

(三)当前金融广告监管面临的困境

1. 工商部门面临无据可依问题

一是《广告法》等未充分体现金融广告的特殊性,针对性不强。二是金融监管法律法规未明确"金融广告"这一概念,与《广告法》未能充分衔接,工商部门无法直接适用。三是监管信息不对称和专业性不足问题。以上因素导致工商部门只能依据《广告法》等对金融广告进行监管,监管重点不突出。从公开的对金融广告行政处罚案件看,工商部门对金融广告往往只进行形式审查,注重广告本身的合规性,对金融广告背后的金融产品和服务的实质性审查不到位,无法兼顾遏制违法金融行为、维护金融稳定等更深层次的监管目标。

2. 金融监管部门作用发挥不充分

从实践情况来看,金融监管部门未能充分认识自身对金融广告的管理职责,往往忽视该项职责的履行,未能出台专门针对金融广告的内容准则、行为规范及可以采取的监管措施等。虽然金融监管法律法规体现了对金融广告活动的管理要求,但这些规定多是原则性和间接性的,监管标准不够具体,与《广告法》等衔接不到位,可操作性不强。

3. 侵权行为认定困难

受限于金融广告的内容标准、行为规范不够具体,消费者受到虚假或诱导性金融广告侵害时,往往面临举证上的困难,为通过第三方调解、仲裁及诉讼解决纠纷带来障碍。例如,根据《侵权责任法》,认定一般侵权行为成立需证明加害人存在过错。而在金融消费领域,因消费者在专业和信息上的劣势,由其证明金融广告参与方存在过错面临一定难度。若明确和细化金融广告的内容标准和行为规范,将减轻消费者的举证责任,便于侵权行为的认定和纠纷的解决，倒逼金融广告参与方自觉规范自身行为。

4. 金融广告违法成本偏低

根据《广告法》，对违法金融广告只能进行罚款，且最高罚款限额一般是广告费用的五倍。同时，《消费者权益保护法》规定的"三倍赔偿"原则可否适用于金融广告欺诈以及如何适用尚无定论，也无相关实践。可见，金融广告的违法成本与其社会危害性不相适应，不符合"错罚相当"的原则，无法起到应有的威慑作用。

四　境外金融广告管理的做法和启示

（一）澳大利亚

澳大利亚证券和投资委员会（ASIC）负责澳大利亚的金融消费者保护工作，对银行、证券和保险等金融业务行为进行监管。2012 年 11 月，ASIC发布了《监管指引 234——金融产品和服务（包含信贷）广告的良好实践指导》（RG 234）。RG 234 立足消费者保护，对广告金融产品和服务的行为进行了规范。除 RG 234 外，ASIC 还发布了 RG 158（Advertising and Publicity for Offers of Securities，2000 年 2 月，2016 年 3 月更新）和 RG 156（Advertising of Debentures and Notes to Retail Investors，2012 年 2 月），分别对证券服务提供者的广告和宣传行为及向个人投资者广告金融债券和金融票据的行为进行了规范。其中，RG 234 最为全面和详细。

RG 234 认为，广告在金融服务和信贷市场中扮演着重要的角色，推广者在广告活动中往往专注于产品或服务的好处或优势，而不重视那些没有吸引力的功能。即使广告只包含有限的产品或服务信息，消费者也往往是在广告的基础上做出决策，而不是寻求进一步的信息。因此，ASIC 希望通过 RG 234 确保在推广金融产品、金融咨询服务、信贷产品和信贷服务时，向消费者给出清晰、准确和平衡的信息。

1. RG 234 的适用主体和适用范围

（1）RG 234 的适用主体。一是金融产品、财务咨询服务、信贷产品和信贷服务的推广者。推广者既可能是产品的提供者或信贷提供者，也可能是第三方，如财务顾问、信贷服务提供商、分销商或代理人。二是金融产品和服务促销活动的广告商。

（2）RG 234 适用范围。一是任何旨在向消费者推广金融产品、财务咨询服务、信贷产品或信贷服务的交流行为。二是任何形式的媒介。包括杂志和报纸、广播和电视、户外广告、互联网、社交媒体和互联网论坛、手机短信、产品宣传册和宣传资料、邮件、电话营销、向人群演讲、研讨会和发表软文等。三是所有类型的金融产品。包括投资产品、风险产品、非现金支付工具及信贷工具等。RG 234 将受监管的披露文件排除在金融广告之外，如招股说明书、产品披露声明（PDS）、金融服务指南（FSG）。

2. RG 234具有良好的行为指引

RG 234 从"回报、特性、收益和风险""警示、免责声明、限定性条件和极小字体""费用和成本""比较""过去的表现和预测""使用某些术语和短语""目标受众""与信息披露文件的一致性""照片、图表、图片和例子""金融咨询和信贷援助的性质和范围"10 个方面给出金融产品和服务广告行为指引，并给出了众多的示例（见表1）。

表1　RG 234 的行为指引

类别	指引概述	部分示例
回报、特性、收益和风险	金融产品和信贷产品广告给出的关于回报、特性、收益和风险的信息应当是平衡的。与风险相比，不应过分突出收益	特定条件影响潜在收益：当一个金融产品的回报率与市场挂钩，并且产品被宣传为具有预期的回报率时，广告应该说明预期的回报可能不会出现，客户资产甚至可能会下降
警示、免责声明、限定性条件和极小字体	警示、免责声明和限定性条件不应与广告中的其他内容不一致，包括任何广告标题。警告、免责声明和限定性条件应当在受众首次看到广告时就能传达足够有效的关键信息。消费者不需要去另一网站（或网站的其他页面）或文件，以纠正错误的印象	优惠并不适用于所有消费者：如果一个家庭贷款提供的优惠利率折扣只适用于大额贷款的消费者，那么对利率折扣的任何限制都应在显眼的地方显示，这样消费者就会明白，他们无法获得折扣。有时，利率折扣是分层的（即不同的利率折扣适用于不同的贷款金额，而折扣通常会随着贷款的增加而增加），而住房贷款提供者总是突出最具吸引力的折扣

类别	指引概述	部分示例
费用和成本	广告提及的费用和成本，应该对消费者可能支付的费用和成本的总体水平给出真实的印象，包括任何间接费用和成本	免除费用：免费和在特定情况下的免除费用存在重要区别，对消费者达到一定条件而免除的费用，推广者不应在广告中声称不收费，或声称"0元或免费"
比较	只有具有足够相似特征的产品才能进行相互比较，需要在不同产品之间进行比较时，广告应当清晰表明产品之间的差异。对回报进行比较时，所使用的信息应当是当前的、完整的和准确的。如果广告中使用了评级，使用的评级应当在广告中进行恰当说明，或者在消费者获得进一步信息的细节中解释评级的含义及评级量表	不同产品的比较：与银行定期存款相比，金融债券的风险要高得多。为金融债券做广告时，以下是不良行为："在银行定期存款中，你的钱能赚6.3%吗？"或者，鼓励消费者"换个方式，与我们投资并获得9.75%的'年薪'"。因为这样的比较是不恰当的。这两种产品有非常不同的风险，并没有足够的相似之处来进行这样的比较。（注：RG 156 规定，为金融债券所做的广告，不得将金融债券表述为该产品是存款或相比存款更加有利）
过去的表现和预测	过去的业绩信息应当伴随着"过去业绩并不代表未来表现"的警告。对金融产品未来表现的预测应该基于合理的假设，同时应该指出，预测并不一定会发生	暗示过去的表现将继续下去：一个投资管理计划发布广告声称"过去 15 年所有在澳大利亚销售的基金中表现最好的"。ASIC 担心使用"表现"这个词会给人留下这样一种印象，即过去实现的相同回报将在未来继续实现，真实的回报情况却未必如此。ASIC 还担心，广告将重点放在基金的过去业绩上，是将过去业绩作为选择投资的唯一或主要的方法，而不是提供其他信息来帮助投资者决定是否投资于这一特定的金融产品。投资管理计划撤回了其广告以回应 ASIC 的关注
使用某些术语和短语	不应当使用与消费者通常认可的普通意义不一致、在行业内有特定含义的术语和短语（例如，"免费""安全""保证"）。必须避免行业概念或行话，除非推广者相信这些术语能够被受众理解	广告用语超越词语的一般意义：银行在其一个账户广告中称该账户为"日常储蓄账户"。然而，ASIC 担心，在限制性条款和条件下，产品不会有"日常储蓄"一词所暗示的灵活性。事实上，该账户产品更适合长期储蓄。银行同意审查它的广告
目标受众	广告应该能够被以合理方式看到其受众所清楚地理解。广告不应陈述或暗示产品适用于特定类型的消费者，除非经推广者评估适合于该群体。对于只适用于有限的人群的复杂产品的广告，广告不应该针对更广泛的受众	关于保证能够获得融资的表述：个人金融广告这样陈述："保证"获得融资，并说"没有申请被拒绝"。ASIC 认为这种说法既不正确，也带有误导性，因为负责任的贷款者应当拒绝不合适的信贷。或者说，如果该广告表述是事实，那将证明存在不好的和潜在的非法贷款行为

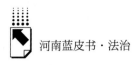

续表

类别	指引概述	部分示例
与信息披露文件的一致性	当广告将受众的注意力吸引到特定产品特征时,广告应与任何披露文件(如招股书)或合同中的信息相一致	信用卡合同条款:如果信用卡合同中包含一个标准条款,允许信用卡提供商在任何时候单方面提高利率,那么促销活动不应该包含利率会保持在低位的"保证"
照片、图表、图片和例子	照片和图像不应否定、转移或降低警告、免责声明或限定性条件的重要性。图形展示不应该是模糊的或者过于复杂的	图片和文字互相矛盾:许多零售商品目录都宣称消费者可以从零售商那里获得一笔无息贷款来购买商品(如白色家电和家具)。当无息贷款只适用于超过一定购买金额的消费时,若单独购买的廉价商品不能获得无息贷款,那么广告不应在该廉价商品图片背景下显示无息贷款字样。图片所传达的信息可能过于强烈,即使广告中已经用极小的字体说明了哪些产品可以使用免息贷款,也可能形成误导
金融咨询和信贷援助的性质和范围	金融咨询服务广告不应让受众对服务的效果产生不切实际的期望。关于信贷援助的广告应该清楚地说明将向客户提供的服务的范围	有限范围的产品:抵押贷款经纪人可能能够利用大量贷款机构的贷款。然而,在实践中,抵押贷款经纪人在向客户推荐时通常只考虑一两个主要贷款人。在这种情况下,如果抵押贷款经纪人宣称"有广泛的贷款机构可用",便可能是一种误导。同样,信贷援助机构如果只与一家信贷银行有业务往来,就不应将自己广告为"经纪商"

3. 针对通过特定媒介做广告的指引

RG 234 针对通过大众媒体(广播、电视、报纸和杂志)、音频广告、电影和视频广告、互联网广告和户外广告等媒介做金融广告分别给出了行为指引。(见表2)

表2 针对媒体的行为指引概述

类别	指引概述	部分示例
大众媒体	广告应考虑实际观众的特点(如财务状况、教育程度)。广告应准确、客观并对观众有帮助。广告应与正常节目或编辑内容清晰区分,广告不应以新闻节目的形式呈现	付费评论:若一个电台主持人与广告商之间签订了商业协议,在主持人阅读广告、采访与广告商相关的人或对广告内容进行评论时,均应向观众说明。广告信息呈现在"高度信任"的环境中,消费者通常不会期望看到付费广告,如社交媒体和博客。如果一个博客包含了关于金融产品的付费广告和新闻内容,那么广告就应该以一种有别于新闻内容的方式呈现,除非广告本身附带明确而突出的声明,即广告内容

类别	指引概述	部分示例
音频广告	警告、免责声明和资格应该以一个普通听众可以理解的速度阅读。此要求也适用于电话营销、电话留言和播客广告等	—
电影和视频广告	关于风险和任何警告的信息,应该让一般观众在第一次观看广告时就可以很容易地理解,且不会被易分散观众注意力的声音或图像所破坏	—
互联网广告	推广者应该考虑观众第一次看到横幅时所产生的整体印象。如果因为内容的局限性导致没有足够的空间来提供平衡的信息,推广者应该考虑使用新媒体渠道进行广告的适当性。应该让消费者能够保留广告的记录,包括任何免责声明或警告。在线广告提供的包含广告具体内容的链接不应该具有误导性。技术故障不应成为广告可能带来误导信息的原因	互联网横幅广告:如果网页上的横幅广告包含金融产品潜在收益的强烈标题,那么它应该与有关风险的信息保持平衡。标题越强烈,风险信息也应该越重要。风险信息应该被包括在横幅广告中,而不应包括在另一页,以免消费者不易看到风险提示
户外广告	在考虑广告的整体印象是否具有误导性或欺骗性时,推广者应考虑广告将在何种情况下被浏览(例如从远处或移动车辆)。户外广告可能更适合推广品牌或产品识别,而不是传达有关产品的更复杂的信息	—

4. ASIC 的监管措施

ASIC 在 RG 234 中列举了可以针对违规广告采取的监管措施,并强调在监管工作中将重点关注不符合 RG 234 良好行为指引的广告。这些监管措施包括进行调查取证;要求停止刊登违规广告;帮助投资者追回损失或对因被误导而导致的额外损失提出索赔要求;申请惩罚性的命令,要求推广者纠正违规行为;在消费者保护条款下下发侵权通知;发出公开警告通知书;寻求民事处罚或刑事指控;暂停或取消推广者的金融服务牌照(AFS)或信用卡牌照或变更牌照的许可事项范围;禁止提供金融服务。

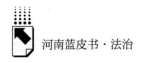

5. 关于出版商和媒体的特殊规定

RG 234指出，虽然出版商和媒体的主要责任在于组织投放广告，但其也应对广告内容负部分责任，并鼓励出版商和媒体在发布金融产品、金融咨询服务、信贷产品和信贷服务广告时了解自己的责任：应拒绝刊登违反监管要求的金融广告；若出版商参与了广告内容的制作或利用其品牌影响力为促销活动背书，出版商和媒体应当和广告发起人负同等责任；等等。

6. 关于消费者测试

ASIC鼓励推广者通过消费者测试评估广告效果时，同时对广告是否准确、平衡地传递信息，广告是否在普通受众头脑中产生误导或欺诈的印象等内容进行评估。

（二）我国台湾地区

我国台湾地区对金融广告与业务招揽和营业促销活动同等对待，其监管分两个层面，一是出台法律法规进行规制，二是由行业协会出台行业自律规定进行规范。同时，台湾地区"金融监督管理委员会"（以下简称"金管会"）根据公众反馈情况，自行或要求行业协会对金融广告规范进行调整。

1. 《金融消费者保护法》

（1）原则性规定。台湾地区《金融消费者保护法》第八条规定："金融服务业刊登、播放广告及进行业务招揽或营业促销活动时，不得有虚伪、诈欺、隐匿或其他足致他人误信之情事，并应确保其广告内容之真实。"明确规定金融服务业"对金融消费者所负担之义务不得低于前述广告之内容及进行业务招揽或营业促销活动时对金融消费者所提示之资料或说明"，"不得藉金融教育倡导、引荐个别金融商品或服务"。该法第十二条还规定，金融服务业应将第八条之规定"纳入其内部控制及稽核制度，并确实执行"。

（2）监管授权。《金融消费者保护法》授权"金管会"对"广告、业务招揽及营业促销活动之方式、内容及其他应遵行事项"制定具体办法。

（3）损害赔偿及罚则。《金融消费者保护法》第十一条第三款规定："金融服务业因违反本法规定应负损害赔偿责任者，对于故意所致之损害，法院得因金融消费者之请求，依侵害情节，酌定损害额三倍以下之惩罚性赔偿；对于过失所致之损害，得酌定损害额一倍以下之惩罚性赔偿。"赔偿请求的诉讼时效为 2 年，最长诉讼时效为 5 年。该法第三十条第一款还规定，金融服务业违反"金管会"所定办法中有关广告、业务招揽、营业促销活动方式或内容的规定，可以处新台币 30 万元以上 1000 万元以下的罚款。

2.《金融服务业从事广告业务招揽及营业促销活动办法》

台湾地区"金管会"制定的《金融服务业从事广告业务招揽及营业促销活动办法》（以下简称《活动办法》）有以下突出特点。

（1）明确金融广告活动应执行金融监管法规和行业自律规范。《活动办法》第二条规定："金融服务业从事广告、业务招揽及营业促销活动，应依本办法之规定；本办法未规定者，应按业务类别，分别适用各该业务法令规定及自律规范。"

（2）采用归纳定义和列举定义相结合的方式，明确了《活动办法》的适用范围，并对广告、业务招揽及营业促销活动同等对待、一并规范，最大限度扩大了金融广告的范围，能够有效减少实践中金融广告认定上的争议。

（3）《活动办法》的立足点是保护金融消费者，监管的重点是信息披露。例如，要求金融服务业应依社会一般道德、诚实信用原则及保护金融消费者之精神，致力充实金融消费信息及确保内容之真实，避免误导金融消费者；以衡平及显著之方式表达金融商品或服务的利率、费用、报酬及风险；以中文表达并力求浅显易懂，必要时附注原文；应以金融服务业名义为之；等等。《活动办法》第五条规定的十项禁止性规定也多与信息披露有关。

（4）要求金融服务业建立广告审查机制。《活动办法》第六条规定，金融服务业应制定"广告、业务招揽及营业促销活动之宣传资料制作管理规范，及其散发公布之控管作业流程"，并在对外使用前，按业务种类依规范审核，"确认内容无不当、不实陈述、误导金融消费者、违反相关法令及自律规范之情事者，始得为之"。

3. 行业自律规定

台湾地区各类金融业公会制定了针对其会员的广告自律规范，并报

"金管会"备查。例如，银行公会、证券商业同业公会、保险商业同业公会等均制定了针对某项业务或某项具体金融产品和服务的广告自律规范。自律规范除贯彻《活动办法》要求外，视行业和具体业务不同，在规范的侧重点、广告审查方式、违规行为的处理等方面略有不同（见表3）。

表3 台湾地区部分金融业公会制定的广告自律规范

规范名称	发布主体	主要特点	广告审查	罚则
《会员从事广告、业务招揽及营业促销活动管理办法》	证券商业同业公会	1. 对制作"投资指引"或"投资分析"进行了规定 2. 明确警语字体和播放时间 3. 要求以公司名义为之，并表明公司登记名称、地址、电话及许可证照字号 4. 广告赠品需与实际相符并明示限制条件 5. 对从业人员通过社交媒体发布广告进行了规定	1. 会员依内部控制进行发布前审核，广告资料及审核记录保存2年 2. 事前申报事项：3日内公会未退回方可使用，使用期限1年 3. 免申报事项 4. 事后申报事项：发布后十日内申报备查	1. 公会可对违规事项进行查证 2. 未在期限内改善或违规情节重大者，依公会相关自律规范议处，并报主管机关
《保险业招揽广告自律规范》	人寿保险商业同业公会、产物保险商业同业公会	1. 载明或声明公司名称、地址、电话 2. 不得与银行存款及其他金融商品做比较 3. 分红保单不得以分红率多寡为招揽广告 4. 不得刻意以不明显字体标示保单附注及限制事项 5. 针对特定年龄群体广告进行限制	由会员依内部控制进行审核	保险业的违法行为由公会查处（可罚款）并通报主管机关；业务员的违规行为由所属公司惩处并通报公会
信托业从事广告、业务招揽及营业促销活动应遵循事项	信托业商业同业公会	1. 分别定义广告和业务招揽及促销活动 2. 不得将具有定期配息性质之金融商品与定期存款相互比拟 3. 载明信托业之名称及联络方式。利用互联网做广告应详细披露公司地址、负责人、经营形态及核准证照号码等信息 4. 不得为依法不能公开募集资金的产品做广告 5. 规定了标准警示语 6. 不得对未来表现做任何预测和影射	由会员依内部控制进行审核。广告和营销资料需保存2年	凡违反规定的，公会可要求会员进行改正，并依自律公约处理

续表

规范名称	发布主体	主要特点	广告审查	罚则
《登载及制播信用卡及现金卡广告注意事项》	银行公会	1. 要求慎重考虑广告对消费者的影响,避免造成消费者形成不当扩张个人信用的价值观 2. 要求提醒消费者谨慎理财及注重信用,登载规定警语及揭露费用及利率 3. 除《注意事项》外,补充规定对利率、费率及警示语的披露规格有详细规定 4. 同时适用于卡组织、信用卡中介机构等	由会员依内部控制进行审核	凡违反规定的,依会员章程规定处理

（三）境外互联网企业对金融广告的管理

谷歌（Google）、脸书（Facebook）和推特（Twitter）的广告政策能够较为容易地检索到,方便广告主对照执行。这三家公司均在其广告政策中列明了对金融服务及相关内容的推广限制,甚至禁止推广部分金融产品和服务。对限制推广的金融服务,一般需要经过核准后才允许推广或显示。互联网企业还根据广告定位的国家和地区不同,列举了限制或禁止推广的具体金融服务类型。对此,笔者对国内具有代表性的互联网企业网站进行检索,未能查到有关金融服务的相关广告政策,大部分互联网企业对广告的限制性规定一般笼统表述为不得违反相关法律法规。

境外互联网企业对金融广告的限制,有的是落实金融监管要求的需要,有的则是在金融监管要求之外主动采取的措施。例如,谷歌于2016年5月11日更新其对借贷产品的关键词广告（Ad Words）政策,禁止发薪日贷款（payday loan）广告①和其他高利息贷款。美国消费者金融保护局（CFPB）

---

① 所谓发薪日贷款,指的是1~2周的短期贷款,借款人承诺在自己发薪水后即偿还贷款。如果到期无法还清贷款本金和利息,可以提出延期。发薪日贷款不计手续费和滞纳金等,平均年息高达391%。申请者只需提供定期收入证明,甚至政府救济证明也行。（参考百度百科, https：//baike. baidu. com/item/% E5% 8F% 91% E8% 96% AA% E6% 97% A5% E8% B4% B7% E6% AC% BE/1853729？ fr = aladdin)

于 2016 年 6 月 2 日对发薪日贷款等高利息贷款采取消费者保护措施,直到 2017 年 10 月最终出台针对发薪日贷款等高利息贷款的监管规则。在禁止发薪日贷款广告时,谷歌对其做法进行了解释,指出发薪日贷款和其他年利率超过 36% 的贷款可能导致借款人无法偿还贷款和利息,并导致高违约率,变更广告政策旨在保护用户免受欺骗性或有害金融产品的影响(见表4)。

表4　境外互联网企业对金融广告的管理

企业	金融广告政策摘要
谷歌	1. 列举了定位不同国家和地区金融广告的限制性规定。例如,在中国不得广告信用卡套现;在俄罗斯宣传信贷服务的公司必须在网页显示有效的许可证(注册号),所有广告中均须包含获准经营(已注册)备案的金融服务提供商的名称或注册名称 2. 对金融服务广告的信息披露义务进行了规定 3. 对个人贷款、高利贷和抵押贷款或断供房出售等广告进行了限制 4. 禁止发薪日贷款广告
脸书	1. 推广信用卡申请或金融服务的广告必须明确且充分地公开相关费用,包括在广告落地页公开年利率和手续费。推广贷款或保险服务的广告不得直接要求用户输入个人财务信息,包括信用卡信息 2. 推广学生贷款服务的广告只能面向年满 18 岁的用户投放。广告不得推广误导性或欺骗性的学生贷款合并、免除或重组服务 3. 未经脸书事先允许,广告不得要求用户提供财务信息,包括银行账号、银行认证账号、信用卡或借记卡编号、信用评分、收入、净收入或债务 4. 未经脸书事先允许,广告不得要求用户提供保险信息,包括目前的保单号码
推特	1. 要求金融广告符合所有相关法律,提供必要的信息披露、有关风险和收益的平衡信息以及所有必须向投资者提供的信息,能够被清楚地认定为金融服务,指明金融服务的性质和具体类型 2. 推特规定只能在其列举的国家和地区投放金融广告,并列举了 35 个国家和地区的广告政策限制

(四)小结

比较国际上金融广告管理经验,可以发现其具有以下突出特点。一是建立了专门的金融广告监管规则,将金融广告作为特殊的广告类型进行专门监管。二是金融广告的监管以保护金融消费者为中心,各项监管措施均是围绕保护金融消费者展开的。三是严格的信息披露义务。在金融广告的监管上要求推广者承担更加严格的信息披露义务，以便消费者充分认识产品的特性、收益、费用和风险等，促进金融消费者的理性消费行为。四是监管的专业化。由金融监管机构或行业自律组织制定金融广告监管规则，采取监管措施。五是注重规则的可操作性。通过对规则的细化、发布案例、消费者反馈等，为推广者提供了可操作性很强的执行标准，便于推广者进行自律和违规行为的判定、纠纷的裁决。六是注重行业和企业自律。要求推广者将金融广告审核纳入内部控制，根据反馈情况改进金融广告行为，主动保护金融消费者权益。

五　完善我国金融广告监管法律制度的建议

（一）明确金融广告的监管目标

1. 保护金融消费者

根据《金融消费者素养调查分析报告（2017）》，我国金融消费者的风险责任意识、金融知识掌握情况和金融技能均有所欠缺，与金融产品和服务的复杂性、专业性不相适应。因此，与境外立足保护金融消费者相同，我国金融广告监管的首要目标也应是保护金融消费者。

2. 遏制金融违法活动

金融违法活动通过广告蔓延，传播快、波及范围广、隐蔽性强，是当前金融广告领域不容忽视的问题。因此，应将遏制金融违法活动作为金融广告监管的重要目标，通过加强金融广告监管，及时发现和精准查处金融违法活动，阻断金融违法活动的传播渠道。

3. 促进金融消费者理性消费

具有良好行为习惯的金融消费者是金融稳定的重要基础，金融消费者的不良消费习惯容易滋生社会问题。金融广告不应迎合甚至助长金融消费者的不良偏好，如片面追求高收益、无节制消费等。因此，应将促进金融消费者的理性行为作为金融广告监管的重要理念。

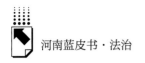

（二）明确金融广告的监管范围和重点领域

1. 扩大监管范围

《广告法》明确规定："广告应当具有可识别性，能够使消费者辨明其为广告。"但从金融广告领域的实践看，除明确标识为"广告"的金融广告外，存在众多金融产品和服务信息的展示行为，如手机 App 等，其产品条目和宣传图片等展示的信息和信息显示方式等，对金融消费者的认知和决策有着重要影响。从现有规定看，将此类行为认定为广告存在困难。因此，建议借鉴我国台湾地区的做法，将广告、业务招揽和营销活动一并纳入金融广告的监管范围。

2. 加强对特定产品和服务的监管

从调查和实践看，贷款、投资和保险类广告在金融广告中占有较大比重，这些领域的广告更易发生侵害金融消费者权益现象，传播违法金融活动。与之相对应，金融消费者贷款知识、投资知识和保险知识较为薄弱。[①]因此，建议将贷款、投资和保险类金融广告作为监管重点。

3. 加强对重点渠道的监管

从《消费者金融素养调查分析报告（2017）》看，金融消费者将金融机构网点发放宣传资料、互联网、手机短信和微信等作为了解金融知识的最有效方式。[②] 2016 年 4 月，国家工商总局联合 17 个部委共同印发《开展互联网金融广告及以投资理财名义从事金融活动风险专项整治工作实施方案》，加强对互联网金融广告的监管，将通过互联网等渠道传播的金融广告作为重点监管对象。

---

① 中国人民银行金融消费权益保护局：《消费者金融素养调查分析报告（2017）》，百度文库，https://wenku.baidu.com/view/1d146cf7c0c708a1284ac850ad02de80d4d806c3.html，2017 年6 月。

② 中国人民银行金融消费权益保护局：《消费者金融素养调查分析报告（2017）》百度文库，https://wenku.baidu.com/view/1d146cf7c0c708a1284ac850ad02de80d4d806c3.html，2017 年6 月。

（三）健全金融广告监管分工协作机制

1. 落实监管责任

《广告法》第六条规定："国务院工商行政管理部门主管全国的广告监督管理工作，国务院有关部门在各自的职责范围内负责广告管理相关工作。"金融监管部门对金融广告进行管理，既是职权也是职责。面对金融广告领域侵害金融消费者权益、扰乱金融秩序的违法违规现象，金融监管部门应当更加积极主动作为，落实监管责任，组织制定针对金融广告的专门规范，加强对金融广告的行政指导，弥补工商部门在金融广告监管工作中的短板。

2. 加强源头治理

在现有监管模式下，受限于监管信息沟通不畅和金融产品的复杂性、专业性，工商部门对金融广告进行监管往往只能侧重个案处理和事后监管，监管效果不理想。因此，金融监管部门应充分发挥自身的信息和专业优势，将金融广告监管要求与金融业务许可、具体金融业务要求等有效融合，制定专门针对金融广告的行为准则、细化金融广告的具体内容标准、明确监管措施等，从源头对金融广告进行治理。

3. 畅通监管协作机制

《开展互联网金融广告及以投资理财名义从事金融活动风险专项整治工作实施方案》对工商部门、金融监管部门和司法部门在互联网金融广告整治工作中的协作机制进行了安排，建议对相关工作经验进行梳理和借鉴，建立常态化的金融广告监管协作机制。协作机制包括但不限于广告行为规范的衔接、监管部门行政指导与工商部门行政处罚的衔接、违法金融广告和违法金融活动的监测和线索移交、金融广告纠纷和投诉的受理处理等。

（四）明确更加严格的信息披露义务

根据境外国家和地区的金融广告管理经验，要求相关主体在金融广告中履行严格的信息披露义务是杜绝有害金融广告、保护金融消费者的重要手段。金融广告披露信息不充分、不恰当也是当前我国金融广告领域普遍存在的问题。因此，建议对金融广告的信息披露义务做出明确而且具体的规定，对影响金融消费者决策的信息，要求金融广告在显著位置、以显著方式进行全面、完整、准确披露，包括但不限于主体信息。披露金融产品和服务的提供者，包括公司登记名称、地址、电话和统一社会信用代码、业务许可证等信息以及产品和服务的特性；应当明示产品和服务的特性，包括明示属于何种类型的产品和服务，如存款、借贷、证券、基金、投资咨询等；非银行存款产品不得与银行存款比较，明确收益、风险和限制性条件等；不得仅以收益高低作为广告内容。与风险相比，不得突出产品收益、暗示产品具有固定收益。风险提示和限制性条件等予以突出显示，足以引起受众注意。应当以显著方式披露消费者需要为产品和服务支付的所有费用，包括利息、手续费、咨询费等；禁止使用"0利息""0费用"等误导性字眼。

（五）建立金融广告市场准入和审查备案制度

《开展互联网金融广告及以投资理财名义从事金融活动风险专项整治工作实施方案》提出，"金融管理部门会同有关部门抓紧制定金融广告发布的市场准入清单，明确发布广告的金融及类金融机构是否具有合法合规的金融业务资格、可以从事何种具体金融业务等"，"研究制定禁止发布的负面清单和依法设立金融广告发布事前审查制度"。建议建立金融广告市场准入和审查备案制度时应突出以下几个方面。

1.广告主的主体资格要与金融业务资质挂钩

明确未取得相关金融业务资质的广告主不得发布金融广告，广告经营者和广告发布者从事金融广告的设计、制作、发布等活动时，应对广告主的金融业务许可证等业务资质证明文件进行审核并留存。

2.建立金融广告的分级分类审查备案制度

（1）内部审查。要求金融机构和类金融机构将金融广告发布纳入内部控制制度，在发布前对金融广告的合规性、适当性等进行审核，并留存相关广告资料及审查记录。

（2）外部审查和备案。由监管部门或行业协会对特定金融广告进行事先审查，如高风险的投资理财产品广告、境外金融产品广告等。对一般性金融广告实行备案管理。

（3）要求搜索引擎、社交网络、大型门户网站等互联网企业建立金融广告发布指引，督促广告主、广告经营者遵守。同时，通过技术手段拦截和屏蔽违法金融广告，方便消费者对违法金融广告进行留证、投诉。

3. 建立市场禁入清单和禁用广告语清单

对类金融机构发布的金融广告要从严管理。对仅适合特定群体的金融产品、综合费用超过一定比例的借贷产品等，禁止发布广告。建立禁用关键词或禁用广告语清单，如"购车分期0利息"等具有欺骗性的广告语。禁入清单和禁用广告语清单可根据监管情况、消费者投诉情况定期更新。

（六）建立动态的消费者反馈和案例指导机制

1. 开展广告效果评估

广告主、广告发布者等应选取一定范围的受众对投放的金融广告进行评估，测试金融广告是否会对公众形成误导或欺诈。同时，根据投诉情况对广告进行改进。

2. 监管信息共享

监管信息分散影响监管效果。目前，金融消费者可同时向工商部门、金融监管部门、行业组织等投诉，这些投诉是加强和改进金融广告监管的宝贵资源，应充分利用。建议通过建立健全机制，加强金融广告领域的监管信息共享，便于评估和改进金融广告监管工作。

3. 加强案例指导

从境外金融广告管理经验看，发布案例指导是引导广告主体规范金融广告行为的重要手段。因此，建议金融监管部门建立金融广告案例指导机制，加强对相关主体发布金融广告行为的引导和规范。

参考文献

〔美〕威廉·阿伦斯、迈克尔·维戈尔德、克里斯蒂安·阿伦斯:《当代广告学》,丁俊杰、程坪、陈志娟等译,人民邮电出版社,2010。

中国人民银行金融消费权益保护局:《金融消费者素养调查分析报告(2017)》,百度文库,https://wenku.baidu.com/view/1d146cf7c0c708a1284ac850ad02de80d4d806c3.html,2017年6月。

马飞翔:《互联网虚假广告法律规制研究》,浙江大学硕士学位论文,2017。

席琳:《我国网络广告监管研究》,吉林大学博士学位论文,2017。

陈昊雷:《我国互联网广告法律规制的完善》,甘肃政法学院硕士学位论文,2016。

曲一帆:《金融消费者保护法律制度比较研究》,中国政法大学博士学位论文,2011。

黄勇、徐会志:《论P2P网络借贷金融消费者权益保护》,《河北法学》2016年第9期。

焦瑾璞、黄亭亭、汪天都:《金融消费权益保护制度建设的国际比较研究》,《金融发展研究》2015年第4期。

胡光志、周强:《论我国互联网金融创新中的消费者权益保护》,《法学评论》2014年第6期。

彭真明、殷鑫:《论金融消费者知情权的法律保护》,《法商研究》2011年第5期。

刘迎霜:《我国金融消费者权益保护路径探析——兼论对美国金融监管改革中金融消费者保护的借鉴》,《现代法学》2011年第3期。

B.14
校园网络借贷乱象之成因及其治理对策

赵新河[*]

摘　要： 随着互联网的快速发展，以P2P为代表的新型互联网借贷模式受到大学生的追捧，"弱监管、弱规制"的校园网络借贷伴生出校园高利贷、"裸贷"、暴力催收等恶性事件，众多大学生尤其是女大学生卷入其中。本文基于对我国校园网络借贷乱象的成因分析，提出相应的治理对策，并对校园贷中"裸贷"涉及的相关问题的法律处理进行初步探讨。

关键词： 互联网　校园贷　裸贷

互联网技术的飞速发展使互联网金融业务随之兴起和发展，其中互联网金融借贷业务发展最为迅速，以P2P（peer to peer，个人对个人）为代表的新型借贷模式使借款人可以在虚拟世界里以便捷的方式得到贷款，一时间国内涌现出众多的网络借贷平台。大学生人数众多，具有稳定的消费水平和潜在的消费能力，且与互联网联系紧密，而网络借贷平台可为大学生创业、消费筹集资金提供便利，因此数量庞大的大学生群体便成为P2P网络借贷平台的主要顾客群之一。然而，大学生校园网贷随之也接连出现了许多混乱现象，诸如"裸贷"、高利贷、暴力催收等，一度引发互联网校园贷悲剧。2016年3月9日，河南牧业经济学院大二学生郑某通过网络借贷平台买彩票，欠下60多万元巨债后因无力偿还而跳楼身亡；2016年11月30日，借

[*] 赵新河，河南省社会科学院法学研究所副研究员。

贷宝"裸条"压缩包被泄露曝光,"裸条"照片竟然达 10G 之多,其中含有约 167 名女性(主要是女大学生)的裸照、视频、身份证、父母信息、家庭住址等隐私信息,引发校园"裸贷"风波;2017 年 4 月 11 日,20 岁厦门华夏学院大二在校女生烧炭自杀,因为不能忍受"裸贷"带来的巨大压力和不断的威胁、骚扰。① 由此,校园网络借贷(以下简称校园贷)乱象不仅扰乱了校园秩序,产生了巨大的负面影响,而且危害金融秩序,侵犯大学生的人格尊严和人身安全,涉嫌违法甚至构成犯罪。2018 年"两会"期间,多名代表联名提案要求加大对网络借贷非法平台的打击力度,严格规范校园网贷,可见,依法治理校园贷已是刻不容缓。

一 互联网校园贷乱象成因分析

(一)校园贷相关法律规制欠缺

2016 年初,互联网校园贷乱象出现后,中央和各地相关部门先后发布了一系列针对校园贷监管的法规、规章及政策性文件(见表 1)。总体来看,这一系列密集发布的规范性文件普遍存在法律位阶较低的问题。从其中的主要内容看,对校园网络贷款规范的宽严差别较大,且多是规定了一些校园网络贷款的原则性内容,缺乏可操作性。总之,这些规范性文件尚不足以建立校园网络贷款的完整法律体系。

表 1 2016 年以来国家发布对校园贷监管的法规、规章及政策性文件

发布时间	文件名称	发布单位或主体
2016 年 4 月 13 日	《关于加强校园不良网络借贷风险防范和教育引导工作的通知》	教育部办公厅、中国银监会办公厅
2016 年 8 月 17 日	《网络借贷信息中介机构业务活动管理暂行办法》	中国银监会、工业和信息化部、公安部、国家互联网信息办公室

---

① 林玲:《厦门一女大学生身陷裸贷自杀亡 校园裸贷如何叫停?》,中国新闻网,http://www.chinanews.com/sh/2017/04-17/8201806.shtml,2017 年 4 月 7 日。

发布时间	文件名称	发布单位或主体
2016 年 9 月 26 日	《关于开展校园网贷风险防范集中专项教育工作的通知》	教育部办公厅
2016 年 10 月 13 日	《关于互联网金融风险专项整治工作实施方案》	国务院办公厅
2016 年 10 月 13 日	《P2P 网络借贷风险专项整治工作实施方案》	中国银监会
2017 年 5 月 27 日	《关于进一步加强校园贷规范管理工作的通知》	中国银监会、教育部、人力资源和社会保障部

（二）校园贷监管存在制度缝隙和技术困难

校园贷是近年来随着互联网金融发展出现的新生事物，在我国现行行政管理体制下，金融、工商、公安、网络监督等部门似乎均可以对其监管，但有关部门的职责范围界定不清，校园贷本身又跨越多个行政管理领域，形成名义上多部门多重管理但实践中无人管理的监管缝隙。同时，校园贷通常借助微信群、QQ 群等途径开展业务，或者披着借贷 App 的外衣进行宣传，本身具有隐蔽性，监管部门在互联网经济面前暴露出不适应、不敏感的问题，网络平台的高科技性决定了各监管部门会遇到不同程度的技术性难题，想管却心有余而力不足，甚至消极不作为，使得非法校园贷具有存在与滋生的空间。

（三）适宜大学生的借贷平台匮乏

大学生进行借贷的原因或是创业失败急需用钱，或是超前消费而贷款，这类需求的特点是人数多、用途多样化、贷款额度小，而传统金融机构因为成本收益问题缺乏开展校园借贷服务的主动性和积极性。2009 年，银监会曾发布过《关于进一步规范信用卡业务的通知》，此后银行基本暂停了大学生信用卡业务，大学生很难通过正规的银行获得借贷资金。2017 年 6 月，中国银监会、教育部、人力资源和社会保障部联合下发了《关于进一步加

强校园贷规范管理工作的通知》，一律暂停网贷机构开展在校大学生网贷业务，逐步消化存量业务。可见，大学生融资渠道狭窄，无法通过传统金融机构获得金融服务，是校园贷兴起的客观原因之一。

（四）社会征信体系不完善

目前，我国社会征信体系尚不完善，征信系统中查不到在校大学生的借款和信用情况，因此网络借贷平台对借款人的资质很难进行审查。加之大学生一般没有独立的经济能力，又大多不具备足够的财务和法律知识，在借款时不会合理计算校园贷的利息、手续费等各种成本，导致借款到期后不能偿还，往往采取"拆东墙补西墙"的方式盲目向多家网络借贷平台借款，一步步陷入巨额债务的泥潭。厦门华厦学院大二女生就是此种情况，该女生卷入的校园贷至少 5 个，仅其中"今借到"平台就显示其累计借款金额570985 元，借款 257 笔。

（五）大学生理性消费意识欠缺

受拜金主义和享乐主义的不良影响，一些大学生被畸形的消费欲望和盲目攀比、超前享乐的心态所绑架，难以遏制消费和享乐的诱惑，缺乏基本的风险防范意识，没有对自身风险防范能力进行评估，不顾自己和家庭的经济状况进行盲目消费，在校园贷中越陷越深。校园贷恶性事件频发暴露出我国在素质教育方面存在不足，忽视对大学生价值观的培养和引导。

有专家对某省大学生"裸贷"产生的原因的进行了调研①，本文将其调研结果制作为图表（见图 1），从中可以看出，贷款门槛低、法律制度不完善、女大学生法律意识不强、借款方用心险恶、贷款女大学生的家庭因素在"裸贷"的原因中分别占据不同的比例。

---

① 袁翠清：《女大学生校园"裸贷"法律权益保护研究》，《中国青年研究》2017 年第 12 期。

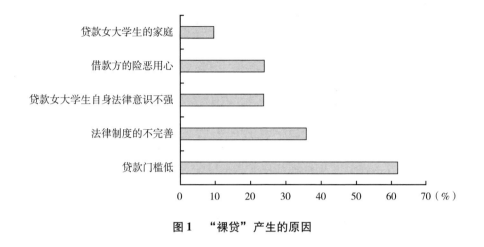

图1 "裸贷"产生的原因

二 校园"裸贷"相关法律问题分析

"裸贷",是校园贷的一种畸形形态,指借款人(多系女大学生)通过网络借贷平台发素颜照给贷款方,贷款方根据颜值确定放款额度(一般为800～20000元不等),然后填写"裸条",内容包括个人、父母、老师、舍友的详细信息,最后上传借款人裸体手持身份证拍摄的照片或视频作为还本付息的担保,并承诺后果自负,若借款人违约,不能按期还款及预设的高额利息时,放贷人以电话短信骚扰、以公开裸照或视频恐吓女大学生、与借款人父母和家人联系、直接将照片出售给他人等手段逼迫还款,甚至要求女大学生"肉偿"贷款或同意"包养"。"裸贷"有形成集放贷、拍摄裸照与视频、"肉偿"贷款和"包养"等为一体的黑色产业链的迹象。对校园"裸贷"相关问题进行法律分析,是治理校园网络借贷乱象不能回避的问题。

(一)"裸贷"合同的法律效力

1. 以"裸照"担保的效力

根据借贷双方约定,借款人将裸照或视频作为抵押物发送给放贷人。网上甚至曝光了"裸贷"借条的范本:借款人以裸照或视频作为抵押,如逾期不归还欠款，后果自己承担，本借条具有法律效果。那么，裸照可以充当担保物吗？我国《担保法》及相关司法解释明确规定了担保物的范围，即财产和财产性权利。很明显，裸照属于人身权利的范围，不符合《担保法》的规定，并且裸照属于国家禁止流通的淫秽物品，作为担保物违背公序良俗。《关于适用〈中华人民共和国担保法〉若干问题的解释》第五条规定：以法律、法规禁止流通的财产或者不可转让的财产设定担保的，担保合同无效。可见，以"裸照"为抵押的担保条款无效。

2. 借款合同的效力

有观点认为，根据《民法总则》及《关于审理民间借贷案件适用法律若干问题的规定》第十四条，"裸贷"合同用裸照作为抵押显然属于违背社会公序良俗，应当认定该合同无效。笔者认为，"裸贷"合同是经由互联网平台发生的借贷行为，由主合同（借款条款）和从合同（抵押担保条款）两部分组成，借款合同和抵押合同是主合同和从合同的关系，根据主从合同关系理论和合同条款独立性原则，抵押条款并非借款合同的核心条款，非核心条款无效并不能导致合同整体无效。以裸照、视频作为还款保证的合同，应该认定抵押合同（条款）无效，但借款合同本质上与普通的借贷合同并没有差别，借贷本身并不违反公序良俗，只要当事人具备民事行为能力，意思表示真实、自由，不违反法律、行政法规的强制性规定，借贷合同就是有效的。女大学生基本为年满18周岁的完全民事行为能力人，"裸贷"合同的签订是出于自愿，应认定"裸贷"约定的借款本金及符合法律许可范围的利率具有借款合同效力。

3. "裸贷"约定利息的处理

《合同法》第二百一十一条第二款规定：自然人之间的借款合同约定支付利息的，借款的利率不得违反国家有关限制借款利率的规定。《最高人民法院关于审理民间借贷案件适用法律若干问题的规定》第二十六条①规定，

---

① 《最高人民法院关于审理民间借贷案件适用法律若干问题的规定》第二十六条："借贷双方约定的利率未超过年利率24%，出借人请求借款人按照约定的利率支付利息的，人民法院应予支持。借贷双方约定的利率超过年利率36%，超过部分的利息约定无效。借款人请求出借人返还已支付的超过年利36%部分的利息的，人民法院应予支持。"

借贷双方约定的年利率超过 36% 的，超过部分的利息约定无效。"裸贷"放贷人多采用周利率甚至日利率这样的方式来计息，周利率能达到 30%，在不计算复利的情况下，年利率能达到 1564.29%，是法律允许约定的最高利率的 43 倍之多，属于典型的高利贷。据报道，湖北恩施的小周一开始借款 5000 元，短短半年时间本利就滚成 26 万余元。[①] 对"裸贷"借款约定的超过年利率 36% 部分的利息应认定为无效，已经支付的，可以要求返还或冲抵未付本息。

（二）"裸贷"放贷人可能涉嫌的刑事责任

1. 放贷人以公开女大学生的裸照相要挟的涉嫌传播淫秽物品罪、传播淫秽物品牟利罪

"裸贷"女大学生将自己的裸照发给特定的放贷人，并不属于传播淫秽物品，但放贷人将女大学生的裸照或视频曝光并在网络上传播的，则涉嫌构成我国《刑法》规定的传播淫秽物品罪；如果放贷人以牟利为目的，复制打包并在网上公开兜售女大学生的裸照和视频的，则涉嫌构成制作、复制、贩卖、传播淫秽物品牟利罪。

2. 以公开裸照要挟借款人涉嫌敲诈勒索罪

以非法占有为目的，对被害人使用威胁或要挟的方法强行索要公私财物，数额较大的，构成敲诈勒索罪。可见，敲诈勒索罪以主观上有非法占有目的为要件，在女大学生借款无法偿还的情况下，放款人以曝光裸照等方式要挟女大学生返还借款本金及法律许可范围内的利息的，由于借款本金及法律许可范围内的利息受法律保护，故该行为不构成敲诈勒索罪；但放款人以曝光裸照等方式要挟女大学生支付约定的超过法律许可范围（年利率 36% 以上）利息的，应认为放款人具有非法占有目的，涉嫌构成敲诈勒索罪。

3. 出售或者提供借款大学生个人信息涉嫌侵犯公民个人信息罪

本文前述"裸条"不仅包括女大学生的裸照、视频，往往还包括女大

---

① 周丹：《女大学生欠贷 26 万遭遇裸照逼债》，《楚天都市报》2017 年 4 月 11 日。

学生的身份证、微信号、QQ号、父母信息、家庭住址等个人隐私信息，根据自2017年6月1日起施行的《最高人民法院最高人民检察院关于办理侵犯公民个人信息刑事案件适用法律若干问题的解释》（以下简称《解释》）第一条的规定，这些信息可以识别特定自然人身份而属于《刑法》第二百五十三条之一规定的"公民个人信息"。根据《解释》第四条，违反国家有关规定，在履行职责、提供服务过程中收集公民个人信息的，属于刑法第二百五十三条之一第三款规定的"以其他方法非法获取公民个人信息"。可见，如果放贷人向他人出售或者提供借款女大学生的个人信息（注：裸照当然属于个人信息），情节严重的，可能涉嫌构成《刑法》第二百五十三条规定的侵犯公民个人信息罪。应当注意的是，即使"裸贷"的借款人曾经同意或许可在自己违约时对方可以公开个人信息，或借款人表示和承诺后果自负，但这不能成为否定放贷人属于"违反国家有关规定"向他人提供公民个人信息的理由，因为放贷行为人没有获取公民个人信息的法律依据或者资格。如果由此造成被害人死亡、重伤、精神失常等严重后果的，则属于"情节特别严重"，应处三年以上七年以下有期徒刑，并处罚金。

4. 放贷人通过网络出售、传播女大学生裸照涉嫌侮辱罪

侮辱罪是指以暴力或者其他方法公然侮辱他人、情节严重的行为。放贷人通过网络将女大学生的裸照等出售、传播，使其名誉遭受严重损害，符合侮辱罪的构成要件。有观点认为，从借款人出具的借条可以看出女大学生对于自己的行为表示后果自负，因为有女大学生自己的承诺行为，所以不构成侮辱罪。我们理应认识到校园"裸贷"设置了极高的利息及各种名目的收费，这显然超出了借款女大学生的设想，没有体现出被害人的真实意思。[①]因此，出售、传播裸照的行为不能因被害人的承诺而免责。

（三）网络借贷平台的法律责任

借贷宝等网络借贷平台是否需要为"裸贷"交易担责，业内对此存在

---

① 何俊：《校园贷的刑法规制》，《东南大学学报》（哲学社会科学版）2017年第6期。

争议。有的观点认为，网络借贷平台只是中介平台，"裸贷"交易是私下行为，平台不应该承担责任。也有观点认为尽管现在还看不到借贷宝等平台的盈利模式，但是建立平台，终究是要赚钱的，就应该对平台的交易负责。[①]《网络借贷信息中介机构业务活动管理暂行办法》第二条[②]明确了网络借贷平台只提供中介服务，因而平台只负责撮合借贷双方，而对借贷的具体情况并不知情。从媒体报道可以看出，在"裸贷"过程中放贷人和女大学生主要通过微信、QQ等方式进行沟通，网络平台仅仅是将双方的信息资料进行匹对，而以裸照作为借款条件，往往是双方私下的约定，对此网络借贷平台不需要承担法律责任。但是，如果放贷人在网络平台上提出以裸照为条件，或直接发布裸照的，根据《侵权责任法》第三十六条之规定，网络借贷平台有义务采取立即删除相关内容、封号等必要措施，否则应与侵权人承担连带责任。此外，网络借贷平台如果拒不采取相应措施，致使"裸贷"人个人信息泄露，造成严重后果的，根据《解释》的规定，涉嫌构成拒不履行信息网络安全管理义务罪。

三 互联网校园贷的治理对策

目前，校园贷乱象并没有根除，一些校园网络借贷机构对于政策实施仍然持观望态度，校园贷名为下线而实质性业务并没有下线，仅仅对校园贷平台采取禁止手段不能从根本上消除校园贷乱象，必须探索治理与规范互联网校园贷的综合对策。

---

① 姜浩：《"裸贷"乱象之法律分析及预防对策》，《西部学刊》2017年第7期。

② 《网络借贷信息中介机构业务活动管理暂行办法》第二条：在中国境内从事网络借贷信息中介业务活动，适用本办法，法律法规另有规定的除外。本办法所称网络借贷是指个体和个体之间通过互联网平台实现的直接借贷。个体包含自然人、法人及其他组织。网络借贷信息中介机构是指依法设立，专门从事网络借贷信息中介业务活动的金融信息中介公司。该类机构以互联网为主要渠道，为借款人与出借人（即贷款人）实现直接借贷提供信息搜集、信息公布、资信评估、信息交互、借贷撮合等服务。本办法所称地方金融监管部门是指各省级人民政府承担地方金融监管职责的部门。

（一）完善校园网络借贷的相关立法

应尽快制定互联网金融消费者权益保护方面的法律法规。校园贷学生在面对高利贷、"裸贷"、暴力催收等问题时，通常不知道如何应对，作为互联网金融风险防范和法律监管的核心，消费者权益理应受到保护，但我国现有法律法规并没有涉及金融消费者权益保护的问题，《网络借贷信息中介机构业务活动管理暂行办法》的出台也仅在宏观层面对互联网金融具有指导性作用，不能解决现实问题，因此制定专门的互联网金融消费者权益保护法律法规十分必要。同时应在现有相关法律、法规、文件的基础上制定具体、配套的互联网校园贷实施细则，明确规定各地网贷管理部门及机构的职责和管理范围，使法律文件具有可操作性。建议校园贷监管立法要着重规范网络借贷平台资质审查、放贷资金来源审查、贷款人信息保护，并把潜入校园贷的微信群、QQ 群等也纳入法律监管范围。

（二）创新校园贷的监管机制

1. 明确校园贷监管部门

为消除校园贷监管的制度缝隙，应明确金融主管部门要研究制定针对校园贷的系列规则与制度，而校园贷监管职能应由网络监督部门承担，加强校园不良网络借贷的日常监测监管。

2. 加强校园贷社会监督

校园贷的隐蔽性特点决定了校园贷的监管不仅需要相关部门承担监管职责，还需要加强社会监督，重点发挥学校及大学生自身的作用。学校可以通过开展校园贷教育学习活动等形式，提高学生辨别非法校园网络借贷机构的能力，同时在学校官网及微信公众号上设立针对校园贷的专门举报渠道，鼓励学生对非法机构进行举报。监管和司法部门可以设置快速通道，使校园贷问题得到及时、快速处理，做到监督与管理并行。①

---

① 胡阳、刘晰月：《校园贷乱象应治理》，《中国金融》2017 年第 21 期。

3. 必须加强对违法违规校园贷平台的处罚力度

一方面对校园贷款"名称下线、业务不下线"的网络平台要给予严厉打击，增加虚假宣传、高利贷性校园贷、居间乱收费行为的违法成本，严格禁止非法催收借款。

（三）加强校园贷平台建设

1. 填补校园金融服务的缺口

大学生的金融服务需求旺盛，增长迅速，商业银行和政策性银行应根据大学生群体的消费特点、消费习惯和承受能力研究开发新的金融产品，填补校园金融服务的缺口，完善高校借贷资助体系。《关于进一步加强校园网贷整治工作的通知》要求，加强校园贷规范管理应"疏堵结合""开正门"。商业银行和政策性银行应畅通校园贷金融服务渠道，合理开发针对大学生群体的消费、创业等金融服务产品，满足大学生的合理需求。2017 年 9 月 1 日，中国工商银行推出针对大学生群体的贷款产品"大学生融 e 借"，目前该项业务已经在全国 10 个城市推广，试点高校反响不错，会渐渐地在更多的高校推广。[1]

2. 建立校园贷市场准入制度

校园贷有其存在的市场基础，单纯的"暂停""取缔""禁止"并非良策，应加强校园贷平台建设并将其纳入合法合规经营轨道。要促进行业的良好发展就需要对准入设立一定的门槛。校园贷平台不同于一般的网络借贷平台，其客户群体是无收入来源、风险防范意识和自我保护意识差的在校大学生，因此对网络借贷平台进入校园应持审慎的态度，保护在校大学生正当权益，避免出现影响大学生正常学习生活的负面后果。

3. 限制校园贷平台授信额度并规范费率

基于校园贷客户群体的特殊性，人民银行应针对校园贷业务确定授信额

---

[1] 郭子源：《国内多家银行陆续推出正规产品　校园贷正门打开》，《经济日报》2017 年 9 月 14 日。

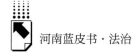

度，各平台也可根据自身情况确定贷款的额度，但需在人民银行规定的最高额度之下，防止学生巨额借贷。校园贷平台应明确告知大学生借款的真实利率水平，在平台网站上公示收费项目和金额，所有费率相加不得超过国家规定的利率。

4. 严格审核并合理宣传

严格遵循线上审核方式，对借贷学生的身份信息、贷款信息、信用状况等进行严格的评估、审查，审查合格后才能发放贷款，通过提高贷款门槛的形式来降低网络借贷的风险。校园贷平台应规范宣传的内容和形式，对平台的宣传应真实、全面，禁止夸大以及带有误导性的宣传，同时禁止通过招收学生代理或者在校园内张贴小广告等方式进行平台的宣传推广。

（四）建立大学生征信体系

建立数据完备、共享的大学生征信体系，避免出现校园贷大学生"拆东墙补西墙"而越陷越深的情况，遏制网络借贷风险。我国目前的社会征信体系尚在建设中，可针对大学生建立信用评价标准和机制，将大学生个人及家庭信贷情况、个人财务状况、税费缴纳情况纳入评价标准。各校园网贷平台应建立自己的"黑名单"信息库，对大学生的不良贷款行为建立档案，发布逾期未还贷的借款人，在其借款还清前，禁止继续放贷，并在各校园网贷平台之间实现信息共享。此外，还要引导大学生树立正确的世界观、人生观、消费观，增强大学生的金融素养和信用意识，教育大学生认识到贷款风险。通过案例分析等形式引导大学生认识校园贷的风险并对其防范，从源头上遏制校园贷乱象。

参考文献

朱崇实、刘志云：《金融法教程》，法律出版社，2017。
姚文平：《互联网金融》，中信出版社，2014。

王国刚：《中国消费金融市场的发展——中日韩消费金融比较研究》，社会科学文献出版社，2013。

刘飞宇：《互联网金融法律风险防范与监管》，中国人民大学出版社，2016。

朱小黄：《经济新常态与法治金融》，法律出版社，2016。

蔡海宁：《互联网金融原理与法律实务》，上海交通大学出版社，2015。

郎胜、朱孝清、梁根林：《时代变迁与刑法现代化》，中国人民公安大学出版社，2017。

张明楷：《刑法学》，北京大学出版社，2016。

周光权：《刑法各论》，中国人民大学出版社，2016。

黎宏：《刑法学各论》，法律出版社，2016。

陈兴良主编《刑法学各论精解》，人民法院出版社，2015。

热点案例篇

Hot Case

B.15

2017年度河南十大法治热点

河南省社会科学院课题组*

摘　要： 河南省社会科学院课题组以主要媒体和社会公众对2017年度河南省法治事件的报道及关注为参考，并且在充分征求省内有关法律部门及高校、科研院所法学专家意见的基础上，选出具有代表性和影响力的十大法治热点。这十大热点涉及民事、刑事等多个法律部门，涵盖公证体制改革、异地审判惩治贪腐、环境公益诉讼、家事审判、地方立法、破解执行难等问题。通过对这10个热点事件的分析与解读，阐释了其入选的法治意义。进而，为宣传与弘扬法治正能量，引导在全省形成崇尚法治的良好氛围，进一步全面推进依法治省、建

---

* 河南省社会科学院课题组组长：张林海，河南省社会科学院法学研究所所长；副组长：李宏伟，河南省社会科学院法学研究所副所长；执笔：栗阳，河南省社会科学院法学研究所助理研究员。

设法治河南提供有益的借鉴。

关键词： 依法治省　法治河南　法治热点

　　法治是治国理政的基本方式。2017 年，河南在依法治省与平安建设进程中，取得了显著成绩，发生了一些推进全省法治进程，影响和改变人民群众生活的标志性热点事件。本文以主要媒体和社会公众对法治事件的报道及关注为参考，并且在充分征求省内有关法律部门及高校、科研院所法学专家意见的基础上，甄选出包括电梯劝阻吸烟猝死案、公开宣判武长顺案、《河南省物业管理条例》修订通过并实施、永城宅基地纠纷致 5 死 2 伤案、新郑枣树被移栽案等具有代表性和社会影响力的十大法治热点事件。通过分析与解读，阐释了其入选的法治意义，旨在宣传与弘扬法治正能量，引导在全省形成尊崇法治的社会氛围，同时揭示出全省法治的薄弱点，为进一步全面推进依法治省，建设平安河南、法治河南提供有益的借鉴。

一　电梯劝阻吸烟猝死案——善于利用个案判决发挥司法裁判的社会价值导向作用

　　事件概况　2017 年 5 月，河南郑州某小区电梯内，杨某劝一位正在吸烟的老人遵守公共场所禁烟规定，从而引发争执，在并未发生肢体冲突的情况下，老人因情绪激动突发心脏病离世。于是，老人的家属把劝阻老人吸烟的杨某告上法庭，要求赔偿 40 多万元。郑州市金水区法院作为一审法院受理了此案，一审判决认为，虽然杨某劝阻老人的行为是恰当的，并未超出必要限度，但是毕竟老人因为争执死亡了，于是适用了公平原则酌定杨某支付死者家属补偿金 1.5 万元。此判决一出引发社会公众热议，大家均不约而同地表示，如此判决会极大地挫伤社会公众依法维护社会公共利益的积极性。2018 年 1 月，郑州市中级人民法院做出二审判决，撤销原判，驳回死者家属的诉讼请求，改判杨某不承担任何责任，撤销了原判的赔偿金。①

入选理由　电梯劝阻吸烟猝死案的典型意义在于，二审法院撤销"和稀泥"式的一审判决，改变滥用"公平原则"息事宁人的审案方式，极大地鼓舞了社会公众放心维护公共利益的积极性。"好人不该受伤"，这是广大公民最朴素的观念。2018 年的最高法院工作报告明确提出了司法裁判的价值导向作用，司法裁判不是机械的，而是承担着社会效果和价值导向。本案判决就体现了司法裁判的这种社会价值导向作用，这在当前对弘扬社会主义核心价值观无疑具有积极作用。二审判决之所以被大家普遍认同，是因为二审判决建立在不违背社会公序良俗的基础上，引导了社会正能量。当然，司法判决也不能不顾法律的规定片面迎合民意。本案中，二审判决也是严格按照法律规定对一审判决适用公平原则进行了纠正。虽然杨某劝阻老人的行为与老人死亡的后果在时间上具有先后顺序，但是二者之间并不具有法律上的因果关系。因此，杨某不应承担任何责任。有学者指出，二审判决不应该审理当事人没有提出的请求。但是，依据《最高人民法院关于适用中华人民共和国民事诉讼法的解释》第 323 条规定："二审人民法院应当围绕当事人的上诉请求进行审理。当事人没有提出请求的，不予审理，但一审判决违反法律禁止性规定，或者损害国家利益、社会公共利益、他人合法权益的除外。"本条的但书部分赋予了二审法院有权依职权主动审理当事人虽然没有上诉但是却有关社会公共利益的内容。因此，二审法院对一审判决的改判并未超出审理范围，在实体和程序方面均有法律依据。

二　郑州中院公开宣判武长顺案——异地审判
严厉打击贪污腐败

事件概况　2017 年 5 月 27 日，河南省郑州市中级人民法院对天津市政

---

①　赵红旗：《吸烟被劝猝死案终审改判法官详解为何劝阻者无责》，《法制日报》2018 年 1 月 24 日。

协原副主席、公安局原局长武长顺贪污、受贿、挪用公款、单位行贿、滥用职权、徇私枉法一案进行公开宣判，被告人武长顺被依法判处死刑，缓期二年执行，剥夺政治权利终身，并处没收个人全部财产。并且，依据刑法修正案关于终身监禁的规定，在其死缓依法减为无期后，适用终身监禁，不得减刑、假释。①

入选理由 该案件是河南省司法机关继白恩培案之后，接受最高人民法院指定管辖，异地审判适用终身监禁刑的第二个案例。异地审判对于排除人情干扰、严厉打击贪腐犯罪有重要作用。本案之所以备受关注，成为2017年度的法治热点，是因为人民群众对贪污腐败、不正之风深恶痛绝。只有对腐败零容忍、无禁区、全覆盖、严打击，才能保持风清气正、公平正义的社会环境，才能让广大人民群众放心和满意。近年来，异地审判广泛应用于省部级以上高官贪腐案件。指定管辖、异地侦查、异地审判，有效排除了官员原任职地的人际影响，有助于保证高级官员贪腐案件依法公正查办。修订后的刑法在刑罚种类方面增加了终身监禁刑，对贪官适用终身监禁刑杜绝了其利用缓刑变无期进而逃避惩罚的情况发生。

三 《河南省物业管理条例》修订通过并实施——地方立法科学化、民主化水平提高

事件概况 2017年9月29日，新修订的《河南省物业管理条例》经河南省第十二届人民代表大会常务委员会第三十一次会议审议通过并公布，自2018年1月1日起施行。新条例的内容更加细化，责任主体更加明确，把日常生活中老百姓普遍关注的有关问题增加了进来，条例从52条增加至95条。新修订的《河南省物业管理条例》，对车库车位租售、住宅改商用、物业乱收费、养狗扰民、电梯卡人等事关民生的热点问题做出了具体规定，并

---

① 周青莎：《天津市公安局原局长武长顺案一审判决：判处其死缓终身监禁》，《河南日报》2017年5月27日。

且规定了相应的处罚措施。

入选理由　物业问题非小事，千家万户的利益均与其相关。因此，《物业管理条例》的修订被寄予厚望，群众都期望新条例能够反映民生关切点，这极大地考验了立法机关的立法水平。《河南省物业管理条例》已经实施了16年，未曾有大变化。此次修订力度很大，受到社会各界广泛关注。这部条例涉及的法律关系比较复杂，调整至少8个主体之间的关系，包括业主、物业公司、水电气暖专营单位等。自1980年河南第一部地方性法规问世以来，通过了180余部法规。新修订的《河南省物业管理条例》是其中字数最多、篇幅最长的一部。① 这次修订关注民生、尊重民意，进行了充分的调研，先后发放了数千份问卷，到上百个小区进行实地走访，找准物业管理方面的问题症结所在，保证了本次条例修改的内容充实、有分量、真管用。这是河南立法史上深入推进民主立法、科学立法的生动实践。

四　河南全面实施身份证异地办理——人民警察为人民，便民、利民措施得民心

事件概况　自2017年7月1日起，河南省公安厅在全省范围内全面实施身份证异地办理、挂失申报和丢失招领工作。河南是公安部统一安排部署的全国第一批试点省份，自2015年1月以来，全省受理了居民身份证异地申领共计40万余人次。② 为了方便群众异地办理身份证，全省公安部门在流动人口集中区域的派出所和户籍窗口单位设置受理点。另外，还缩短了身份证制发周期，由60天缩短为40天。还改变了居民身份证的发放领取方式，由过去的省辖市定期领取，变为邮政快递送达。为因特殊情况急需办理身份证的群众提供预约服务，可以预约在节假日和休息日办理。

---

① 叶煜：《新修订的河南省物业管理条例出台前后》，《公民与法》2018年第1期。
② 李凤虎：《河南7月起全省可异地办理身份证》，《河南日报》2017年7月3日。

入选理由 为了适应人口流动的现状，推行身份证异地办理，极大地方便了在外工作、学习和生活的群众，节约了来回奔波的时间和金钱成本，减轻了人民群众的负担。这项措施便民、利民、惠民，受到人民群众的一致好评。河南全省共计设置了280个异地身份证受理点，并且缩短了制发证周期，充分利用快递发放，从方方面面切实为广大人民群众着想，将我党一切依靠人民、一切为了人民的光辉思想落到了实处。

五 河南73家公证机构摘"官帽"——体制改革促进公证事业焕发生机与活力

事件概况 2017年11月，河南省73家行政体制公证机构全部改为事业体制。公证体制改革，就是将过去行政体制公证机构转为事业单位，被形象地称为摘"官帽"。[1] 司法部要求，到2017年底之前，全国各地行政体制公证机构须转为事业体制。改革前，河南省共有公证机构178家，其中行政体制公证机构73家。改革后，这73家行政体制公证机构全部去行政化，改为事业单位。公证员也不再是公务员，一律执行事业单位人事管理和工资制度。

入选理由 体制改革牵涉到利益调整，因此难度大、涉及面广。但是河南公证体制改革做到了排除一切阻碍，按时完成改革任务，体现了河南省司法机构改革的意志与决心。以前，公证机构大多是财政全供的行政体制单位。公证员拿死工资，干多干少一个样、干好干坏一个样，难以实现按劳分配。通过这次公证体制改革，有效改变了公证工作没活力、没动力的状况。工资和绩效联系，大大激发了公证员工作的积极性，有利于提高服务意识和服务能力，以适应广大群众对公证业务日益增长的需要，有效激发了全省公证事业的生机与活力。

---

[1] 孙欣：《河南公证体制改革提前完成73家公证机构"脱官帽"》，《河南日报》2017年11月20日。

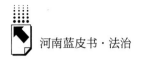

六 《河南省见义勇为人员奖励和保障条例》通过——保障善行义举，不让英雄"流血又流泪"

事件概况 2017年12月1日，河南省十二届人大常委会第三十二次会议通过了《河南省见义勇为人员奖励和保障条例》（以下简称《条例》），《条例》于2018年1月1日起正式实施。该《条例》中有不少亮点，譬如《条例》规定，任何单位和个人对正在实施见义勇为的人员，应当及时予以援助；对受伤的人员，应当及时护送至医疗机构，并报告当地县级公安机关；先行垫付、暂付的单位对侵权人享有追偿权；等等。

入选理由 《河南省见义勇为人员奖励和保障条例》是河南第一部为见义勇为英雄撑腰的法律，这部条例的通过和实施受到了社会公众的关注和支持。通过立法对见义勇为英雄的权益给予保护是众望所归，该条例的通过和实施也是通过立法引导和践行社会主义核心价值观的体现。该条例中的规定处处体现出对见义勇为行为的鼓励和奖励，对高尚的道德倍加推崇和保护。例如条例中规定，见义勇为获得的奖金可以累计申领，最多可累计获得百万元。并且英雄本人及其子女在就业和上学方面均可享有优待。该条例的出现有效回应了社会公众对前些年出现的英雄"流血又流泪"这一不公正状况的感叹和愤怒。该条例可以激发更多的好人好事、善行义举，有助于在全省形成拔刀相助、崇拜英雄的社会正气。

七 最高人民法院在新乡召开全国部分法院家事审判方式和工作机制改革试点工作推进会——河南家事审判经验叫响全国

事件概况 2017年12月7日，最高人民法院在新乡召开全国部分法院家事审判方式和工作机制改革试点工作推进会。会议全面总结了试点工作取得的成效和遇到的问题，将试点法院和有关部门之间建立联席会议制度作为重点内容进行了交流。会议还交流了试点法院与高校合作工作，以及开展反家庭暴力工作的情况。会议对如何深化家事审判方式和工作机制改革做了进一步研究部署。① 河南省高院是最高人民法院重点指导的 6 所高级法院之一。近些年来，河南法院在最高人民法院的指导和部署下，进行了家事审判改革，作为试点法院大胆探索、先行先试，探索出了一系列独具特色的家事审判工作方法，获得最高人民法院的高度评价，并在会上进行了交流。

入选理由　家庭作为社会的细胞，决定了家事无小事。家事审判改革事关千家万户，事关社会和谐与稳定，事关国家的长治久安。因此，家事审判改革是法院和老百姓共同关注的重点之一。河南法院在家事审判改革方面的探索和取得的成效是对习近平总书记关于注重家庭、注重家教、注重家风，重视家庭文明建设的重要指示精神的贯彻落实。河南法院作为试点，摸索出一套行之有效的家事案件审理工作方法，在诉讼程序方面探索调解优先制度，不断完善家事纠纷综合协调机制。这一系列工作方法上的创新，推动了河南法院的家事审判工作迈上新台阶，并且成为叫响全国的经验。这是对社会主义核心价值观的培育和践行，是对中华民族传统美德、家庭美德的弘扬，是对文明进步婚姻家庭伦理观念的推行，有利于依法保障妇女、儿童、老人的合法权益，维护社会和谐健康。

八　永城宅基地纠纷致 5 死 2 伤案件——无视法律、泯灭人性的恶性刑事犯罪，教训深刻、警醒世人

事件概况　2017 年 2 月 3 日，在河南商丘永城市新桥乡某村，由宅基地纠纷引发了嫌犯持刀行凶，致 5 死 2 伤的恶性刑事案件。据报道，犯罪嫌疑人卢某和受害者系邻居关系，卢某行凶后自杀未遂，已被控制。案发当时，现场十分惨烈，有 5 个受害人横躺在路边，旁边有大片血迹，2 个伤者

---

① 何毅：《全国部分法院家事审判方式和工作机制改革试点工作推进会在新乡召开》，《民主与法制时报》2017 年 12 月 14 日。

被送往医院救治。① 案发后，公安机关迅速行动，将犯罪嫌疑人抓获。永城市委、市政府立即组成了工作组，积极对伤者进行救治，对群众进行安抚。

入选理由 无视法律、泯灭人性的暴力刑事犯罪不但对被害人及其家属造成极其严重的后果，而且对社会公众的心理也造成巨大冲击和伤害，对人类社会的底线和社会秩序造成极大的破坏。宅基地对于农民来讲是最重要的财产，由宅基地纠纷而引发的恶性刑事案件每年都有发生。犯罪嫌疑人的犯罪动机也许存在某些值得同情的地方，但不能因为动机在情感上存在某种正当性而忘记了基本的法治精神。法律是最低限度的道德，不遵守法律、视人命如草芥的行为害人害己。广大人民群众应该从本案中吸取教训，无论何种原因，务必保持冷静与克制，不可莽撞行事。法律对任何胆敢违反它的人都必将给予严惩。感情用事、以暴制暴、践踏法律的行为最终会受到法律的制裁。

九　新郑枣树被移栽案件——国内古木名木环境公益诉讼第一案

事件概况 2017年12月，郑州中院对中国生物多样性保护与绿色发展基金会诉新郑市薛店镇政府、新郑市薛店镇花庄村村民委员会等5被告，非法移栽1870棵古枣树一案做出了一审判决，判定被告除了需要给原告金钱赔偿，而且要补种5倍于原来数量的树木并养护3年。另外，判定被告要建立一个古枣树展示园，以此作为生态环保宣传教育警示基地。而且判决要求被告需在国家级媒体向社会公众公开赔礼道歉。

入选理由 近年来，社会公众对生态环境保护的诉求越来越强烈，对滥采滥伐、破坏生态环境、污染生态环境的行为深恶痛绝，并且大家的法律意识不断增强，对公益诉讼这种新型诉讼越来越熟知，能够使用法律武器保护

---

① 李延兵：《河南永城男子因宅基地纠纷持刀致邻居5死2伤自杀未遂被抓》，澎湃网，https：//www.thepaper.cn/newsDetail_forward_1611194，2017年2月3日。

自己赖以生存的生态环境。传统法律制度规定，与案件有直接利害关系的人才能做原告，而公益诉讼则不要求原告必须和案件有直接利害关系。因此，生态环保公益组织也可以代表受害公众作为原告提起诉讼。公益诉讼制度在保护公共生态环境和公民生态环境权益方面日渐发挥重要作用。本案中，社会公益组织在环境公益诉讼中发挥了积极作用；郑州中院根据环境公益诉讼侵害的法益有别于普通案件，在判决书中创新处罚方式，有效助推了依法保护生态环境。该案在全国也具有标志性意义，被称为国内涉及古木名木的环境公益诉讼第一案。①

十 焦作两级法院启动"基本解决执行难第三方预评估"
——法治评估助力破解执行难

事件概况 2017 年 8 ~ 12 月，河南省社会科学院法学研究所成立课题组，运用中国社会科学院国家法治指数研究中心、法学研究所法治指数创新工程项目组对外发布的"基本解决执行难指标体系及说明"，对河南省焦作市中级人民法院和 10 家基层人民法院的执行工作进行了预评估。课题组抽调、查阅案卷共计 5072 件，发放问卷 660 份，电话访问 803 个，实地走访和查验了 11 家法院的执行局。课题组对提取到的数据进行了分析和计算，依据最高人民法院和中国社会科学院发布的指标，给 11 家法院分别打分并撰写了 11 部评估报告和 1 部比较分析报告。课题组根据评估结果，对各家法院执行局干警做了 11 场辅导报告。焦作中院党组书记、院长李玉杰代表焦作两级法院对评估报告给予了高度评价，认为报告结构严谨、层次分明，反映的问题客观真实、准确具体，提出的建议合理，且具有针对性，有助于焦作法院改进执行工作，破解执行难的问题。

入选理由 河南作为最高人民法院确定的基本解决执行难重点推进省

---

① 段伟朵、付加才:《数百棵古枣树因拆迁被移植致死，镇政府被重罚》,《公民与法》2018 年第 1 期。

份，肩负着先行先试、破解执行难的重大使命。为了客观评价人民法院基本解决执行难工作的力度和成效，最高人民法院引入了第三方评估机制，委托中国社会科学院法学研究所制定评估指标体系，试点成功后对全国各级法院执行工作进行正式评估。河南省社会科学院法学研究所运用中国社会科学院对外公布的指标体系，对焦作 11 家法院的执行工作进行了预评估，这有助于找出法院执行工作中存在的问题，敦促其改进工作，同时也为迎接最高人民法院的正式评估做好准备。评估过程中发现了不少问题，河南省社会科学院把这些问题及时反馈给了中国社会科学院，有些意见和建议被采纳，这对于完善最高院委托中国社会科学院制定的评估指标体系，探索"基本解决执行难第三方评估机制"起到了试点的作用。

参考文献

赵红旗：《吸烟被劝猝死案终审改判法官详解为何劝阻者无责》，《法制日报》2018年1月24日。

段伟朵、付加才：《数百棵古枣树因拆迁被移植致死，镇政府被重罚》，《公民与法》2018年第1期。

何毅：《全国部分法院家事审判方式和工作机制改革试点工作推进会在新乡召开》，《民主与法制时报》2017年12月14日。

孙欣：《河南公证体制改革提前完成73家公证机构"脱官帽"》，《河南日报》2017年11月20日。

李凤虎：《河南7月起全省可异地办理身份证》，《河南日报》2017年7月3日。

叶煜：《新修订的河南省物业管理条例出台前后》，《公民与法》2018年第1期。

周青莎：《天津市公安局原局长武长顺案一审判决：判处其死缓终身监禁》，《河南日报》2017年5月27日。

B.16
河南省高级人民法院民事
案例分析报告（2017）

河南省高级人民法院课题组*

摘　要：　实践证明，案例指导制度是遵循司法工作规律的一项重要司
法改革举措，指导性案例和司法解释是指导审判工作、维护
司法公正两条相辅相成的渠道。2018年初，河南省高院抽调
省法院相关业务庭室和部分中院、基层院的骨干力量组成撰
写小组，在各中院上报的2017年度案例分析报告的基础上，
形成了民事案例分析报告。报告形成后省高院与郑州大学联
合召开了民事案例分析研讨会，在充分听取专家学者建议的
基础上对报告进行修订完善，形成最终成果。希望本报告在
为河南省司法审判和理论研究提供参考的同时，能从整体上
促进河南省案例指导工作水平的提升。

关键词：　民事案例　案例指导　司法制度

一　民事案例编报基本情况

（一）总体概况

2017年，全省法院共编报典型民事案例451件，其中各中院编报439

* 课题组组长：王韶华，河南省高级人民法院党组成员，副院长。课题组副组长：马献钊，河
南省高级人民法院研究室主任。学术指导：张嘉军，郑州大学法学院教授。执笔：朱正宏，
河南省高级人民法院民一庭法官；卢红丽，河南省高级人民法院研究室法官；石红伟，洛阳
市中级人民法院研究室主任助理；梁锦学，睢县人民法院法官；李晖，郑州市管城回族区人
民法院法官；马斌，河南天欣律师事务所主任。

件，省法院各业务庭编报 12 件。从案例类型来看，其中诉讼程序 16 件，人格权 15 件，婚姻家庭、继承 33 件，物权 19 件，合同、不当得利 135 件，知识产权与竞争 2 件，劳动争议、人事争议 58 件，与公司、保险等有关的 57 件，侵权责任 104 件，执行异议之诉 12 件（见表 1）。编报的民事案例中，被推荐为优秀案例的 23 件，被推荐为备选参考性案例的 10 件。

表 1　2017 年编报典型民事案例数量及类型统计

单位：件，%

类型	诉讼程序	人格权	婚姻家庭、继承	物权	合同、不当得利	知识产权与竞争	劳动争议、人事争议	与公司、保险等有关	侵权责任	执行异议之诉	合计
数量	16	15	33	19	135	2	58	57	104	12	451
占比	3.5	3.3	7.3	4.2	29.9	0.4	12.9	12.6	23.1	2.7	100

（二）2017年编报民事案例反映的法律适用共性问题

1. 人格权案件共性问题

一是商业攀附情况增多，商品化权利被侵犯现象凸显。二是传媒信息技术的发展带来了新的审理难题。比如匿名发帖被告身份确定难、调查取证难、网络服务提供者责任认定难、法律适用难等审理难题。三是权利竞合现象突出，需要法官合理行使释明权。四是法官对案件背后真实纠纷的甄别力对案件审理至关重要。五是祭奠权、信用权等新型人格权纠纷不断出现，如何对其进行规制保护有待明确。六是法人人格权不再局限于财产权益，而具有了一定的人格属性。七是一般人格权的请求开始出现。八是人格权的商业化利用现象逐渐出现，如果仍然采用传统的人格权保护模式进行人身权利保护，将面临保护力度不够的尴尬。

2. 婚姻家庭、继承案件共性问题

一是从案件数量分析，离婚案件仍居婚姻家庭案件之首，子女抚养和离婚后的财产分割案件分别居第二、第三位，呈明显上升趋势。二是当事人争议的焦点从以人身关系为主转向以财产和子女抚养为主。三是当事人民事行为能力认定难。四是当事人举证难。五是彩礼处理难。六是探望权实现难。七是夫妻共同财产认定难。八是债务处理难。

3. 执行异议之诉案件共性问题

一是进入阶段过于宽泛。二是执行异议审查前置程序存在缺陷。三是审查程序不尽完善。四是当事人滥用异议，恶意异议、恶意诉讼的情况较严重。五是认定案件事实难度较大。六是对当事人权利保护的价值判决取向难以确定。

二 民事案例编报反映出的法律适用问题分析

（一）程序类问题

2017 年，河南高院共收到涉及程序方面的典型案例 16 件，主要涉及管辖权、民事诉讼主体、第三人撤销之诉等，现就其中比较典型的个性问题简要梳理分析如下。

1. 集体经济组织成员资格的认定是否属于民事受案范围问题

2017 年南阳中院报送的《李某诉西峡县××街道办事处××居委会二组土地承包经营权纠纷案》案例认为，原告李某主张被告××居委会二组应当向其支付分红款的请求，其争议实质在于李某是否具有被告××居委会二组的集体经济组织成员资格。户籍登记作为一种行政管理手段，并不能全面反映成员的现有生活状态及权利义务行使状态，集体经济组织成员资格应结合现有户籍登记信息、经常居住生活场所、成员权利义务是否一致及村民自治管理规划等因素，由有权机关做出，且现有法律法规并未赋予人民法院认定村民资格的权力，故在原告的村民资格没有得到确认之前，其主张被告支付 2014～2015 年分红款共计 2500 元缺少法律依据。法院据此判决驳回原告李某的诉讼请求。

我国《农村土地承包法》第 11 条将农村土地承包及承包合同指导、管理职责按照行政区划的不同，分别赋予国务院、县级以上地方人民政府农业与林业等行政主管部门和乡（镇）人民政府。因此，参照这些立法的规定，上述部门对农村土地承包的前提条件即成员资格进行确认，作为这些部门的法定职责，也属合理。农村土地承包仲裁制度的不足在于其将申请仲裁的事项局限于"土地承包经营纠纷"，这就意味着纠纷产生的前提是农地承包经营权的先行取得，而获得农地承包经营权又以获得农村集体经济组织成员资格为前提。从而构成了一个逻辑循环的怪圈：没有成员资格就没有农地承包经营权，没有农地承包经营权就不能申请仲裁。因此，就我国目前的立法而言，农地承包仲裁机构并不能依据《农村土地承包法》对农村集体经济组织成员权进行确认。但从法的应然性角度而言，这并不表示农地承包仲裁机构就没有任何理由进行农村集体经济组织成员资格的确认。这是因为：农村集体经济组织成员作为农民，其本身就与土地联系在一起。土地是农民的命根子，失去土地农民就不能称为农民。因此，农地承包经营权是农民所享有的最基本的生存权利。成员资格与农地承包权是一个问题的两个方面，也是一个问题的两个层次，不可能将其截然分开而分别处理。农地承包仲裁机构作为准司法机关，不仅应当对农村的土地承包问题具有裁决权，对农地承包权的先决问题，即成员资格的问题，也应当同样行使裁决权。基于此，农村集体经济组织成员资格的确认权也可归属于农地承包仲裁机构。对仲裁结果不服可提起行政诉讼。通过这一系列程序，不仅能准确地把握村民资格的准确性，更能调动社会各方力量的参与，共同化解这一社会问题。

2.约定管辖效力问题

2017 年安阳中院报送的《董帅某诉诸暨市××食品有限公司网络购物合同纠纷案》案例认为，《网络服务协议》中的协议管辖条款属于格式条款，如果经营者未采取合理方式提请消费者注意，则违反民法公平原则，该条款应被认定为无效，相关网络购物合同纠纷应按法定管辖规定处理。

《民事诉讼法》第 23 条规定："因合同纠纷提起的诉讼，由被告住所地或者合同履行地人民法院管辖。"《民诉法解释》第 20 条规定："以信息网络方式订立的买卖合同，通过信息网络交付标的的，以买受人住所地为合同履行地；通过其他方式交付标的的，收货地为合同履行地。合同对履行地有约定的，从其约定。"上述两项规定赋予当事人依法选择管辖法院的意思自由，同时使得协议管辖与法定管辖形成利益对抗。基于意思自治原则，协议管辖若被认定为有效，应当优先于法定管辖。但是在格式条款约定管辖中，需要经营者采取合理方式提请消费者注意该管辖约定。

3. 民事诉讼主体认定问题

2017年信阳中院报送的《信阳市××非金属矿管理区火石山村石咀村民组诉信阳市××矿业有限公司（甲）、第三人信阳市××矿业有限公司（乙）、姚竹某企业出资人权益确认纠纷案》案例认为，适格当事人应具有诉讼权，即就具体诉讼作为原告或者被告进行诉讼的能力。对不适格的当事人提起的诉讼，应裁定驳回起诉。采矿权具有复合性，矿藏属国家所有，具有土地所有权的农村集体经济组织并不必然享有采矿权。

该案原告信阳市××非金属矿管理区火石山村石咀组（以下简称石咀组）的诉讼标的为企业出资人权益确认纠纷，其诉讼请求为：一是确认原告为信阳市××矿业有限公司（甲）中方股东认缴150万美元注册资本的实际出资人；确认第三人信阳市××矿业有限公司（乙）及姚竹某没有对信阳市××矿业有限公司（甲）出资。二是确认原告依法享有信阳××矿业有限公司（甲）中方所持75%股份的分取红利权、资产收益权；判令第三人信阳市××矿业有限公司（乙）及姚竹某对中方股东所持信阳市××矿业有限公司（甲）75%的股份不享有分取红利权、资产收益权。

石咀组第一个诉请的实质是请求确认向信阳市××矿业有限公司（甲）出资的150万美元的所有权归属。该诉请不属于与公司有关的诉请。因信阳市××矿业有限公司（甲）成立时是由政府决定以150亩土地下的采矿权作价150万美元作为中方投资，而采矿权属国家所有。石咀组以信阳市××矿业有限公司（甲）为被告请求确认财产所有权，明显主体不当。此诉讼请求与信阳市××矿业有限公司（甲）无利害关系，石咀组的起诉不符合民事诉讼法第119条的规定。石咀组的第二个诉请，实质上是股东权益纠纷，依照《最高人民法院关于适用〈中华人民共和国公司法〉若干问题的规定（三）》第22条规定，该类纠纷原告主体应包括信阳市××矿业有限公司（甲）的债权人、信阳市××矿业有限公司（甲）以及信阳市××矿业有限公司（甲）的两位法人股东。而石咀组是信阳市××矿业有限公司（甲）开采矿石所在地的集体土地所有权人，其并非信阳市××矿业有限公司（甲）或者信阳市××矿业有限公司（乙）的股东，不是适格的原告。依照《中华人民共和国民事诉讼法》第119条规定：原告是与本案有直接利害关系的公民、法人和其他组织。本案石咀组既不是矿产资源所有权人，也不是信阳市××矿业有限公司（甲）的股东或债权人，并非与本案诉讼请求有直接利害关系的其他组织及行使诉权的适格主体，故其无权向人民法院提起诉讼。法院据此裁定驳回石咀组的起诉。

在司法实践中，应注意审查区分土地所用权人和采矿权人的关系。采矿权是指具有相应资质条件的法人、公民或者其他组织在依法取得采矿许可证规定的范围内，开采矿产资源和获得所开采矿产品的权利。农村集体经济组织拥有矿区土地所有权并不一定享有开采权及其相关权益。采矿权人指出资开采矿产资源，并具备组织开采行为能力，依法享有采矿权和承担相应义务的法人、自然人和其他经济组织。采矿权派生于国家对矿藏的所有权，是直接支配特定矿区的矿产资源及相关地下部分并排除他人干涉的权利。矿藏属国家所有，由于矿产资源深埋地下，与矿区土壤紧密结合，权利主体要实现采矿权，首先应对蕴含矿藏的特定矿区进行实际支配。故采矿权客体具有复合性，包括作为最终价值的矿产资源和矿区。

4. 第三人撤销之诉问题

2017年济源中院报送的《畅某诉程振某、蒋金某、张曙某第三人撤销之诉案》案例认为，第三人撤销之诉中的"第三人"应与诉讼标的或案件处理结果有法律上的利害关系，且受生效法律文书效力的拘束，否则不能作为提起第三人撤销之诉的适格"第三人"。

该案原告畅某请求撤销济源市人民法院做出的已经发生法律效力的"（2014）济民一初字第2122号"民事判决书，但"（2014）济民一初字第2122号"民事案件系程振某以蒋金某、张曙某与其签订房屋买卖合同后逾期未履行房屋过户义务为由提起的诉讼，程振某诉请蒋金某、张曙某协助办理涉案房屋的变更登记。2014 年 7 月 16 日，程振某提起诉讼时，畅某与张曙某、蒋金某之间仅系民间借贷关系，畅某对涉案房屋不享有实体权利，畅某与"（2014）济民一初字第 2122 号"民事案件的诉讼标的或案件处理结果不存在法律上的利害关系。故畅某也并非通过撤销该生效判决其权利才能获得救济。因此，畅某不属于民事诉讼法规定的第三人范畴，根据《中华人民共和国民事诉讼法》第 119 条规定，畅某不具有该案原告诉讼主体资格。法院据此裁定驳回畅某的起诉。

在司法实践中，应注意准确理解法律规定的第三人撤销之诉中的第三人以及原生效判决是否涉及该第三人的利益。"第三人撤销之诉"是指非因自身原因没有参加他人之间的诉讼程序，针对双方当事人之间生效裁判对其不利部分予以撤销的请求。根据《民事诉讼法》第 56 条规定，提起第三人撤销之诉的主体为有独立请求权的第三人和无独立请求权的第三人。对于"第三人"范围的界定，应以"与诉讼标的或案件处理结果有法律上的利害关系"为标准，不仅包括对于诉讼标的有独立请求权，也包括虽无独立请求权，但其权利均应受到生效文书效力拘束，只有通过撤销判决才能获得救济。

从司法实践看，"第三人撤销之诉"起到了积极保护"第三人"合法权益的作用，但"第三人撤销之诉"作为一种非常救济制度，对生效裁判的权威性会产生很大冲击，如审查不严被案外人任意提起而致滥用，既可能导致生效判决既判力的不稳定，也冲击了司法公信力，扰乱正常的司法秩序，故在司法实践中应该正确理解和运用这一新制度，严格把握其适用条件。

（二）实体类问题

1. 人格权纠纷相关问题

2017 年，河南高院共收到各地报送的涉及人格权方面的典型案例 15 件，案由主要涉及生命权纠纷、名誉权纠纷、健康权纠纷等，现就其中比较典型的个性问题简要梳理分析如下。

（1）侵犯人身权益，造成严重精神损害，能否请求精神损害赔偿问题。2017 年，南阳中院报送的《陈梦某诉××县农村信用合作联社为名誉权纠纷案》案例认为,公民、法人享有名誉权,公民的人格尊严受法律保护,禁止用侮辱、诽谤等方式损害公民、法人的名誉。侵害他人人身权益,造成他人严重精神损害的,被侵权人可以请求精神损害赔偿。

该案被告违反银行贷款的相关规定,未尽到贷款审查义务,使他人冒用原告名义贷款,因贷款未按期偿还致使原告在中国人民银行诚信服务中心个人信息系统被注明有不良贷款记录,被告违规行为在主观上具有重大过错,侵害了原告的名誉权,应立即停止侵害,消除影响,并赔偿原告的精神损失。结合被告的过错程度、行为情节等因素,将精神损害抚慰金酌定为3000元。法院据此判决:第一,被告××县农村信用合作联社于判决生效后三十日内停止侵害,删除原告在中国人民银行个人信用报告中不良记录;第二,被告××县农村信用合作联社于判决生效后三十日内赔偿原告陈梦某精神损害抚慰金3000元;第三,驳回原告的其他诉讼请求。

名誉权是指公民和法人就其自身属性和价值所获得的社会评价享有的保护和维护的人格权。名誉权侵权责任构成要件:一是有侵害名誉权的违法行为,二是有侵害名誉权的损害事实,三是有侵害名誉权的因果关系,四是侵害名誉权的主观过错。《中华人民共和国民法通则》第101条规定,"公民、法人享有名誉权,公民的人格尊严受法律保护,禁止用侮辱、诽谤等方式损害公民、法人的名誉。"《个人信用信息基础数据管理暂行办法》第6条规定:商业银行应当遵守中国人民银行发布的个人信用数据库标准及其有关要求,准确、完整、及时地向个人信用数据库报送个人信用信息。《征信业管理条例》第15条规定,信息提供者向征信机构提供个人不良信息,应当事先告知信息主体本人。不良信息是指对信息主体信用状况构成负面影响的信息,包括信息主体在借贷、赊购、担保、租赁、保险、使用信用卡等活动中未按照合同履行义务的信息等。不良信息在进入征信机构个人信用数据库后,会制约或限制信息主体相应的民事活动。

在司法实践中,权利人是否可以请求精神抚慰金,要根据具体案情而定。《侵权责任法》第22条规定:"侵害他人人身权益,造成他人严重精神损害的,被侵权人可以请求精神损害赔偿。"《最高人民法院关于精神损害赔偿的司法解释》第 8 条第二款也对此做了相关规定。精神损害赔偿的构成要件有三：一是侵权致人精神损害，二是产生严重后果，三是两者之间存在因果关系。

（2）道路管理者对公路晒粮管理瑕疵的认定问题。2017 年驻马店中院报送的《钱金某、郭红某、郭喜某、郭美某等诉××县交通运输局、××县交通运输局执法所、××县公路管理局、××县农村公路管理所生命权纠纷案》案例认为，确定道路管理者，应考虑道路性质、公路等级、瑕疵性质及部门职能设置等多方面。对妨碍公路通行有行政处罚权力的道路管理者，发现妨碍交通的路障，应当及时清除。"公路晒粮"是季节性普遍现象，为不影响交通，道路管理者有义务对"公路晒粮"行为进行管理和约束。

判断道路管理者是否存在管理瑕疵，应兼顾督促管理部门勤勉履行义务与防止过于加重责任负担原则，从如何防止或减少事故发生、合理填补损害、减少社会成本及保障公平正义等角度全面衡量。具体到该案，首先，被告××县交通运输局、公路管理局、交通路政管理所和道路运输管理局承担的行政处罚、行政强制、监督检查等执法权在××县交通运输局执法所成立后均交由××县交通运输局执法所统一行使，即除××县交通运输局执法所外，其他单位不再负有相应权责。即仅××县交通运输局执法所具有对妨碍公路通行的行政处罚权力和在一定情形下的代履行（如及时清除妨碍公路通行物）的义务。因此，原告对××县交通运输局、××县公路管理局、××县农村公路管理所的诉讼请求没有法律依据。其次，关于××县交通运输局执法所是否应当承担该案赔偿责任，虽然××县交通运输局执法所发现妨碍交通的路障有及时清除的义务，但"及时"并不等于"随时"，案外人郭小某于 2016 年 7 月 23 日 05 时左右在事发路段堆放粮食、设置路障，7 时 55 分许发生事故，此次事故对于道路管理者而言，非 24 小时全天候在该路段值守不能避免，但此举显然加重、扩大了道路管理者的义务。××县交通运输局执法所在 2016 年 7 月对该 X006 庙北线累计巡查 18 次，并做出 9 次违法行为通知书，其作业频率明显高于 1 次/周，应认定××县交通运输局

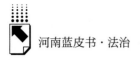

执法所已尽到其法定义务，故××县交通运输局执法所不应对郭小某的死亡承担赔偿责任。法院据此判决驳回4个原告的诉讼请求。

在司法实践中，将道路作为晾晒场地的违法行为危害颇多，其中一项便是极易引发交通事故，造成人身或财产损害。道路管理者对公路打场晒粮有管理的职责，道路管理者是否尽到了管理义务，要从以下几个方面考虑。第一，举证责任的分配。最高人民法院《关于审理人身损害赔偿案件适用法律若干问题的解释》第16条规定，道路、桥梁、隧道等人工建造的构筑物因维护、管理瑕疵致人损害的，由所有人或者管理人承担赔偿责任，但能够证明自己没有过错的除外。由此可见，道路管理瑕疵适用举证责任倒置，受害人仅需对损害事实进行举证即可，而道路管理者需举证证明其已尽到管理义务、不存在管理瑕疵才能免责。第二，因果关系的认定。在道路管理瑕疵致害案件中，道路管理者只对与受害人损失之间存在相当因果关系的管理瑕疵承担责任。而"相当因果关系"是指"无此事实，虽不必发生此结果，但有此事实，通常足发生此结果"。公路晒粮引起的交通事故，往往存在两种因果关系，即道路管理瑕疵与交通事故之间的因果关系，以及交通事故与受害人损害之间的因果关系。其中，道路管理瑕疵与交通事故之间的因果关系认定是此类案件审理的重点，因原告往往无法提供有效证据对事发原因予以证明，认定道路管理瑕疵与交通事故之间的因果关系，在审理中法官应实地查看，运用生活经验法则和逻辑推理等多种手段，综合考量。第三，适格被告（道路管理者）的认定。首先，公路是否具有经营性。《收费公路管理条例》第11条规定，经营性公路由依法成立的公路企业法人建设、经营和管理。对于非经营性收费公路，道路管理者为公路管理机构。其次，公路行政等级。依照《公路法》第8条之规定，县级以上地方人民政府交通主管部门主管本行政区域内的公路工作，县级以上地方人民政府交通主管部门对国道、省道的管理、监督职责，由省、自治区、直辖市人民政府确定。乡级政府负责本行政区域内的乡道的建设和养护工作。县级以上地方人民政府交通主管部门可以授权公路管理机构对本行政区域内公路进行管理。本案例中的县交通运输局执法所作为县级政府授权委托的行政执法单位，由于原相关行政单位如县交通运输局、公路管理局、交通路政管理所和道路运输管理局承担的行政处罚、行政强制、监督检查等执法权在县交通运输局执法所成立后统一交由××县交通运输局执法所统一行使，故如有管理瑕疵乃系县交通运输局执法所未能及时发现或制止违法行为造成，赔偿责任理应由县交通运输局执法所承担。第四，道路管理瑕疵的认定。《公路法》第43条规定：县级以上地方人民政府交通主管部门应当保障公路的完好、安全和通畅。2010年1月1日起实施的《公路养护技术规范》规定："各种路面应当定期清扫，及时清除杂物，以保持路面和环境的清洁。"由此可见，道路管理者对公路上出现的违法行为如在公路上打场、晒粮，应及时发现、及时处理，保障路面安全畅通。但公路晒粮有其客观普遍性，作为道路管理者，不可能在每个路段全天候值守以对违法行为及时阻止，因此，只要尽到其法定义务与达到技术规范以及当地政府制定的更为详尽的规定或制度的要求，即可认定不存在管理瑕疵，进而免除其责任。

2. 婚姻家庭、继承纠纷相关问题

2017年，河南高院共收到各地报送的涉及婚姻家庭、继承方面的典型案例33件，案由涉及婚约财产纠纷、离婚纠纷、离婚后财产纠纷、抚养费纠纷、赡养纠纷、收养关系纠纷、继承纠纷等多个类型，现就其中比较典型的个性问题简要梳理分析如下。

（1）离婚协议中赠与房产的法律性质认定问题。2017年平顶山中院报送的《邢某诉郭某附义务赠与合同纠纷案》案例认为，离婚时将属于一方（赠方）婚前财产的房屋约定归另一方（受赠方）所有，由受赠方负担剩余房贷的行为构成附义务赠与。因对房屋处置行为发生于离婚时，房屋赠与条款虽与离婚协议一体，但不能否认赠与的实质。赠方将涉案房屋附义务赠与受赠方，而受赠方签订协议即表示其接受了该房屋且愿意负担剩余房贷，这一事实符合法律对附义务赠与的规定。因此，受赠方接受赠与涉案房屋后不履行约定的支付剩余房贷的义务，导致赠方在丧失了房屋所有权的情况下还需继续偿还房贷，必然受到财产损失，其要求撤销赠与涉案房屋的诉讼请求合法合理，应予支持。

（2）被查封房产能否办理过户手续问题。2017年鹤壁中院报送的《王某某诉赵某离婚后财产纠纷案》案例认为，被法院查封的房产如果没有法定事由不能办理过户手续；被法院查封的房产对外具有公示效力，同时也是保护债权人的债权清偿。

该案被告赵某与原告王某某在签订的离婚协议中约定房屋所有权归原告王某某所有，但双方签订协议后，涉案房屋未到房产管理部门办理所有权变更登记。因此，该涉案房屋不发生物权变动的法律效力，所有权人亦未发生变更，仍为赵某和王某某共有。由于赵某与案外人产生债务纠纷，法院根据当事人的申请，依法保全了该案诉争的两套房产。该案所涉的两套房产处于被法院另案查封执行阶段，法院判决驳回原告王某某要求被告赵某办理过户登记的诉讼请求。

《最高人民法院关于人民法院执行工作若干问题的规定（试行）》第41条规定："对动产的查封，应当采取加贴封条的方式。不便加贴封条的，应当张贴公告。对有产权证照的动产或不动产的查封，应当向有关管理机关发出协助执行通知书，要求其不得办理查封财产的转移过户手续，同时可以责令被执行人将有关财产权证照交人民法院保管。必要时也可以采取加贴封条或张贴公告的方法查封。"上述案例中，原被告夫妻双方离婚协议中关于房产所有权的约定，对债权人不具有约束力，且房产也未依法办理变更登记，导致房屋被法院查封，原被告应自行承担不利后果。

（3）公证遗嘱标的物在死亡前拆迁应如何继承问题。2017年信阳中院报送的《沈某诉沈天某、沈某某继承纠纷案》案例认为，遗嘱人在生前采取置换房屋的形式参与拆迁，因原房屋所附着土地权益未发生变化，置换房屋不能完全视为遗嘱人新获得的财产，置换后的房屋与原房屋对应关系明确，房屋权属仍归属于遗嘱人个人，该拆迁行为未导致公证遗嘱中房屋的灭失，不构成遗嘱人以实际行为变更或撤销公证遗嘱，继承人可以根据公证遗嘱主张继承。

3. 物权纠纷相关问题

2017年，河南高院共收到各地报送的涉及物权方面的典型案例19件，案由涉及承包地征收补偿费用分配纠纷、物权确认纠纷、排除妨碍纠纷、土地承包经营权纠纷、相邻关系纠纷等，现就其中比较典型的个性问题简要梳理分析如下。

（1）村民自治权侵犯公民生存权和财产权冲突后的认定问题。2017年南阳中院报送的《李秀某、张锋某、张晓某、张某、张豪某诉××县城关镇南园村南园组承包地征收补偿费用分配纠纷案》案例认为，村民的自治权并不能对抗公民的生存权和财产权，土地是农民赖以生存的重要生产资料和生活资料，土地补偿款既具有生存利益性质又具有财产权性质。

该案原告李秀某本系被告××组村民，与原告张锋某结婚后，张锋某入赘李秀某家，户口迁入被告处；随后生育儿子张晓某，原告张某与原告张晓某于2010年11月21日结婚后，户口也迁入被告处；2011年3月31日，张某与张晓某婚生儿子张豪某。五原告具有被告组户口且在被告组居住生活，均具有被告组村民资格。虽然被告2011年5月，决定未给五原告分配征地款，但经原告上访应分得5600元已得到了落实。被告于2014年向本组村民每人分4100元，2015年每人分250元，2016年每人分31178元，但均未给五原告分配。被告以村民自治为由，剥夺五原告的合法民事权利，违反法律规定。法院据此判决被告××县城关镇南园村南园组在本判决生效后十日内支付五原告分红款173750元。

《最高人民法院关于审理涉及农村土地承包纠纷案件适用法律若干问题的解释》第24条规定："农村集体经济组织或者村民委员会、村民小组，可以依照法律规定的民主议定程序，决定在本集体经济组织内部分配已经收到的土地补偿费。征地补偿安置方案确定时已经具有本集体经济组织成员资格的人请求支付相应份额的，应予支持。"《中华人民共和国物权法》第63条第二款规定：集体经济组织、村民委员会或者其负责人做出的决定侵害集体成员合法权利的，受侵害的集体成员可以请求人民法院予以撤销。因此，当事人可以单独提出撤销请求，也可以与要求分配其他村民已经分配的数额一并提出诉讼请求，法院应当一并审理。

在司法实践中，处理此类案件时既要充分尊重村民的自治权，也不能剥夺公民的财产权,要处理好二者的关系。当前,农村征地补偿款分配纠纷突出表现在村委会或村民小组擅自决定分配事务,对出嫁女、招婿、丧偶、离异及继子女、大中专在校生、义务兵等人员的补偿问题处理不当。村委会、村民小组在决策时必须按照《村民委员会组织法》第 17 条所规定的程序提请村民会议讨论,其做出的决策亦必须符合该法第 19 条所规定的民主原则和第 20 条规定的合法原则,应明确村民享有同等待遇。当前,由于多种原因,集体经济组织在收到土地补偿费后,通过村民大会,剥夺部分成员的分配权利。原告起诉往往只要求分配其他村民已经分配的数额,法院多以《最高人民法院关于审理涉及农村土地承包纠纷案件适用法律若干问题的解释》第 24 条规定,予以支持,但也忽略了与村民自治分配方案之间的矛盾。毕竟村民自治也是法律赋予集体经济组织的权利。

（2）相邻关系中的农作物采光权中自由裁量权的问题。2017 年鹤壁中院报送的《刘好某与董义某、郑州××电子科技有限公司相邻关系纠纷案》案例认为,自由裁量权是法官的一项重要权利,运用得当,能够服判息诉,运用不当,不仅解决不了当事人之间的矛盾,甚至还会降低司法公信力。

该案被告××公司与原告刘好某承包的土地相邻。被告××公司在原告刘好某承包的北地（2 号地）东西两侧种植树木,影响到原告刘好某种植农作物的生长,致使原告刘好某承包土地内农作物相应减产,不同程度侵害了原告刘好某种植的庄稼正常生长的合法权益。法院生效判决认为,对原告刘好某要求被告××公司停止侵害的诉讼请求,应予以支持。根据现场实际情况,为减少双方矛盾,使原告刘好某的庄稼避免树木枝叶遮光的影响,被告××公司应将双方地界 4 米宽以内的树木刨移为宜。因庄稼减产所造成的损失无法精确测量、计算,综合本案树木生长的年限及原告刘好某庄稼成长情况,酌定其损失为 3000 元为宜。关于原告刘好某要求刨除南地（3 号地）北邻树木（东头 3 米宽、西头 2 米宽）的诉请,因被告××公司种植的树木在原告刘好某承包南地（3 号地）的北侧岸上,原告刘好某承包的地在岸下,且有 3 米以上的斜坡距离,原告刘好某该地块庄稼的采光权自然不会受到影响。原告刘好某称被告种植的树木根系影响其庄稼生长,证据不足,故对该项诉请不予支持。关于原告刘好某要求被告董义某承担责任的诉请，被告董义某作为致达公司的委托代理人，其以××公司的名义实施民事法律行为，该民事责任应由××公司承担。法院据此判决：第一，被告郑州××电子科技有限公司于本判决发生效力之日起三十日内刨移与原告刘好某承包的北地（2号地）地界东、西相邻4米宽以内的树木；第二，被告郑州××电子科技有限公司于本判决发生效力之日起十日内一次性赔偿原告刘好某庄稼减产损失共计3000元；第三，驳回原告刘好某的其他诉讼请求。

在司法实践中，自由裁量权讲究合法性原则。法官对案件的决断，关键在于法官用逻辑方法，通过法律来演绎现实生活，以体现法律正义、秩序，更好地运用规则、解释规则。法律对案件的处理有明确规定时，禁止行使自由裁量权，法官必须严格按照法律规定来认定事实和适用法律；法律对案件的处理，规定了明确的限度时，法官自由裁量案件必须严格约束在法律限度内；法律对案件的处理，规定不具体或不明确时，法官对于法律不确定性应有正当的理解，要将立法公正转化为司法公正。通过法官的智慧，诠释立法者意图、公平正义和社会价值，平衡当事人的物质利益和精神利益。同时，自由裁量权也讲究合理性原则，包含社会价值观、社会公众利益、社会公共政策、社会道德规范、社会风俗习惯等要素。

4. 合同、无因管理、不当得利纠纷相关问题

2017年，河南高院共收到各地报送的涉及合同、无因管理、不当得利方面的典型案例135件，其中合同类133件，案由主要涉及确认合同效力纠纷、买卖合同纠纷、担保合同纠纷、储蓄存款合同纠纷、租赁合同纠纷、服务合同纠纷、建设工程合同纠纷、民间借贷纠纷、农村土地承包合同纠纷等多个类型；不当得利案例2件。下面对其中比较典型的个性问题简要梳理分析如下。

（1）户主一人与其他村民签订农村土地承包经营权转让协议的效力问题。2017年商丘中院报送的《崔孝某、张凤某、崔秋某诉赵金某确认合同无效纠纷案》案例认为，户主一人与村集体其他村民签订农村土地承包经营权转让协议，在将转让土地交付他人并收取转让金后，转让土地承包经营

权一方的其他家庭成员不能仅以自己不知情为由主张土地承包经营权转让协议无效。户主与他人签订的土地承包经营权转让协议，如没有其他法定可撤销或者无效合同的情形，户主一人签订协议的行为应视为表见代理行为，签订的协议属于有效协议。

在实践中，农民对其通过家庭承包方式承包的土地，享有管理、使用、收益的权利，但不享有所有权，所有权仍归村集体所有。根据农村土地承包法的相关规定，土地承包经营权可以依法采取转让的方式流转。上述案例涉案土地转让协议系双方当事人真实意思表示，形式完备，且双方当事人均为睢县平岗镇平西村委会的村民，该村委会作为发包方对涉案土地流转持有不予干涉态度，应视为村委会对土地流转的认可。

（2）商品房团购指标转让行为的效力问题。2017年南阳中院报送的《狄某诉耿某、南阳市××置业有限公司侵权纠纷案》案例认为，商品房团购房指标属于可期待性债权，可以进行转让。商品房团购房指标转让协议为双方真实意思表示，且不违反法律、行政法规强制性规定的，应当认定为有效。

在司法实践中，对于该问题的处理主要涉及两个方面：一是关于团购房指标转让行为的性质分析。一般情况下，单位组织的团购行为是内部行为，其与职工的人身依附关系明显，在实际操作中具有排外性、人身性等特点，其购买主体范围、选房原则、积分办法、选房办法等均与本单位政策密切相关，一般排除外部人员参与。由于团购房指标指向的房屋虽然在订立协议时尚未实际取得，但其代表的是期待利益，仍然属于债权范围，购房指标实质上是基于建设方和指标权利人之间因合意而产生的一种请求权，因此可以进行转让。其指标转让行为是对房屋预期定购资格的转让，是一种权利转让，这种权利属于可期待物权的范畴，不属于《合同法》第79条第（一）项"根据合同性质不得转让"的限制对象。二是关于团购房资格转让协议的效力认定。由于团购房指标转让协议与指定团购房的买卖协议并不等同，购房指标转让协议签订后，受让人仍需与建设单位另行签订买卖合同。并且，因房屋尚没有建成，购房指标只视为购房机会，并未涉及真正的物权，转让协议标的是可期待债权，受让人获得的仅是债权请求权，仅是有权要求建设单位与其签订房屋买卖协议的权利。因此，团购房指标转让协议是一种转让独立的民事权利之协议，从本质上来说只是权利人对自己所拥有权利之处分的法律行为。如果购房指标转让协议为双方真实意思表示，且不违反法律、行政法规强制性规定，应当认定为有效，双方应当依诚实信用原则按照合同的约定履行。应当注意的是，这种转让仍属于债权转让，如果出让人与建设单位存在禁止性约定的，应当根据受让人是善意或恶意具体判断转让协议的效力。

（3）非主观故意的虚假宣传行为是否构成欺诈问题。2017年济源中院报送的《王娟某诉中国××集团河南有限公司济源分公司宣化营业厅、中国××集团河南有限公司济源分公司产品责任纠纷案》案例认为，因疏忽大意造成虚假宣传行为，非出于主观上故意，结合产品外观实际，不足以诱使他人做出错误表示行为的，不构成欺诈。

该案法院生效判决认为：被告宣化营业厅在其手机大幅宣传页上明确标注了"5.1寸高清大屏"的字样，其宣传行为足以引起消费者的误解，构成虚假宣传行为，且生效的行政处罚决定书及行政判决书已予以认定，因此对其虚假宣传行为应予以认定。但同时，生效的行政处罚决定书及行政判决书认定宣化营业厅的行为系疏忽，而非主观故意。《中华人民共和国消费者权益保护法》第55条规定："经营者提供商品或服务有欺诈行为的，应当按照消费者的要求增加赔偿其受到的损失，增加赔偿的金额为消费者购买商品的价格或接受服务费用的三倍。"在本案中，虽然宣化营业厅确实存在将"英寸"标注为"寸"的虚假宣传行为，但根据人们的日常认知和语言习惯，仅此并不足以推定宣化营业厅主观上存在告知虚假情况的故意，本案相关的行政处罚决定和生效判决亦认定宣化营业厅在经营过程中的违法行为仅为疏忽所致，并非主观故意；而且仅就外观而言，宣传的屏幕尺寸虽然对购机起到一定作用，但消费者在购机前试机时对真机尺寸的感知所起作用更大，因此在原告王娟某当场试机的情况下，仅仅是宣化营业厅的虚假宣传行为不足以促使其做出购机的决定。故宣化营业厅虚假宣传的行为不构成欺

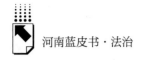

诈。据此判决驳回原告王娟某的诉讼请求。

（4）保证金账户被冻结后其担保的债权数额能否增加问题。2017年许昌中院报送的《保证金账户被冻结后其担保的债权数额不能增加》案例认为，银行与担保人签订担保合同意向书，由担保人在银行开具保证金账户，在保证金账户被冻结后，银行与担保人、借款人签订借款担保合同，该保证金账户对该借款担保合同不再承担担保责任。

保证金是债务人或第三人（如融资性担保机构）提供的，在债务人无法按约定偿还借款情况下以保证金实现质权的担保。保证金账户是银行为企业开立的一类专门存放信用保证金的账户，既不属于专用账户也不属于一般结算账户。对于保证金账户质押设立的标准，由于保证金账户的质押实质是金钱质押，所以应满足金钱质押要求的"金钱的特定化"和"转移占有"条件。关于保证金的特定化：首先，保证金必须专户存放，保证金账户仅作为存放和退还保证金使用；其次，特定化不等于固定化，特定化主要体现在保证金的"特户""特用"，不做其他用途，不能以保证金账户的浮动性而否定其特定化。关于保证金的转移占有：这里的占有人即保证金账户所在的开户银行，而占有物为保证金。当保证金被存入在债权银行开立的保证金专用账户内，债权银行即取得对保证金的占有，出质人即丧失了对保证金的实际控制，其取得的是对银行的债权。因此，衡量银行对保证金占有状态的标准主要为：保证金账户是否在债权银行的实际控制之下。关于保证金质押的合法性要求：一是保证金出质应符合公司法的规定，二是保证金账户应由贷款银行托管，三是签订书面质押合同。

在实践中，要正确理解把握保证金质押的法律风险：一是法律规定不完善的风险。全国最高法院相关司法解释仅明确了质权人对保证金享有优先受偿的权利，而对保证金的特定化、交付、占有公示等质押要件，均未予以明确。二是保证金未特定化的风险。如果出质人仍可以自由使用保证金账户办理结算和存取款业务，就很难让人信服质押的保证金处于"特定化"状态，很可能被法院认定质押无效。三是质押约定不具体的风险。质押合同约定不详尽、不具体，或未约定质押条款仅开立保证金专户，保证金专户质押与被担保的债权之间，未建立起书面的对应关系，一旦发生纠纷，银行将面临举证不能的法律风险。四是保证金来源不规范的风险。当保证金出质人与借款人为同一主体时，出质人通常要求从所借款中扣付保证金。银行在实际操作中，又大多是在贷款未到达借款人账户之前将部分贷款直接转入保证金专用账户。按照此种操作方式，银行未能按借款合同约定履行足额发放贷款的义务，造成借款人对贷款本息抗辩以及要求返还多付利息的风险。五是质押未获得有权人批准的风险。

（5）VIP购房卡引发的纠纷问题。2017年郑州中院报送的《刘艳某诉河南××实业有限公司合同纠纷案》案例认为，房地产开发商发放VIP购房卡的行为，法律性质等同于内部认购，应受到法律的规制。VIP购房卡记载内容，应理解为双方达成的格式合同。在合同约定不明时，基于合同双方地位的不对等以及契约正义原则，应当做出不利于提供格式条款一方的解释。

对于因VIP购房卡引发的纠纷问题的处理，应理解把握好两个方面：一是关于诚意金的性质认定。对于购卡所支付的对价——诚意金，现行法律并无明确的性质界定。开发商通过发售VIP购房卡收取认购人诚意金后，就应当保证向认购人提供合理房源供其选择。若认购人不满意提供的房源，有权要求退还诚意金；若开发商不能向认购人提供合理房源，双方最终未能签订房屋买卖合同，认购方有权依据《消费者权益保护法》要求开发商双倍返还诚意金。二是关于VIP购房卡的性质认定。发售VIP卡是房地产开发商在未取得《商品房预售许可证》等有关证件前，为筹措资金或者未锁定目标客户市场以确定房产价格获取暴利，向社会推出的一种"诚信预约"性质的商品房销售模式，该卡以格式合同的形式确定了双方的基本权利义务关系。因此，房地产开发商发放VIP购房卡的行为，在法律上等同于"内部认购"，应受到《合同法》等法律的规制。

（6）开发商建房行为不符合地方政府职能部门相关要求造成逾期，能否构成其向购买方逾期交房理由问题。2017年南阳中院报送的《白龙某诉南阳市×××房地产开发有限公司、第三人中国××银行股份有限公司淅川县支行房屋买卖合同纠纷案》案例认为，地方政府行政文件颁发在前，开发商与购买方签订购房合同在后，开发商建房与行政文件规定不符，因开发商整改，造成商品房逾期建成的，在无其他延期交房的合法依据下，开发商构成逾期交房。

规范性文件具有广泛性、可预测性等特点。在上述案例中，原被告双方签订的商品房买卖合同在地方政府规范性文件《南阳市商品房住房项目配建保障性住房实施办法》实施之后，作为被告开发商应知晓该规范性文件的规定，故因该规范性文件造成被告逾期交房，不属于不可知因素，即不属于双方合同约定的"政府有关部门行为或者由于相关政策、法律法规、规章制度等原因影响交房的，交房日期相应顺延"的行为。案例中政府要求被告停工整改的行为，是基于开发商的过错而做出的，该政府行为不能认定为不可抗力，不能构成开发商向购买方逾期交房的理由，不能免除开发商作为违约方的责任。

（7）房屋预售合同解约后银行按揭贷款赔付的裁判处理问题。2017年郑州中院报送的《张全某诉郑州××置业有限公司、第三人中国××银行股份有限公司郑州中原路支行房屋买卖合同纠纷案》案例认为，由于房屋开发商原因导致房屋预售合同解约的，应当明确按揭贷款合同随预售合同一并解除，并根据继续性合同和非继续性合同解除溯及力原则，确定房屋首付金及按揭贷款偿还的基本原则和方式，结合最终责任的主体认定，从履行便利角度出发，可以判决开发商直接承担按揭贷款项下的责任。

按揭贷款购置预售房是以购房人与开发商房屋预售合同为基础，外加银行支付首付款以外的房屋贷款的买房模式，俗称期房买卖。这在客观上形成了购房人、开发商、贷款银行的三角法律关系，相互之间彼此独立，但又紧密联系。在司法实践中，这类纠纷有些可以单独解决，有些则需要三方共同解决，其涉及的主要问题在于，购房合同纠纷导致房屋买卖关系解除，已经处于履行状态的按揭贷款合同如若解除，可否在房屋买卖诉讼程序中进行处理，以及按揭贷款"恢复原状"的偿还规则应在合同相对性与最终责任主体承担方面如何裁判处理。

一是关于房屋预售买卖合同诉讼中贷款合同的合并审理。在按揭贷款买房合同纠纷中，基础性质的诉争一般在购房人与开发商之间，属于买卖合同关系，需要一并进行处理的诉争在贷款人与银行之间，属于贷款合同关系，两种合同互为独立但不能分离，按揭贷款合同的成立依赖于房屋买卖合同的成立，贷款履行服务于买卖合同，虽然从合同履行可能性上讲，买卖合同的解除在实质上并不影响贷款合同继续履行，但失去了买卖合同的基础，购房人与银行之间的贷款合同在现实意义上已经没有履行必要，因此在房屋买卖合同审理过程中一并处理按揭贷款合同存在合并审理的必要性。《最高人民法院关于审理商品房买卖合同纠纷案件适用法律若干问题的解释》第24条规定，商品房买卖合同被确认无效或者被撤销、解除的，当事人有权解除按揭贷款合同。因此，从法律层面而言，当房屋买卖合同处于争议阶段时，贷款合同的履行就处于不稳定状态，如果此时过于强调合同相对性原则，要求贷款关系另行处理，亦不利于彻底解决纠纷，显然合并处理具有可行性。当然，这种可行性应限于在房屋买卖合同可能无效、解除、撤销情况下。

二是关于房屋买卖合同与按揭贷款合同解除后的效力溯及。由于按揭贷款合同属于非继续性合同或一时性合同，非继续性合同的解除效力应当追及至合同成立之初。因此，房屋买卖合同和按揭贷款合同在解除时，均应以"恢复原状"为主要后果，具体表现为互相返还购房款、返还贷款等。

三是关于恢复原状与赔偿损失的裁判处理。就房屋买卖合同和按揭贷款合同而言，恢复原状的裁判处理较为明了，关键在于赔偿损失的处理。按照常规赔偿损失处理规则，开发商因违约过错，应将首付款和银行贷款全部返还购房人，并因此赔偿购房人首付款及银行贷款的损失（可参照同期银行贷款利率计算），贷款人（购房人）因不再履行按揭义务，向银行承担赔偿损失责任，赔偿数额为所贷全部款项在此期间的同期利息（可参照同期银行贷款利率计算），银行则向贷款人（购房人）返还已经偿还的本金和约定合同利息。在实务判决中，由于贷款本金的赔偿存在重合，即开发商向购房人（贷款人）偿还的内容与贷款人（购房人）向银行偿还的内容一致，为避免同一义务重复性地在不同主体之间产生，在合并审理情况下，可直接裁

判开发商向第三人银行承担贷款赔偿损失的义务。

（8）食品标识违反法律禁止性规定是否属不符合食品安全标准问题。2017年南阳中院报送的《陈某诉上海××贸易有限公司等买卖合同纠纷案》案例认为，食品安全标准不仅包括内在质量方面的要求，还应包括对与食品安全、营养有关的标签、标识、说明书等外在包装标示的要求。食品标识违反法律禁止性规定属于不符合食品安全标准，生产者或销售者应当承担十倍赔偿。

在司法实践中，对于该问题的处理，关键应理解把握好三点。一是关于食品安全标准，包括内在质量和外在包装两个方面。食品的外在包装标识是食品的组成成分、食品特征和性能的准确反映，是消费者获知信息的主要途径，其所标示的内容也是消费者判断是否购买该食品的重要参考依据。因此，对食品标签应严格按照食品安全法进行管理，这既是对消费者权益的维护，也是促进行业良性发展、维护食品安全的有效手段。二是关于标识违反法律禁止性规定的表现形式。标识违反强制性规定主要表现为标识缺失和标识不当。标识缺失主要是配料或成分、营养成分及生产日期、保质期、储存条件等未标示；标识不当主要是配料或成分、营养成分标示不当、虚假标示，或对非强制性事项标示不当。如营养成分、食用方法、存储条件等，如果标识不当，同样有造成消费者损害的危险。三是关于标识瑕疵与标识不当的区分。在实践中，标识瑕疵与标识不当的界限较为模糊，且涉及赔偿问题以致分歧较大。一般认为，标识瑕疵的认定应以标示内容真实、符合食品安全标准要求、不违反法律禁止性规定、不存在误导消费者情形为基础，在此基础上的诸如笔误、标识中含有药食同源成分、字母大小写不规范等情形方可认定为标识瑕疵，违反上述基础条件的应按照标识不当处理。

（9）高速公路行驶车辆因避让行人造成的损失如何承担问题。2017年南阳中院报送的《吕某诉河南×××发展公司南阳分公司服务合同纠纷案》案例认为，高速公路经营、管理者向过往车辆收费后，双方形成有偿使用公路的合同关系，高速公路经营、管理者应保障车辆能够安全、畅通行驶，因其疏于巡查而未及时发现行人并予以驱离，致使在高速公路上行驶的车辆因避让行人发生交通事故的，高速公路经营、管理者应就事故造成的损害后果承担相应的民事责任。

我国高速公路通行实行的是准入制度，没有资格者不得进入，但由于高速公路管理方管理不善、沿线群众安全意识淡薄等原因，时常有非机动车、行人、牲畜进入高速公路，给高速公路通行带来巨大的安全隐患。

在司法实践中，对于该问题的处理主要涉及以下三个方面。一是高速公路的经营者与使用者是否构成服务合同关系。高速公路收费不属于行政规费，而是道路通行对价，公路的经营管理者与使用者是平等的民事主体，二者形成通行服务合同关系。高速公路公司的义务是加强公路设施维护管理，为使用者提供一个安全、快速的通行环境，防止危害通行安全的行为发生。二是在高速公路上避让行人发生交通事故，高速公路公司应否担责。由于行人上高速是高速公路管理方管理不善，在高速上行驶的汽车因躲避行人造成交通事故，属于紧急避险，高速公路管理方作为引起险情方应当承担责任。三是如何适用归责原则。《最高人民法院关于审理人身损害赔偿案件适用法律若干问题的解释》规定，道路、桥梁、隧道等人工建造的建筑物因维护、管理瑕疵致人损害的，由所有人或管理者承担赔偿责任；如果所有人或管理者不能证明自己没有过错的，应承担责任。由此可见，高速公路管理瑕疵归责适用的是过错推定原则，即高速公路经营管理者要想免责，必须要证明自己没有过错，如果不能证明自己没有过错，就要承担责任，并且举证责任倒置，由高速公路管理者承担举证责任。

（10）金融借款合同中冒名贷款责任的承担问题。2017年信阳中院报送的《信阳××村镇银行股份有限公司新县支行诉朱德某、张永某、王某某、杨某某金融借款合同纠纷案》等5件案例均认为，处理对银行冒名贷款合同时，应查明银行或者银行贷款经办人在签订借款合同时对冒名贷款行为是否知情，对银行明知实际借款人身份的案件，应以实际借款人为承担还款义务的责任人，自愿进行冒名贷款的合同相对人应根据其真实的意思表示承担相应的担保责任。

第一，对实际借款人认定问题。在司法实践中，应结合案件的实际情况，重点查明以下几个方面。一是金融机构是否直接将款项打入借款人在该金融机构开立的账户。二是还款、还息的主体是不是借款人。三是名义借款人与实际借款人是否达成合意，由名义借款人进行借款，交由实际借款人使用。四是金融机构是否知道或应当知道第三人是实际借款人的其他情形。如果答案是否定的，应认定借款合同主体是名义借款人，且应当由其承担还款责任，而实际用款人与名义借款人及出借人形成独立的法律关系。此种情况下，根据合同相对性原则，应由名义借款人承担还款责任，至于实际用资人与名义借款人以及银行之间的其他纠纷应另案处理。

如果金融机构在订立合同时明知借款人所借款项是由第三人使用，可以认定实际借款人为借款合同的借款人，由其承担还款责任，但名义借款人应承担补充担保责任。这样处理，既符合合同相对性原则，也符合意思自治原则和公平原则。此种情况下，经银行、名义借款人、实际借款人达成一致意见由名义借款人签署借款合同、实际借款人实际收到借款，从名义借款人愿意冒名借款的行为分析，实际上是为实际借款人提供一种"信用保证"，可以认定其在借款合同中承担"保证人"的角色，应根据其真实的意思表示承担相应的担保责任。

第二，以工程保证金设定抵押的效力问题。2017年南阳中院报送的《王某某诉易某、赵某某民间借贷纠纷案》案例认为，工程保证金系履约保证金和质量保证金，其本身是对承建工程的担保，工程履行情况如何、是否存在质量问题等情况并不明确。受双方履约行为的影响，将来要退还的保证金数额及退还时间也不能确定。借款合同约定，债务人提供其负责承建工程的工程保证金作为抵押，并将工程保证金收据交付债权人保管，不符合抵押、质押的生效条件，不发生物的担保效力。

第三，借条未约定利息但实际支付利息问题。2017年焦作中院报送的《侯某某诉张某民间借贷纠纷案》案例认为，民间借贷案件中，双方认可约定有利息，但对利息标准有争议，如借款人已经向出借人支付过部分利息的，应以已经支付的利息在合法性范围内确定利息标准。原告主张借款时口头约定利息为月利率2%，其提交的与被告的通话录音中也能够证明双方借款时有关于利息的约定，只是利息的标准不够明确。根据被告向原告支付款项的交易记录来看，其每月支付的金额与原告主张的月利率 2% 相符。且被告多次向原告大额借款，并不是用于家庭生活支出，每月向原告支付利息也符合生活法则及交易习惯，故应认定已经支付的款项支付的是利息，并参照该标准认定双方约定有利息为月利率 2%。

5. 知识产权与竞争纠纷相关问题

2017 年，河南高院收到涉及知识产权方面的典型案例 2 件，主要涉及驰名商标使用问题，现就其中比较典型的个性问题简要梳理分析如下。

将已取得的驰名商标作为宣传用语是否构成虚假宣传或欺诈问题。2017 年南阳中院报送的《黄文某诉郑州××百货有限公司南阳××分公司合同纠纷案》案例认为，违法的民事法律行为不等于欺诈，以"驰名商标"字样作为宣传用语的，如果该商品实质取得驰名商标认可，该宣传行为不宜认定为虚假宣传行为，也不属于民事欺诈行为。

《中华人民共和国商标法》第 14 条规定："生产、经营者不得将'驰名商标'字样用于商品、商品包装或者容器上，或者用于广告宣传、展览以及其他商业活动中。"在司法实践中，违背法律规定使用"驰名商标"进行宣传的，是否能够认定为虚假宣传行为。将"驰名商标"应用于商品宣传的行为如何认定存在两种不同意见。一种意见认为消费者享有对商品的知悉权，同时信赖生产者在其商品上所做的表示，而这种信赖直接引起消费者的消费欲望，因此该行为应认定为虚假宣传，构成欺诈；另一种意见认为"驰名商标"的认定不涉及商品质量表述及认定，将已经取得的"驰名商标"用于宣传，违反相关法律规定，但不构成虚假宣传，也不应认定为欺诈行为。

根据《最高人民法院关于贯彻执行〈中华人民共和国民法通则〉若干问题的意见》第 68 条的规定："一方当事人故意告知对方虚假情况，或者故意隐瞒真实情况，诱使对方当事人做出错误意思表示的，可以认定为欺诈行为。"欺诈行为违背诚实信用原则，严重破坏正常的市场经济秩序，为此，我国《民法通则》将一方以欺诈手段使对方在违背真实意思的情况下所为的民事行为规定为无效民事行为；我国现行的《消费者权益保护法》第55条也规定："经营者提供商品或者服务有欺诈行为的，应当按照消费者的要求增加赔偿其受到的损失，增加赔偿的金额为消费者购买商品的价款或者接受服务的费用的三倍；增加赔偿的金额不足五百元的，为五百元。法律另有规定的，依照其规定。"可见，法律对民事欺诈行为惩处规定较为严格。商标被认定为驰名商标后，将其作为宣传语不属于故意隐瞒或编造事实引导消费者做出错误认识的行为。虽然从消费心理上来讲，消费者对标注"驰名商标"的商品选择程度较高，但是这种选择的倾向性并不因此必然导致消费者陷入错误的意思表示。同时从驰名商标认定的标准来看，驰名商标本身就意味着相关公众对商标影响力及知名度的一定程度的认可，其对消费者的心理影响力客观存在，因此将其作为宣传用语不应认定为欺诈行为；在本案中，消费者购买的商品不存在产品不合格问题，并未导致消费者利益受损的结果，不符合欺诈的认定要件。当然，驰名商标对消费者的购买倾向有影响是客观存在的，但其不直接代表对商品的质量评定，因此，现行《商标法》明确禁止将其作为宣传手段，结合本案情况看，销售者虽不构成欺诈，但其仍违反了相关法律规定，应承担相应行政处罚责任。

6. 劳动争议、人事争议相关问题

2017年河南高院共收到各地报送涉及劳动争议、人事争议方面的典型案例58件，案由主要涉及劳动合同纠纷、社会保险纠纷等，其中比较典型的问题是：劳动者非本人原因从原用人单位被安排到新用人单位工作造成失业保险金损失，该如何赔付的问题。

2017年南阳中院报送的《西峡县××机械制造有限公司诉刘某某、西峡县×××机械制造有限责任公司劳动争议案》案例认为，刘某某非本人原因被安排到××公司工作，××公司与×××公司作为刘某某共同的用人单位在用工期间内均没有为刘某某缴纳社会保险，均存在过错，应当对刘某某的失业保险金损失共同承担赔偿责任。

劳动者与用人单位建立劳动关系后，用人单位应当依照社会保险法的相关规定及时为劳动者缴纳社会保险，包括失业保险，当劳动者符合一定条件时可以领取失业保险金以暂时解决因失业而导致的生活困难。劳动者先后在两个公司工作，两个公司均未为其缴纳失业保险费，而失业保险金的领取又与劳动者的工作时间挂钩，在这种情况下，需要解决失业保险金损失应该如何赔付。这不同于劳动者非本人原因从原用人单位被安排到新用人单位工作时经济补偿金的规定，此种情形下的失业保险金损失如何支付并无明确规定。考虑到原用人单位和新用人单位均未为劳动者缴纳失业保险费，均存在明显的主观过错，为切实保护劳动者的合法权益，避免用人单位之间互相推诿，同时考虑到利益衡平原则，应由两个单位共同承担对劳动者失业保险金损失的赔偿。

7. 公司、保险纠纷相关问题

2017 年，河南高院共收到各地报送的与公司、保险等有关的典型案例 57 件，案由主要涉及清算责任纠纷、公司证照返还纠纷、损害公司利益责任纠纷、股东资格确认纠纷、公司设立纠纷、股东损害公司债权人利益责任纠纷等，现就其中比较典型的个性问题简要梳理分析如下。

（1）劳动争议与公司清算交织下的案由确定和法律适用问题。2017 年郑州中院报送的《王某某诉刘某某清算责任纠纷案》案例认为，公司在清算过程中，清算组成员应当考虑公司职工已发生的工伤待遇给付问题；未对该问题做出处理而注销公司，具有重大过错，给债权人的利益造成重大损害的，应当承担赔偿责任。

在司法实践中，债务的产生由工伤死亡赔偿引起，但被告承担责任是由于其为公司清算组的成员，在清算时未考虑已经发生的工伤死亡赔偿问题，对原告的损失具有重大过错，应当承担赔偿责任，在此情形下，案由应确定为清算责任纠纷。

（2）对于"情况紧急，不立即提起诉讼将会使公司利益受到难以弥补的损害"的认定问题。2017 年洛阳中院报送的《南××国际投资有限公司诉薛某某、钟某某公司证照返还纠纷、损害公司利益责任纠纷案》案例认为，被免职的公司董事、高级管理人，拒绝向公司移交印章、执照或其他法律文件，严重影响公司正常经营活动的，属于"情况紧急，不立即提起诉

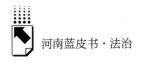

讼将会使公司利益受到难以弥补的损害"的情形，股东有权为了公司的利益以自己的名义直接向人民法院提起诉讼。

在司法实践中，按照《公司法》第151条的规定，构成"情况紧急"应同时符合两个要件。一是公司的董事、监事、高级管理人员或者第三人实施了损害公司利益的行为，或其行为即将损害公司权益；二是事情急迫，不立即提起诉讼将会使公司利益受到难以弥补的损害。据此，有的行为虽然损害公司利益，但并非必须马上解决的紧急情况，前置程序便不可豁免，如公司董事侵占公司财产的行为。对于"情况紧急"的法律解释主要包括时效期间的经过、董事逃避或者处分财产等情形。该案时效期间的经过、董事逃避或者处分财产显然符合上述要件，属于典型的"情况紧急"情形。比如，拒绝移交公司印章、执照和文件资料的行为显然侵害了公司的利益，这些侵权行为造成公司正常经营活动无法开展，商业机会白白丧失，如不尽快解决，还将可能引发一系列诉讼等经营风险，显然属于急迫情事，应认定为"情况紧急"。

（3）"承运人责任险"的保险人在向被保险人赔偿后是否具有追偿权的问题。2017年南阳中院报送的《××财产保险股份有限公司河南分公司诉邓州市××物流运输有限公司等追偿权案》案例认为，"承运人责任险"是一种责任保险，保险标的是被保险人的民事赔偿责任，与人身保险合同有显著不同，所以此险种不是人身保险。保险人在向被保险人赔偿后，应当具有追偿权。

承运人责任险虽然属于强制保险，但与交强险又有很大区别。承运人责任险的强制性主要体现在必须投保上，但保险条款、费率、保额、赔偿方式等均未有统一要求，各保险公司具有自主权。因此，让承运人责任险承担过多的社会责任是不现实的，其只能作为商业保险对投保人提供保险保障。同时，承运人责任险又是一种责任保险，与人身保险合同有明显不同，所以此险种不是人身保险，保险人应当享有代位追偿的权利。

（4）交强险的生效时间确定问题。2017年南阳中院报送的《耿某、姚某某诉被告郭某、××联合财产保险股份有限公司郑州中心支公司、屈某某、××财产保险股份有限公司南阳中心支公司机动车交通事故责任纠纷案》案例认为，交强险出单即生效，投保人在出单后至保单约定有效期间前的空档期发生交通事故的，保险公司应按照相关规定进行理赔，保险公司以交强险合同未生效为由拒绝理赔的，法院不予支持。

合同的成立需要一个过程，即"要约"与"承诺"，保险合同也不例外。在保险业务中，一般投保人填写保险单视为要约，保险人签发保单被认为是对投保人要约的承诺。《合同法》第25条规定，承诺生效时合同成立。在司法实践中，收费的确认以及有效保单的生成即为承诺，此时合同已经生效。之所以会就保险合同生效时间产生争议，原因在于本保单中还有一个约定的保险期间，但不能据此认为本保单为一个附生效期间的合同，因为合同中期间的约定系保险业的通行做法，系单方规定，而非双方的一致意思表示，且保监会已经有明确规定，保险合同应该出单即生效，各个保险公司应该遵守。

（5）未签订文本合同的保险责任如何确定问题。2017年许昌中院报送的《原告徐某某与被告人许昌××公司、第三人河南××电气有限公司保险合同纠纷案》案例认为，未签订合同文本的保险合同，应当以合同双方认可的合意内容为有效的保险责任合同条款，依法由保险人承担相应的保险责任。保险人主张按照特定保险类型格式合同条款认定保险责任的，依法不予支持。

在司法实践中，对于没有订立书面保险合同的情况下，保险人如何承担相关保险责任的问题，应当根据具体案件事实和相关法律规定进行认定和处理，而不宜按合同不成立或者合同无效处理。虽然双方没有签订书面保险合同，也没有约定采用其他书面形式载明合同内容，但投保人缴纳了保险费，保险公司为投保人出具了缴纳保险费的发票，发票上注明了险种，说明该合同已具备《保险法》第13条所规定保险合同成立的基本条件，已经成立且生效。对于双方共同认可或存在共识的条款内容，应当按照双方共同认可或共识的意见认定相关合同内容，并作为相关保险责任履行的依据。

6.侵权责任纠纷相关问题

2017年，河南高院共收到各地报送的侵权责任方面的典型案例104件，案由主要涉及机动车交通事故责任纠纷、医疗损害责任纠纷、义务帮工者受害责任纠纷、教育机构责任纠纷、产品责任纠纷、环境污染责任纠纷等类型，现就其中比较典型的问题简要梳理分析如下。

（1）机动车交通事故责任纠纷中医疗费用赔偿范围问题。在机动车交通事故责任纠纷案件中，关于保险公司是否应该赔偿原告医疗费中非医保用药的部分，有两种不同意见。第一种观点认为，保险条款已明确规定"保险人按照国家基本医疗保险的标准核定医疗费用的赔偿金额"，非医保用药的费用应从医疗费中予以扣减。第二种观点认为，现行法律并没有将医疗费限定在医保用药范围内，保险公司应该赔偿非医保用药的部分。

2017年漯河市法院报送的《陈某某诉中国××财产保险股份有限公司商丘市分公司、刘某某、商丘市××集团公路运输有限公司、民权县××运输有限公司机动车交通事故责任纠纷案》案例认为，交通事故致人损害，治疗与交通事故无关疾病所支出的费用，应由受害人个人负担。治疗与交通事故有关的疾病，但用药超出医疗保险药品目录之外的部分，不是受害人个人所能决定的，而是受害人就医医院主治大夫的决定，对该部分费用依法应当由侵权人予以赔偿，或应由承保车辆的保险公司予以赔偿。信阳法院报送的《姜某某诉高某某等机动车交通事故责任纠纷案》案例认为，交强险和商业三者险的设立目的，就是为了保障受害人依法得到赔偿。如果将非医保用药费用的承担风险由投保人和受害人来承担，显然从根本上违背了立法的初衷。因此，在机动车交通事故责任纠纷案件中，除非保险公司有充分的证据证明该非医保用药明显不属于治疗交通事故造成的损伤过程中必须使用的药品，或者该非医保用药的使用与治疗没有明显的联系，否则保险公司应当承担非医保用药费用赔偿责任。

医院在为机动车交通事故受害人诊断过程中，除机动车事故导致的伤害外，往往也会对患者所患的其他疾病加以治疗，从而会加大侵权人的赔偿责任。对于受害人为治疗与交通事故无关疾病所支出的费用，应由受害人个人负担。对超医保范围的用药费用，该不该由侵权人予以赔偿，或由保险公司替代赔偿是问题的关键。一是对于哪些费用属于超医保范围用药需要通过鉴定或经双方认可；二是即使已被确认为超医保范围的用药，也需要考虑该用药是否为治疗患者所必需。由于治疗与交通事故有关的疾病，但用药超出医疗保险药品目录之外的部分，不是受害人个人所能决定的，而是主治大夫的决定。因此，原则上对于超出医保范围的用药，保险公司仍应予以赔偿。除非保险机构能够举证证明其已经事先向投保人或被保险人明确说明，将非医保费用排除在保险赔偿范围之外。

根据《中华人民共和国最高人民法院公报》（2011 年第 3 期总第 173 期）上刊登的《段某某诉中国××财产保险股份有限公司南京市分公司保险合同纠纷案》。该公报案例裁判摘要认为：保险合同中规定有关于保险人责任免除条款的，保险人在订立保险合同时应当向投保人明确说明，未明确说明的，该条款不产生效力。据此，保险人有义务在订立保险合同时向投保人就责任免除条款做出明确说明，前述义务是法定义务，也是特别告知义务。如果保险合同当事人对保险人是否履行该项告知义务发生争议，保险人应当提供其对有关免责条款内容做出明确解释的相关证据，否则该免责条款不发生效力。对此，也可根据保险公司是否明确说明排除非医保用药费用条款，确定保险公司的赔偿范围。

（2）公司股东与第三人为逃避债务转让财产的行为是否对公司债权人构成共同侵权的问题。2017 年许昌法院报送的《朱某某诉长葛市××房地产开发有限公司、陈某某、张某某、陈某民间借贷纠纷案》案例认为，债权是典型的相对权，一般不宜由《侵权责任法》保护。现行法律尚未明文规定第三人侵害债权制度，但第三人与滥用权利的股东恶意串通，故意侵害债权人的合法债权，以达到不履行债务或者逃避债务的目的，构成共同侵权，应承担连带赔偿责任。本案中，被告陈某某、张某某系夫妻关系，其二人系被告××公司股东。××公司与原告朱某某以购房为名行借贷之实。后××公司将 17 套底商房屋（2972.96 平方米，价值 25025863 元）转让给被告陈某某，收到转让款 3172870 元。而陈某则为被告陈某某、张某某之子。

原告债权到期不能偿还，最终两审法院均判决被告××公司偿还原告朱某某借款本金及利息，被告陈某某、张某某对××公司不能清偿的部分承担补充赔偿责任，陈某对陈某某、张某某的上述债务承担连带责任。

债权是相对权，原则上由《合同法》调整，仅在例外情况下才由《侵权责任法》保护。根据我国学界的主流观点，处于债务关系之外的第三人明知债权的存在，而恶意侵害债权人合法债权的，债权作为财产权益可以成为《侵权责任法》保护的客体，债权人可以侵权为由提起诉讼。《侵权责任法》第8条规定："二人以上共同实施侵权行为，造成他人损害的，应当承担连带责任。"公司股东与第三人恶意串通，将公司资产低价转让给第三人，直接导致公司履行能力不足，自身财产不足以清偿债务，严重损害了债权人的利益，应当承担连带责任。

一般而言，债务人与受让人恶意串通低价转让财产的行为危害债权人债权的情况下，债权人可以依据《合同法》第74条第一款之规定行使债权人撤销权，请求人民法院撤销债务人的转让行为，也可以根据《合同法》第52条第（二）项的规定，请求人民法院确认合同无效，从而达到恢复原状、财产返还债务人、恢复债务人偿付能力的目的。但在债务人与受让人恶意串通低价转让财产次数众多的情况下，债权人行使撤销权或请求法院确认合同无效，需要就每次转让单独起诉，陷入多个诉讼之中。而且存在公司财产已被转让或抵押的情况，即使通过诉讼也可能难以达到恢复原状、财产返还债务人的目的。因此，债权人基于第三人的恶意侵害债权行为，直接要求第三人承担连带赔偿责任，具有事实依据和法律基础，应当予以支持。

7. 执行异议之诉相关问题

2017年，河南高院共收到执行异议之诉方面的典型案例12件，就其中比较典型的问题简要梳理分析如下。

（1）关于保证金质押及保证金孳息问题。2017年安阳中院报送的《××银行股份有限公司安阳分行诉×银行股份有限公司安阳分行、安阳市×××投资有限责任公司执行异议之诉》案例认为，以金钱作为质押标的，极容易产生道德风险，出现虚假质押。因此，对以金钱为质押物的质押行为，在司法实践中应加以有效甄别，从严把握，不可贸然认定其法律效力。在处理此类案件时，应遵循两个基本原则。一是从严把握质押协议的真实性；二是质权人是否已实际控制或在实际控制质押财产。原告对两个保证金账户中的存款及利息依法享有质权和优先受偿权，应依法支持原告对保证金账户内存款 60 万元及利息享有质权的诉讼请求。

焦作中院报送的《中国××银行股份有限公司郑州分行诉朱某某、焦作市××机械制造有限公司执行异议之诉案》案例认为，金钱作为特殊动产的质押须具备以下要件：一是双方当事人签订质押合同，有将金钱作为质押的意思表示；二是要对质押物的金钱进行特定化，并移交债权人占有。双方虽然没有单独签订书面质押合同，但在借款合同担保条款中约定了保证金质押，应认定双方具有质押合意，质押合同成立。贷款人在债权人处设立了保证金账户，并将保证金存入该账户，可以认定为债权人实际控制了保证金，金钱特定化后交付了质押物，债权人对该保证金享有质权。但因《综合授信合同（联保授信）》中未约定对保证金产生的孳息进行出质，××银行对长远公司账户内 70××73 内的 200 万元享有质权和优先受偿权，但对该 200 万元产生的孳息不享有质权。最高人民法院 2015 年 11 月 19 日发布《指导案例 54 号：中国农业发展银行安徽省分行诉张大标、安徽长江融资担保集团有限公司执行异议之诉纠纷案》，裁判要点确认：当事人依约为出质的金钱开立保证金专门账户，且质权人取得对该专门账户的占有控制权，符合金钱特定化和移交占有的要求，即使该账户内资金余额发生浮动，也不影响金钱质权的设立。

综上，上述两个案例的观点是一致的。但分歧在于，质权人对质物孳息是否享有质权。《担保法》第 68 条规定，质权人有权收取质物所生的孳息。质押合同另有约定的，按照约定。也就是说，如果当事人约定质权人无权收取质物孳息，则质权人不能将质物孳息作为债权的担保。如果当事人对质权人能否收取质物孳息没有约定或约定不明的，质权人就有权收取质物所生的孳息。第二个案例以合同未约定对保证金产生的孳息进行出质为由，否认质权人对保证金账户孳息享有质权，显属不当。

（2）关于机动车所有权人确认问题。2017年郑州中院报送的《张某某诉河南××混凝土有限公司、杨某某等执行异议之诉纠纷案》案例认为，在现实生活中，用于营运的机动车普遍存在挂靠经营的情况。公安机关办理的机动车登记，并非机动车所有权登记。若机动车登记名义人与实际所有权人不一致，应以实际所有权人为车主。在车辆登记所有权人对外负有债务，并进入执行程序后，车辆的实际所有权人往往提起案外人执行异议之诉。审理中，要注意审查购车款的支付、车辆的实际占有使用等情况，来认定涉案车辆的实际所有权人，并在此基础上，对案外人是否享有将执行标的足以排除强制执行的民事权益进行判断。

三门峡中院报送的《尚某某诉吴某某案外人执行异议之诉案》案例则认为，非营运机动车物权的设立、变更、转让和消灭，未经登记，不得对抗善意第三人。

（3）关于不动产所有权确认问题。2017年洛阳中院报送的《刘某诉陈某、陈某某等执行异议之诉案》案例认为，不动产物权的设立、变更、转让和消灭，经依法登记，发生效力；未经登记，不发生效力。夫妻双方签订的离婚协议中虽然约定房产归一方所有，但未作变更登记的，不能认定其为该房产的所有权人。

（4）关于购房者物权期待全阻止执行的要件。2017年省高院民一庭报送的《高某与张秀某、濮阳市××实业发展有限公司执行异议之诉纠纷案》案例认为，人民法院针对登记在被执行人名下的房屋实施强制执行，案外人以其向被执行人支付了购买房屋的价款，并在人民法院查封前实际占有该房屋为由，请求人民法院排除执行，如果在人民法院查封之前案外人未与被执行人签订合法有效的书面买卖合同，且因自身原因未办理过户登记的，人民法院不予支持。

在司法实践中，在最高人民法院关于人民法院办理执行异议和复议有关案件的规定出台后，房屋买受人主张其对执行标的即特定房产享有排除执行的权益时，应严格审查其是否与房屋出卖方在人民法院查封之前签订合法有效的书面合同。

（5）关于借用账户的执行异议处理问题。2017 年的《商丘××投资担保有限公司与李洪某、商丘市睢阳区××面粉厂、刘会某、刘某执行异议之诉纠纷案》案例认为，货币系特殊动产，其占有与所有具有同一性。案外人借用被执行人的交易资金账户，将货币存入交易资金账户后，该账户内货币的所有权即转由账户记载的被执行人所有。人民法院对被执行人账户中的资金实施强制执行，案外人以其与被执行人之间存在借用账户约定，其系账户中资金的实际所有权人为由，请求人民法院排除执行并确认该账户内资金所有权归其所有的，人民法院不予支持。

在司法实践中，会遇到借用账户进行交易的情形。交易资金账户系货币占有的一种表现形式，账户记载的权利人对账户内货币享有所有权，账户内货币的来源不影响账户内货币的所有权归属，他人将货币存入该账户后，该货币的所有权即转由账户记载的权利人所有，他人与账户记载的权利人之间形成的是债权债务关系。借用账户的约定不能对抗第三人，借用人并未成为账户记载的权利人的地位，而且账户出借方能够控制该账户，加之借用账户的行为具有违法性，应该在法律效果上对其持否定态度。

三　民事案例编报中值得关注的法律适用问题分析

（一）合同、无因管理、不当得利纠纷相关问题

1. 建设工程领域追索劳动报酬纠纷责任主体的认定问题

2017 年许昌中院报送的《建设工程领域追索劳动报酬纠纷责任主体的认定》案例认为，劳动者行使劳动报酬请求权的基础法律关系是劳务关系，劳动者受雇于实际施工人时，不能突破合同相对性向转包、分包人即建筑企业行使劳动报酬请求权。

在司法实践中，建筑企业与建设单位签订建设工程施工合同后自行雇用劳动者施工，此时劳动者与建筑企业成立劳务关系，在主体的确认上一般不会产生争议。有争议的是自然人借用建筑企业资质，以建筑企业名义签订建

设工程施工合同，或者建筑企业承接工程后，非法转包、分包给自然人，自然人未经建筑企业认可，以建筑企业名义雇用劳动者施工，此时劳务关系的主体如何确定往往会存在较大争议。

上述案例为处理该问题提供了一个思考方向。关于借用资质以及接受非法转包、分包的自然人，最高人民法院《关于审理建设工程施工合同纠纷案件适用法律问题的解释》中将其定义为实际施工人，即无效合同的承包人，包括转承包人、违法分包合同的承包人、没有资质借用建筑企业资质签订建设工程施工合同的承包人等。实际施工人未经建筑企业认可以建筑企业名义雇用劳动者，与劳动者建立劳务关系的是该实际施工人还是建筑企业，应甄别具体情况而定。如果实际施工人以建筑企业名义签订劳务合同，有证据证明建筑企业知道而未表示反对，或者存在劳动者工资以建筑企业名义发放，劳动者的保险以建筑企业名义缴纳等，这在外观上可以认定是劳动者与建筑企业建立劳务关系的证据，在劳动者善意且无过失情况下，可以实际施工人职务表见代理的规定认定劳动者与建筑企业成立劳务关系；反之，如果不存在上述证据，则宜认定雇用劳动者是实际施工人个人行为，劳动者与实际施工人之间成立劳务关系。

2. 诉讼时效届满后法院应否保护权利人的权益问题

2017年驻马店中院报送的《李代某诉驻马店市××房地产开发有限公司商品房买卖合同纠纷案》案例认为，诉讼时效届满后，依据公平原则，为了达到个人利益与社会利益的和谐，对此当事人双方均应承担相应的过错责任。该案原、被告双方在《商品房买卖合同》中约定被告应当在2011年5月1日前将商品房交付给原告使用，从2011年5月2日起，原告的权利即受到侵害，至原告2015年8月18日诉至法院要求被告支付逾期交付房屋违约金，已经超过了二年的诉讼时效。法院本着遵循公平、诚实信用和维护社会经济秩序的原则，认为被告作为出售人既未履行合同双方约定交房日期向原告交房的义务，又不能尽到向原告出示"该商品房经验收合格"的证明文件义务，是导致本案纠纷的主要原因，其对违反合同义务应承担向原告支付违约金的法律责任。据此判决：被告驻马店市××房地产开发有限公司于本判决生效之日起五日内给付原告李代某逾期交房违约金计8091元。

洛阳中院报送的《王春某诉偃师市××医院医疗损害责任纠纷案》案例认为，法律虽然规定自权利被侵害之日起超过20年，法律不予保护，但同时也规定了特殊情况，人民法院可以延长诉讼时效期间。该案原告于1993年在被告偃师市××医院住院做手术并接受输血，由于丙型肝炎的潜伏期较长，原告2008年才确诊丙型肝炎，其后一直处于治疗过程中。法院认为，原告作为一名农村妇女，缺乏医学常识，一直不清楚自己患病的原因，没有意识到自己的权利受到了侵害，故本案可适用特殊情况延长诉讼时效期间的规定。据此判决支持了原告有关赔偿诉讼请求。

上述两篇案例为我们处理该问题提供了一个思考方向。该思路基于公平原则，具有一定的合理性，但由于突破了现行法律规定，还有待我们积累更多的案例去探讨解决。

3. 邮寄催款函产生诉讼时效中断的日期认定问题

2017年南阳中院报送的《保定××天威变压器有限公司与内乡××水泥有限公司因承揽合同案》案例认为，在邮寄催款函证明产生诉讼时效中断的效力上，我国司法解释明确规定以发送信件"到达"或者"应当到达"对方当事人的为界定标准，但是对于催款函产生诉讼时效中断的时间认定应以寄出日期为准。根据该案例，在认定催款函件导致诉讼时效中断的时间时，应以债权人一方提出要求的时间为准，即催款函寄出日期为准，如果以回执日期为准，不仅对债权人要求过于苛刻，同时也违背了举证责任分配中的近距离原则。故此，债权人通过邮寄或电报方式向债务人催收债权，在产生诉讼时效中断的日期认定上，应以寄出日期为准。

上述案例为处理该类问题提供了一个思考方向。但是，由于我国现行法律对邮寄催款函产生诉讼时效中断的时间应以寄出日期还是回执日期为准没有明确规定，导致目前实务中对此问题的处理还缺乏统一的权威性认识，有待积累更多的案例去探讨解决。

4. 恶意不当得利人返还财产范围应否以所获利益为限问题

2017年安阳中院报送的《尚元某诉梁秀某、李青某、张付某不当得利纠纷案》案例认为，未经委托人同意第三人与受托人之间的债务不能成为其合法占有委托事项财物的理由，第三人由此给委托人造成确定的预期财产损失的，构成不当得利。受托人存在恶意的返还财产范围不以所获利益为限。2013年9月，经该案被告张付某介绍，由被告梁秀某帮原告尚元某向××银行股份有限公司安阳县支行申请贷款，并由安阳县下岗失业人员小额贷款担保中心作担保一事办理相关手续。2013年10月1日，被告梁秀某以代理人的身份在××银行股份有限公司安阳县支行为原告尚元某办理了一份银行存折。2014年1月1日，××银行股份有限公司安阳县支行向该存折账户发放贷款5万元，借款期限为一年。2014年1月2日，被告梁秀某丈夫即被告李青某分两次将该账户内的5万元取走。法院认为，被告李青某未经原告同意将该款取走属非法占有构成不当得利，应当予以返还。据此判决：第一，被告李青某于判决生效后十日内返还原告尚元某51731.27元（51191.27元+540元诉讼费），并从2015年3月30日起按中国人民银行同期贷款利率支付利息至限定履行期限届满之日止；第二，驳回原告的其他诉讼请求。

关于恶意不当得利人返还财产的具体范围应否以所获利益为限问题，上述案例为处理该类问题提供了一个思考方向。由于我国现行法律只是从获取不当利益方的角度进行了规定，对于遭受利益损失的一方关注不够，尤其当遭受利益损失方的实际损失大于对方获取的不当利益时如何处理缺乏明确规定，导致在司法实务中存在较大争议。一般而言，不当得利作为债的发生原因之一，不当得利之债的基本内容是遭受利益损失一方取得不当利益返还请求权，该项请求权内容一般仅为所受之不当利益，非以遭受的损害填补为目的。但是，受益人主观上善意或者恶意对其返还义务范围产生直接影响。当受益人善意时，其返还的利益以"现存利益"为限。当受益人为恶意时，即受益人明知是不当利益而继续持有，其返还的利益范围除了获取的不当利益之外，应否包括由此给利益受损方造成的损失，还有待积累更多的案例去探讨解决。

（二）劳动争议和人事争议相关问题

关于提供劳务者与接受劳务者之间法律关系的认定问题。2017年焦作中院报送的《张荣某诉张建某、河南××国家粮食储备库提供劳务者受害责任纠纷案》案例认为，本案系提供劳务者受害责任纠纷，虽然被告××粮库与被告张建某签订有装卸作业协议，形式上属于承揽，但结合本案的证据和本院查明的事实，被告张建某、原告张荣某及其他作业人员实质上共同受雇于被告××粮库，双方形成雇用关系；被告张建某、原告张荣某及其他作业人员应为相互合作关系。作为雇主的被告××粮库对在为其提供劳务过程中受到伤害的雇员张荣某应当承担民事赔偿责任。被告××粮库辩称与原告没有任何关系的理由不足，依法不予支持。

在实践中，对于提供劳务者与接受劳务者之间法律关系主要有四种观点。第一种观点认为构成承揽合同关系，理由是劳务提供中的管理与劳动合同关系、雇佣合同关系中的管理特征不同，由于双方之间法律地位平等，不能形成劳动合同关系以及雇佣合同关系。第二种观点认为构成劳动合同关系，理由是劳务提供者为企业提供劳动，受企业的严格管理和规章制度的约束，双方地位并非完全平等和对等，虽然双方未签订劳动合同，不享受企业的养老保险待遇等，但根据《劳动合同法》第12条、第15条的规定，双方之间属于"以完成一定工作任务为期限的劳动合同"。第三种观点认为构成雇佣关系，理由是双方之间虽然签订有书面的作业协议，从形式上看属于承揽合同，但实质上不符合承揽合同的特征，因为承揽合同中的承揽人与定作人之间是完全平等的民事法律关系，承揽人一般是以自己的技术、设备独立完成工作，具有完全独立的地位，不受定作人的管理和纪律约束等，而提供劳务者为企业提供劳动，设备、场地等都由企业提供，并且受企业的管理和纪律约束。但双方不属于严格意义上的劳动合同关系，提供劳务者可相对独立地完成具体工作，应构成临时性的雇佣关系。第四种观点认为构成单纯的劳务关系，理由是劳务提供者仅仅是单纯提供劳动力，不是以自己的技术、设备等独立完成工作，不具有劳动合同关系的形式和实质，认定劳动合同关系，会加大企业方的责任。双方之间的关系不稳定，劳务提供者从事或不从事该项工作完全自由，所以认定雇佣关系有些牵强。在双方之间法律关系难以认定，而法律、司法解释又对这些法律关系的概念界定模糊的情况

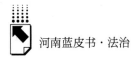

下，为了审理案件简便，就直接按照客观事实去认定双方构成劳务关系即可。

我国民事侵权法律制度和劳动法律制度等法律制度不完善以及社会保险功能不健全等原因造成了在司法实践中对一些法律关系的认定出现困难和争议。建议将临时雇佣关系、单纯劳务关系、个人用工关系等全部归入劳动法律制度中，从立法层面建立更多可选择的、更灵活的用工方式，就能更好地应对社会生产现实。同时，需要健全社会保险功能，将社会保险全覆盖、社会保险实现全国统筹，将社会保险与商业保险有机结合，将目前企业负担职工社会保险的方式，改为由社会、国家对全民负担，由居民本人、用工主体对社会、国家缴纳保险基金的方式，将会从根本上化解突发风险和意外事故带来的损失，从根本上解决劳动过程中伤害赔偿纠纷问题。

（三）侵权责任纠纷相关问题

1. 被侵权人在起诉前因其他原因死亡的，残疾赔偿金请求权能否继承及残疾赔偿金如何计算问题

2017 年平顶山中院报送的《王小某诉王高某、中国××财产保险股份有限公司固安支公司机动车交通事故责任纠纷案》是一起机动车交通事故责任纠纷。受害人在伤残鉴定做出后起诉前因其他原因死亡的，其继承人起诉主张残疾赔偿金及其他费用赔偿。法院判决认为，本案中受害人王建某在定残后死亡，其子王小某可以要求被告给付包括残疾赔偿金在内的各项损失，残疾赔偿金的数额计算以《人身损害司法解释》第 25 条的期限为依据，不以受害人的实际生存时间为标准。

该案主要涉及残疾赔偿金请求权的继承和计算问题。残疾赔偿金属于财产性质的赔偿，当受害人的伤残事实确定之后，其就有权请求赔偿义务人支付残疾赔偿金。在受害人起诉前死亡的情况下，其请求权作为一种金钱债权，可以由继承人予以继承。在通常情况下，残疾赔偿金以 20 年为法定计算期间，根据年龄情况做出相应调整。但在起诉前受害人因其他原因死亡情况下，残疾赔偿金是否需要考虑"超越"因果关系，在计算赔偿年限时仅

计算到受害人死亡时为止？还是不予考虑起诉前受害人已死亡的情况，仍以20年固定期限计算残疾赔偿金？本案生效判决采取的是不予考虑实际生存年限的做法。该案所引发的残疾赔偿金如何计算问题，值得深入研究与思考。《上海市高级人民法院民事审判第一庭道路交通事故纠纷案件疑难问题研讨会会议纪要》（2011年12月31日）认为："根据《人身损害司法解释》第25条第一款规定，受害人残疾赔偿金的计算年限随实际年龄不同予以调整，但至少可以计算5年。为了保护受害人的权益，且不与该解释的精神相冲突，倾向性意见按照最低标准5年来计算残疾赔偿金。"

2. 被侵权人死亡的，死亡赔偿金和精神抚慰金能否在不同顺序近亲属之间予以分配问题

2017年安阳中院报送的《徐万某诉胡兵某、被告南乐县××汽车服务有限公司、××财产保险股份有限公司郑州中心支公司、第三人徐丁某、徐万某机动车交通事故责任纠纷案》是一起因交通肇事构成犯罪引起的机动车交通事故责任纠纷，被侵权人近亲属诉请医疗费、死亡赔偿金、丧葬费、精神抚慰金等，法院判决被告××财产保险股份有限公司郑州中心支公司分别向原告徐万某和第三人徐丁某各支付50%的死亡赔偿（含医疗费、丧葬费、交通费、死亡赔偿金和精神抚慰金）。

该案涉及作为第二顺序继承人的近亲属是否有权主张赔偿问题。争议焦点主要是祖父母主张死亡赔偿请求权的，主体是否适格。审理中存在两种意见：第一种意见认为，死者近亲属的死亡赔偿金和精神抚慰金，虽然在学理上有不同的认识，但是实践中一般参照遗产进行分配，第三人系死者的祖父，属于第二顺序继承人。在第一顺序继承人死者的父亲即本案原告提起赔偿请求时，第三人无权主张赔偿款。第二种意见认为，本案原告及第三人主张的死亡赔偿金和精神抚慰金，性质上不属于法律规定的遗产，不需要按照遗产继承予以分配。死者自出生起由其祖父即第三人扶养，长期与第三人共同生活，第三人履行了较多扶养和监护职责。死者因交通事故意外身亡，对第三人造成了实际上的经济损失和精神损失，第三人有权主张该赔偿费用。根据死亡赔偿金和精神抚慰金的性质，其并非死者的遗产，不能按照继承顺

序来主张权利。第三人虽然并非第一顺序继承人，但其与死者长期共同生活，对死者有较多的经济支出和情感付出，故酌情由其取得部分死亡赔偿金和精神抚慰金，于情于理都符合一般观念和社会习俗。

3. 受害人死亡时，未与其长期共同生活的法律上配偶及长期与其共同生活的同居一方能否主张精神抚慰金请求权问题

2017年安阳中原报送的《刘广某、刘利某诉郭守某、臧朝某、××财产保险股份有限公司安阳中心支公司、××财产保险股份有限公司河南分公司机动车交通事故责任纠纷案》案例中，尚林某与第三人李世某于1990年结婚，并于1992年生育一子李少某，1999年尚林某带着儿子李少某（后更名为刘广某）离家来到滑县与刘号某共同生活，并于2000年生育次子刘利某。2016年8月27日尚林某因车祸死亡，法院判决被告保险公司支付第三人李世某死亡赔偿金217060元的20%，即43412元。其主张精神抚慰金的请求，法院不予支持。

该案涉及受害人死亡后，长期未共同生活的法律上配偶一方和长期与其共同生活的同居一方精神抚慰金请求权的认定问题。自然人的不幸死亡会给近亲属带来极大的精神痛苦和悲伤，这种精神损害的确定性和真实性毋庸置疑。在通常情况下，死者近亲属的精神抚慰金请求权都能够得到法院支持。但在婚姻关系中，感情纽带和共同生活是配偶关系的实质所在。对于没有长期共同生活或者正处于离婚阶段的配偶而言，在另一方的意外死亡情况下，能否主张精神损害赔偿值得商榷。对此需要针对精神抚慰金的性质加以分析。受害死者的近亲属之所以享有精神损害赔偿权，是因为受害亲人的死亡给他们带来了精神痛苦。近亲属遭受的损害是自己的精神损害及失去亲人的痛苦，法律设定这一精神损害赔偿制度，救济的也是近亲属的人格或精神利益。如果死者的配偶没有与死者长期共同生活或者正处于离婚诉讼阶段，则可根据其是否具有严重精神损害，确定其是否具有精神抚慰金请求权。另外，如果男女双方基于结婚目的共同生活在一起，即使长期共同生活、孕育子女、相互扶助等，但是未办理结婚登记，一方因侵权伤残或身亡，另一方因诉讼主体不适格，也无法获得相应的赔偿。

4. 受害人体质状况对损害后果的影响可否减轻侵权人的责任问题

目前，在道路交通事故责任纠纷案件审判实践中，当事人对交通事故受害人因体质状况对损害后果的影响，往往通过司法鉴定申请确定体质状况对损害后果的参与度。"损伤参与度"是指在有外伤、疾病（包括老化和体质差异）等因素共同作用于人体，损害了人体健康的事件中，损伤在人身死亡、伤残、后遗症的发生上所起作用的比例关系。在侵权行为与受害人自身疾病共同作用下造成的损害后果，如果受害人自身疾病也是造成损害的原因之一，是否需要根据该原因的"损伤参与度"适当减轻侵权责任或保险责任？

2017年商丘中院报送的《赵某某、赵金某、赵银某诉贾林某、贾某某、中国××财产保险股份有限公司杭州市分公司机动车交通事故责任纠纷案》案例认为，经司法鉴定，王连某脾破裂、胸部外伤并肋骨骨折构成了死亡的促进诱因，存在一定的关联度。死亡原因分析报告意见是，王连某死亡原因为病理基础上的多器官功能衰竭，交通事故外伤对其死亡有促进作用。以上两份证据相互佐证，证明了王连某死亡原因与交通事故的发生存在直接的因果关系。本案王连某虽然患有肝硬化、糖尿病等疾病，但王连某是否患有其他疾病，不妨碍其可能成为交通事故受害人的角色定位，其是否患有其他疾病，是否患有其他疾病导致其在治疗交通事故伤情后身体综合机能下降而死亡，不能影响其在受伤后寻求治疗的权利，即使会产生相反的治疗效果。且本案交通事故导致王连芝脾破裂等损伤，需行脾切除术，说明该次交通事故损害后果是严重的。治疗效果问题不应成为免除或者减轻上诉人保险责任的理由。

许昌中院报送的《岳彦某等五原告诉陈书某、××保险公司机动车交通事故责任纠纷案》案例认为，经鉴定，岳朝某系生前因交通事故致伤后导致多器官功能衰竭经救治无效而死亡。后经申请重新鉴定，岳朝某死亡与交通事故存在次要因果关系，损伤参与度评定为25%～35%。原告岳彦某与被告陈书某均负事故的同等责任。交强险立法并未规定在确定交强险责任时应参照损伤参与度，××保险公司的免责事由仅限于受害人故意造成交通

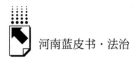

事故的情形。故××保险公司以损伤参与度作为减轻其交强险责任的抗辩理由，缺乏法律依据，不应得到支持。超出交强险的部分，被告××保险公司在第三者责任险限额内对岳朝某、岳彦某的损失承担50%的赔偿责任。因交通事故是致岳朝某死亡的次要原因，其损伤参与度为25%～35%，法院酌定被告××保险公司对岳朝某的损失在50%的基础上承担30%的赔偿责任。

5. 赔偿权利人已被农村医疗保险报销的医疗费，应否从人身损害赔偿金中扣除问题

2017年信阳中院报送的《柯庭某诉程召某、曹友某义务帮工人受害责任纠纷案》案例认为，在义务帮工过程中造成帮工人人身损害，帮工人在治疗过程中虽然通过农村合作医疗报销部分医疗费，但该部分医疗费依旧可以向被帮工人申请赔偿，不应当从人身损害赔偿中扣除。

该案涉及的关键点就是义务帮工人已被农村医疗保险报销的医疗费是否应该从人身损害赔偿中扣除。一方面如果将已在农村合作医疗保险中报销的费用计入原告损失，会造成原告重复获得赔偿，而侵权责任人可能要面临重复承担赔偿责任的问题，即农村合作医疗保险机构向侵权责任人进行追偿。另一方面农村合作医疗保险是基于原告交纳社保费用而报销原告的部分医疗费用，原告承担了支付社保费用的义务才享有报销医疗费用的权利，被告并未代原告支付保费，无权享有由此产生的报销费用的利益。在人身保险中，保险人赔偿后，受害人仍有向侵权人请求赔偿的权利，说明法律并没有禁止受害人因人身损害而获得双重赔偿的权利。至于原告在获得侵权责任赔偿后，能否保有农村合作医疗保险赔付的医疗费用，需要根据农村合作医疗保险赔偿条件予以确定。如果原告不符合赔偿条件，则可由农村合作医疗保险机构向原告予以追偿。

参考文献

周大伟：《法治的细节》，北京大学出版社，2014。

李林、田禾主编《中国法治发展报告（2017）》，社会科学文献出版社，2017。

张林海、李宏伟主编《河南全面推进依法治省研究》，社会科学文献出版社，2016。

张林海主编《河南法治发展报告（2017）》，社会科学文献出版社，2017。

梁慧星：《梁慧星谈民法》，人民法院出版社，2017。

卓泽渊：《法治国家论》，法律出版社，2008。

B.17
河南省高级人民法院刑事
案例分析报告（2017）

河南省高级人民法院课题组 *

摘　要：　实践证明，案例指导制度是遵循司法工作规律的一项重要司法改革举措，指导性案例和司法解释是指导审判工作、维护司法公正两条相辅相成的渠道。2018年初，河南高院抽调省法院相关业务庭室和部分中院、基层院的调研骨干力量组成撰写小组，在各中院上报的2017年案例分析报告的基础上，形成了刑事案例分析报告。报告形成后，省高院与郑州大学联合召开了刑事案例分析研讨会，在充分听取专家学者建议的基础上对报告进行修订完善，并形成最终成果。希望本报告在为河南省司法审判和理论研究提供参考的同时，能从整体上促进河南省案例指导工作水平的提升。

关键词：　刑事案例　案例指导　司法制度

一　刑事案例编报总体概况

案例指导工作具有总结审判经验、统一法律适用、提高审判质量、维护

＊　课题组组长：王韶华，河南省高级人民法院党组成员，副院长。课题组副组长：马献钊，河南省高级人民法院研究室主任。学术指导：张嘉军，郑州大学法学院教授。执笔：芦磊，河南省高级人民法院刑二庭法官；刘迪，三门峡市中级人民法院法官；张汉元，柘城县人民法院法官；吴宵宵，商城县人民法院法官助理。

司法公正的重要作用。2017 年，全省各级法院围绕刑事审判实践中的疑难典型问题，共编写各类刑事案例 178 件，占全省全年编报案例总数的26.06%。全省法院在开展日常性案例编报工作的同时，持续探索专题性案例编报工作，全年全省法院共编选村干部职务犯罪、非法行医犯罪、强制医疗程序、交通肇事犯罪和环境污染犯罪五类刑事专题性案例 28 件，以专题形式归纳分析某一类型刑事案件法律适用的共性问题，以及具体案件裁判的差异性问题，为刑事司法实践提供了较好的参考作用（见图 1）。

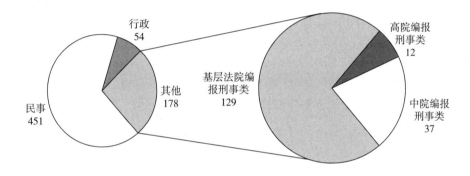

图 1　2017 年编报案例数

二　刑事案例编报反映出的疑难问题

（一）刑事诉讼程序类问题

刑事追诉时效制度有利于节约司法资源、维护刑事法律的权威、确保刑事案件及时解决，从而避免"正义的迟到"，维护社会稳定和公平正义。追诉时效中的延长制度是追诉时效制度的一部分，既体现了对特定犯罪的严惩，也防止犯罪嫌疑人或刑事被告人钻法律的空子、逃避刑事责任，同时约束刑事司法权力，保障被告人的权利。我国《刑法》第 88 条规定："在人民检察院、公安机关、国家安全机关立案侦查或者在人民法院受理案件以后，逃避侦查或者审判的，不受追诉期限的限制。"详细阐述了追诉时效的延长制度，对司法实践具有很强的指导作用。但是，在司法实践中，对于刑事案件嫌疑人"逃避侦查"的具体形式，因具体罪名和犯罪行为的多样化，导致在个案认定上存在一定的认识差异。因而，应当根据主客观相一致的原则进行分析，既要看行为人主观上是否有"逃避侦查或者审判"的态度，又要结合侦查机关是否采取相应的措施，进而综合做出认定。例如，李留选故意伤害案，被告人李留选2000年9月29日故意伤害他人身体，致一人重伤，其行为已构成故意伤害罪。2017年2月8日，李留选被清丰县公安局抓获。李留选辩称案发后，其不知公安机关正在对其进行侦查，也没有逃避侦查的意思，只是因夫妻关系不好才外出打工，而且逢年过节都在家，故应当属于已过追诉时效的情况。经查，案发后，公安机关多次对其进行传唤，并做李留选家属的工作，但李留选均未到案，这一事实有被告人亲属的证言、村委会或居委会的证明等证据证实，仅凭被告人自己的辩解，不足以认定其没有逃避侦查。法院最终认定其犯罪不受追诉时效的影响，进而依法定罪量刑。

（二）刑事实体类问题

1. "自动投案"的司法认定

"自动投案"的认定是自首问题中的一大难点，《最高人民法院关于处理自首和立功若干具体问题的意见》对自动投案的认定进行了细化和完善，但是实践中仍不断出现新的疑难问题。以王甲协助组织卖淫案为例。被告人王甲是公安机关办案人员到其家中以配合调查名义口头传唤到案的，在办案单位侦查人员将其作为证人进行第一次询问时即交代了自己涉嫌协助组织卖淫的行为。与一般的主动投案不同，王甲的到案系受公安人员的口头传唤，而且是公安人员到其家中传唤，到案的主动性和自愿性相对较弱。但该案并无证据显示传唤前王甲已被确定为犯罪嫌疑人，王甲是以接受一般性询问的方式被调查的，并非接受讯问，故王甲仍属于尚未被采取强制措施的人员。生效判决认为，虽然王甲系公安机关办案人员到其家中口头传唤到案的，但该传唤并非法定意义上的强制措施，也无证据证实传唤前王甲已被确定为犯罪嫌疑人，办案人员是以配合调查为名将王甲通知到公安机关，后王甲作为证人在接受排查询问时主动交代了自己的犯罪事实，符合投案的主动性和自愿性，应当属于"自动投案"，并依法认定为自首。

2. 对行为人主观"明知"的认定分析

妨害信用卡管理犯罪，在司法实践中多表现为行为人直接实施妨害信用卡管理的具体行为，例如非法持有他人大量信用卡、使用虚假身份证明骗领信用卡等。但不是由行为人直接实施与信用卡相关的行为，如邮寄、运输、投递等辅助性行为，能否认定构成妨害信用卡管理罪，应当从行为人的具体行为进行分析。以张立龙、刘皋妨害信用卡管理案为例。二被告人作为快递人员，为了谋取好处费，未能认真履行审查职责，频繁在全国范围内邮寄大量来源不明的信用卡，妨害了信用卡管理秩序，并导致多名被害人收到这些"信用卡"后遭受经济损失。综合在案证据，足以认定二人主观上知道这些来路不明的大量信用卡会妨害到信用卡管理秩序，客观上实施了大量多次邮寄的行为，放任对信用卡管理秩序形成的危害，应以妨害信用卡管理罪追究二人的刑事责任。

3. 对"危害公共安全"的界定

以危险方法危害公共安全罪的犯罪客体是公共安全，即不特定多数人的生命、健康或者重大公私财产的安全。如果行为人用危险方法侵害了特定的对象，对不特定的多数人生命、健康或重大公私财产的安全并无危害即不危害公共安全，就不构成该罪。但何为"公共安全"，对于机关单位院内的办公区域是否属于公共区域，公共场所的时空条件如何判断，在实践中往往存在争议。以陈广清以危险方法危害公共安全案为例。被告人陈广清因对其妻罗正丽交通事故处理结果不满，驾驶三轮车将棺材、煤气罐以及烟花爆竹拉到罗山县公安交通警察大队门口，用载着棺材的三轮车堵住该队大门，在该队门口悬挂横幅。后其在交警队院内燃放烟花爆竹，又将带去的煤气罐拧开，掂着打开的煤气罐、菜刀和打火机往交警队办公楼冲过去，煤气罐的阀门随即被其亲属强行关掉。被制止后，其又到交警队办公楼楼顶，点燃随身携带的烟花爆竹向楼下乱扔，并威胁从楼上跳下去，后民警将其制服。陈广清在交警队大院内打开煤气罐的阀门并威胁点燃，因交警队院内的办公区域人员较多，在场人员具有不特定性，被告人的行为在客观上可能使不特定多数人的人身安全遭受侵害，该行为危及了公共安全，最终法院以以危险方法危害公共安全罪对被告人陈广清追究刑事责任。

4. 疏忽大意过失与意外事件及相近情形的区分

区分疏忽大意的过失和意外事件应结合具体案情，综合考量行为人在事情发生时是否有应当预见的义务、预见的可能性及其主观心理状态。以陈彦超过失致人死亡案为例。2015 年 7 月 18 日 20 时许，被告人陈彦超乘坐面包车，从宜阳县高村乡宋午村到渑池县仰韶东街西湖美景食府，找到在此参加同学聚会的李占花，以怀疑李占花作风不轨为由，对李占花长时间纠缠、讥讽，并要求李占花随其返回宜阳，李占花不愿意。期间，被告人陈彦超饮酒，凌晨 1 时许，又以辱骂、厮打等方式要求李占花返回宜阳县，在返回车上，陈彦超对李占花进行厮打、辱骂，李占花在车行驶至渑池县立交桥西300 米处坠车，经抢救无效死亡。本案中陈彦超违背李占花意志，使用暴力手段强行将其限制在车上，长时间对李占花进行纠缠，并且双方发生了厮打，陈彦超有义务预见李占花可能采取反抗和逃跑的措施，但其疏忽大意，进而对李占花跳车的行为毫无防备，未采取必要的预防措施，最终导致了死亡结果的发生，对死亡结果应当负刑事责任。

5. 未产生肢体接触确致他人死亡如何认定

行为人与被害人之间即使没有发生直接的身体接触，但是行为人的具体言行在当时足以造成被害人思想上产生惧怕、恐惧、担心等变化，被害人基于该主观心态变化造成行为出现错乱，致使身体受到实际伤害，应当认定存在刑法上的因果关系。以刘小末过失致人死亡案为例。刘小末与被害人周某某因琐事发生争执，周某某年龄较大且系酒后，在争执过程中，刘小末猛然转身疾步逼近当事人，同时伴有言语威胁，导致周某某猝不及防，重心不稳仰面倒地。次日早晨 6 时许，周某某被发现在其屋内死亡。经鉴定，被害人周某某符合枕部着地所致严重颅脑损伤死亡。本案中，发生了被告人刘小末行为导致周某某死亡的实际后果，被告人刘小末应当预见疾步进逼这一行为对被害人可能造成的恐吓，进而产生其他危害后果。但没有预见，已构成过失犯罪。生效判决认定，被告人刘小末的行为与被害人周某某死亡二者之间存在着因果关系，被告人刘小末犯过失致人死亡罪，判处有期徒刑一年零六个月，缓刑两年。

6. 交通肇事犯罪相关问题

（1）交通肇事逃逸认定的时间和空间要件。刑法对交通肇事逃逸行为加重处罚，主要是为了督促肇事者及时履行救助被害人的义务，最大限度地保护法益，降低肇事行为的损害后果。刑法规定的"交通肇事后逃逸"是交通肇事罪加重处罚的量刑情节，体现了对这种逃逸情节从严处罚的思想。在实践中应当对"逃逸"情节从严加以认定，不能任意扩大对"交通肇事后逃逸"的解释。以李顺林交通肇事案为例。被告人李顺林驾驶摩托车与被害人吴某某发生交通事故，致使吴某某受伤。经交通警察大队认定，李顺林负事故的全部责任。事故发生后李顺林也受伤，其与吴某某一同被120救护车接到林州市中医院救治。当天李顺林向前来询问的林州市公安局交通警察大队民警如实陈述了本案发生的经过和个人基本情况。三日后，吴某某经抢救无效死亡。在吴某某死亡后，林州市交通警察大队找不到李顺林，遂上网追逃。后李顺林到派出所投案，并如实供述了肇事经过。虽然李顺林驾驶机动车辆致一人死亡，且负事故的全部责任，其行为构成交通肇事罪，具备交通肇事逃逸的前提要件。但是，李顺林接受了公安交警部门首次处理，即在交警部门对其进行询问等处理措施前并未离开现场，由于被害人当时已经得到救治，事故责任人也已经确定，李顺林的逃跑不会扩大或加重被害人的危害后果，故李顺林接受首次处理后逃跑，不具备交通肇事逃逸的时间和空间要件，不宜认定为交通肇事后逃逸。

（2）交通肇事后"逃逸"的主客观认定。对"逃逸"的认定应以是否救助被害人为核心，同时考虑行为人有无逃跑妨碍侦查的行为来综合认定交通肇事逃逸。若行为人交通肇事后，虽然主观上有逃避法律追究的故意，但在客观上积极救助被害人，没有逃离现场，并在肇事后第二天投案，不应认定为交通肇事后逃逸。以朱勇兵交通肇事案为例。被告人朱勇兵无证、酒后驾驶小型轿车,与推电动自行车的谷某某相撞,造成谷某某受伤、两车损坏的交通事故。事故发生后,朱勇兵驾车将谷某某送至卫生院进行抢救,后朱勇兵主动到交通警察大队投案,并如实供述主要犯罪事实。在道路交通事故认定书认定朱勇兵承担事故的全部责任并对谷某某鉴定为重伤二级后,民警多次通知朱勇兵,其拒不到案,民警遂将朱勇兵抓获。该案被告人交通肇事后,虽然主观上有逃避法律追究的故意,但是在客观行为上,朱勇兵积极救助被害人,没有离开医院,并及时到公安机关投案,降低了其行为的社会危害性,也没有妨害公安机关的侦查行为,其行为不应认定为交通肇事后逃逸。

(3)交通肇事逃逸情节在定罪和量刑中的重复评价问题。禁止重复评价原则是指在定罪量刑时,对同一犯罪事实构成不能给予两次以上的重复评价。在具体案件中,同一犯罪事实如果在定罪过程中已经发挥过作用,那么在量刑时就不能将同一犯罪事实作为是否处刑和处刑轻重的依据。以郭长喜交通肇事案为例。被告人郭长喜违反交通运输管理法规,未取得机动车驾驶证驾驶机动车,发生重大事故,致一人重伤(二级),且肇事后逃逸,因其逃逸行为,郭长喜被认定为负事故的全部责任。在此情况下,交通肇事后逃逸已作为定罪要素使用,那么这一情节就不能再次作为构成交通肇事罪法定刑升格的条件进行评价,因此不宜再以逃逸情节对被告人进行量刑。

(4)逃逸后介入因素出现情况下的因果关系认定。以王少鹏交通肇事案为例。被告人王少鹏驾驶重型厢式货车行至平顶山市卫东区遵化店镇遵化店村路段附近,将路上行人撞倒后驾车逃离现场。又原路返回到案发地察看后,再次驾车离开现场。该行人在被王少鹏驾车撞倒后,因未得到及时救助至天黑,又遭道路上行驶的由李某某驾驶的黄色铲车碾压致头颅崩裂而死亡。被害人经王少鹏撞击后伤情较重,无法自救,王少鹏的行为对被害人造成了法所不容许的风险。被害人受伤后躺在正常通行的公路当中,天黑行车视线不佳,加之被害人身着深色衣服,使车辆驾驶人较难发现路中躺着的伤者,被害人生命安全暴露于高度危险之中,在此种情况下,一般人均能预见前行为有极大可能会导致介入因素（二次碾压）的出现，故介入因素不隔断之前的行为同死亡结果之间的因果关系，王少鹏的行为仍然同被害人死亡结果之间具有因果关系，故对王少鹏的行为应以交通肇事逃逸致人死亡论处。

7. 民间借贷、合同诈骗罪及诈骗罪的区分

在涉及财产纠纷引发的案件中，经常出现民刑交织或者定性不准的情况。在司法实践中，应当严格区分涉及财产的民商事纠纷和侵犯财产的刑事案件。以翟亚斌诈骗案为例。被告人翟亚斌与被害人赵某某经人介绍相识，翟亚斌称其正在山西省吕梁市交口县开发小流域综合治理项目，以此为由开挖煤矿，利润丰厚，但需要资金投入，便商议让赵某某先期投资，以优惠价合伙开发该项目。赵某某以银行承兑汇票和转账的方式，先后两次给翟亚斌515 万元做投资。后翟亚斌称吕梁项目暂停，改做沁源县灵空山镇西务村小流域治理项目。后赵某某联系被告人翟亚斌到山西省沁源县灵空山镇西务村查看项目进展情况，经实地查看，赵某某发现受骗，提出撤资并催要投资款，翟亚斌以种种理由推托拒不还钱。本案中，翟亚斌利用被害人投资赚钱的急切心理，编造中间人身份，赢取被害人信任，以开采煤矿、利润丰厚为诱饵，刻意隐瞒国家不再审批该项目、该项目无实际运行可能的事实，使被害人错误认为小流域治理项目存在并能施工开采，从而做出转款515 万元的处分行为，后被害人发现并追要钱款，行为人拒不归还，该行为性质并非正常的民间借贷，而是触犯刑事法律的诈骗犯罪，法院最终以诈骗罪定罪量刑。

8. 骗取车辆又将其质押借款案件中的被害人及犯罪数额如何认定

以雒松波诈骗案为例。被告人雒松波以借车第二天帮助办喜事为由，将被害人雒某某的一辆现代越野车骗走。当日 16 时许，又以车主雒某某的货车在外地发生事故，急需用钱为由，将该车质押给任某某。任某某借款给雒松波 47000 元。后经雒某某多次催还，雒松波以无力赎回为由，拒不归还车辆。经鉴定，该车价值 129398 元。该案的犯罪数额如何认定是焦点问题。生效裁判认为，被告人以非法占有为目的，虚构事实，骗取雒某某的车辆后

即已构成诈骗罪既遂，诈骗数额为诈骗车辆的价值即 129398 元，诈骗数额巨大。随后，雏松波将骗取的车辆质押借款，是对赃物的处置行为，属于诈骗车辆犯罪行为的延伸，不能成为认定犯罪数额的依据。

9. 诈骗罪与抢夺罪的区分

以张志强抢夺案为例。被告人张志强伙同他人预谋后，驾驶一辆黑色无牌号轿车从安徽省蚌埠市出发到河南省驻马店市，由张志强负责与被害人搭讪，假装借手机打电话，伺机实施抢夺行为。以借用他人手机打电话为由趁机将手机拿走，从犯罪手段的形式上看是采用欺骗方式让被害人将手机借给行为人，但被害人的真实意思并非将手机的所有权转移给行为人，而是将手机暂时借给行为人使用，行为人趁被害人不注意将手机拿走，应定性为抢夺罪，而非诈骗罪。

10. 盗窃罪和侵占罪的区分

盗窃罪与侵占罪同属侵犯财产罪，都是以非法占有为目的，二者的区别主要在于盗窃罪是秘密窃取公私财物的行为，在实施盗窃时财物并不在行为人控制之下，而侵占罪则是行为人实施侵占行为时，被侵占之物当时已在行为人的实际控制之下。但何为"他人控制之下"，在司法实践中也出现了一些疑难情况。以李保亮盗窃案为例。被告人李保亮到河南省农村信用联社某营业大厅办理业务时，发现柜台上有他人的黑色钱包，用手一摸感觉里面有钱，即用胳膊掩盖后转移到自己身上，办完业务后携带该钱包回家。当天被发现后追回，该钱包内有现金 4900 元。在本案中，被害人的钱包虽然相对于所有权人来讲，已经不在控制之下，但是其遗留在了相对封闭的银行柜台上，处于一定的监控状态，并非一般意义上的遗忘物，拿走该钱包并将财物据为己有的，构成盗窃罪，而非侵占罪。

11. 抢劫罪与敲诈勒索罪的区分

抢劫罪和敲诈勒索罪的行为都可以使用暴力，但两罪的暴力程度是不同的，差别在于是否足以压制对方反抗。以田帅朝、耿帅超等人抢劫罪一案为例。二被告人伙同他人控制被害人人身自由后，当面向被害人多次实施辱骂、殴打，并往五名被害人的鼻子里灌芥末油，让五人脱光衣服在院里挨冻，造成了二位受害人分别为轻伤一级、轻伤二级和另外二位被害人均为轻微伤，并强迫被害人将钱财汇到指定账户，共计向被告人提供的银行账户中打入 79800 元。法院经审理认为，被告人以暴力方式劫取他人财物，数额巨大，其行为已构成抢劫罪。

12. 多次索贿的认定

行为人在一段时期内，对同一人多次索取财物的行为，是否属于刑法规定的"多次索贿"，实践中要注意结合行为人的主观目的、索贿事由、对象等进行具体认定，避免单纯形式化的理解。以曹光平、王现书受贿案为例。曹光平、王现书利用管理原浚县黎阳镇东长村征地拆迁工作的职务便利，多次向他人索贿。2009 年 3 月，曹光平以帮助原浚县黎阳镇东长村征地拆迁户李某多争取补偿款为由，向李某索要人民币 2500 元。2009 年 4 月的一天，曹光平伙同王现书以帮助李某取得征地拆迁补偿款为由，向李某索要人民币 70000 元。2009 年 7 月 3 日，曹光平伙同王现书，以帮助李某取得征地拆迁附着物补偿款为由，向李某索要人民币 25000 元。2009 年 7 月 3 日，曹光平以帮助李某取得征地拆迁附着物补偿款为由，向李某索要人民币 2900 元。2009 年下半年的一天，王现书以为原浚县黎阳镇东长村征地拆迁工作提供帮助为由，向该村村委会索要人民币 12000 元。生效裁判认为，曹光平虽然针对的索贿对象均为李某一人，但其对李某多次索贿的事由不尽相同，其每一次索要财物都构成对国家工作人员职务廉洁性的侵害，应当分别独立评价，曹某应属于多次索贿。

13. 村干部虚假投保骗取国家农业灾害保险理赔款构成何罪

以胡付仃贪污案为例。被告人胡付仃利用其担任村支部书记的职务便利，在协助人民政府推行国家农业灾害保险政策实施过程中，采取自己出资、以群众名义虚假投保的手段，投保其所在村委的农业灾害保险，领取虚假国家农业灾害保险理赔款。生效裁判认为，农业种植保险理赔款是由国家财政投入，针对无法抗拒的自然灾害对投保农作物造成的损失的补偿款。被告人胡付仃身为村基层组织成员，在农业保险工作过程中承担协助政府宣传政策、收取保费、如实填写投保清单和投保单并盖章确认上交镇农险办、保管发放保险单及分户凭证等具体管理经办工作，系协助人民政府从事行政管理工作，属于其他依照法律从事公务的人员，应以国家工作人员论。被告人胡付订在协助人民政府从事公务过程中，利用职务便利，伙同他人及自己采取冒用农户名义虚假投保、虚假获取理赔，骗取国家农业保险费补贴资金，其行为已构成贪污罪，但其自己所交保费部分因属自己财物，应当扣除。

14. 涉及生态环境领域犯罪问题

（1）数罪的处理。以赵兰非法猎捕、杀害珍贵、濒危野生动物案为例。2014年7月至2015年1月期间，被告人赵兰为了防止鸟类啄食其家梨树上的果实，在没有办理任何批准手续的情况下，在禁猎区内遂平县槐树乡槐树村街西侧约200米其家梨园东西两侧架设粘网，共捕杀猫头鹰1只，麻雀2只，黑喜鹊41只，后被遂平县森林公安局查获。经鉴定，猫头鹰属于国家二级保护动物；麻雀属于国家保护的有益的野生动物；黑喜鹊属于一般野生动物。其中，其捕杀猫头鹰的行为符合《刑法》第341条规定的非法猎捕珍贵、濒危野生动物罪的规定；其在禁猎区捕杀麻雀2只及黑喜鹊41只共计43只，根据《最高人民法院关于审理破坏野生动物资源刑事案件具体应用法律若干问题的解释》第6条第一项规定，其行为属于非法狩猎"情节严重"的情形，构成非法狩猎罪。被告人的行为触犯了非法狩猎罪和非法猎捕珍贵、濒危野生动物罪两个罪名，但两个行为是基于同一个主观故意，因此是定两个罪处罚还是定一个罪处罚，如果定一个罪，以哪个罪进行定罪，都存在一定的争议。生效判决认为，在本案中被告人赵兰基于一个罪过，实施了在禁猎区内架设粘网的犯罪行为，触犯了非法狩猎罪和非法猎捕珍贵、濒危野生动物罪两个罪名，因为其只实施了一个犯罪行为，属于想象竞合犯，应当对其从一重罪处罚。根据我国刑法第341条规定，非法猎捕、杀害国家重点保护的珍贵、濒危野生动物的，处五年以下有期徒刑或者拘役，并处罚金。而犯非法狩猎罪的，处三年以下有期徒刑、拘役、管制或者罚金。最终，被告人赵兰犯非法猎捕珍贵、濒危野生动物罪，判处拘役四个月，并处罚金人民币三千元。

（2）非法占用农用地罪的认定。以黄夕鸣非法占用农用地案为例。在未经土地管理部门批准的情况下，被告人擅自在新蔡县黄楼镇鲁庄村委大黄庄驻新路北侧非法占用土地20.041亩建设砖窑厂，其中占用林地13.46亩，占用建设用地0.227亩，占用耕地6.354亩，耕地地类为旱地，全部为基本农田。由于建有厂房和硬化地面，造成6.354亩耕地的种植条件被严重毁坏。被告人违反了土地管理法规，非法占用耕地，并且改变了被占用土地的用途。其行为属于占用耕地"数量较大"并"造成大量毁坏"，构成非法占用农用地罪。

（3）引进生态修复保证金制度解决犯罪惩处和生态修复问题。普通的刑事审判因为刑罚种类的单一性和法定性，无法在生态修复方面体现司法强制力的作用，案件审判后，治理被破坏的环境成为难题。如何在刑事审判的同时，确保被破坏的生态环境得到修复，是司法实践大力探索的一项内容。以孟伟华非法占用农用地案为例。在未经有关部门审批的情况下，被告人擅自改变林地用途，在其承包的部分国有林地内修建仓库、办公楼及进行地面硬化，并将所建仓库等租赁给他人用于生产经营，造成林地大面积毁坏。国有林场作为林木林地的森林资源管理人，提起刑事附带民事诉讼，要求被告人孟伟华对破坏的林地承担生态修复责任。同时，为了确保判决书中生态修复的可行性，在本案审理过程中创新引入两项制度。一是建立生态修复保证金制度。在立案之初委托鉴定机构对被破坏的环境所需修复费用进行评估，督促环境资源的侵权人缴纳生态修复保证金，判决环境侵权人承担修复责任，如修复到位，退还保证金，如未全面履行修复义务，保证金折抵修复费用，保证被破坏的环境能够得到全面修复，节约司法成本。二是引进环境资源修复第三方评估监督机制，保障环境修复的效果落到实处。在裁判生效后，由专业评估机构对生态环境修复情况进行验收，有效解决环境资源案件修复标准模糊、修复效果不佳的问题。

15. QQ群传播淫秽物品的认定

以赵西康、张建伟传播淫秽物品案为例。张建伟建立"永乐会所"QQ群，并成为该群群主，群成员达413人；群成员赵西康成为"永乐会所"

QQ 群群管理员后，在该群中上传 64 部淫秽视频及部分淫秽图片。张建伟身为 QQ 群群主在发现群成员上传淫秽信息时，不但不加以管理和制止，而且该群被封号后，张建伟又建立"资源群"QQ 群，并将自己在"永乐会所"QQ 群内下载的淫秽视频和图片在该群中予以上传，供群内成员下载观看。生效判决认为，二被告人利用互联网络传播淫秽视频和图片供他人下载和观看，情节严重，其行为构成传播淫秽物品罪。

16. 传授犯罪方法行为的法律认定

利用互联网向特定当事人传播能够用于实施违法犯罪行为的具体方法，虽然不同于以往该类犯罪中"面授"的形式，但同样构成本罪。以陈冠宇、陈星博、程娇娇传授犯罪方法案为例。三名被告人具有共同犯罪的故意，通过注册网址、经营网店的方式，在明知购买者可能利用其出售的工具实施犯罪的情况下，仍采取虚假的姓名和地址大量向他人出售开锁工具、汽车解码器等，并提供使用方法及视频。陈慧强（另案处理）通过网络向陈冠宇购买开锁工具后，利用购买的开锁工具入户盗窃，被人民法院判处有期徒刑八年。据此，三被告人的行为均构成传授犯罪方法罪。

17. 销售未获准进口的药品如何定罪量刑

对销售未获准进口的药品存在一种认识，即只要销售的药品在生产国是经过审批合法上市销售的，那么即使我国并未核准进口而行为人走私入境销售，也不应当以"假药"认定。这种认识没有准确把握销售假药罪的内涵和立法本意，对销售未获准进口药品的行为，应当严格按照司法解释的要求进行认定。以蔡雷雷、蔡豆豆销售假药案为例。二被告人为牟利，销售属于我国尚未批准上市的治疗肝病的特效药"索非布韦""达卡他韦"，依照两高《关于办理危害药品安全刑事案件适用法律若干问题的解释》（2014 年）第 11 条规定：销售少量未经批准进口的国外、境外药品，没有造成他人伤害后果或者延误诊治，情节显著轻微危害不大的，不认为是犯罪。本案中二被告人销售未经批准进口的"索非布韦"和"达卡他韦"62 瓶，价值 8 万余元，从药品数量及销售款项上来说，已超出该解释中规定的"少量"范畴，应按销售假药罪追究二被告人的刑事责任。

三 下一步需要注意的事项

（一）要注重对适用刑法总则条款的理解与适用

只有完整全面地理解和把握刑法体系，才能真正理解和把握每一个具体条款的深刻内涵和彼此之间的内在逻辑。这就要求刑事法官在判案过程中，应该尊重总则的普遍指导意义，在刑事审判法律方法中，应当坚持总则指导分则。刑法总则对分则具有统率、指导作用。法官办案必然要突出一般性的优先地位，原则上不能以待解决问题的特殊性而排斥一般性法律的适用，特别是在"入罪"环节，绝对不能由于事例之特殊而不顾现有刑法是否有规定便定罪判刑。体现一般公正的法律为个案公正留有较大的余地，法官的职责就是根据个案的特点，在一般公正的框架内，实现个案的公正。因而只有更加注重总则条款的理解与适用，才能更好地领会和掌握刑法的精神和灵魂。

（二）加大对涉黑类案件的审理力度

2018 年初，党中央、国务院决定在全国开展"扫黑除恶"专项斗争，强调要聚焦涉黑涉恶问题突出的重点地区、重点行业、重点领域，把打击锋芒始终对准群众反映最强烈、最深恶痛绝的各类黑恶势力违法犯罪。目前，全国部分省份已经陆续公布了对黑恶势力违法犯罪线索的举报方式，扫黑除恶专项斗争的大幕已经拉开。随之而来的就是涉黑类案件的审理工作，如何把每一起案件都办成"铁案"，这就要求每位法官主动适应以审判为中心的刑事诉讼制度改革，切实把好案件事实关、证据关、程序关和法律适用关，这样可以保证扫黑除恶斗争不走偏、不变形。

（三）加强对环境污染类案件的审理和宣传教育

要切实加强对环境污染刑事案件审判工作的组织领导，配齐、配强审判力量，重视业务培训，及时更新知识和观念，不断提高司法能力；要忠实履行审判职能，正确处理环境污染刑事案件，既有力打击犯罪，又妥善化解矛盾，实现法律效果和社会效果的有机统一；要加大环境污染刑事案件审判的司法公开力度，认真落实庭审和裁判文书公开的各项措施，邀请人大代表、政协委员、新闻媒体等旁听重大、典型案件的庭审活动，扩大环境污染犯罪审判工作的社会影响；对审判中发现的环境治理、社会管理、执法办案等方面的问题，要及时向相关部门提出司法建议；要注重正面宣传和舆论引导，加大打击对环境污染犯罪的宣传力度，依托各类媒体，运用多种方式，引导和培养社会公众的环保意识和法律意识。

（四）严格把握拒不执行法律判决裁定罪的认定

随着两到三年内基本解决"执行难"目标的提出，各级法院都加大了执行工作力度，把打击"拒执"犯罪作为震慑被执行人的一种有效方式，该类案件呈快速上述趋势。但是，该类案件多是以自诉方式立案，待被告人执行后，又以撤诉方式结案，刑事措施成为促使执行的工具和手段，影响了刑事司法的权威性和严肃性，与刑法的谦抑性不相符，也不利于对公民合法权益的保障。应当严格按照"拒不执行判决、裁定罪"的构成要件，对于主观上无视法律权威，对抗生效判决的执行力，在客观方面确有能力履行而拒不执行，且情节严重的行为，才能定罪量刑。对于可以通过其他手段促进行为人执行裁判的，一般不宜轻易运用刑罚进行处理。

参考文献

周大伟：《法治的细节》，北京大学出版社，2014。

李林、田禾主编《中国法治发展报告（2017）》，社会科学文献出版社，2017。

张林海、李宏伟主编《河南全面推进依法治省研究》，社会科学文献出版社，2016。

张林海主编《河南法治发展报告（2017）》，社会科学文献出版社，2017。

赵秉志：《刑法总论》，中国人民大学出版社，2012。

卓泽渊：《法治国家论》，法律出版社，2008。

B.18
河南省高级人民法院行政
案例分析报告（2017）

河南省高级人民法院课题组*

摘　要： 实践证明，案例指导制度是遵循司法工作规律的一项重要司法改革举措，指导性案例和司法解释是指导审判工作、维护司法公正两条相辅相成的渠道。2018年初，河南省高院抽调省法院相关业务庭室和部分中院、基层院的调研骨干力量组成撰写小组，在各中院上报的2017年案例分析报告的基础上，形成了行政案例分析报告。报告形成后省高院与郑州大学联合召开行政事案例分析研讨会，在充分听取专家学者建议的基础上对报告进行修订完善，并形成最终成果。希望本报告在为河南省司法审判和理论研究提供参考的同时，能从整体上促进河南省案例指导工作水平的提升。

关键词： 行政案例　案例指导　司法制度

2017年，全省各级法院紧紧围绕行政审判中的热点、难点问题认真开展行政案例工作，表1～表4对2017年全省各级法院有关行政案例总体情

＊　课题组组长：王韶华，河南省高级人民法院党组成员，副院长。课题组副组长：马献钊，河南省高级人民法院研究室主任。学术指导：张嘉军，郑州大学法学院教授。执笔：王松，河南省高级人民法院行政庭副庭长；郭宇凌，河南省高级人民法院研究室法官；昌辉，信阳市中级人民法院法官；尹思嘉，中牟县人民法院法官助理。

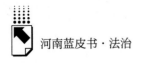

况做了大体的概括。全年共编报行政案例 54 件，约占全省法院全年结案数量 27963 件（一、二审和再审诉讼案件）的 0.19%。

表 1   2017 年全省法院编报行政案例与行政案件结案总体数量情况分析

单位：件，%

项目	全年结案	编报行政案例	占比
数量统计	27963	54	0.19

表 2   2017 年全省法院编报行政案例总体数量及类型分析

单位：件，%

类型	行政不作为	行政确认	行政处罚	信息公开	行政强制	行政许可	行政征收	行政给付	行政合同	行政赔偿	其他类型	合计
数量	10	10	5	8	4	3	3	1	1	6	3	54
比例	18.5	18.5	9.3	14.8	7.4	5.6	5.6	1.8	1.8	11.1	5.6	100

注：行政复议是行政行为的后置程序，在行政诉讼中复议机关往往与被诉行政机关作为共同被告进入诉讼程序，这里不再将其单独作为一个类型进行统计。

表 3   2017 年全省法院编报行政确认案例数量及类型分析

单位：件

类型	工伤认定	见义勇为认定	房屋登记	土地登记	户籍登记	合计
数量	5	1	2	1	1	10

表 4   2017 年全省法院编报行政处罚案例数量及类型分析

单位：件

类型	工商处罚	交通处罚	环保处罚	劳动处罚	合计
数量	2	1	1	1	5

经过认真分析梳理，可以将 2017 年度全省法院行政案例的主要特点归纳为以下八个方面。

一   准确把握行政行为可诉性问题

案例 1   安阳龙安区法院编报的《娄乐某诉安阳市北关区国土资源局、

安阳市北关区城市管理行政执法局行政强制案》案例认为，在实践中，行政机关往往以通知的形式代替需要按法定程序做出的行政决定，以达到提高行政效率的目的。判断行政机关对特定相对人做出的具有强制执行力的通知是否具有可诉性，关键在于看该通知是否对特定相对人的权利义务产生了实际影响。如果该通知对特定相对人设定了新的权利义务，或对其原有的权利义务产生了实际影响，就具有可诉性，反之则不可诉。在本案中，根据《国有土地上房屋征收与补偿条例》第5条之规定，被告具有强制征收国有土地上单位、个人房屋的行政职权，在没有行政征收决定作为依据的情况下，被告就以通知的形式要求原告自行拆除自家房屋，该通知对原告具有明显的约束力，实际上已具有了行政决定的意义，对原告的权利义务产生了实际影响。因此，该通知具有可诉性。

本案准确把握了行政行为的可诉性问题，与最近发布的新行政诉讼法适用解释第1条中关于对公民、法人或者其他组织权利义务不产生实际影响的行为不属于行政诉讼受案范围的规定相一致。因此，该案例对准确把握行政行为的可诉性具有借鉴意义。法院对行政行为可诉性的审查不仅要从形式上进行认真把握，更要从行政行为对当事人权利义务的实际影响方面进行严格审查。

二　准确认定原告诉讼主体资格

案例2　三门峡中院编报的《河南×××有限公司诉济源市人民政府房屋行政登记案》案例认为，建设工程承包人在建设工程款不能支付时享有对建设工程折价或拍卖价的优先受偿权，这就涉及建设工程的转移登记，而建设工程的转移登记必然会影响建设工程承包人债权的实现，建设工程承包人与转移登记行为就产生了法律上的利害关系，有权对转移登记行为起诉，具有诉讼主体资格。但建设工程的初始登记行为并不影响工程承包人对其债权的实现，建设工程承包人与初始登记行为并不具有法律上的利害关系。因

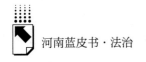
此，建设工程承包人不能对该初始登记行为起诉，不具有诉讼主体资格。

当事人有无原告诉讼主体资格的关键在于其对行政行为有无法律上的利害关系。作为行政行为相对人的原告诉讼主体资格，在实践中相对比较容易把握，但是对于行政行为相对人以外的利害关系人的原告诉讼主体资格的标准，则需要在司法实践中进一步加以明确。本案例对该问题的准确认定，可以对审理类似案件提供借鉴和参考。

三 在诉讼过程中强调对当事人诉讼行为的司法规范

案例3 洛阳铁路运输法院编报的《尚某某诉洛阳市公安局、河南省公安厅信息公开案》一案中，原告未到庭参加诉讼，其委托的两名代理人中的一名坚持要求以原告法定代理人的身份参加诉讼，并提出被告行政首长未出庭、被告方出庭人员未穿制服等问题。法庭做出处理决定后，该原告委托代理人拒不接受，并申请审判长回避。当其申请被法庭驳回后，该原告委托代理人又以程序违法为由，拒不宣读起诉状、拒绝陈述诉讼请求和事实理由，拒不配合法庭对该案的审理，致使庭审活动无法正常进行。任何当事人及其代理人都必须依法行使诉讼权利，遵守诉讼秩序，在庭审中听从法庭的统一指挥，否则应承担不利的法律后果。原告及其代理人在依法享有原告诉讼权利的同时也应当承担相应的诉讼义务，如对法院对相关问题所作决定持有不同意见，可以通过正当途径解决，但应对法院审判工作给予必要的尊重和配合。该原告委托代理人在本案庭审中的行为，应当视为自动放弃自己的诉讼权利，应按照自动撤诉处理。

在司法实践中，个别当事人滥用诉讼权利，将法庭当成发泄个人不满的舞台，不服从审判长指挥；个别当事人藐视法庭，不举证、不陈述，致使庭审无法进行；等等，严重背离了行政诉讼的目的，损害了司法权威。新《行政诉讼法》适用解释第80条第一款规定，原告或上诉人在庭审中明确拒绝陈述或者以其他方式拒绝陈述，导致庭审无法进行，经法庭释明法律后果后仍不陈述意见的，视为放弃陈述权利，由其承担不利的法律后果。最高人民法院制定该条款的目的就是规范当事人的诉讼行为，明确拒绝陈述的法律后果。本案的判决与该条款的规定精神是一致的，体现了对诉讼行为的司法规范，任何当事人及其代理人都必须依法行使诉讼权利，遵守诉讼秩序，在庭审中听从法庭的统一指挥，否则应承担相应的法律责任或不利的法律后果。

四　依法规范、监督行政机关的行政执法行为

案例 4　焦作山阳区法院编报的《崔希某、史玉某诉焦作市公安交通管理支队行政赔偿案》案例认为，行政机关在行使法定职权的过程中应当履行充分的注意义务，由于未能履行充分的注意义务而导致非执法对象的第三人损害的，应当承担行政赔偿责任。本案被告在指挥涉嫌违章车辆停靠时，没有选择不妨碍道路通行和安全的地点进行，也没有在来车方向设置分流、避让标志，其行为客观上增加了查车地点过往车辆和行人通行的危险性，最终导致交通事故的发生，造成受害人当场死亡的严重后果，故被告应当在其责任范围内对第三方受害人进行赔偿。法院对行政行为加强了审查力度，有利于促进行政机关文明执法、合理执法，对行政机关的执法方式提出了更高、更严格的要求。

案例 5　新乡卫辉市法院编报的《周福某、胡德某诉新乡市不动产登记和交易中心行政赔偿案》案例认为，信赖保护原则是行政机关应当确保管理活动的明确性、稳定性和连贯性，从而树立和保护公民、法人或者其他组织对行政机关及其管理活动真诚信赖的原则。被告的不动产登记及颁证行为具有法律效力，对公民产生行政信赖的法律后果，因被告登记行为违法，原告持有的产权证书被注销收回，其行政信赖利益应当得到司法救济。需要指出的是，该案例认为，原告信赖利益损失赔偿应当从被诉不动产登记行为被最终确认违法之日起算，赔偿范围应当以信赖事故发生时原告财产实际减少

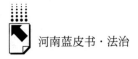

和可期待利益必然减少为标准进行确定，赔偿仅限于国家赔偿法规定的直接损失，对精神损害则不予赔偿。

案例6 郑州铁路运输中院编报的《李某某诉二七区政府信息公开告知书违法案》案例认为，被告聘请律师的费用属于政府采购范围内法律服务类项目，涉及公共财政支出，应当接受社会公众的监督，属于应当公开的政府信息，而非被告所称的涉及第三人隐私而不能公开的政府信息。被告以第三方不同意提供信息为由做出的信息公开答复，属于适用法律法规不当，依法应予撤销。行政机关向申请人提供的政府信息，应当是现有的，一般不承担为申请人汇总、加工或者重新制作的任务。原告申请的政府信息是个案的聘请律师费用，因被告对于法律服务类的支出针对的是律师事务所全年的整体费用，而不是对个案进行的单独结算，原告申请公开的政府信息需要被告进行加工制作，故被告不需要对原告重新做出答复。《政府信息公开条例》第23条规定，行政机关认为申请公开的政府信息涉及商业秘密、个人隐私，公开后可能损害第三方合法权益的，应当书面征求第三方的意见；第三方不同意公开的，不得公开。但在实践中该条款经常容易被行政机关滥用，成为其不公开相关政府信息的理由，违背了条例保障公民知情权的法律精神。

案例7 南阳卧龙区法院编报的《周某某诉邓州市公安交通警察大队不履行车辆检验合格标志核发职责纠纷案》案例认为，《大气污染防治法》第53条第一款规定，在用机动车应当按照国家或者地方的有关规定，由机动车排放检验机构定期对其进行排放检验。经检验合格的，方可上道路行驶。未经检验合格的，公安机关交通管理部门不得核发安全技术检验合格标志。《大气污染防治法》与《道路交通安全法》均为法律，关于对车辆安全检验合格标志颁发的规定具有同等效力。不能机械地理解为公安交通管理部门执法要适用《道路交通安全法》，环保部门执法要适用《大气污染防治法》，行政执法及法院行政审判必须考虑整个法制统一。本案中，原告的车辆虽然经过机动车安全技术检验机构检验为合格，但是车辆排放环保检验不合格，被告拒绝为其核发安全检验合格标志于法有据。

以上 4 个典型案例，无论从维护公民人身权益、信赖利益、知情权等合法权益角度出发，判决行政机关败诉，还是从法制统一的角度出发，维持行政机关的行政行为，支持行政机关依法行政，都体现了对行政机关执法行为的规范和监督，有利于推进法治政府、责任政府建设，促进行政机关依法行政。

五 对复杂疑难法律问题充分运用司法智慧做出司法裁判

案例 8 郑州铁路运输中院编报的《王某某诉河南省工商局、河南省人民政府信息公开案》案例认为，本案的焦点是在公务员招录过程中，录用人员的个人信息是否完全属于个人隐私而依法免予公开，当涉及社会公共利益的公众知情权、监督权与录用人员的个人隐私权两者发生冲突时如何处理。公务员招录直接涉及社会公共利益，录用公务员应当坚持公开、平等、竞争、择优的原则。涉及录用人员的出生年月、教育程度、政治面貌、健康状况等相关个人简历方面的信息是公务员招录要求必须提供的基本信息，录用人员应当向相关政府部门主动提供，以接受相关政府部门的审核。在公务员招录考试的过程中，未获得公务员录用资格就意味着机会利益的减损。当涉及公众利益的知情权、监督权与录用人员的个人隐私权发生冲突时，应当将公务员招录的公共属性放在首位，从而有利于社会公众对公务员招录行为进行监督，促进公务员招录工作的公开、公平、公正。因此，从尊重和保障原告作为公务员招录利害关系方的知情权、监督权的角度出发，原告要求被告公开相关政府信息的请求应当得到支持。同时，应当注意的是，需要公开的录用人员个人信息仅限于公务员招录所要求的基本信息，而与此无关的个人信息则不属于公开的内容。通过对不同法律价值的司法衡量，当个人的隐私权影响到社会公共利益的实现时，就应当对个人隐私保护有所限制，优先

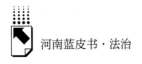

保护社会公共利益。

案例9 郑州铁路运输中院编报的《××公司诉郑州市中原区人民政府确认拆迁行为违法案》一案中，原告的部分房屋围墙遭到强拆，但被告并不承认该强拆行为是其所为，原告也不能提供充分的证据证明是其所为。在一般情况下，对强拆迁类案件，原告应当首先举证强拆行为是被告所为。但在本案中被告在原告所居的区域内实施城中村改造，被告的拆迁部门将拆迁公告张贴在原告的仓库大门上，并在当地报纸上进行了公告，在被告不能举证证明强拆行为系他人所为的情况下，生效判决运用举证责任倒置规则，认定是被告实施了强拆行为，符合行政证据规则的法律精神，保护了举证能力较弱的当事人的合法权益，这种做法值得肯定和借鉴。

案例10 洛阳老城区法院编报的《张某某、刘某某、杨某某、杨某诉偃师市首阳山镇人民政府行政赔偿案》案例认为，在被告违法强制拆迁案件中，原告无证据证明其财产损失数额，被告实施行政强制拆迁时亦未依法形成公证笔录和公证清单，在原告举证不能，其实际损失难以准确认定的情况下，可以根据具体情况酌定判决由政府赔偿。该案例与新《行政诉讼法》适用解释的第47条规定基本一致，即在行政赔偿、补偿案件中，因被告的原因导致原告无法就损害情况举证的，应当由被告就该损害情况承担举证责任。对于各方主张损失的价值无法认定的，应当由负有举证责任的一方当事人申请鉴定，但法律、法规、规章规定行政机关在做出行政行为时依法应当评估或者鉴定的除外；负有举证责任的当事人拒绝申请鉴定的，由其承担不利的法律后果。当事人的损失因客观原因无法鉴定的，人民法院应当结合当事人的主张和在案证据，遵循法官职业道德，运用逻辑推理和生活经验、生活常识等，酌情确定赔偿数额。在本案中，法院运用法官自由裁量权，酌定原告财物损失为70万元，但对于酌定赔偿的认定标准、定案证据、损失价值是否应当评估和鉴定等相关情况没有交代清楚，说理不够充分，这是在今后处理类似案件时应当注意的问题。

法官不能拒绝办理案件，特别是遇到一些疑难复杂案件，更需要法官运用司法智慧做出司法裁判。以上 3 个典型案例涉及不同法律价值的司法衡量、举证责任倒置规则的运用、行政赔偿数额的酌定等方面，其中有的司法裁判结果与后来出台的新《行政诉讼法》适用解释有关规定的精神完全一致，充分彰显了人民法院司法为民的责任与担当，闪烁着人民法官司法智慧的光芒。

六　在裁判方式上注重实质性解决争议

案例 11　南阳内乡县法院编报的《郭某某诉内乡县社会医疗保险中心履行报销医疗费用法定职责案》案例认为，对于加盖公章的医疗收费票据复印件是否应当给予报销这个问题，在没有明确法律规定的情况下，被告应当结合社会医疗保险立法的目的，从保护参保人员合法医疗保险权益的角度出发，妥善为参保人员解决实际报销中出现的问题。在本案中，被告以原告提供的收费票据非原始票据为由拒绝为其办理报销业务的行为明显缺乏合理性，在一定程度上反映了行政机关执法方式过于僵化的问题。在医疗费用报销过程中，如果出现医疗费用票据遗失的情况，只要原告能够通过其他途径有效证明实际医疗花费，被告就应当核准报销。行政机关不应当仅仅机械地要求申请人提供原始票据，在申请人确因客观原因不能提供票据原件的情况下，盖有公章的票据复印件亦可证明案件事实。法院判决直接责令被告在判决生效后三十日内为原告报销医疗费，可以一步到位解决争议。

案例 12　驻马店平舆县法院编报的《陈某诉汝南县人民政府、汝南县国土资源局履行行政协议案》案例认为，被告汝南县国土资源局经被告汝南县人民政府同意，与原告陈某签订的土地出让合同，系双方真实意思表示，没有违反法律、行政法规的强制性规定，应当认定为合法有效，对双方都具有法律约束力。原告在合同签订后立即按照合同约定全面履行了土地出让金交纳义务，二被告多年来却一直未按照约定履行向原告交付已经出让的土地、为原告办理国有土地初始登记手续并颁发国有土地使用权证的合同义务，应当承担相应的违约责任。根据《行政诉讼法》第78条的规定，对被告不依法履行、未按照约定履行或者违法变更、解除行政协议的，法院可以判决被告承担继续履行、采取补救措施或者赔偿损失等责任。但实践中，如果行政协议存在继续履行的可能，履行协议就应当首先考虑违约承担方式。在本案中，原、被告双方签订的土地出让协议能够继续履行，故法院直接判决二被告按照约定履行合同义务：向原告交付已经出让的土地、为原告办理国有土地初始登记手续并颁发国有土地使用权证。

在上述两个典型案例中，生效判决直接责令被告做出一定的行政行为，相比一般的判决被告重新做出行政行为，更加直接有效，更能从实质上解决争议。如果被告不履行判决，原告可以直接申请强制执行。如果法院仅仅判决被告重新做出行政行为，原当事人就可能对被告做出的新的行政行为不满，再次提起新的行政诉讼，引发新的争端，这样翻来覆去，无疑会增加当事人的诉讼负担。法院在进行裁判时，不仅要注重结案，更要追求通过司法裁判从根本上彻底化解矛盾纠纷，提高行政审判效率，真正实现案结事了。因此，这种裁判方式值得提倡。同时，应当注意的是，这种直接责令被告做出行政行为的裁判方式的适用范围有一定的限制，其适用前提是：被告应当履行该具体行政行为而没有履行，且法律法规对被告履行该行政行为没有设置其他前置程序，不需要其他单位或部门协助，被告可以独立实施。

七 积极适用新的结案方式办理案件

案例13 郑州铁路运输法院编报的《河南×××医药有限公司诉洛阳市工商行政管理局、河南省工商行政管理局工商行政处罚案》一案中，原告为洛阳市妇女儿童医疗保健中心提供无息借款，为其解决资金周转困难问题，并获得洛阳市妇女儿童医疗保健中心的全部临床供药权。被告洛阳市工商行政管理局认为原告的行为排挤了其他药品供应者的公平竞争权利，属于违反《反不正当竞争法》的行为，依据《反不正当竞争法》（修改前）第22条"经营者采用财物或者其他手段进行贿赂以销售或者购买商品，构成犯罪的，依法追究行政责任；不构成犯罪的，监督检查部门可以根据情节处以一万元以上二十万元以下的罚款，有违法所得的，予以没收"的规定，做出被诉的处罚决定：责令原告改正违法行为，并罚款18万元。根据《行政诉讼法》第60条的规定，在遵循自愿、合法原则，不损害国家利益、社会公共利益和他人合法权益的前提下，行政赔偿、补偿以及行政机关行使法律、法规规定的自由裁量权的案件可以适用调解。在本案中，被告洛阳市工商行政管理局对原告做出的行政处罚行为是行政机关行使法律、法规规定的自由裁量权的行为，该案属于行政诉讼法规定的可以适用调解的案件类型。在双方同意的前提下，经过调解，双方当事人达成调解协议：被告洛阳市工商行政管理局将对原告处罚的金额由18万元变更为10万元，原告放弃原诉讼请求。被告河南省工商管理局亦对双方的调解协议表示同意。法院经审查，认为被告变更后的处罚金额没有超出《反不正当竞争法》规定的罚款金额的自由裁量幅度，符合相关法律规定，且不损害国家利益、社会公共利益和他人的合法权益，遂出具调解书，确认了该调解协议。

新《行政诉讼法》颁布后，调解正式成为行政案件的一种结案方式。行政诉讼适用调解方式结案，不仅有利于降低诉讼成本，节省司法资源，符合诉讼经济原则，而且还柔化了法律的刚性，有利于争议的彻底解决，减少当事人诉累，提高司法效率。因此，调解这种结案方式有推广适用的必要。应当注意的是，根据《行政诉讼法》第60条的规定，适用调解方式结案需要满足以下四个条件。一是适用调解结案的案件类型仅限于行政赔偿、补偿以及行政机关行使法律、法规规定的自由裁量权的案件；二是调解的范围要限制在法律、法规规定的自由裁量权范围内；三是调解要遵循自愿、合法原则；四是调解不得损害国家利益、社会公共利益和他人合法权益。目前，全省法院适用调解方式结案的行政案件数量非常少，本案对以调解方式处理类似案件具有借鉴意义。

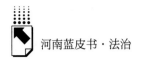

八 善于利用个案判决发挥司法裁判的
社会价值导向作用

案例14 洛阳高新区法院编报的《钱某某、张某某诉洛阳市宜阳县公安局、洛阳市公安局确认见义勇为行为案》一案中，原告之子一行四人外出游玩时，其中一人不慎落水，原告之子在参与施救的过程中不幸溺亡。原告向被告洛阳市宜阳县公安局申请要求认定其子救助落水同伴的行为为见义勇为，被告洛阳市宜阳县公安局以其子作为民间自发活动的组织者对被救助人负有安全保障义务，更有救助义务，不符合见义勇为的主体为由，认定其子救助落水同伴的行为不属于见义勇为。原告申请复核，被告洛阳市公安局亦认定原告之子的行为不属于见义勇为。法院认为，作为民间自发活动的组织者，不是出于牟利的目的，仅仅是进行了组织行为，在不存在故意或者重大过失的情况下，只要对参加活动的人员尽到适当的安全保障义务即可，不宜对民间自发活动的组织者要求过高的安全保障义务。因此，民间自发活动的组织者牺牲自己的生命救助参加活动人员的行为，应当被认定为见义勇为。

2018年，最高法院工作报告明确提出了司法裁判的价值导向作用，两起曾经引发广泛关注并且争议较大的"医生电梯内劝阻吸烟案"和"朱振彪追赶交通肇事逃逸者案"被写入报告。周强院长在报告中说："让维护法律和公共利益的行为受到鼓励，让见义勇为者敢为，以公正裁判树立行为规则，引领社会风尚。"司法裁判不是机械的，而是承担着社会效果和价值导向。本案判决就体现了司法裁判的这种社会价值导向作用，这在当前对弘扬社会主义核心价值观无疑具有积极作用。

另外，2017年编报的案例中还有一些案例，或者不具有典型性，或者涉及一些争议的问题，或者裁判本身有问题，这些问题都需要在今后的工作中进行认真研究。例如，郑州中牟县法院编报的《陈某某诉郑州市公安局南关街分局公安户籍行政登记案》是有关房屋转让与户籍登记的案例，该案例本身对原告诉讼主体资格的把握非常准确，但是由于不同地区的房屋限购、户籍管理等相关政策存在着一些差异，该案例没有普遍意义，不具有典型性。再如，郑州金水区法院编报的《张某诉郑州市物价局票价批复案》涉及行政批复的可诉性和公益诉讼问题，三门峡湖滨区法院编报的《赵伟某诉三门峡市人力资源和社会保障局、河南省人力资源和社会保障厅工伤认定案》涉及职工早餐时间能否认定为"工作时间"的问题，濮阳台前县法院编报的《郑爱某等六人诉范县人力资源和社会保障局工伤认定案》涉及死亡的认定标准问题，这些问题在实践中争议很大，没有统一的认定标准，不具有参考和指导价值。另外，郑州高新区法院编报的《李某某诉河南省公安厅高速公路交通警察总队二支队撤销行政通知案》涉及行政规范性文件的附带司法审查问题，被告对原告做出行政行为的依据是公安部的规定，该规定违反了《行政许可法》的相关规定，公安部规定是行政规范性文件，《行政许可法》是法律，存在下位法违反上位法问题，被告依据公安部规定所做出的行政行为违法而非超越职权，案件判决本身存在着一些问题。

综上所述，2017年行政案例亮点很多，质量值得肯定。但是，我们也不无忧虑地看到案例工作中一些常见问题、突出问题依然存在，比如有些案例的标题和体例不规范，基本案情叙述不清楚，裁判要点归纳不到位，语言表述不简洁，裁判理由说理不充分；考核激励机制不健全不完善，案例编报人才队伍不强，广大法官编报案例的积极性普遍不高，从典型案件到典型案例的转化率过低；上级法院对案例工作指导培训不够，广大法官的案例意识不足，还没有养成学习案例、研究案例、应用案例的思维与习惯；等等，这些问题都应当引起我们的高度重视，一定要切实采取有效措施，着力加以解决。

同时，我们也应当看到，近年来最高法院制定了"案例指导制度"，建立了"中国裁判文书网"和"中国司法案例网"，成立了"中国司法案例研究院"，中央高层和最高法院对案例工作重要意义的认识日益全面和深刻并已形成普遍共识，再加上当前信息技术和人工智能的深入推进，案例工作出

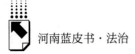

现了前所未有的良好发展形势和发展环境，具有广阔的发展前景和发展空间，案例工作一定大有可为。为此，我们应当对全省法院的行政案例工作充满信心，要采取积极措施，不断完善案例工作机制，提升案例工作水平，提高案例编写质量，持续推进这项工作取得新进展，再上新台阶。

参考文献

周大伟：《法治的细节》，北京大学出版社，2014。

李林、田禾主编《中国法治发展报告2017》，社会科学文献出版社，2017。

张林海、李宏伟主编《河南全面推进依法治省研究》，社会科学文献出版社，2016。

张林海主编《河南法治发展报告（2017）》，社会科学文献出版社，2017。

姜明安：《行政法》，北京大学出版社，2017。

卓泽渊：《法治国家论》，法律出版社，2008。

Abstract

In 2017, the construction steps of the rule of law in Henan Province was firmly and steadily. Legislation is more responsive to the earnest expectations of the people, the ability and level of law enforcement have improved significantly, judicial reform has deepened, and the foundation for the people to abide by the law has become increasingly strong. In the past year, the achievements of the rule of law have included both drastic macro-institutional development and subtle improvements in measures, which have made the people feel more fair and just, and have also enjoyed more benefits and convenience. In 2017, the construction of socialism with Chinese characteristics entered a new era, and the construction of the rule of law in China began a new era. This means that all problems in economic and social development and reform must be solved by the thinking of the rule of law, while the financial sector is the first to meet the demands of the rule of law. For example, financial innovation needs to be led by the rule of law, financial security needs to be guaranteed by the rule of law. The 19th National Congress report proposed that "the financial supervision system should be improved and the bottom line should be kept free from systemic financial risks". The realization of this requirement depends on the legal operation of financial institutions, the legal supervision of regulatory departments, and the legal protection of judicial departments. The importance and urgency of the rule of law in finance is becoming increasingly evident. Therefore, the theme of the "Henan Legal Development Report (2018)" has been titled as "rule of law in Henan province and finance innovation according to law". So as to summarize advanced practices and beneficial experiences, and provide a rich legal theory and practice foundation for the successful development of financial innovation in Henan and even the whole country.

The "Henan Legal Development Report (2018)" is divided into five parts, namely, the general report, the perspective of the rule of law, the reform of the rule of law, the legal specification, and the hot case articles. The general report 1, with the theme of "The Status of the Construction of the Rule of Law in Henan Province in 2017 and the Vision for 2018", studied the status of the legal development in Henan, of which it elaborated on the achievements and existing problems in the past year. From scientific legislation, strict law enforcement, fair administration of justice, and the law compliance of the whole people, the paper put forward some suggestions to solve the main problems, and made a forecast of the trend and key points of the construction of the law in Henan in 2018. The perspective of the rule of law includes a total of five reports, which mainly include in-depth analysis of hot topics such as "financial mediation mechanisms", "bank lend and collect loan according to law", and "charity trust legislation and practice". The reform of the rule of law includes a total of five reports, mainly on the interpretation of the rule of law in such areas as "Henan Development of Agricultural Insurance", "Assessment of Administrative Enforcement Indicators of the Central Bank at the Grassroots Level", and "Prevention of Local Financial Risks". The rule of law normative articles, including a total of three reports, mainly discussed the "Henan banking supervision", "financial advertising supervision", "campus network lending" and several other financial practices that urgently need to be standardized. Hot case articles include a total of 4 reports, of which "The Top Ten Law Hot spots in Henan in 2017" is a regular topic each year. The other three are the civil, criminal, and administrative case analysis reports of the Henan Court in 2017. These real cases and their legal analysis not only reflect the arduous efforts and courageous wisdom of the Henan courts in civil trials, criminal trials and administrative trials in 2017, but also allow readers to better understand judicial trials and believe in judicial authority. and give more support for judicial credibility.

The rule of law is the basic way to govern the country and the only way to realize the interests of the people. In 2017, more and more voices on the rule of law were released in Henan's economic and social development. The thinking and way of rule of law in the process of reform decision-making and promotion have become dominant, and the people's sense of the rule of law has become stronger and stronger. Xi Jinping's idea of "making the people feel fair and just" in governing the country has become more pronounced. In 2018, the new era of the rule of law train is already on the road. Let us uphold the principle of the rule of law and ride on this fully powered rule of law train to dream on the land of the Central Plains. Go forward and share glory.

Keywords: Henan; Rule by law; Financial rule of law

Contents

I   General Report

Abstract: In 2017, Henan's rule of law construction was firmly established and achieved good results. In the field of legislation, Henan's local legislation actively responds to the eager expectations of the people. Each legislation insists on starting from the reality of provincial conditions and plays a guiding and normative role in Henan's economic and social development. In terms of administrative law enforcement, Henan strives to speed up the construction of a high-quality rule of law government by improving the governance capacity of governments at all levels. In terms of fair justice, Henan's judicial work has been carried out methodically and step by step around the overall situation of the province's work. The reform of the judicial responsibility system has been fully carried out. The lifelong accountability system for wrongful cases has taken the lead in the implementation of the country. Judicial disclosure has continued to deepen, and off-site administrative cases have been fully covered by jurisdiction. In promoting the law compliance of the whole society, Henan's rule of law propaganda has adopted a variety of measures, and the foundation of the rule of law society has become increasingly strong. In 2018, Henan will face up to the problems and shortcomings in the construction of the rule of law, further improve local legislation, improve the rule of law government, deepen judicial reform, and promote the observance of the law by the whole people.

Keywords: Rule of Law in Henan; Legal Construction; Administration by law; Judicial Reform

II   The perspective of the rule of law

B. 2   The Current Situation, Problems and Countermeasures

of Financial Mediation in Henan   *Liu Xu* / 023

Abstract: Over the years, Henan province intensively carried out the connection of suit and mediation in financial field, built industry-wide platform for the resolution of fiance disputes, and cultivated the societal channels of financial mediation. This structure of financial mediation plays an important role in resolving financial disputes and safeguarding the rights of financial consumers. In the new stage of deepening the reform, financial mediation in Henan still faces the problems such as imperfect development strategy, lack of independence and improper convergence. In order to solve these problems, we must close to dispute reality and public practical demands, formulate development strategy of financial

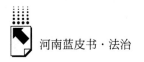

mediation, and strive to enhance the independence of financial mediation institutions, initiate the setting of third-party financial mediation organization, meanwhile, rationally collocate multiple types of mediation mode, promote the effective link-up of diversified financial mediation way.

Keywords: Financial Consumption; Financial Mediation; Financial Supervision; Financial Arbitration

B. 3   Legal Analysis and Countermeasures of Financial Chaos

Wu Yunfeng, *Pang Fei* / 032

Abstract: On the basis of combing the performance of financial institutions, Internet Finance and civil finance chaos, the thseis analaze main problems such as incomplete regulatory rules, imperfect supervision mechanism and inadequate accountability for supervision. We should introduce relevant laws and regulations, improve the effectiveness of supervision and overall coordination, establish a penetrating supervision mechanism, strictly enforce laws, and strengthen supervision and accountability. By improving the rule of law and establishing a long-term mechanism, it should cure the financial chaos from the source and promote the steady and orderly development of the financial industry.

Keywords: Finance Chaos; Regulatory Coordination Mechanism; Penetrating Supervision

B. 4   The Dilemma and the Way Out in the Bank's Lending and Receiving Loan Work According to Law

Chen Pan, *Zhai Lihua* / 042

Abstract: Along with the rapid development of our country's economy, the banking industry has also experienced large-scale credit and product innovation. In recent years, due to the economic restructuring and the impact of the economic downturn, the number of cases in which banks collect loans in accordance with the law has continued to increase. This article has analyzed the difficulties and concrete performance of the bank's legal collection and loan collection work from a legal perspective, and explore measures and ways to enhance the benefits of legal collection and loan collection. It is of great practical significance to strengthen the bank's collection of bad assets, build up prevention and response strategies, and promote the progress of financial justice.

Keywords: Receive Loan According to Law; Credit Risk; Risk Prevention and Control

B. 5   Report on Legislation and Practice of Charitable Trust

Zhang Yong / 051

Abstract: The charitable trust is totally different from other trusts of the following aspects. It must be founded for the purpose of charity and does not have specific and defined beneficiaries. It is under the regulation of both China Banking Regulatory Commission and civil administration department and its trustee can only be charitable organizations and trust companies. The charitable trust is newly born in China, on which the theoretical research is almost blank, but it has achieved major breakthroughs from the business aspect. Meanwhile, loopholes still remain in the charity law and obstacles do exist from the operational aspect of the charitable trust. Detailed regulations are urged to be come up with by our province in order to promote a rapid development of charitable trusts within our province.

Keywords: Charitable Trust; Trustee; Filing System; Supervisor

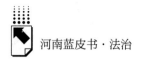

河南蓝皮书·法治

B. 6　Study on the Mechanism of Diversification Resolution

of Insurance Consumer Disputes in Henan Province

Guo Xiaotong / 066

Abstract: With the social and economic development and the general improvement of people's living standards, the link between insurance and the common people is getting closer and closer. At the same time, along with the rapid development of insurance market, insurance consumption disputes are also increasing. With the change of social environment and other factors, the cases of insurance consumption disputes have become more complicated and diversified. Therefore, solving the disputes of insurance consumption quickly and properly and effectively and protecting the legitimate rights and interests of the insurance consumers have become hot spots of society. They have also become a key factor affecting the development of the insurance industry. As an important regional insurance market in China, Henan has maintained a steady and healthy development trend in recent years. But because the insurance market is still in the initial period, and Henan is a large province of agriculture and the rural population, the public insurance knowledge is relatively scarce. Coupled with the relatively extensive operation and management of some insurance companies and the generally low quality of insurance sales staff, the total amount of insurance consumption disputes in Henan has been in the forefront of the country, and the contradictions of the industry are becoming more and more prominent. Through the investigation and analysis of the settlement of the Henan insurance consumption disputes, based on the characteristics of the insurance industry and insurance dispute, this topic further explores the low cost and high efficiency, flexibility and applicability of the insurance consumer dispute settlement mechanism in order to solve the disputes quickly and properly, protect the legitimate rights and interests of consumers, promote the reputation of the industry and promote the long-term development of the insurance industry.

Keywords: Insurance Consumers; Insurance; Consumption Disputes; Diversification Mechanism

Ⅲ Reform of the rule of law

B. 7 The Legal Risk and Prevention of Development of Agricultural Insurance in Henan Province

Liu Shuo , Wang Yunhui / 088

Abstract: In recent years, the development trend of agricultural insurance in Henan is good, the scope of guarantee is increasing, and the strength of benefiting farmers is increasing gradually. The function of agricultural insurance extends from risk guarantee to financing enhancement and precision poverty reduction. It is undeniable that the agricultural insurance in Henan province is still at the primary stage, In the process of development, it still faces the risk of legal application, compliance risk and performance risk. It is necessary to insist on the rule of law in order to solve the risk applicable to law and gradually improve the legal system of agricultural insurance. To cope with compliance risks appearing in the agricultural insurance business, it is necessary to strengthen cooperation in many sectors and make more efforts to strengthen the overall supervision of agricultural insurance. In order to prevent the compliance risks, a multi-level system of disaster disintegration should be set up, and at the same time, the construction of informatization should be strengthened to provide strong technical support for agricultural insurance.

Keywords: Agricultural Insurance; Granary of Central Plains; Legal Risk; Insurance Supervision

B. 8 On the Usufruct Transfer of the Margin Business of Securities Companies

Dong Shanshan , Xue Lei / 100

Abstract: The usufruct transfer of the margin business of securities companies has the advantage of flexible financing time without size limit, so that it has

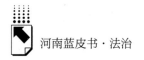

become the important financial source of securities companies in china. The rapid expansion of usufruct transfer has remodeled the profit model of securities companies. However, the business has related risks. For example, For example, the current legal norms of the usufruct of the securities margin trading is not clearly defined; usufruct of the securities margin trading has not been transfer in practice, and has obvious obstacles in practice; The transfer procedures are not standardized. The paper puts forward the suggestions of usufruct transfer: To clarify the legal status of the usufruct of the margin business; improve operation process of the usufruct transfer; establish pledge registration system of the usufruct transfer; promote the securities business of the usufruct transfer actively.

Keywords: Securities Company; Usufruct Transfer; Securities Margin Trading; Financial Branch of Henan Province

B. 9 Problems and Countermeasures of the Liability Insurance of Litigation Property Preservation　　　　　*Li Haodong* / 110

Abstract: Litigation property preservation liability insurance is a new type of insurance industry in recent years. It aims to reduce the threshold of property preservation, reduce the burden of litigants, and help to solve the difficulty of implementation. It has a certain degree of feasibility in China, but it is faced with the difficulties of accreditation by the court of complaint, lack of domestic practical experience, imperfect risk assessment and control mechanisms, malicious lawsuits and false lawsuits. To this end, it is necessary to speed up the improvement of relevant legislation, enhance the degree of court acceptance, standardize industry standards, guarantee the efficiency of claims, establish a scientific and effective risk assessment and control system, and establish relevant mechanisms to prevent malicious litigation and false litigation.

Keywords: Property Preservation; Liability Insurance; Civil Lawsuit

B. 10 Study on the Evaluation System of Administrative Law

Enforcement for Branches of People's Bank of China

Li Tianzhong, *Wang Shijia* / 118

Abstract: With the development of China's strategy of comprehensively implementing the rule of law, and the constant deepening of external performance of the branches of People's bank of China, the requirement of the level and capacity of the administrative law enforcement of the branches of People's bank of China are increasing. At present, for the branches of People's bank of China, however, there are some problems in the process of implementation of administrative law enforcement, and the evaluation of administrative law enforcement lacks of a complete, quantitative and operative index system, which is not conducive to promote the level and ability of administrative law enforcement of the branches of People's bank of China. Based on this, this article begins from the necessity of constructing the administrative law enforcement evaluation index system, the problems existing in the evaluation, and related practices both at home and abroad. Through analysis and comparison, this article then puts forward the new path and the basic framework of building the administrative law enforcement evaluation index system, in order to guide the branches of People's bank of China administrative enforcement evaluation.

Keywords: Branches of People's Bank of China; Administrative Law Enforcement; The Index System of Evaluation

B. 11 Legal Mechanism of Preventing Local Financial Risk

Zhao Xiaoli, *Li Hongyu* / 135

Abstract: To prevent local financial risks is to make finance return to the real economy and return to the cognition of financial health. This paper preliminarily discusses the manifestations of local financial risks, introduces the basic practice of

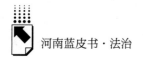

preventing local financial risks in our country, and analyses the existing problems in the operation of the current prevention mechanism. Some suggestions are put forward to improve the legal mechanism of local financial risk prevention on the basis of international experience.

Keywords: Local Financial Risk; Regional Financial Risk Systemic Financial Risk; Legal Protection Mechanism

Ⅳ Legal Specification

B. 12　Risk Control and Consumption Protection in Henan

　　　Banking Supervision　　　　　　　　　　*Qi Xuerui, Han Lin* / 150

Abstract: Risk control and consumer protection are two important functions of banking regulation, which involve industry stability and social stability. The legal background of banking supervision in henan province is mainly a series of normative documents developed by the CBRC. These documents are the main basis for risk control and consumption protection in supervision work. Henan banking risk control regulation, including the construction pattern of "major" prevention work, strengthen the large Banks' risk prevention and control, strictly equity and the independent director supervision, regulating the behavior of staff positions. The supervision of the consumption protection of the banking industry in henan province has carried out the special operations against illegal fund-raising, the management of sound recording and video recording in the sales zone, the regulation of campus loans, and the issuance of warning notices on consumption risks. The future supervision should draw on the advanced ideas and measures of the UK, increase the intensity of consumer protection, follow the four basic principles and handle the four important relations.

Keywords: Henan Banking Supervision; Risk Control; Consumption Protection

B. 13   Legal Problems and Countermeasures in the Supervision

of Financial Advertising

Jiang Ying , Li Kun and Wang Peng / 164

Abstract: The problem of information asymmetry is particularly prominent in the field of financial consumption. The benefits, expenses, risks and brand image presented by financial advertisement have important influence on the decision-making behavior of financial consumers. Harmful financial advertisements not only promote irrational behavior of financial consumers, but also lead to the spread of illegal financial activities, disturb the financial order and foster social problems. There is no special regulation on financial advertisement in China's existing laws, the supervision mechanism is not perfect, and there are supervision boards. In order to protect financial consumers, curb financial illegality and maintain financial stability, we should perfect the legal regulation of financial advertisement.

Keywords: Information Asymmetry; Financial Advertisement; Legal Regulation

B. 14   Cause and Countermeasures of Campus Network

Borrowing Chaos   *Zhao Xinhe* / 189

Abstract: With the rapid development of the Internet, the new Internet lending model represented by P2P has been sought after by college students. The "weak supervision, weak regulation" campus network lends itself to such vicious events as college usury, "naked loans" and violent collection. Especially female college students are involved. Based on the analysis of the causes of the chaos in China's campus network lending, this paper puts forward the corresponding countermeasures, and discusses the legal treatment of the related problems involved in the "naked loans" in the campus loans.

Keywords: The Internet; Campus Loan; Naked Loans

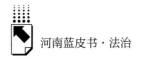

V Hot Case

B. 15 Top 10 Legal Events of Henan in 2017

Henan Academy of Social Sciences Research Group / 202

Abstract: According to the main medias related reports, the public's attention, and thinking about the advises of the experts of colleges and universities of Henan, Henan Academy of Social Sciences Research Group elects the top 10 legal events of Henan in 2017. These ten legal events cover a lot of legal branches, such as the civil law, the criminal law, the administrative law etc. involving notarization structural reform, anti-corruption, environmental nonprofit litigation, the family trial, local legislation, breaking difficulty of enforcement and so on. Through the analysis of the top 10 legal events, we want to promote the positive energy, to guide people believe in the rule of law. so as to give some reference to promote the rule of law.

Keywords: Ruling Province by Law; The Rule of Law in Henan; Legal Events

B. 16 Study Report on Civil Cases of Henan High
People's Court (2017)

Research Group of Henan High People's Court / 213

Abstract: Practice proves that the case guidance system is an important judicial reform measure that follows the law of judicial work, and the guiding case and judicial interpretation are two complementary channels to guide the trial work and safeguard judicial justice. At the beginning of 2018, the Henan Provincial High Court transferred the key research forces of the relevant business chambers of the provincial courts and some of the middle courts and grassroots courts to form a writing team. Based on the 2017 case analysis reports reported by the various middle courts, a civil case analysis report was formed. After relying on the "China Judicial Case Research Center" jointly established by the Provincial Court and Zhengzhou University, a civil case analysis seminar was held, and the report was revised and improved on the basis of full listening to the suggestions of experts and scholars, and the final results were formed. It is hoped that this report can promote the improvement of case guidance in our province as a whole while providing reference for judicial trial and theoretical research.

Keywords: Civil Cases; Case Guidance; Judicial System

B. 17　Study Report on Criminal Cases of Henan High People's Court (2017)

Research Group of Henan High People's Court / 258

Abstract: Practice proves that the case guidance system is an important judicial reform measure that follows the law of judicial work, and the guiding case and judicial interpretation are two complementary channels to guide the trial work and safeguard judicial justice. At the beginning of 2018, the Henan Provincial High Court transferred the key research forces of the relevant business chambers of the provincial courts and some of the middle courts and grassroots courts to form a writing team. Based on the 2017 case analysis reports reported by the various middle courts, a criminal case analysis report was formed. After relying on the "China Judicial Case Research Center" jointly established by the Provincial Court and Zhengzhou University, a criminal case analysis seminar was held, and the report was revised and improved on the basis of full listening to the suggestions of experts and scholars, and the final results were formed. It is hoped that this report can promote the improvement of case guidance in our province as a whole while providing reference for judicial trial and theoretical research.

Keywords: Criminal Cases; Case Guidance; Judicial System

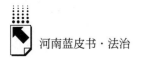
B. 18   Study Report on Administrative Cases of Henan

High People's Court（2017）

Research Group of Henan High People's Court / 273

Abstract：Practice proves that the case guidance system is an important judicial reform measure that follows the law of judicial work, and the guiding case and judicial interpretation are two complementary channels to guide the trial work and safeguard judicial justice. At the beginning of 2018, the Henan Provincial High Court transferred the key research forces of the relevant business chambers of the provincial courts and some of the middle courts and grassroots courts to form a writing team. Based on the 2017 case analysis reports reported by the various middle courts, an administrative case analysis report was formed. After relying on the "China Judicial Case Research Center" jointly established by the Provincial Court and Zhengzhou University, an administrative case analysis seminar was held, and the report was revised and improved on the basis of full listening to the suggestions of experts and scholars, and the final results were formed. It is hoped that this report can promote the improvement of case guidance in our province as a whole while providing reference for judicial trial and theoretical research.

Keywords：Administrative Cases；Case Guidance；Judicial System

中国皮书网

（网址：www.pishu.cn）

发布皮书研创资讯，传播皮书精彩内容
引领皮书出版潮流，打造皮书服务平台

栏目设置

关于皮书：何谓皮书、皮书分类、皮书大事记、皮书荣誉、
皮书出版第一人、皮书编辑部

最新资讯：通知公告、新闻动态、媒体聚焦、网站专题、视频直播、下载专区

皮书研创：皮书规范、皮书选题、皮书出版、皮书研究、研创团队

皮书评奖评价：指标体系、皮书评价、皮书评奖

互动专区：皮书说、社科数托邦、皮书微博、留言板

所获荣誉

2008 年、2011 年，中国皮书网均在全
国新闻出版业网站荣誉评选中获得"最具
商业价值网站"称号；

2012 年,获得"出版业网站百强"称号。

网库合一

2014 年，中国皮书网与皮书数据库端
口合一，实现资源共享。

权威报告·一手数据·特色资源

皮书数据库
ANNUAL REPORT(YEARBOOK)
DATABASE

当代中国经济与社会发展高端智库平台

所获荣誉

- 2016年，入选"'十三五'国家重点电子出版物出版规划骨干工程"
- 2015年，荣获"搜索中国正能量 点赞2015""创新中国科技创新奖"
- 2013年，荣获"中国出版政府奖·网络出版物奖"提名奖
- 连续多年荣获中国数字出版博览会"数字出版·优秀品牌"奖

成为会员

通过网址www.pishu.com.cn访问皮书数据库网站或下载皮书数据库APP，进行手机号码验证或邮箱验证即可成为皮书数据库会员。

会员福利

- 使用手机号码首次注册的会员，账号自动充值100元体验金，可直接购买和查看数据库内容（仅限PC端）。
- 已注册用户购书后可免费获赠100元皮书数据库充值卡。刮开充值卡涂层获取充值密码，登录并进入"会员中心"—"在线充值"—"充值卡充值"，充值成功后即可购买和查看数据库内容（仅限PC端）。
- 会员福利最终解释权归社会科学文献出版社所有。

社会科学文献出版社 皮书系列
SOCIAL SCIENCES ACADEMIC PRESS (CHINA)

卡号：**537418987232**

密码：

数据库服务热线：400-008-6695
数据库服务QQ：2475522410
数据库服务邮箱：database@ssap.cn
图书销售热线：010-59367070/7028
图书服务QQ：1265056568
图书服务邮箱：duzhe@ssap.cn

基本子库
SUB DATABASE

中国社会发展数据库（下设 12 个子库）

全面整合国内外中国社会发展研究成果，汇聚独家统计数据、深度分析报告，涉及社会、人口、政治、教育、法律等 12 个领域，为了解中国社会发展动态、跟踪社会核心热点、分析社会发展趋势提供一站式资源搜索和数据分析与挖掘服务。

中国经济发展数据库（下设 12 个子库）

基于"皮书系列"中涉及中国经济发展的研究资料构建，内容涵盖宏观经济、农业经济、工业经济、产业经济等 12 个重点经济领域，为实时掌控经济运行态势、把握经济发展规律、洞察经济形势、进行经济决策提供参考和依据。

中国行业发展数据库（下设 17 个子库）

以中国国民经济行业分类为依据，覆盖金融业、旅游、医疗卫生、交通运输、能源矿产等 100 多个行业，跟踪分析国民经济相关行业市场运行状况和政策导向，汇集行业发展前沿资讯，为投资、从业及各种经济决策提供理论基础和实践指导。

中国区域发展数据库（下设 6 个子库）

对中国特定区域内的经济、社会、文化等领域现状与发展情况进行深度分析和预测，研究层级至县及县以下行政区，涉及地区、区域经济体、城市、农村等不同维度。为地方经济社会宏观态势研究、发展经验研究、案例分析提供数据服务。

中国文化传媒数据库（下设 18 个子库）

汇聚文化传媒领域专家观点、热点资讯，梳理国内外中国文化发展相关学术研究成果、一手统计数据，涵盖文化产业、新闻传播、电影娱乐、文学艺术、群众文化等 18 个重点研究领域。为文化传媒研究提供相关数据、研究报告和综合分析服务。

世界经济与国际关系数据库（下设 6 个子库）

立足"皮书系列"世界经济、国际关系相关学术资源，整合世界经济、国际政治、世界文化与科技、全球性问题、国际组织与国际法、区域研究 6 大领域研究成果，为世界经济与国际关系研究提供全方位数据分析，为决策和形势研判提供参考。

法律声明

　　"皮书系列"（含蓝皮书、绿皮书、黄皮书）之品牌由社会科学文献出版社最早使用并持续至今，现已被中国图书市场所熟知。"皮书系列"的相关商标已在中华人民共和国国家工商行政管理总局商标局注册，如 LOGO（🖐）、皮书、Pishu、经济蓝皮书、社会蓝皮书等。"皮书系列"图书的注册商标专用权及封面设计、版式设计的著作权均为社会科学文献出版社所有。未经社会科学文献出版社书面授权许可，任何使用与"皮书系列"图书注册商标、封面设计、版式设计相同或者近似的文字、图形或其组合的行为均系侵权行为。

　　经作者授权，本书的专有出版权及信息网络传播权等为社会科学文献出版社享有。未经社会科学文献出版社书面授权许可，任何就本书内容的复制、发行或以数字形式进行网络传播的行为均系侵权行为。

　　社会科学文献出版社将通过法律途径追究上述侵权行为的法律责任，维护自身合法权益。

　　欢迎社会各界人士对侵犯社会科学文献出版社上述权利的侵权行为进行举报。电话：010-59367121，电子邮箱：fawubu@ssap.cn。

社会科学文献出版社

皮书系列

2018年

智库成果出版与传播平台

社会科学文献出版社
SOCIAL SCIENCES ACADEMIC PRESS (CHINA)

社长致辞

蓦然回首，皮书的专业化历程已经走过了二十年。20年来从一个出版社的学术产品名称到媒体热词再到智库成果研创及传播平台，皮书以专业化为主线，进行了系列化、市场化、品牌化、数字化、国际化、平台化的运作，实现了跨越式的发展。特别是在党的十八大以后，以习近平总书记为核心的党中央高度重视新型智库建设，皮书也迎来了长足的发展，总品种达到600余种，经过专业评审机制、淘汰机制遴选，目前，每年稳定出版近400个品种。"皮书"已经成为中国新型智库建设的抓手，成为国际国内社会各界快速、便捷地了解真实中国的最佳窗口。

20年孜孜以求，"皮书"始终将自己的研究视野与经济社会发展中的前沿热点问题紧密相连。600个研究领域，3万多位分布于800余个研究机构的专家学者参与了研创写作。皮书数据库中共收录了15万篇专业报告，50余万张数据图表，合计30亿字，每年报告下载量近80万次。皮书为中国学术与社会发展实践的结合提供了一个激荡智力、传播思想的入口，皮书作者们用学术的话语、客观翔实的数据谱写出了中国故事壮丽的篇章。

20年跬步千里，"皮书"始终将自己的发展与时代赋予的使命与责任紧紧相连。每年百余场新闻发布会，10万余次中外媒体报道，中、英、俄、日、韩等12个语种共同出版。皮书所具有的凝聚力正在形成一种无形的力量，吸引着社会各界关注中国的发展，参与中国的发展，它是我们向世界传递中国声音、总结中国经验、争取中国国际话语权最主要的平台。

皮书这一系列成就的取得，得益于中国改革开放的伟大时代，离不开来自中国社会科学院、新闻出版广电总局、全国哲学社会科学规划办公室等主管部门的大力支持和帮助，也离不开皮书研创者和出版者的共同努力。他们与皮书的故事创造了皮书的历史，他们对皮书的拳拳之心将继续谱写皮书的未来！

现在，"皮书"品牌已经进入了快速成长的青壮年时期。全方位进行规范化管理，树立中国的学术出版标准；不断提升皮书的内容质量和影响力，搭建起中国智库产品和智库建设的交流服务平台和国际传播平台；发布各类皮书指数，并使之成为中国指数，让中国智库的声音响彻世界舞台，为人类的发展做出中国的贡献——这是皮书未来发展的图景。作为"皮书"这个概念的提出者，"皮书"从一般图书到系列图书和品牌图书，最终成为智库研究和社会科学应用对策研究的知识服务和成果推广平台这整个过程的操盘者，我相信，这也是每一位皮书人执着追求的目标。

"当代中国正经历着我国历史上最为广泛而深刻的社会变革，也正在进行着人类历史上最为宏大而独特的实践创新。这种前无古人的伟大实践，必将给理论创造、学术繁荣提供强大动力和广阔空间。"

在这个需要思想而且一定能够产生思想的时代，皮书的研创出版一定能创造出新的更大的辉煌！

社会科学文献出版社社长
中国社会学会秘书长

2017年11月

1

社会科学文献出版社简介

社会科学文献出版社（以下简称"社科文献出版社"）成立于1985年，是直属于中国社会科学院的人文社会科学学术出版机构。成立至今，社科文献出版社始终依托中国社会科学院和国内外人文社会科学界丰厚的学术出版和专家学者资源，坚持"创社科经典，出传世文献"的出版理念、"权威、前沿、原创"的产品定位以及学术成果和智库成果出版的专业化、数字化、国际化、市场化的经营道路。

社科文献出版社是中国新闻出版业转型与文化体制改革的先行者。积极探索文化体制改革的先进方向和现代企业经营决策机制，社科文献出版社先后荣获"全国文化体制改革工作先进单位"、中国出版政府奖·先进出版单位奖，中国社会科学院先进集体、全国科普工作先进集体等荣誉称号。多人次荣获"第十届韬奋出版奖""全国新闻出版行业领军人才""数字出版先进人物""北京市新闻出版广电行业领军人才"等称号。

社科文献出版社是中国人文社会科学学术出版的大社名社，也是以皮书为代表的智库成果出版的专业强社。年出版图书2000余种，其中皮书400余种，出版新书字数5.5亿字，承印与发行中国社科院院属期刊72种，先后创立了皮书系列、列国志、中国史话、社科文献学术译库、社科文献学术文库、甲骨文书系等一大批既有学术影响又有市场价值的品牌，确立了在社会学、近代史、苏东问题研究等专业学科及领域出版的领先地位。图书多次荣获中国出版政府奖、"三个一百"原创图书出版工程、"五个'一'工程奖"、"大众喜爱的50种图书"等奖项，在中央国家机关"强素质·做表率"读书活动中，入选图书品种数位居各大出版社之首。

社科文献出版社是中国学术出版规范与标准的倡议者与制定者，代表全国50多家出版社发起实施学术著作出版规范的倡议，承担学术著作规范国家标准的起草工作，率先编撰完成《皮书手册》对皮书品牌进行规范化管理，并在此基础上推出中国版芝加哥手册——《社科文献出版社学术出版手册》。

社科文献出版社是中国数字出版的引领者，拥有皮书数据库、列国志数据库、"一带一路"数据库、减贫数据库、集刊数据库等4大产品线11个数据库产品，机构用户达1300余家，海外用户百余家，荣获"数字出版转型示范单位""新闻出版标准化先进单位""专业数字内容资源知识服务模式试点企业标准化示范单位"等称号。

社科文献出版社是中国学术出版走出去的践行者。社科文献出版社海外图书出版与学术合作业务遍及全球40余个国家和地区，并于2016年成立俄罗斯分社，累计输出图书500余种，涉及近20个语种，累计获得国家社科基金中华学术外译项目资助76种、"丝路书香工程"项目资助60种、中国图书对外推广计划项目资助71种以及经典中国国际出版工程资助28种，被五部委联合认定为"2015-2016年度国家文化出口重点企业"。

如今，社科文献出版社完全靠自身积累拥有固定资产3.6亿元，年收入3亿元，设置了七大出版分社、六大专业部门，成立了皮书研究院和博士后科研工作站，培养了一支近400人的高素质与高效率的编辑、出版、营销和国际推广队伍，为未来成为学术出版的大社、名社、强社，成为文化体制改革与文化企业转型发展的排头兵奠定了坚实的基础。

宏观经济类

经济蓝皮书

2018年中国经济形势分析与预测

李平／主编　2017年12月出版　定价：89.00元

◆　本书为总理基金项目，由著名经济学家李扬领衔，联合中国社会科学院等数十家科研机构、国家部委和高等院校的专家共同撰写，系统分析了2017年的中国经济形势并预测2018年中国经济运行情况。

城市蓝皮书

中国城市发展报告No.11

潘家华　单菁菁／主编　2018年9月出版　估价：99.00元

◆　本书是由中国社会科学院城市发展与环境研究中心编著的，多角度、全方位地立体展示了中国城市的发展状况，并对中国城市的未来发展提出了许多建议。该书有强烈的时代感，对中国城市发展实践有重要的参考价值。

人口与劳动绿皮书

中国人口与劳动问题报告No.19

张车伟／主编　2018年10月出版　估价：99.00元

◆　本书为中国社会科学院人口与劳动经济研究所主编的年度报告，对当前中国人口与劳动形势做了比较全面和系统的深入讨论，为研究中国人口与劳动问题提供了一个专业性的视角。

中国省域竞争力蓝皮书

中国省域经济综合竞争力发展报告（2017～2018）

李建平 李闽榕 高燕京/主编 2018年5月出版 估价：198.00元

◆ 本书融多学科的理论为一体，深入追踪研究了省域经济发展与中国国家竞争力的内在关系，为提升中国省域经济综合竞争力提供有价值的决策依据。

金融蓝皮书

中国金融发展报告（2018）

王国刚/主编 2018年6月出版 估价：99.00元

◆ 本书由中国社会科学院金融研究所组织编写，概括和分析了2017年中国金融发展和运行中的各方面情况，研讨和评论了2017年发生的主要金融事件，有利于读者了解掌握2017年中国的金融状况，把握2018年中国金融的走势。

区 域 经 济 类

京津冀蓝皮书

京津冀发展报告（2018）

祝合良 叶堂林 张贵祥/等著 2018年6月出版 估价：99.00元

◆ 本书遵循问题导向与目标导向相结合、统计数据分析与大数据分析相结合、纵向分析和长期监测与结构分析和综合监测相结合等原则，对京津冀协同发展新形势与新进展进行测度与评价。

社 会 政 法 类

社会蓝皮书

2018 年中国社会形势分析与预测

李培林　陈光金　张翼 / 主编　2017 年 12 月出版　定价：89.00 元

◆　本书由中国社会科学院社会学研究所组织研究机构专家、高校学者和政府研究人员撰写，聚焦当下社会热点，对 2017 年中国社会发展的各个方面内容进行了权威解读，同时对 2018 年社会形势发展趋势进行了预测。

法治蓝皮书

中国法治发展报告 No.16（2018）

李林　田禾 / 主编　2018 年 3 月出版　定价：128.00 元

◆　本年度法治蓝皮书回顾总结了 2017 年度中国法治发展取得的成就和存在的不足，对中国政府、司法、检务透明度进行了跟踪调研，并对 2018 年中国法治发展形势进行了预测和展望。

教育蓝皮书

中国教育发展报告（2018）

杨东平 / 主编　2018 年 3 月出版　定价：89.00 元

◆　本书重点关注了 2017 年教育领域的热点，资料翔实，分析有据，既有专题研究，又有实践案例，从多角度对 2017 年教育改革和实践进行了分析和研究。

社会体制蓝皮书

中国社会体制改革报告 No.6（2018）

龚维斌 / 主编　2018 年 3 月出版　定价：98.00 元

◆　本书由国家行政学院社会治理研究中心和北京师范大学中国社会管理研究院共同组织编写，主要对 2017 年社会体制改革情况进行回顾和总结，对 2018 年的改革走向进行分析，提出相关政策建议。

社会心态蓝皮书

中国社会心态研究报告（2018）

王俊秀　杨宜音 / 主编　2018 年 12 月出版　估价：99.00 元

◆　本书是中国社会科学院社会学研究所社会心理研究中心"社会心态蓝皮书课题组"的年度研究成果，运用社会心理学、社会学、经济学、传播学等多种学科的方法进行了调查和研究，对于目前中国社会心态状况有较广泛和深入的揭示。

华侨华人蓝皮书

华侨华人研究报告（2018）

贾益民 / 主编　2017 年 12 月出版　估价：139.00 元

◆　本书关注华侨华人生产与生活的方方面面。华侨华人是中国建设 21 世纪海上丝绸之路的重要中介者、推动者和参与者。本书旨在全面调研华侨华人，提供最新涉侨动态、理论研究成果和政策建议。

民族发展蓝皮书

中国民族发展报告（2018）

王延中 / 主编　2018 年 10 月出版　估价：188.00 元

◆　本书从民族学人类学视角，研究近年来少数民族和民族地区的发展情况，展示民族地区经济、政治、文化、社会和生态文明"五位一体"建设取得的辉煌成就和面临的困难挑战，为深刻理解中央民族工作会议精神、加快民族地区全面建成小康社会进程提供了实证材料。

产业经济类

房地产蓝皮书

中国房地产发展报告 No.15（2018）

李春华　王业强／主编　2018 年 5 月出版　估价：99.00 元

◆　2018 年《房地产蓝皮书》持续追踪中国房地产市场最新动态，深度剖析市场热点，展望 2018 年发展趋势，积极谋划应对策略。对 2017 年房地产市场的发展态势进行全面、综合的分析。

新能源汽车蓝皮书

中国新能源汽车产业发展报告（2018）

中国汽车技术研究中心　日产（中国）投资有限公司

东风汽车有限公司／编著　2018 年 8 月出版　　估价：99.00 元

◆　本书对中国 2017 年新能源汽车产业发展进行了全面系统的分析，并介绍了国外的发展经验。有助于相关机构、行业和社会公众等了解中国新能源汽车产业发展的最新动态，为政府部门出台新能源汽车产业相关政策法规、企业制定相关战略规划，提供必要的借鉴和参考。

行业及其他类

旅游绿皮书

2017～2018 年中国旅游发展分析与预测

中国社会科学院旅游研究中心／编　2018 年 1 月出版　定价：99.00 元

◆　本书从政策、产业、市场、社会等多个角度勾画出 2017 年中国旅游发展全貌，剖析了其中的热点和核心问题，并就未来发展作出预测。

民营医院蓝皮书

中国民营医院发展报告（2018）

薛晓林 / 主编　2018 年 11 月出版　估价：99.00 元

◆　本书在梳理国家对社会办医的各种利好政策的前提下，对我国民营医疗发展现状、我国民营医院竞争力进行了分析，并结合我国医疗体制改革对民营医院的发展趋势、发展策略、战略规划等方面进行了预估。

会展蓝皮书

中外会展业动态评估研究报告（2018）

张敏 / 主编　2018 年 12 月出版　估价：99.00 元

◆　本书回顾了 2017 年的会展业发展动态，结合"供给侧改革"、"互联网 +"、"绿色经济"的新形势分析了我国展会的行业现状，并介绍了国外的发展经验，有助于行业和社会了解最新的展会业动态。

中国上市公司蓝皮书

中国上市公司发展报告（2018）

张平　王宏淼 / 主编　2018 年 9 月出版　估价：99.00 元

◆　本书由中国社会科学院上市公司研究中心组织编写的，着力于全面、真实、客观反映当前中国上市公司财务状况和价值评估的综合性年度报告。本书详尽分析了 2017 年中国上市公司情况，特别是现实中暴露出的制度性、基础性问题，并对资本市场改革进行了探讨。

工业和信息化蓝皮书

人工智能发展报告（2017 ~ 2018）

尹丽波 / 主编　2018 年 6 月出版　估价：99.00 元

◆　本书国家工业信息安全发展研究中心在对 2017 年全球人工智能技术和产业进行全面跟踪研究基础上形成的研究报告。该报告内容翔实、视角独特，具有较强的产业发展前瞻性和预测性，可为相关主管部门、行业协会、企业等全面了解人工智能发展形势以及进行科学决策提供参考。

国际问题与全球治理类

世界经济黄皮书

2018 年世界经济形势分析与预测

张宇燕 / 主编　2018 年 1 月出版　定价：99.00 元

◆　本书由中国社会科学院世界经济与政治研究所的研究团队撰写，分总论、国别与地区、专题、热点、世界经济统计与预测等五个部分，对 2018 年世界经济形势进行了分析。

国际城市蓝皮书

国际城市发展报告（2018）

屠启宇 / 主编　2018 年 2 月出版　定价：89.00 元

◆　本书作者以上海社会科学院从事国际城市研究的学者团队为核心，汇集同济大学、华东师范大学、复旦大学、上海交通大学、南京大学、浙江大学相关城市研究专业学者。立足动态跟踪介绍国际城市发展时间中，最新出现的重大战略、重大理念、重大项目、重大报告和最佳案例。

非洲黄皮书

非洲发展报告 No.20（2017 ~ 2018）

张宏明 / 主编　2018 年 7 月出版　估价：99.00 元

◆　本书是由中国社会科学院西亚非洲研究所组织编撰的非洲形势年度报告，比较全面、系统地分析了 2017 年非洲政治形势和热点问题，探讨了非洲经济形势和市场走向，剖析了大国对非洲关系的新动向；此外，还介绍了国内非洲研究的新成果。

国别类

美国蓝皮书

美国研究报告（2018）

郑秉文　黄平／主编　　2018 年 5 月出版　　估价：99.00 元

◆　　本书是由中国社会科学院美国研究所主持完成的研究成果，它回顾了美国 2017 年的经济、政治形势与外交战略，对美国内政外交发生的重大事件及重要政策进行了较为全面的回顾和梳理。

德国蓝皮书

德国发展报告（2018）

郑春荣／主编　　2018 年 6 月出版　　估价：99.00 元

◆　　本报告由同济大学德国研究所组织编撰，由该领域的专家学者对德国的政治、经济、社会文化、外交等方面的形势发展情况，进行全面的阐述与分析。

俄罗斯黄皮书

俄罗斯发展报告（2018）

李永全／编著　　2018 年 6 月出版　　估价：99.00 元

◆　　本书系统介绍了 2017 年俄罗斯经济政治情况，并对 2016 年该地区发生的焦点、热点问题进行了分析与回顾；在此基础上，对该地区 2018 年的发展前景进行了预测。

文 化 传 媒 类

新媒体蓝皮书

中国新媒体发展报告 No.9（2018）

唐绪军 / 主编　2018 年 6 月出版　估价：99.00 元

◆　本书是由中国社会科学院新闻与传播研究所组织编写的关于新媒体发展的最新年度报告，旨在全面分析中国新媒体的发展现状，解读新媒体的发展趋势，探析新媒体的深刻影响。

移动互联网蓝皮书

中国移动互联网发展报告（2018）

余清楚 / 主编　　2018 年 6 月出版　估价：99.00 元

◆　本书着眼于对 2017 年度中国移动互联网的发展情况做深入解析，对未来发展趋势进行预测，力求从不同视角、不同层面全面剖析中国移动互联网发展的现状、年度突破及热点趋势等。

文化蓝皮书

中国文化消费需求景气评价报告（2018）

王亚南 / 主编　2018 年 3 月出版　定价：99.00 元

◆　本书首创全国文化发展量化检测评价体系，也是至今全国唯一的文化民生量化检测评价体系，对于检验全国及各地 " 以人民为中心 " 的文化发展具有首创意义。

地方发展类

北京蓝皮书
北京经济发展报告（2017～2018）

杨松 / 主编　2018 年 6 月出版　估价：99.00 元

◆ 本书对 2017 年北京市经济发展的整体形势进行了系统性的分析与回顾，并对 2018 年经济形势走势进行了预测与研判，聚焦北京市经济社会发展中的全局性、战略性和关键领域的重点问题，运用定量和定性分析相结合的方法，对北京市经济社会发展的现状、问题、成因进行了深入分析，提出了可操作性的对策建议。

温州蓝皮书
2018 年温州经济社会形势分析与预测

蒋儒标　王春光　金浩 / 主编　2018 年 6 月出版　估价：99.00 元

◆ 本书是中共温州市委党校和中国社会科学院社会学研究所合作推出的第十一本温州蓝皮书，由来自党校、政府部门、科研机构、高校的专家、学者共同撰写的 2017 年温州区域发展形势的最新研究成果。

黑龙江蓝皮书
黑龙江社会发展报告（2018）

王爱丽 / 主编　2018 年 1 月出版　定价：89.00 元

◆ 本书以千份随机抽样问卷调查和专题研究为依据，运用社会学理论框架和分析方法，从专家和学者的独特视角，对 2017 年黑龙江省关系民生的问题进行广泛的调研与分析，并对 2017 年黑龙江省诸多社会热点和焦点问题进行了有益的探索。这些研究不仅可以为政府部门更加全面深入了解省情、科学制定决策提供智力支持，同时也可以为广大读者认识、了解、关注黑龙江社会发展提供理性思考。

宏观经济类

城市蓝皮书
中国城市发展报告（No.11）
著(编)者：潘家华 单菁菁
2018年9月出版 / 估价：99.00元
PSN B-2007-091-1/1

城乡一体化蓝皮书
中国城乡一体化发展报告（2018）
著(编)者：付崇兰
2018年9月出版 / 估价：99.00元
PSN B-2011-226-1/2

城镇化蓝皮书
中国新型城镇化健康发展报告（2018）
著(编)者：张占斌
2018年8月出版 / 估价：99.00元
PSN B-2014-396-1/1

创新蓝皮书
创新型国家建设报告（2018~2019）
著(编)者：詹正茂
2018年12月出版 / 估价：99.00元
PSN B-2009-140-1/1

低碳发展蓝皮书
中国低碳发展报告（2018）
著(编)者：张希良 齐晔
2018年6月出版 / 估价：99.00元
PSN B-2011-223-1/1

低碳经济蓝皮书
中国低碳经济发展报告（2018）
著(编)者：薛进军 赵忠秀
2018年11月出版 / 估价：99.00元
PSN B-2011-194-1/1

发展和改革蓝皮书
中国经济发展和体制改革报告No.9
著(编)者：邹东涛 王再文
2018年1月出版 / 估价：99.00元
PSN B-2008-122-1/1

国家创新蓝皮书
中国创新发展报告（2017）
著(编)者：陈劲　2018年5月出版 / 估价：99.00元
PSN B-2014-370-1/1

金融蓝皮书
中国金融发展报告（2018）
著(编)者：王国刚
2018年6月出版 / 估价：99.00元
PSN B-2004-031-1/7

经济蓝皮书
2018年中国经济形势分析与预测
著(编)者：李平　2017年12月出版 / 定价：89.00元
PSN B-1996-001-1/1

经济蓝皮书春季号
2018年中国经济前景分析
著(编)者：李扬　2018年5月出版 / 估价：99.00元
PSN B-1999-008-1/1

经济蓝皮书夏季号
中国经济增长报告（2017~2018）
著(编)者：李扬　2018年9月出版 / 估价：99.00元
PSN B-2010-176-1/1

农村绿皮书
中国农村经济形势分析与预测（2017~2018）
著(编)者：魏后凯 黄秉信
2018年4月出版 / 定价：99.00元
PSN G-1998-003-1/1

人口与劳动绿皮书
中国人口与劳动问题报告No.19
著(编)者：张车伟　2018年11月出版 / 估价：99.00元
PSN G-2000-012-1/1

新型城镇化蓝皮书
新型城镇化发展报告（2017）
著(编)者：李伟 宋敏
2018年3月出版 / 定价：98.00元
PSN B-2005-038-1/1

中国省域竞争力蓝皮书
中国省域经济综合竞争力发展报告（2016~2017）
著(编)者：李建平 李闽榕
2018年2月出版 / 定价：198.00元
PSN B-2007-088-1/1

中小城市绿皮书
中国中小城市发展报告（2018）
著(编)者：中国城市经济学会中小城市经济发展委员会
　　　　　中国城镇化促进会中小城市发展委员会
　　　　　《中国中小城市发展报告》编纂委员会
　　　　　中小城市发展战略研究院
2018年11月出版 / 估价：128.00元
PSN G-2010-161-1/1

区域经济类

东北蓝皮书
中国东北地区发展报告（2018）
著(编)者：姜晓秋　2018年11月出版 / 估价：99.00元
PSN B-2006-067-1/1

金融蓝皮书
中国金融中心发展报告（2017~2018）
著(编)者：王力 黄育华　2018年11月出版 / 估价：99.00元
PSN B-2011-186-6/7

京津冀蓝皮书
京津冀发展报告（2018）
著(编)者：祝合良 叶堂林 张贵祥
2018年6月出版 / 估价：99.00元
PSN B-2012-262-1/1

西北蓝皮书
中国西北发展报告（2018）
著(编)者：王福生 马廷旭 董秋生
2018年1月出版 / 定价：99.00元
PSN B-2012-261-1/1

西部蓝皮书
中国西部发展报告（2018）
著(编)者：璋勇 任保平　2018年8月出版 / 估价：99.00元
PSN B-2005-039-1/1

长江经济带产业蓝皮书
长江经济带产业发展报告（2018）
著(编)者：吴传清　2018年11月出版 / 估价：128.00元
PSN B-2017-666-1/1

长江经济带蓝皮书
长江经济带发展报告（2017~2018）
著(编)者：王振　2018年11月出版 / 估价：99.00元
PSN B-2016-575-1/1

长江中游城市群蓝皮书
长江中游城市群新型城镇化与产业协同发展报告（2018）
著(编)者：杨刚强　2018年11月出版 / 估价：99.00元
PSN B-2016-578-1/1

长三角蓝皮书
2017年创新融合发展的长三角
著(编)者：刘飞跃　2018年5月出版 / 估价：99.00元
PSN B-2005-038-1/1

长株潭城市群蓝皮书
长株潭城市群发展报告（2017）
著(编)者：张萍 朱有志　2018年6月出版 / 估价：99.00元
PSN B-2008-109-1/1

特色小镇蓝皮书
特色小镇智慧运营报告（2018）：顶层设计与智慧架构标准
著(编)者：陈劲　2018年1月出版 / 定价：79.00元
PSN B-2018-692-1/1

中部竞争力蓝皮书
中国中部经济社会竞争力报告（2018）
著(编)者：教育部人文社会科学重点研究基地南昌大学中国
中部经济社会发展研究中心
2018年12月出版 / 估价：99.00元
PSN B-2012-276-1/1

中部蓝皮书
中国中部地区发展报告（2018）
著(编)者：宋亚平　2018年12月出版 / 估价：99.00元
PSN B-2007-089-1/1

区域蓝皮书
中国区域经济发展报告（2017~2018）
著(编)者：赵弘　2018年5月出版 / 估价：99.00元
PSN B-2004-034-1/1

中三角蓝皮书
长江中游城市群发展报告（2018）
著(编)者：秦尊文　2018年9月出版 / 估价：99.00元
PSN B-2014-417-1/1

中原蓝皮书
中原经济区发展报告（2018）
著(编)者：李英杰　2018年6月出版 / 估价：99.00元
PSN B-2011-192-1/1

珠三角流通蓝皮书
珠三角商圈发展研究报告（2018）
著(编)者：王先庆 林至颖　2018年7月出版 / 估价：99.00元
PSN B-2012-292-1/1

社会政法类

北京蓝皮书
中国社区发展报告（2017~2018）
著(编)者：于燕燕　2018年9月出版 / 估价：99.00元
PSN B-2007-083-5/8

殡葬绿皮书
中国殡葬事业发展报告（2017~2018）
著(编)者：李伯森　2018年6月出版 / 估价：158.00元
PSN G-2010-180-1/1

城市管理蓝皮书
中国城市管理报告（2017-2018）
著(编)者：刘林 刘承水　2018年5月出版 / 估价：158.00元
PSN B-2013-336-1/1

城市生活质量蓝皮书
中国城市生活质量报告（2017）
著(编)者：张连城 张平 杨春学 郎丽华
2017年12月出版 / 定价：89.00元
PSN B-2013-326-1/1

城市政府能力蓝皮书
中国城市政府公共服务能力评估报告（2018）
著(编)者：何艳玲　　2018年5月出版 / 估价：99.00元
PSN B-2013-338-1/1

创业蓝皮书
中国创业发展研究报告（2017~2018）
著(编)者：黄群慧 赵卫星 钟宏武
2018年11月出版 / 估价：99.00元
PSN B-2016-577-1/1

慈善蓝皮书
中国慈善发展报告（2018）
著(编)者：杨团　　2018年6月出版 / 估价：99.00元
PSN B-2009-142-1/1

党建蓝皮书
党的建设研究报告No.2（2018）
著(编)者：崔建民 陈东平　　2018年6月出版 / 估价：99.00元
PSN B-2016-523-1/1

地方法治蓝皮书
中国地方法治发展报告No.3（2018）
著(编)者：李林 田禾　　2018年6月出版 / 估价：118.00元
PSN B-2015-442-1/1

电子政务蓝皮书
中国电子政务发展报告（2018）
著(编)者：李季　　2018年8月出版 / 估价：99.00元
PSN B-2003-022-1/1

儿童蓝皮书
中国儿童参与状况报告（2017）
著(编)者：苑立新　　2017年12月出版 / 定价：89.00元
PSN B-2017-682-1/1

法治蓝皮书
中国法治发展报告No.16（2018）
著(编)者：李林 田禾　　2018年3月出版 / 定价：128.00元
PSN B-2004-027-1/3

法治蓝皮书
中国法院信息化发展报告No.2（2018）
著(编)者：李林 田禾　　2018年2月出版 / 定价：118.00元
PSN B-2017-604-3/3

法治政府蓝皮书
中国法治政府发展报告（2017）
著(编)者：中国政法大学法治政府研究院
2018年3月出版 / 定价：158.00元
PSN B-2015-502-1/2

法治政府蓝皮书
中国法治政府评估报告（2018）
著(编)者：中国政法大学法治政府研究院
2018年9月出版 / 估价：168.00元
PSN B-2016-576-2/2

反腐倡廉蓝皮书
中国反腐倡廉建设报告No.8
著(编)者：张英伟　　2018年12月出版 / 估价：99.00元
PSN B-2012-259-1/1

扶贫蓝皮书
中国扶贫开发报告（2018）
著(编)者：李培林 魏后凯　　2018年12月出版 / 估价：128.00元
PSN B-2016-599-1/1

妇女发展蓝皮书
中国妇女发展报告No.6
著(编)者：王金玲　　2018年9月出版 / 估价：158.00元
PSN B-2006-069-1/1

妇女教育蓝皮书
中国妇女教育发展报告No.3
著(编)者：张李玺　　2018年10月出版 / 估价：99.00元
PSN B-2008-121-1/1

妇女绿皮书
2018年：中国性别平等与妇女发展报告
著(编)者：谭琳　　2018年12月出版 / 估价：99.00元
PSN G-2006-073-1/1

公共安全蓝皮书
中国城市公共安全发展报告（2017~2018）
著(编)者：黄育华 杨文明 赵建辉
2018年6月出版 / 估价：99.00元
PSN B-2017-628-1/1

公共服务蓝皮书
中国城市基本公共服务力评价（2018）
著(编)者：钟君 刘志昌 吴正杲
2018年12月出版 / 估价：99.00元
PSN B-2011-214-1/1

公民科学素质蓝皮书
中国公民科学素质报告（2017~2018）
著(编)者：李群 陈雄 马宗文
2017年12月出版 / 估价：89.00元
PSN B-2014-379-1/1

公益蓝皮书
中国公益慈善发展报告（2016）
著(编)者：朱健刚 胡小军　　2018年6月出版 / 估价：99.00元
PSN B-2012-283-1/1

国际人才蓝皮书
中国国际移民报告（2018）
著(编)者：王辉耀　　2018年6月出版 / 估价：99.00元
PSN B-2012-304-3/4

国际人才蓝皮书
中国留学发展报告（2018）No.7
著(编)者：王辉耀 苗绿　　2018年12月出版 / 估价：99.00元
PSN B-2012-244-2/4

海洋社会蓝皮书
中国海洋社会发展报告（2017）
著(编)者：崔凤 宋宁而　　2018年3月出版 / 定价：99.00元
PSN B-2015-478-1/1

行政改革蓝皮书
中国行政体制改革报告No.7（2018）
著(编)者：魏礼群　　2018年6月出版 / 估价：99.00元
PSN B-2011-231-1/1

华侨华人蓝皮书
华侨华人研究报告（2017）
著(编)者：张禹东　庄国土　　2017年12月出版 / 定价：148.00元
PSN B-2011-204-1/1

互联网与国家治理蓝皮书
互联网与国家治理发展报告（2017）
著(编)者：张志安　　2018年1月出版 / 定价：98.00元
PSN B-2017-671-1/1

环境管理蓝皮书
中国环境管理发展报告（2017）
著(编)者：李金惠　　2017年12月出版 / 定价：98.00元
PSN B-2017-678-1/1

环境竞争力绿皮书
中国省域环境竞争力发展报告（2018）
著(编)者：李建平　李闽榕　王金南
2018年11月出版 / 估价：198.00元
PSN G-2010-165-1/1

环境绿皮书
中国环境发展报告（2017~2018）
著(编)者：李波　　2018年6月出版 / 估价：99.00元
PSN G-2006-048-1/1

家庭蓝皮书
中国"创建幸福家庭活动"评估报告（2018）
著(编)者：国务院发展研究中心"创建幸福家庭活动评估"课题组
2018年12月出版 / 估价：99.00元
PSN B-2015-508-1/1

健康城市蓝皮书
中国健康城市建设研究报告（2018）
著(编)者：王鸿春　盛继洪　　2018年12月出版 / 估价：99.00元
PSN B-2016-564-2/2

健康中国蓝皮书
社区首诊与健康中国分析报告（2018）
著(编)者：高和荣　杨叔禹　姜杰
2018年6月出版 / 估价：99.00元
PSN B-2017-611-1/1

教师蓝皮书
中国中小学教师发展报告（2017）
著(编)者：曾晓东　鱼霞
2018年6月出版 / 估价：99.00元
PSN B-2012-289-1/1

教育扶贫蓝皮书
中国教育扶贫报告（2018）
著(编)者：司树杰　王文静　李兴洲
2018年12月出版 / 估价：99.00元
PSN B-2016-590-1/1

教育蓝皮书
中国教育发展报告（2018）
著(编)者：杨东平　　2018年3月出版 / 定价：89.00元
PSN B-2006-047-1/1

金融法治建设蓝皮书
中国金融法治建设年度报告（2015~2016）
著(编)者：朱小黄　　2018年6月出版 / 估价：99.00元
PSN B-2017-633-1/1

京津冀教育蓝皮书
京津冀教育发展研究报告（2017~2018）
著(编)者：方中雄　　2018年6月出版 / 估价：99.00元
PSN B-2017-608-1/1

就业蓝皮书
2018年中国本科生就业报告
著(编)者：麦可思研究院　　2018年6月出版 / 估价：99.00元
PSN B-2009-146-1/2

就业蓝皮书
2018年中国高职高专生就业报告
著(编)者：麦可思研究院　　2018年6月出版 / 估价：99.00元
PSN B-2015-472-2/2

科学教育蓝皮书
中国科学教育发展报告（2018）
著(编)者：王康友　　2018年10月出版 / 估价：99.00元
PSN B-2015-487-1/1

劳动保障蓝皮书
中国劳动保障发展报告（2018）
著(编)者：刘燕斌　　2018年9月出版 / 估价：158.00元
PSN B-2014-415-1/1

老龄蓝皮书
中国老年宜居环境发展报告（2017）
著(编)者：党俊武　周燕珉　　2018年6月出版 / 估价：99.00元
PSN B-2013-320-1/1

连片特困区蓝皮书
中国连片特困区发展报告（2017~2018）
著(编)者：游俊　冷志明　丁建军
2018年6月出版 / 估价：99.00元
PSN B-2013-321-1/1

流动儿童蓝皮书
中国流动儿童教育发展报告（2017）
著(编)者：杨东平　　2018年6月出版 / 估价：99.00元
PSN B-2017-600-1/1

民调蓝皮书
中国民生调查报告（2018）
著(编)者：谢耘耕　　2018年12月出版 / 估价：99.00元
PSN B-2014-398-1/1

民族发展蓝皮书
中国民族发展报告（2018）
著(编)者：王延中　　2018年10月出版 / 估价：188.00元
PSN B-2006-070-1/1

女性生活蓝皮书
中国女性生活状况报告No.12（2018）
著(编)者：高博燕　　2018年7月出版 / 估价：99.00元
PSN B-2006-071-1/1

汽车社会蓝皮书
中国汽车社会发展报告（2017～2018）
著(编)者：王俊秀　2018年6月出版 / 估价：99.00元
PSN B-2011-224-1/1

青年蓝皮书
中国青年发展报告（2018）No.3
著(编)者：廉思　2018年6月出版 / 估价：99.00元
PSN B-2013-333-1/1

青少年蓝皮书
中国未成年人互联网运用报告（2017～2018）
著(编)者：季为民 李文革 沈杰
2018年11月出版 / 估价：99.00元
PSN B-2010-156-1/1

人权蓝皮书
中国人权事业发展报告No.8（2018）
著(编)者：李君如　2018年9月出版 / 估价：99.00元
PSN B-2011-215-1/1

社会保障绿皮书
中国社会保障发展报告No.9（2018）
著(编)者：王延中　2018年6月出版 / 估价：99.00元
PSN G-2001-014-1/1

社会风险评估蓝皮书
风险评估与危机预警报告（2017～2018）
著(编)者：唐钧　2018年8月出版 / 估价：99.00元
PSN B-2012-293-1/1

社会工作蓝皮书
中国社会工作发展报告（2016~2017）
著(编)者：民政部社会工作研究中心
2018年8月出版 / 估价：99.00元
PSN B-2009-141-1/1

社会管理蓝皮书
中国社会管理创新报告No.6
著(编)者：连玉明　2018年11月出版 / 估价：99.00元
PSN B-2012-300-1/1

社会蓝皮书
2018年中国社会形势分析与预测
著(编)者：李培林 陈光金 张翼
2017年12月出版 / 定价：89.00元
PSN B-1998-002-1/1

社会体制蓝皮书
中国社会体制改革报告No.6（2018）
著(编)者：龚维斌　2018年3月出版 / 定价：98.00元
PSN B-2013-330-1/1

社会心态蓝皮书
中国社会心态研究报告（2018）
著(编)者：王俊秀　2018年12月出版 / 估价：99.00元
PSN B-2011-199-1/1

社会组织蓝皮书
中国社会组织报告（2017-2018）
著(编)者：黄晓勇　2018年6月出版 / 估价：99.00元
PSN B-2008-118-1/2

社会组织蓝皮书
中国社会组织评估发展报告（2018）
著(编)者：徐家良　2018年12月出版 / 估价：99.00元
PSN B-2013-366-2/2

生态城市绿皮书
中国生态城市建设发展报告（2018）
著(编)者：刘举科 孙伟平 胡文臻
2018年9月出版 / 估价：158.00元
PSN G-2012-269-1/1

生态文明绿皮书
中国省域生态文明建设评价报告（ECI 2018）
著(编)者：严耕　2018年12月出版 / 估价：99.00元
PSN G-2010-170-1/1

退休生活蓝皮书
中国城市居民退休生活质量指数报告（2017）
著(编)者：杨一帆　2018年6月出版 / 估价：99.00元
PSN B-2017-618-1/1

危机管理蓝皮书
中国危机管理报告（2018）
著(编)者：文学国 范正青
2018年8月出版 / 估价：99.00元
PSN B-2010-171-1/1

学会蓝皮书
2018年中国学会发展报告
著(编)者：麦可思研究院　2018年12月出版 / 估价：99.00元
PSN B-2016-597-1/1

医改蓝皮书
中国医药卫生体制改革报告（2017～2018）
著(编)者：文学国 房志武
2018年11月出版 / 估价：99.00元
PSN B-2014-432-1/1

应急管理蓝皮书
中国应急管理报告（2018）
著(编)者：宋英华　2018年9月出版 / 估价：99.00元
PSN B-2016-562-1/1

政府绩效评估蓝皮书
中国地方政府绩效评估报告 No.2
著(编)者：贠杰　2018年12月出版 / 估价：99.00元
PSN B-2017-672-1/1

政治参与蓝皮书
中国政治参与报告（2018）
著(编)者：房宁　2018年8月出版 / 估价：128.00元
PSN B-2011-200-1/1

政治文化蓝皮书
中国政治文化报告（2018）
著(编)者：邢元敏 魏大鹏 龚克
2018年8月出版 / 估价：128.00元
PSN B-2017-615-1/1

中国传统村落蓝皮书
中国传统村落保护现状报告（2018）
著(编)者：胡彬彬 李向军 王晓波
2018年12月出版 / 估价：99.00元
PSN B-2017-663-1/1

中国农村妇女发展蓝皮书
农村流动女性城市生活发展报告（2018）
著(编)者：谢丽华　2018年12月出版／估价：99.00元
PSN B-2014-434-1/1

宗教蓝皮书
中国宗教报告（2017）
著(编)者：邱永辉　2018年8月出版／估价：99.00元
PSN B-2008-117-1/1

产业经济类

保健蓝皮书
中国保健服务产业发展报告 No.2
著(编)者：中国保健协会　中共中央党校
2018年7月出版／估价：198.00元
PSN B-2012-272-3/3

保健蓝皮书
中国保健食品产业发展报告 No.2
著(编)者：中国保健协会
中国社会科学院食品药品产业发展与监管研究中心
2018年8月出版／估价：198.00元
PSN B-2012-271-2/3

保健蓝皮书
中国保健用品产业发展报告 No.2
著(编)者：中国保健协会
国务院国有资产监督管理委员会研究中心
2018年6月出版／估价：198.00元
PSN B-2012-270-1/3

保险蓝皮书
中国保险业竞争力报告（2018）
著(编)者：保监会　2018年12月出版／估价：99.00元
PSN B-2013-311-1/1

冰雪蓝皮书
中国冰上运动产业发展报告（2018）
著(编)者：孙承华 杨占武 刘戈 张鸿俊
2018年9月出版／估价：99.00元
PSN B-2017-648-3/3

冰雪蓝皮书
中国滑雪产业发展报告（2018）
著(编)者：孙承华 伍斌 魏庆华 张鸿俊
2018年9月出版／估价：99.00元
PSN B-2016-559-1/3

餐饮产业蓝皮书
中国餐饮产业发展报告（2018）
著(编)者：邢颖
2018年6月出版／估价：99.00元
PSN B-2009-151-1/1

茶业蓝皮书
中国茶产业发展报告（2018）
著(编)者：杨江帆 李闽榕
2018年10月出版／估价：99.00元
PSN B-2010-164-1/1

产业安全蓝皮书
中国产业安全报告（2018）
著(编)者：北京印刷学院文化产业安全研究院
2018年12月出版／估价：99.00元
PSN B-2014-378-12/14

产业安全蓝皮书
中国新媒体产业安全报告（2016~2017）
著(编)者：肖丽　2018年6月出版／估价：99.00元
PSN B-2015-500-14/14

产业安全蓝皮书
中国出版传媒产业安全报告（2017~2018）
著(编)者：北京印刷学院文化产业安全研究院
2018年6月出版／估价：99.00元
PSN B-2014-384-13/14

产业蓝皮书
中国产业竞争力报告（2018）No.8
著(编)者：张其仔　2018年12月出版／估价：168.00元
PSN B-2010-175-1/1

动力电池蓝皮书
中国新能源汽车动力电池产业发展报告（2018）
著(编)者：中国汽车技术研究中心
2018年8月出版／估价：99.00元
PSN B-2017-639-1/1

杜仲产业绿皮书
中国杜仲橡胶资源与产业发展报告（2017~2018）
著(编)者：杜红岩 胡文臻 俞锐
2018年6月出版／估价：99.00元
PSN G-2013-350-1/1

房地产蓝皮书
中国房地产发展报告No.15（2018）
著(编)者：李春华 王业强
2018年5月出版／估价：99.00元
PSN B-2004-028-1/1

服务外包蓝皮书
中国服务外包产业发展报告（2017~2018）
著(编)者：王晓红 刘德军
2018年6月出版／估价：99.00元
PSN B-2013-331-2/2

服务外包蓝皮书
中国服务外包竞争力报告（2017~2018）
著(编)者：刘春生 王力 黄育华
2018年12月出版／估价：99.00元
PSN B-2011-216-1/2

工业和信息化蓝皮书
世界信息技术产业发展报告（2017～2018）
著(编)者：尹丽波　2018年6月出版 / 估价：99.00元
PSN B-2015-449-2/6

工业和信息化蓝皮书
战略性新兴产业发展报告（2017～2018）
著(编)者：尹丽波　2018年6月出版 / 估价：99.00元
PSN B-2015-450-3/6

海洋经济蓝皮书
中国海洋经济发展报告（2015～2018）
著(编)者：殷克东　高金田　方胜民
2018年3月出版 / 定价：128.00元
PSN B-2018-697-1/1

康养蓝皮书
中国康养产业发展报告（2017）
著(编)者：何莽　2017年12月出版 / 定价：88.00元
PSN B-2017-685-1/1

客车蓝皮书
中国客车产业发展报告（2017～2018）
著(编)者：姚蔚　2018年10月出版 / 估价：99.00元
PSN B-2013-361-1/1

流通蓝皮书
中国商业发展报告（2018～2019）
著(编)者：王雪峰　林诗慧
2018年7月出版 / 估价：99.00元
PSN B-2009-152-1/2

能源蓝皮书
中国能源发展报告（2018）
著(编)者：崔民选　王军生　陈义和
2018年12月出版 / 估价：99.00元
PSN B-2006-049-1/1

农产品流通蓝皮书
中国农产品流通产业发展报告（2017）
著(编)者：贾敬敦　张东科　张玉玺　张鹏毅　周伟
2018年6月出版 / 估价：99.00元
PSN B-2012-288-1/1

汽车工业蓝皮书
中国汽车工业发展年度报告（2018）
著(编)者：中国汽车工业协会
　　　　　中国汽车技术研究中心
　　　　　丰田汽车公司
2018年5月出版 / 估价：168.00元
PSN B-2015-463-1/2

汽车工业蓝皮书
中国汽车零部件产业发展报告（2017～2018）
著(编)者：中国汽车工业协会
　　　　　中国汽车工程研究院深圳市沃特玛电池有限公司
2018年9月出版 / 估价：99.00元
PSN B-2016-515-2/2

汽车蓝皮书
中国汽车产业发展报告（2018）
著(编)者：中国汽车工程学会
　　　　　大众汽车集团（中国）
2018年11月出版 / 估价：99.00元
PSN B-2008-124-1/1

世界茶业蓝皮书
世界茶业发展报告（2018）
著(编)者：李闽榕　冯廷佺
2018年5月出版 / 估价：168.00元
PSN B-2017-619-1/1

世界能源蓝皮书
世界能源发展报告（2018）
著(编)者：黄晓勇　2018年6月出版 / 估价：168.00元
PSN B-2013-349-1/1

石油蓝皮书
中国石油产业发展报告（2018）
著(编)者：中国石油化工集团公司经济技术研究院
　　　　　中国国际石油化工联合有限责任公司
　　　　　中国社会科学院数量经济与技术经济研究所
2018年2月出版 / 定价：98.00元
PSN B-2018-690-1/1

体育蓝皮书
国家体育产业基地发展报告（2016～2017）
著(编)者：李颖川　2018年6月出版 / 估价：168.00元
PSN B-2017-609-5/5

体育蓝皮书
中国体育产业发展报告（2018）
著(编)者：阮伟　钟秉枢
2018年12月出版 / 估价：99.00元
PSN B-2010-179-1/5

文化金融蓝皮书
中国文化金融发展报告（2018）
著(编)者：杨涛　金巍
2018年6月出版 / 估价：99.00元
PSN B-2017-610-1/1

新能源汽车蓝皮书
中国新能源汽车产业发展报告（2018）
著(编)者：中国汽车技术研究中心
　　　　　日产（中国）投资有限公司
　　　　　东风汽车有限公司
2018年8月出版 / 估价：99.00元
PSN B-2013-347-1/1

薏仁米产业蓝皮书
中国薏仁米产业发展报告No.2（2018）
著(编)者：李发耀　石明　秦礼康
2018年8月出版 / 估价：99.00元
PSN B-2017-645-1/1

邮轮绿皮书
中国邮轮产业发展报告（2018）
著(编)者：汪泓　2018年10月出版 / 估价：99.00元
PSN G-2014-419-1/1

智能养老蓝皮书
中国智能养老产业发展报告（2018）
著(编)者：朱勇　2018年10月出版 / 估价：99.00元
PSN B-2015-488-1/1

中国节能汽车蓝皮书
中国节能汽车发展报告（2017～2018）
著(编)者：中国汽车工程研究院股份有限公司
2018年9月出版 / 估价：99.00元
PSN B-2016-565-1/1

中国陶瓷产业蓝皮书
中国陶瓷产业发展报告（2018）
著(编)者：左和平 黄速建
2018年10月出版 / 估价：99.00元
PSN B-2016-573-1/1

装备制造业蓝皮书
中国装备制造业发展报告（2018）
著(编)者：徐东华
2018年12月出版 / 估价：118.00元
PSN B-2015-505-1/1

行业及其他类

"三农"互联网金融蓝皮书
中国"三农"互联网金融发展报告（2018）
著(编)者：李勇坚 王弢
2018年8月出版 / 估价：99.00元
PSN B-2016-560-1/1

SUV蓝皮书
中国SUV市场发展报告（2017~2018）
著(编)者：靳军 2018年9月出版 / 估价：99.00元
PSN B-2016-571-1/1

冰雪蓝皮书
中国冬季奥运会发展报告（2018）
著(编)者：孙承华 伍斌 魏庆华 张鸿俊
2018年9月出版 / 估价：99.00元
PSN B-2017-647-2/3

彩票蓝皮书
中国彩票发展报告（2018）
著(编)者：益彩基金 2018年6月出版 / 估价：99.00元
PSN B-2015-462-1/1

测绘地理信息蓝皮书
测绘地理信息供给侧结构性改革研究报告（2018）
著(编)者：库热西·买合苏提
2018年12月出版 / 估价：168.00元
PSN B-2009-145-1/1

产权市场蓝皮书
中国产权市场发展报告（2017）
著(编)者：曹和平
2018年5月出版 / 估价：99.00元
PSN B-2009-147-1/1

城投蓝皮书
中国城投行业发展报告（2018）
著(编)者：华景斌
2018年11月出版 / 估价：300.00元
PSN B-2016-514-1/1

城市轨道交通蓝皮书
中国城市轨道交通运营发展报告（2017~2018）
著(编)者：崔学忠 贾文峥
2018年3月出版 / 定价：89.00元
PSN B-2018-694-1/1

大数据蓝皮书
中国大数据发展报告（No.2）
著(编)者：连玉明 2018年5月出版 / 估价：99.00元
PSN B-2017-620-1/1

大数据应用蓝皮书
中国大数据应用发展报告No.2（2018）
著(编)者：陈军君 2018年8月出版 / 估价：99.00元
PSN B-2017-644-1/1

对外投资与风险蓝皮书
中国对外直接投资与国家风险报告（2018）
著(编)者：中债资信评估有限责任公司
中国社会科学院世界经济与政治研究所
2018年6月出版 / 估价：189.00元
PSN B-2017-606-1/1

工业和信息化蓝皮书
人工智能发展报告（2017~2018）
著(编)者：尹丽波 2018年6月出版 / 估价：99.00元
PSN B-2015-448-1/6

工业和信息化蓝皮书
世界智慧城市发展报告（2017~2018）
著(编)者：尹丽波 2018年6月出版 / 估价：99.00元
PSN B-2017-624-6/6

工业和信息化蓝皮书
世界网络安全发展报告（2017~2018）
著(编)者：尹丽波 2018年6月出版 / 估价：99.00元
PSN B-2015-452-5/6

工业和信息化蓝皮书
世界信息化发展报告（2017~2018）
著(编)者：尹丽波 2018年6月出版 / 估价：99.00元
PSN B-2015-451-4/6

工业设计蓝皮书
中国工业设计发展报告（2018）
著(编)者：王晓红 于炜 张立群 2018年9月出版 / 估价：168.00元
PSN B-2014-420-1/1

公共关系蓝皮书
中国公共关系发展报告（2017）
著(编)者：柳斌杰 2018年1月出版 / 定价：89.00元
PSN B-2016-579-1/1

公共关系蓝皮书
中国公共关系发展报告（2018）
著(编)者：柳斌杰　2018年11月出版 / 估价：99.00元
PSN B-2016-579-1/1

管理蓝皮书
中国管理发展报告（2018）
著(编)者：张晓东　2018年10月出版 / 估价：99.00元
PSN B-2014-416-1/1

轨道交通蓝皮书
中国轨道交通行业发展报告（2017）
著(编)者：仲建华　李闽榕
2017年12月出版 / 定价：98.00元
PSN B-2017-674-1/1

海关发展蓝皮书
中国海关发展前沿报告（2018）
著(编)者：干春晖　2018年6月出版 / 估价：99.00元
PSN B-2017-616-1/1

互联网医疗蓝皮书
中国互联网健康医疗发展报告（2018）
著(编)者：芮晓武　2018年6月出版 / 估价：99.00元
PSN B-2016-567-1/1

黄金市场蓝皮书
中国商业银行黄金业务发展报告（2017~2018）
著(编)者：平安银行　2018年6月出版 / 估价：99.00元
PSN B-2016-524-1/1

会展蓝皮书
中外会展业动态评估研究报告（2018）
著(编)者：张敏　任中峰　聂鑫焱　牛盼强
2018年12月出版 / 估价：99.00元
PSN B-2013-327-1/1

基金会蓝皮书
中国基金会发展报告（2017~2018）
著(编)者：中国基金会发展报告课题组
2018年6月出版 / 估价：99.00元
PSN B-2013-368-1/1

基金会绿皮书
中国基金会发展独立研究报告（2018）
著(编)者：基金会中心网　中央民族大学基金会研究中心
2018年6月出版 / 估价：99.00元
PSN G-2011-213-1/1

基金会透明度蓝皮书
中国基金会透明度发展研究报告（2018）
著(编)者：基金会中心网
　　　　　清华大学廉政与治理研究中心
2018年9月出版 / 估价：99.00元
PSN B-2013-339-1/1

建筑装饰蓝皮书
中国建筑装饰行业发展报告（2018）
著(编)者：葛道顺　刘晓一
2018年10月出版 / 估价：198.00元
PSN B-2016-553-1/1

金融监管蓝皮书
中国金融监管报告（2018）
著(编)者：胡滨　2018年3月出版 / 定价：98.00元
PSN B-2012-281-1/1

金融蓝皮书
中国互联网金融行业分析与评估（2018~2019）
著(编)者：黄国平　伍旭川　2018年12月出版 / 估价：99.00元
PSN B-2016-585-7/7

金融科技蓝皮书
中国金融科技发展报告（2018）
著(编)者：李扬　孙国峰　2018年10月出版 / 估价：99.00元
PSN B-2014-374-1/1

金融信息服务蓝皮书
中国金融信息服务发展报告（2018）
著(编)者：李平　2018年5月出版 / 估价：99.00元
PSN B-2017-621-1/1

金蜜蜂企业社会责任蓝皮书
金蜜蜂中国企业社会责任报告研究（2017）
著(编)者：殷格非　于志宏　管竹笋
2018年1月出版 / 定价：99.00元
PSN B-2018-693-1/1

京津冀金融蓝皮书
京津冀金融发展报告（2018）
著(编)者：王爱俭　王璟怡　2018年10月出版 / 估价：99.00元
PSN B-2016-527-1/1

科普蓝皮书
国家科普能力发展报告（2018）
著(编)者：王康友　2018年5月出版 / 估价：138.00元
PSN B-2017-632-4/4

科普蓝皮书
中国基层科普发展报告（2017~2018）
著(编)者：赵立新　陈玲　2018年9月出版 / 估价：99.00元
PSN B-2016-568-3/4

科普蓝皮书
中国科普基础设施发展报告（2017~2018）
著(编)者：任福君　2018年6月出版 / 估价：99.00元
PSN B-2010-174-1/3

科普蓝皮书
中国科普人才发展报告（2017~2018）
著(编)者：郑念　任嵘嵘　2018年7月出版 / 估价：99.00元
PSN B-2016-512-2/4

科普能力蓝皮书
中国科普能力评价报告（2018~2019）
著(编)者：李富强　李群　2018年8月出版 / 估价：99.00元
PSN B-2016-555-1/1

临空经济蓝皮书
中国临空经济发展报告（2018）
著(编)者：连玉明　2018年9月出版 / 估价：99.00元
PSN B-2014-421-1/1

旅游安全蓝皮书
中国旅游安全报告（2018）
著(编)者：郑向敏 谢朝武　2018年5月出版 / 估价：158.00元
PSN B-2012-280-1/1

旅游绿皮书
2017~2018年中国旅游发展分析与预测
著(编)者：宋瑞　2018年1月出版 / 定价：99.00元
PSN G-2002-018-1/1

煤炭蓝皮书
中国煤炭工业发展报告（2018）
著(编)者：岳福斌　2018年12月出版 / 估价：99.00元
PSN B-2008-123-1/1

民营企业社会责任蓝皮书
中国民营企业社会责任报告（2018）
著(编)者：中华全国工商业联合会
2018年12月出版 / 估价：99.00元
PSN B-2015-510-1/1

民营医院蓝皮书
中国民营医院发展报告（2017）
著(编)者：薛晓林　2017年12月出版 / 定价：89.00元
PSN B-2012-299-1/1

闽商蓝皮书
闽商发展报告（2018）
著(编)者：李闽榕 王日根 林琛
2018年12月出版 / 估价：99.00元
PSN B-2012-298-1/1

农业应对气候变化蓝皮书
中国农业气象灾害及其灾损评估报告（No.3）
著(编)者：矫梅燕　2018年6月出版 / 估价：118.00元
PSN B-2014-413-1/1

品牌蓝皮书
中国品牌战略发展报告（2018）
著(编)者：汪同三　2018年10月出版 / 估价：99.00元
PSN B-2016-580-1/1

企业扶贫蓝皮书
中国企业扶贫研究报告（2018）
著(编)者：钟宏武　2018年12月出版 / 估价：99.00元
PSN B-2016-593-1/1

企业公益蓝皮书
中国企业公益研究报告（2018）
著(编)者：钟宏武 汪杰 黄晓娟
2018年12月出版 / 估价：99.00元
PSN B-2015-501-1/1

企业国际化蓝皮书
中国企业全球化报告（2018）
著(编)者：王辉耀 苗绿　2018年11月出版 / 估价：99.00元
PSN B-2014-427-1/1

企业蓝皮书
中国企业绿色发展报告No.2（2018）
著(编)者：李红玉 朱光辉
2018年8月出版 / 估价：99.00元
PSN B-2015-481-2/2

企业社会责任蓝皮书
中资企业海外社会责任研究报告（2017~2018）
著(编)者：钟宏武 叶柳红 张蒽
2018年6月出版 / 估价：99.00元
PSN B-2017-603-2/2

企业社会责任蓝皮书
中国企业社会责任研究报告（2018）
著(编)者：黄群慧 钟宏武 张蒽 汪杰
2018年11月出版 / 估价：99.00元
PSN B-2009-149-1/2

汽车安全蓝皮书
中国汽车安全发展报告（2018）
著(编)者：中国汽车技术研究中心
2018年8月出版 / 估价：99.00元
PSN B-2014-385-1/1

汽车电子商务蓝皮书
中国汽车电子商务发展报告（2018）
著(编)者：中华全国工商业联合会汽车经销商商会
　　　　　北方工业大学
　　　　　北京易观智库网络科技有限公司
2018年10月出版 / 估价：158.00元
PSN B-2015-485-1/1

汽车知识产权蓝皮书
中国汽车产业知识产权发展报告（2018）
著(编)者：中国汽车工程研究院股份有限公司
　　　　　中国汽车工程学会
　　　　　重庆长安汽车股份有限公司
2018年12月出版 / 估价：99.00元
PSN B-2016-594-1/1

青少年体育蓝皮书
中国青少年体育发展报告（2017）
著(编)者：刘扶民 杨桦　2018年6月出版 / 估价：99.00元
PSN B-2015-482-1/1

区块链蓝皮书
中国区块链发展报告（2018）
著(编)者：李伟　2018年9月出版 / 估价：99.00元
PSN B-2017-649-1/1

群众体育蓝皮书
中国群众体育发展报告（2017）
著(编)者：刘国永 戴健　2018年5月出版 / 估价：99.00元
PSN B-2014-411-1/3

群众体育蓝皮书
中国社会体育指导员发展报告（2018）
著(编)者：刘国永 王欢　2018年6月出版 / 估价：99.00元
PSN B-2016-520-3/3

人力资源蓝皮书
中国人力资源发展报告（2018）
著(编)者：余兴安　2018年11月出版 / 估价：99.00元
PSN B-2012-287-1/1

融资租赁蓝皮书
中国融资租赁业发展报告（2017~2018）
著(编)者：李光荣 王力　2018年8月出版 / 估价：99.00元
PSN B-2015-443-1/1

商会蓝皮书
中国商会发展报告No.5（2017）
著(编)者：王钦敏　2018年7月出版 / 估价：99.00元
PSN B-2008-125-1/1

商务中心区蓝皮书
中国商务中心区发展报告No.4（2017~2018）
著(编)者：李国红 单菁菁　2018年9月出版 / 估价：99.00元
PSN B-2015-444-1/1

设计产业蓝皮书
中国创新设计发展报告（2018）
著(编)者：王晓红 张立群 于炜
2018年11月出版 / 估价：99.00元
PSN B-2016-581-2/2

社会责任管理蓝皮书
中国上市公司社会责任能力成熟度报告No.4（2018）
著(编)者：肖红军 王晓光 李伟阳
2018年12月出版 / 估价：99.00元
PSN B-2015-507-2/2

社会责任管理蓝皮书
中国企业公众透明度报告No.4（2017~2018）
著(编)者：黄速建 熊梦 王晓光 肖红军
2018年6月出版 / 估价：99.00元
PSN B-2015-440-1/2

食品药品蓝皮书
食品药品安全与监管政策研究报告（2016~2017）
著(编)者：唐民皓　2018年6月出版 / 估价：99.00元
PSN B-2009-129-1/1

输血服务蓝皮书
中国输血行业发展报告（2018）
著(编)者：孙俊　2018年12月出版 / 估价：99.00元
PSN B-2016-582-1/1

水利风景区蓝皮书
中国水利风景区发展报告（2018）
著(编)者：董建文 兰思仁
2018年10月出版 / 估价：99.00元
PSN B-2015-480-1/1

数字经济蓝皮书
全球数字经济竞争力发展报告（2017）
著(编)者：王振　2017年12月出版 / 定价：79.00元
PSN B-2017-673-1/1

私募市场蓝皮书
中国私募股权市场发展报告（2017~2018）
著(编)者：曹和平　2018年12月出版 / 估价：99.00元
PSN B-2010-162-1/1

碳排放权交易蓝皮书
中国碳排放权交易报告（2018）
著(编)者：孙永平　2018年11月出版 / 估价：99.00元
PSN B-2017-652-1/1

碳市场蓝皮书
中国碳市场报告（2018）
著(编)者：定金彪　2018年11月出版 / 估价：99.00元
PSN B-2014-430-1/1

体育蓝皮书
中国公共体育服务发展报告（2018）
著(编)者：戴健　2018年12月出版 / 估价：99.00元
PSN B-2013-367-2/5

土地市场蓝皮书
中国农村土地市场发展报告（2017~2018）
著(编)者：李光荣　2018年6月出版 / 估价：99.00元
PSN B-2016-526-1/1

土地整治蓝皮书
中国土地整治发展研究报告（No.5）
著(编)者：国土资源部土地整治中心
2018年7月出版 / 估价：99.00元
PSN B-2014-401-1/1

土地政策蓝皮书
中国土地政策研究报告（2018）
著(编)者：高延利 张建平 吴次芳
2018年1月出版 / 定价：98.00元
PSN B-2015-506-1/1

网络空间安全蓝皮书
中国网络空间安全发展报告（2018）
著(编)者：惠志斌 覃庆玲
2018年11月出版 / 估价：99.00元
PSN B-2015-466-1/1

文化志愿服务蓝皮书
中国文化志愿服务发展报告（2018）
著(编)者：张永新 良警宇　2018年11月出版 / 估价：128.00元
PSN B-2015-596-1/1

西部金融蓝皮书
中国西部金融发展报告（2017~2018）
著(编)者：李忠民　2018年8月出版 / 估价：99.00元
PSN B-2010-160-1/1

协会商会蓝皮书
中国行业协会商会发展报告（2017）
著(编)者：景朝阳 李勇　2018年6月出版 / 估价：99.00元
PSN B-2015-461-1/1

新三板蓝皮书
中国新三板市场发展报告（2018）
著(编)者：王力　2018年8月出版 / 估价：99.00元
PSN B-2016-533-1/1

信托市场蓝皮书
中国信托业市场报告（2017~2018）
著(编)者：用益金融信托研究院
2018年6月出版 / 估价：198.00元
PSN B-2014-371-1/1

信息化蓝皮书
中国信息化形势分析与预测（2017~2018）
著(编)者：周宏仁　2018年8月出版 / 估价：99.00元
PSN B-2010-168-1/1

信用蓝皮书
中国信用发展报告（2017~2018）
著(编)者：章政 田侃　2018年6月出版 / 估价：99.00元
PSN B-2013-328-1/1

休闲绿皮书
2017～2018年中国休闲发展报告
著(编)者：宋瑞　2018年7月出版 / 估价：99.00元
PSN G-2010-158-1/1

休闲体育蓝皮书
中国休闲体育发展报告（2017～2018）
著(编)者：李相如 钟秉枢
2018年10月出版 / 估价：99.00元
PSN B-2016-516-1/1

养老金融蓝皮书
中国养老金融发展报告（2018）
著(编)者：董克用 姚余栋
2018年9月出版 / 估价：99.00元
PSN B-2016-583-1/1

遥感监测绿皮书
中国可持续发展遥感监测报告（2017）
著(编)者：顾行发 汪克强 潘教峰 李闽榕 徐东华 王琦安
2018年6月出版 / 估价：298.00元
PSN B-2017-629-1/1

药品流通蓝皮书
中国药品流通行业发展报告（2018）
著(编)者：佘鲁林 温再兴
2018年7月出版 / 估价：198.00元
PSN B-2014-429-1/1

医疗器械蓝皮书
中国医疗器械行业发展报告（2018）
著(编)者：王宝亭 耿鸿武
2018年10月出版 / 估价：99.00元
PSN B-2017-661-1/1

医院蓝皮书
中国医院竞争力报告（2017~2018）
著(编)者：庄一强　2018年3月出版 / 定价：108.00元
PSN B-2016-528-1/1

瑜伽蓝皮书
中国瑜伽业发展报告（2017~2018）
著(编)者：张永建 徐华锋 朱泰余
2018年6月出版 / 估价：198.00元
PSN B-2017-625-1/1

债券市场蓝皮书
中国债券市场发展报告（2017～2018）
著(编)者：杨农　2018年10月出版 / 估价：99.00元
PSN B-2016-572-1/1

志愿服务蓝皮书
中国志愿服务发展报告（2018）
著(编)者：中国志愿服务联合会
2018年11月出版 / 估价：99.00元
PSN B-2017-664-1/1

中国上市公司蓝皮书
中国上市公司发展报告（2018）
著(编)者：张鹏 张平 黄胤英
2018年9月出版 / 估价：99.00元
PSN B-2014-414-1/1

中国新三板蓝皮书
中国新三板创新与发展报告（2018）
著(编)者：刘平安 闻召林
2018年8月出版 / 估价：158.00元
PSN B-2017-638-1/1

中国汽车品牌蓝皮书
中国乘用车品牌发展报告（2017）
著(编)者：《中国汽车报》社有限公司
　　　　　博世（中国）投资有限公司
　　　　　中国汽车技术研究中心数据资源中心
2018年1月出版 / 定价：89.00元
PSN B-2017-679-1/1

中医文化蓝皮书
北京中医药文化传播发展报告（2018）
著(编)者：毛嘉陵　2018年6月出版 / 估价：99.00元
PSN B-2015-468-1/2

中医文化蓝皮书
中国中医药文化传播发展报告（2018）
著(编)者：毛嘉陵　2018年7月出版 / 估价：99.00元
PSN B-2016-584-2/2

中医药蓝皮书
北京中医药知识产权发展报告No.2
著(编)者：汪洪 屠志涛　2018年6月出版 / 估价：168.00元
PSN B-2017-602-1/1

资本市场蓝皮书
中国场外交易市场发展报告（2016～2017）
著(编)者：高峦　2018年6月出版 / 估价：99.00元
PSN B-2009-153-1/1

资产管理蓝皮书
中国资产管理行业发展报告（2018）
著(编)者：郑智　2018年7月出版 / 估价：99.00元
PSN B-2014-407-2/2

资产证券化蓝皮书
中国资产证券化发展报告（2018）
著(编)者：沈炳熙 曹彤 李哲平
2018年4月出版 / 估价：98.00元
PSN B-2017-660-1/1

自贸区蓝皮书
中国自贸区发展报告（2018）
著(编)者：王力 黄育华
2018年6月出版 / 估价：99.00元
PSN B-2016-558-1/1

国际问题与全球治理类

"一带一路"跨境通道蓝皮书
"一带一路"跨境通道建设研究报（2017～2018）
著(编)者：余鑫 张秋生 2018年1月出版 / 定价：89.00元
PSN B-2016-557-1/1

"一带一路"蓝皮书
"一带一路"建设发展报告（2018）
著(编)者：李永全 2018年3月出版 / 定价：98.00元
PSN B-2016-552-1/1

"一带一路"投资安全蓝皮书
中国"一带一路"投资与安全研究报告（2018）
著(编)者：邹统钎 梁昊光 2018年4月出版 / 定价：98.00元
PSN B-2017-612-1/1

"一带一路"文化交流蓝皮书
中阿文化交流发展报告（2017）
著(编)者：王辉 2017年12月出版 / 定价：89.00元
PSN B-2017-655-1/1

G20国家创新竞争力黄皮书
二十国集团（G20）国家创新竞争力发展报告（2017～2018）
著(编)者：李建平 李闽榕 赵新力 周天勇
2018年7月出版 / 定价：168.00元
PSN Y-2011-229-1/1

阿拉伯黄皮书
阿拉伯发展报告（2016～2017）
著(编)者：罗林 2018年6月出版 / 估价：99.00元
PSN Y-2014-381-1/1

北部湾蓝皮书
泛北部湾合作发展报告（2017～2018）
著(编)者：吕余生 2018年12月出版 / 估价：99.00元
PSN B-2008-114-1/1

北极蓝皮书
北极地区发展报告（2017）
著(编)者：刘惠荣 2018年7月出版 / 估价：99.00元
PSN B-2017-634-1/1

大洋洲蓝皮书
大洋洲发展报告（2017～2018）
著(编)者：喻常森 2018年10月出版 / 估价：99.00元
PSN B-2013-341-1/1

东北亚区域合作蓝皮书
2017年"一带一路"倡议与东北亚区域合作
著(编)者：刘亚政 金美花
2018年5月出版 / 估价：99.00元
PSN B-2017-631-1/1

东盟黄皮书
东盟发展报告（2017）
著(编)者：杨静林 庄国土 2018年6月出版 / 估价：99.00元
PSN Y-2012-303-1/1

东南亚蓝皮书
东南亚地区发展报告（2017～2018）
著(编)者：王勤 2018年12月出版 / 估价：99.00元
PSN B-2012-240-1/1

非洲黄皮书
非洲发展报告No.20（2017～2018）
著(编)者：张宏明 2018年7月出版 / 估价：99.00元
PSN Y-2012-239-1/1

非传统安全蓝皮书
中国非传统安全研究报告（2017～2018）
著(编)者：潇枫 罗中枢 2018年8月出版 / 估价：99.00元
PSN B-2012-273-1/1

国际安全蓝皮书
中国国际安全研究报告（2018）
著(编)者：刘慧 2018年7月出版 / 估价：99.00元
PSN B-2016-521-1/1

国际城市蓝皮书
国际城市发展报告（2018）
著(编)者：屠启宇 2018年2月出版 / 定价：89.00元
PSN B-2012-260-1/1

国际形势黄皮书
全球政治与安全报告（2018）
著(编)者：张宇燕 2018年1月出版 / 定价：99.00元
PSN Y-2001-016-1/1

公共外交蓝皮书
中国公共外交发展报告（2018）
著(编)者：赵启正 雷蔚真 2018年6月出版 / 估价：99.00元
PSN B-2015-457-1/1

海丝蓝皮书
21世纪海上丝绸之路研究报告（2017）
著(编)者：华侨大学海上丝绸之路研究院
2017年12月出版 / 定价：89.00元
PSN B-2017-684-1/1

金砖国家黄皮书
金砖国家综合创新竞争力发展报告（2018）
著(编)者：赵新力 李闽榕 黄茂兴
2018年8月出版 / 定价：128.00元
PSN Y-2017-643-1/1

拉美黄皮书
拉丁美洲和加勒比发展报告（2017～2018）
著(编)者：袁东振 2018年6月出版 / 估价：99.00元
PSN Y-1999-007-1/1

澜湄合作蓝皮书
澜沧江-湄公河合作发展报告（2018）
著(编)者：刘稚 2018年9月出版 / 估价：99.00元
PSN B-2011-196-1/1

欧洲蓝皮书
欧洲发展报告（2017～2018）
著(编)者：黄平　周弘　程卫东
2018年6月出版 / 估价：99.00元
PSN B-1999-009-1/1

葡语国家蓝皮书
葡语国家发展报告（2016～2017）
著(编)者：王成安　张敏　刘金兰
2018年6月出版 / 估价：99.00元
PSN B-2015-503-1/2

葡语国家蓝皮书
中国与葡语国家关系发展报告·巴西（2016）
著(编)者：张曙光
2018年8月出版 / 估价：99.00元
PSN B-2016-563-2/2

气候变化绿皮书
应对气候变化报告（2018）
著(编)者：王伟光　郑国光
2018年11月出版 / 估价：99.00元
PSN G-2009-144-1/1

全球环境竞争力绿皮书
全球环境竞争力报告（2018）
著(编)者：李建平　李闽榕　王金南
2018年12月出版 / 估价：198.00元
PSN G-2013-363-1/1

全球信息社会蓝皮书
全球信息社会发展报告（2018）
著(编)者：丁波涛　唐涛　　2018年10月出版 / 估价：99.00元
PSN B-2017-665-1/1

日本经济蓝皮书
日本经济与中日经贸关系研究报告（2018）
著(编)者：张季风　　2018年6月出版 / 估价：99.00元
PSN B-2008-102-1/1

上海合作组织黄皮书
上海合作组织发展报告（2018）
著(编)者：李进峰　　2018年6月出版 / 估价：99.00元
PSN Y-2009-130-1/1

世界创新竞争力黄皮书
世界创新竞争力发展报告（2017）
著(编)者：李建平　李闽榕　赵新力
2018年6月出版 / 估价：168.00元
PSN Y-2013-318-1/1

世界经济黄皮书
2018年世界经济形势分析与预测
著(编)者：张宇燕　　2018年1月出版 / 定价：99.00元
PSN Y-1999-006-1/1

世界能源互联互通蓝皮书
世界能源清洁发展与互联互通评估报告（2017）：欧洲篇
著(编)者：国网能源研究院
2018年1月出版 / 定价：128.00元
PSN B-2018-695-1/1

丝绸之路蓝皮书
丝绸之路经济带发展报告（2018）
著(编)者：任宗哲　白宽犁　谷孟宾
2018年1月出版 / 估价：89.00元
PSN B-2014-410-1/1

新兴经济体蓝皮书
金砖国家发展报告（2018）
著(编)者：林跃勤　周文
2018年8月出版 / 估价：99.00元
PSN B-2011-195-1/1

亚太蓝皮书
亚太地区发展报告（2018）
著(编)者：李向阳　　2018年5月出版 / 估价：99.00元
PSN B-2001-015-1/1

印度洋地区蓝皮书
印度洋地区发展报告（2018）
著(编)者：汪戎　　2018年6月出版 / 估价：99.00元
PSN B-2013-334-1/1

印度尼西亚经济蓝皮书
印度尼西亚经济发展报告（2017）：增长与机会
著(编)者：左志刚　　2017年11月出版 / 定价：89.00元
PSN B-2017-675-1/1

渝新欧蓝皮书
渝新欧沿线国家发展报告（2018）
著(编)者：杨柏　黄森
2018年6月出版 / 估价：99.00元
PSN B-2017-626-1/1

中阿蓝皮书
中国-阿拉伯国家经贸发展报告（2018）
著(编)者：张廉　段庆林　王林聪　杨巧红
2018年12月出版 / 估价：99.00元
PSN B-2016-598-1/1

中东黄皮书
中东发展报告No.20（2017～2018）
著(编)者：杨光　　2018年10月出版 / 估价：99.00元
PSN Y-1998-004-1/1

中亚黄皮书
中亚国家发展报告（2018）
著(编)者：孙力
2018年3月出版 / 定价：98.00元
PSN Y-2012-238-1/1

国别类

澳大利亚蓝皮书
澳大利亚发展报告（2017-2018）
著(编)者：孙有中 韩锋　　2018年12月出版 / 估价：99.00元
PSN B-2016-587-1/1

巴西黄皮书
巴西发展报告（2017）
著(编)者：刘国枝　　2018年5月出版 / 估价：99.00元
PSN Y-2017-614-1/1

德国蓝皮书
德国发展报告（2018）
著(编)者：郑春荣　　2018年6月出版 / 估价：99.00元
PSN B-2012-278-1/1

俄罗斯黄皮书
俄罗斯发展报告（2018）
著(编)者：李永全　　2018年6月出版 / 估价：99.00元
PSN Y-2006-061-1/1

韩国蓝皮书
韩国发展报告（2017）
著(编)者：牛林杰 刘宝全　　2018年6月出版 / 估价：99.00元
PSN B-2010-155-1/1

加拿大蓝皮书
加拿大发展报告（2018）
著(编)者：唐小松　　2018年9月出版 / 估价：99.00元
PSN B-2014-389-1/1

美国蓝皮书
美国研究报告（2018）
著(编)者：郑秉文 黄平　　2018年5月出版 / 估价：99.00元
PSN B-2011-210-1/1

缅甸蓝皮书
缅甸国情报告（2017）
著(编)者：祝湘辉
2017年11月出版 / 定价：98.00元
PSN B-2013-343-1/1

日本蓝皮书
日本研究报告（2018）
著(编)者：杨伯江　　2018年4月出版 / 定价：99.00元
PSN B-2002-020-1/1

土耳其蓝皮书
土耳其发展报告（2018）
著(编)者：郭长刚 刘义　　2018年9月出版 / 估价：99.00元
PSN B-2014-412-1/1

伊朗蓝皮书
伊朗发展报告（2017~2018）
著(编)者：冀开运　　2018年10月 / 估价：99.00元
PSN B-2016-574-1/1

以色列蓝皮书
以色列发展报告（2018）
著(编)者：张倩红　　2018年8月出版 / 估价：99.00元
PSN B-2015-483-1/1

印度蓝皮书
印度国情报告（2017）
著(编)者：吕昭义　　2018年6月出版 / 估价：99.00元
PSN B-2012-241-1/1

英国蓝皮书
英国发展报告（2017~2018）
著(编)者：王展鹏　　2018年12月出版 / 估价：99.00元
PSN B-2015-486-1/1

越南蓝皮书
越南国情报告（2018）
著(编)者：谢林城　　2018年11月出版 / 估价：99.00元
PSN B-2006 056-1/1

泰国蓝皮书
泰国研究报告（2018）
著(编)者：庄国土 张禹东 刘文正
2018年10月出版 / 估价：99.00元
PSN B-2016-556-1/1

文化传媒类

"三农"舆情蓝皮书
中国"三农"网络舆情报告（2017~2018）
著(编)者：农业部信息中心
2018年6月出版 / 估价：99.00元
PSN B-2017-640-1/1

传媒竞争力蓝皮书
中国传媒国际竞争力研究报告（2018）
著(编)者：李本乾 刘强 王大可
2018年8月出版 / 估价：99.00元
PSN B-2013-356-1/1

传媒蓝皮书
中国传媒产业发展报告（2018）
著(编)者：崔保国
2018年5月出版 / 估价：99.00元
PSN B-2005-035-1/1

传媒投资蓝皮书
中国传媒投资发展报告（2018）
著(编)者：张向东 谭云明
2018年6月出版 / 估价：148.00元
PSN B-2015-474-1/1

非物质文化遗产蓝皮书
中国非物质文化遗产发展报告（2018）
著(编)者：陈平　2018年6月出版 / 估价：128.00元
PSN B-2015-469-1/2

非物质文化遗产蓝皮书
中国非物质文化遗产保护发展报告（2018）
著(编)者：宋俊华　2018年10月出版 / 估价：128.00元
PSN B-2016-586-2/2

广电蓝皮书
中国广播电影电视发展报告（2018）
著(编)者：国家新闻出版广电总局发展研究中心
2018年7月出版 / 估价：99.00元
PSN B-2006-072-1/1

广告主蓝皮书
中国广告主营销传播趋势报告No.9
著(编)者：黄升民 杜国清 邵华冬 等
2018年10月出版 / 估价：158.00元
PSN B-2005-041-1/1

国际传播蓝皮书
中国国际传播发展报告（2018）
著(编)者：胡正荣 李继东 姬德强
2018年12月出版 / 估价：99.00元
PSN B-2014-408-1/1

国家形象蓝皮书
中国国家形象传播报告（2017）
著(编)者：张昆　2018年6月出版 / 估价：128.00元
PSN B-2017-605-1/1

互联网治理蓝皮书
中国网络社会治理研究报告（2018）
著(编)者：罗昕 支庭荣
2018年9月出版 / 估价：118.00元
PSN B-2017-653-1/1

纪录片蓝皮书
中国纪录片发展报告（2018）
著(编)者：何苏六　2018年10月出版 / 估价：99.00元
PSN B-2011-222-1/1

科学传播蓝皮书
中国科学传播报告（2016~2017）
著(编)者：詹正茂　2018年6月出版 / 估价：99.00元
PSN B-2008-120-1/1

两岸创意经济蓝皮书
两岸创意经济研究报告（2018）
著(编)者：罗昌智 董泽平
2018年10月出版 / 估价：99.00元
PSN B-2014-437-1/1

媒介与女性蓝皮书
中国媒介与女性发展报告（2017~2018）
著(编)者：刘利群　2018年5月出版 / 估价：99.00元
PSN B-2013-345-1/1

媒体融合蓝皮书
中国媒体融合发展报告（2017~2018）
著(编)者：梅宁华 支庭荣
2017年12月出版 / 定价：98.00元
PSN B-2015-479-1/1

全球传媒蓝皮书
全球传媒发展报告（2017~2018）
著(编)者：胡正荣 李继东　2018年6月出版 / 估价：99.00元
PSN B-2012-237-1/1

少数民族非遗蓝皮书
中国少数民族非物质文化遗产发展报告（2018）
著(编)者：肖远平（彝）柴立（满）
2018年10月出版 / 估价：118.00元
PSN B-2015-467-1/1

视听新媒体蓝皮书
中国视听新媒体发展报告（2018）
著(编)者：国家新闻出版广电总局发展研究中心
2018年7月出版 / 估价：118.00元
PSN B-2011-184-1/1

数字娱乐产业蓝皮书
中国动画产业发展报告（2018）
著(编)者：孙立军 孙平 牛兴侦
2018年10月出版 / 估价：99.00元
PSN B-2011-198-1/2

数字娱乐产业蓝皮书
中国游戏产业发展报告（2018）
著(编)者：孙立军 刘跃军　2018年10月出版 / 估价：99.00元
PSN B-2017-662-2/2

网络视听蓝皮书
中国互联网视听行业发展报告（2018）
著(编)者：陈鹏　2018年2月出版 / 定价：148.00元
PSN B-2018-688-1/1

文化创新蓝皮书
中国文化创新报告（2017·No.8）
著(编)者：傅才武　2018年6月出版 / 估价：99.00元
PSN B-2009-143-1/1

文化建设蓝皮书
中国文化发展报告（2018）
著(编)者：江畅 孙伟平 戴茂堂
2018年5月出版 / 估价：99.00元
PSN B-2014-392-1/1

文化科技蓝皮书
文化科技创新发展报告（2018）
著(编)者：于平 李凤亮　2018年10月出版 / 估价：99.00元
PSN B-2013-342-1/1

文化蓝皮书
中国公共文化服务发展报告（2017~2018）
著(编)者：刘新成 张永新 张旭
2018年12月出版 / 估价：99.00元
PSN B-2007-093-2/10

文化蓝皮书
中国少数民族文化发展报告（2017~2018）
著(编)者：武翠英 张晓明 任乌晶
2018年9月出版 / 估价：99.00元
PSN B-2013-369-9/10

文化蓝皮书
中国文化产业供需协调检测报告（2018）
著(编)者：王亚南　2018年3月出版 / 定价：99.00元
PSN B-2013-323-8/10

文化蓝皮书
中国文化消费需求景气评价报告（2018）
著(编)者：王亚南　2018年3月出版 / 定价：99.00元
PSN B-2011-236-4/10

文化蓝皮书
中国公共文化投入增长测评报告（2018）
著(编)者：王亚南　2018年3月出版 / 定价：99.00元
PSN B-2014-435-10/10

文化品牌蓝皮书
中国文化品牌发展报告（2018）
著(编)者：欧阳友权　2018年5月出版 / 估价：99.00元
PSN B-2012-277-1/1

文化遗产蓝皮书
中国文化遗产事业发展报告（2017~2018）
著(编)者：苏杨 张颖岚 卓杰 白海峰 陈晨 陈叙图
2018年8月出版 / 估价：99.00元
PSN B-2008-119-1/1

文学蓝皮书
中国文情报告（2017~2018）
著(编)者：白烨　2018年5月出版 / 估价：99.00元
PSN B-2011-221-1/1

新媒体蓝皮书
中国新媒体发展报告No.9（2018）
著(编)者：唐绪军　2018年7月出版 / 估价：99.00元
PSN B-2010-169-1/1

新媒体社会责任蓝皮书
中国新媒体社会责任研究报告（2018）
著(编)者：钟瑛　2018年12月出版 / 估价：99.00元
PSN B-2014-423-1/1

移动互联网蓝皮书
中国移动互联网发展报告（2018）
著(编)者：余清楚　2018年6月出版 / 估价：99.00元
PSN B-2012-282-1/1

影视蓝皮书
中国影视产业发展报告（2018）
著(编)者：司若 陈鹏 陈锐
2018年6月出版 / 估价：99.00元
PSN B-2016-529-1/1

舆情蓝皮书
中国社会舆情与危机管理报告（2018）
著(编)者：谢耘耕
2018年9月出版 / 估价：138.00元
PSN B-2011-235-1/1

中国大运河蓝皮书
中国大运河发展报告（2018）
著(编)者：吴欣　2018年2月出版 / 估价：128.00元
PSN B-2018-691-1/1

地方发展类-经济

澳门蓝皮书
澳门经济社会发展报告（2017~2018）
著(编)者：吴志良 郝雨凡
2018年7月出版 / 估价：99.00元
PSN B-2009-138-1/1

澳门绿皮书
澳门旅游休闲发展报告（2017~2018）
著(编)者：郝雨凡 林广志
2018年5月出版 / 估价：99.00元
PSN G-2017-617-1/1

北京蓝皮书
北京经济发展报告（2017~2018）
著(编)者：杨松　2018年6月出版 / 估价：99.00元
PSN B-2006-054-2/8

北京旅游绿皮书
北京旅游发展报告（2018）
著(编)者：北京旅游学会
2018年7月出版 / 估价：99.00元
PSN G-2012-301-1/1

北京体育蓝皮书
北京体育产业发展报告（2017~2018）
著(编)者：钟秉枢 陈杰 杨铁黎
2018年9月出版 / 估价：99.00元
PSN B-2015-475-1/1

滨海金融蓝皮书
滨海新区金融发展报告（2017）
著(编)者：王爱俭 李向前　2018年4月出版 / 估价：99.00元
PSN B-2014-424-1/1

城乡一体化蓝皮书
北京城乡一体化发展报告（2017~2018）
著(编)者：吴宝新 张宝秀 黄序
2018年5月出版 / 估价：99.00元
PSN B-2012-258-2/2

非公有制企业社会责任蓝皮书
北京非公有制企业社会责任报告（2018）
著(编)者：宋贵伦 冯培
2018年6月出版 / 估价：99.00元
PSN B-2017-613-1/1

福建旅游蓝皮书
福建省旅游产业发展现状研究（2017~2018）
著(编)者：陈敏华 黄远水　2018年12月出版 / 估价：128.00元
PSN B-2016-591-1/1

福建自贸区蓝皮书
中国(福建)自由贸易试验区发展报告(2017~2018)
著(编)者：黄茂兴　2018年6月出版 / 估价：118.00元
PSN B-2016-531-1/1

甘肃蓝皮书
甘肃经济发展分析与预测（2018）
著(编)者：安文华 罗哲　2018年1月出版 / 定价：99.00元
PSN B-2013-312-1/6

甘肃蓝皮书
甘肃商贸流通发展报告（2018）
著(编)者：张应华 王福生 王晓芳
2018年1月出版 / 定价：99.00元
PSN B-2016-522-6/6

甘肃蓝皮书
甘肃县域和农村发展报告（2018）
著(编)者：包东红 朱智文 王建兵
2018年1月出版 / 定价：99.00元
PSN B-2013-316-5/6

甘肃农业科技绿皮书
甘肃农业科技发展研究报告（2018）
著(编)者：魏胜文 乔德华 张东伟
2018年12月出版 / 估价：198.00元
PSN B-2016-592-1/1

甘肃气象保障蓝皮书
甘肃农业对气候变化的适应与风险评估报告（No.1）
著(编)者：鲍文中 周广胜
2017年12月出版 / 估价：108.00元
PSN B-2017-677-1/1

巩义蓝皮书
巩义经济社会发展报告（2018）
著(编)者：丁同民 朱军　2018年6月出版 / 估价：99.00元
PSN B-2016-532-1/1

广东外经贸蓝皮书
广东对外经济贸易发展研究报告（2017 ~ 2018）
著(编)者：陈万灵　2018年6月出版 / 估价：99.00元
PSN B-2012-286-1/1

广西北部湾经济区蓝皮书
广西北部湾经济区开放开发报告（2017 ~ 2018）
著(编)者：广西壮族自治区北部湾经济区和东盟开放合作办公室
　　　　广西社会科学院
　　　　广西北部湾发展研究院
2018年5月出版 / 估价：99.00元
PSN B-2010-181-1/1

广州蓝皮书
广州城市国际化发展报告（2018）
著(编)者：张跃国　2018年8月出版 / 估价：99.00元
PSN B-2012-246-11/14

广州蓝皮书
中国广州城市建设与管理发展报告（2018）
著(编)者：张其学 陈小钢 王宏伟　2018年8月出版 / 估价：99.00元
PSN B-2007-087-4/14

广州蓝皮书
广州创新型城市发展报告（2018）
著(编)者：尹涛　2018年6月出版 / 估价：99.00元
PSN B-2012-247-12/14

广州蓝皮书
广州经济发展报告（2018）
著(编)者：张跃国 尹涛　2018年7月出版 / 估价：99.00元
PSN B-2005-040-1/14

广州蓝皮书
2018年中国广州经济形势分析与预测
著(编)者：魏明海 谢博能 李华
2018年6月出版 / 估价：99.00元
PSN B-2011-185-9/14

广州蓝皮书
中国广州科技创新发展报告（2018）
著(编)者：于欣伟 陈爽 邓佑满　2018年8月出版 / 估价：99.00元
PSN B-2006-065-2/14

广州蓝皮书
广州农村发展报告（2018）
著(编)者：朱名宏　2018年7月出版 / 估价：99.00元
PSN B-2010-167-8/14

广州蓝皮书
广州汽车产业发展报告（2018）
著(编)者：杨再高 冯兴亚　2018年7月出版 / 估价：99.00元
PSN B-2006-066-3/14

广州蓝皮书
广州商贸业发展报告（2018）
著(编)者：张跃国 陈杰 荀振英
2018年7月出版 / 估价：99.00元
PSN B-2012-245-10/14

贵阳蓝皮书
贵阳城市创新发展报告No.3（白云篇）
著(编)者：连玉明　2018年5月出版 / 估价：99.00元
PSN B-2015-491-3/10

贵阳蓝皮书
贵阳城市创新发展报告No.3（观山湖篇）
著(编)者：连玉明　2018年5月出版 / 估价：99.00元
PSN B-2015-497-9/10

贵阳蓝皮书
贵阳城市创新发展报告No.3（花溪篇）
著(编)者：连玉明　2018年5月出版 / 估价：99.00元
PSN B-2015-490-2/10

贵阳蓝皮书
贵阳城市创新发展报告No.3（开阳篇）
著(编)者：连玉明　2018年5月出版 / 估价：99.00元
PSN B-2015-492-4/10

贵阳蓝皮书
贵阳城市创新发展报告No.3（南明篇）
著(编)者：连玉明　2018年5月出版 / 估价：99.00元
PSN B-2015-496-8/10

贵阳蓝皮书
贵阳城市创新发展报告No.3（清镇篇）
著(编)者：连玉明　2018年5月出版 / 估价：99.00元
PSN B-2015-489-1/10

贵阳蓝皮书
贵阳城市创新发展报告No.3（乌当篇）
著(编)者：连玉明　2018年5月出版／估价：99.00元
PSN B-2015-495-7/10

贵阳蓝皮书
贵阳城市创新发展报告No.3（息烽篇）
著(编)者：连玉明　2018年5月出版／估价：99.00元
PSN B-2015-493-5/10

贵阳蓝皮书
贵阳城市创新发展报告No.3（修文篇）
著(编)者：连玉明　2018年5月出版／估价：99.00元
PSN B-2015-494-6/10

贵阳蓝皮书
贵阳城市创新发展报告No.3（云岩篇）
著(编)者：连玉明　2018年5月出版／估价：99.00元
PSN B-2015-498-10/10

贵州房地产蓝皮书
贵州房地产发展报告No.5（2018）
著(编)者：武廷方　2018年7月出版／估价：99.00元
PSN B-2014-426-1/1

贵州蓝皮书
贵州册亨经济社会发展报告（2018）
著(编)者：黄德林　2018年6月出版／估价：99.00元
PSN B-2016-525-8/9

贵州蓝皮书
贵州地理标志产业发展报告（2018）
著(编)者：李发耀 黄其松　2018年8月出版／估价：99.00元
PSN B-2017-646-10/10

贵州蓝皮书
贵安新区发展报告（2017～2018）
著(编)者：马长青 吴大华　2018年6月出版／估价：99.00元
PSN B-2015-459-4/10

贵州蓝皮书
贵州国家级开放创新平台发展报告（2017～2018）
著(编)者：申晓庆 吴大华 季泓
2018年11月出版／估价：99.00元
PSN B-2016-518-7/10

贵州蓝皮书
贵州国有企业社会责任发展报告（2017～2018）
著(编)者：郭丽　2018年12月出版／估价：99.00元
PSN B-2015-511-6/10

贵州蓝皮书
贵州民航业发展报告（2017）
著(编)者：申振东 吴大华　2018年6月出版／估价：99.00元
PSN B-2015-471-5/10

贵州蓝皮书
贵州民营经济发展报告（2017）
著(编)者：杨静 吴大华　2018年6月出版／估价：99.00元
PSN B-2016-530-9/9

杭州都市圈蓝皮书
杭州都市圈发展报告（2018）
著(编)者：洪庆华 沈翔　2018年4月出版／定价：98.00元
PSN B-2012-302-1/1

河北经济蓝皮书
河北省经济发展报告（2018）
著(编)者：马树强 金浩 张贵　2018年6月出版／估价：99.00元
PSN B-2014-380-1/1

河北蓝皮书
河北经济社会发展报告（2018）
著(编)者：康振海　2018年1月出版／定价：99.00元
PSN B-2014-372-1/3

河北蓝皮书
京津冀协同发展报告（2018）
著(编)者：陈璐　2017年12月出版／定价：79.00元
PSN B-2017-601-2/3

河南经济蓝皮书
2018年河南经济形势分析与预测
著(编)者：王世炎　2018年3月出版／定价：89.00元
PSN B-2007-086-1/1

河南蓝皮书
河南城市发展报告（2018）
著(编)者：张占仓 王建国　2018年5月出版／估价：99.00元
PSN B-2009-131-3/9

河南蓝皮书
河南工业发展报告（2018）
著(编)者：张占仓　2018年5月出版／估价：99.00元
PSN B-2013-317-5/9

河南蓝皮书
河南金融发展报告（2018）
著(编)者：喻新安 谷建全
2018年6月出版／估价：99.00元
PSN B-2014-390-7/9

河南蓝皮书
河南经济发展报告（2018）
著(编)者：张占仓 完世伟
2018年6月出版／估价：99.00元
PSN B-2010-157-4/9

河南蓝皮书
河南能源发展报告（2018）
著(编)者：国网河南省电力公司经济技术研究院
　　　　河南省社会科学院
2018年6月出版／估价：99.00元
PSN B-2017-607-9/9

河南商务蓝皮书
河南商务发展报告（2018）
著(编)者：焦锦淼 穆荣国　2018年5月出版／估价：99.00元
PSN B-2014-399-1/1

河南双创蓝皮书
河南创新创业发展报告（2018）
著(编)者：喻新安 杨雪梅
2018年8月出版／估价：99.00元
PSN B-2017-641-1/1

黑龙江蓝皮书
黑龙江经济发展报告（2018）
著(编)者：朱宇　2018年1月出版／定价：89.00元
PSN B-2011-190-2/2

湖南城市蓝皮书
区域城市群整合
著(编)者: 童中贤 韩未名　2018年12月出版 / 估价: 99.00元
PSN B-2006-064-1/1

湖南蓝皮书
湖南城乡一体化发展报告(2018)
著(编)者: 陈文胜 王文强 陆福兴
2018年8月出版 / 估价: 99.00元
PSN B-2015-477-8/8

湖南蓝皮书
2018年湖南电子政务发展报告
著(编)者: 梁志峰　2018年5月出版 / 估价: 128.00元
PSN B-2014-394-6/8

湖南蓝皮书
2018年湖南经济发展报告
著(编)者: 卞鹰　2018年5月出版 / 估价: 128.00元
PSN B-2011-207-2/8

湖南蓝皮书
2016年湖南经济展望
著(编)者: 梁志峰　2018年5月出版 / 估价: 128.00元
PSN B-2011-206-1/8

湖南蓝皮书
2018年湖南县域经济社会发展报告
著(编)者: 梁志峰　2018年5月出版 / 估价: 128.00元
PSN B-2014-395-7/8

湖南县域绿皮书
湖南县域发展报告(No.5)
著(编)者: 袁准 周小毛 黎仁寅
2018年6月出版 / 估价: 99.00元
PSN G-2012-274-1/1

沪港蓝皮书
沪港发展报告(2018)
著(编)者: 尤安山　2018年9月出版 / 估价: 99.00元
PSN B-2013-362-1/1

吉林蓝皮书
2018年吉林经济社会形势分析与预测
著(编)者: 邵汉明　2017年12月出版 / 定价: 89.00元
PSN B-2013-319-1/1

吉林省城市竞争力蓝皮书
吉林省城市竞争力报告(2017~2018)
著(编)者: 崔岳春 张磊
2018年3月出版 / 定价: 89.00元
PSN B-2016-513-1/1

济源蓝皮书
济源经济社会发展报告(2018)
著(编)者: 喻新安　2018年6月出版 / 估价: 99.00元
PSN B-2014-387-1/1

江苏蓝皮书
2018年江苏经济发展分析与展望
著(编)者: 王庆五 吴先满
2018年7月出版 / 估价: 128.00元
PSN B-2017-635-1/3

江西蓝皮书
江西经济社会发展报告(2018)
著(编)者: 陈石俊 龚建文　2018年10月出版 / 估价: 128.00元
PSN B-2015-484-1/2

江西蓝皮书
江西设区市发展报告(2018)
著(编)者: 姜玮 梁勇
2018年10月出版 / 估价: 99.00元
PSN B-2016-517-2/2

经济特区蓝皮书
中国经济特区发展报告(2017)
著(编)者: 陶一桃　2018年1月出版 / 估价: 99.00元
PSN B-2009-139-1/1

辽宁蓝皮书
2018年辽宁经济社会形势分析与预测
著(编)者: 梁启东 魏红江　2018年6月出版 / 估价: 99.00元
PSN B-2006-053-1/1

民族经济蓝皮书
中国民族地区经济发展报告(2018)
著(编)者: 李曦辉　2018年7月出版 / 估价: 99.00元
PSN B-2017-630-1/1

南宁蓝皮书
南宁经济发展报告(2018)
著(编)者: 胡建华　2018年9月出版 / 估价: 99.00元
PSN B-2016-569-2/3

内蒙古蓝皮书
内蒙古精准扶贫研究报告(2018)
著(编)者: 张志华　2018年1月出版 / 定价: 89.00元
PSN B-2017-681-2/2

浦东新区蓝皮书
上海浦东经济发展报告(2018)
著(编)者: 周小平 徐美芳
2018年1月出版 / 定价: 89.00元
PSN B-2011-225-1/1

青海蓝皮书
2018年青海经济社会形势分析与预测
著(编)者: 陈玮　2018年1月出版 / 定价: 98.00元
PSN B-2012-275-1/2

青海科技绿皮书
青海科技发展报告(2017)
著(编)者: 青海省科学技术信息研究所
2018年3月出版 / 定价: 98.00元
PSN G-2018-701-1/1

山东蓝皮书
山东经济形势分析与预测(2018)
著(编)者: 李广杰　2018年7月出版 / 估价: 99.00元
PSN B-2014-404-1/5

山东蓝皮书
山东省普惠金融发展报告(2018)
著(编)者: 齐鲁财富网
2018年9月出版 / 估价: 99.00元
PSN B2017-676-5/5

山西蓝皮书
山西资源型经济转型发展报告（2018）
著（编）者：李志强　2018年7月出版 / 估价：99.00元
PSN B-2011-197-1/1

陕西蓝皮书
陕西经济发展报告（2018）
著（编）者：任宗哲　白宽犁　裴成荣
2018年1月出版 / 定价：89.00元
PSN B-2009-135-1/6

陕西蓝皮书
陕西精准脱贫研究报告（2018）
著（编）者：任宗哲　白宽犁　王建康
2018年4月出版 / 定价：89.00元
PSN B-2017-623-6/6

上海蓝皮书
上海经济发展报告（2018）
著（编）者：沈开艳　2018年2月出版 / 定价：89.00元
PSN B-2006-057-1/7

上海蓝皮书
上海资源环境发展报告（2018）
著（编）者：周冯琦　胡静　2018年2月出版 / 定价：89.00元
PSN B-2006-060-4/7

上海蓝皮书
上海奉贤经济发展分析与研判（2017~2018）
著（编）者：张兆安　朱平芳　2018年3月出版 / 定价：99.00元
PSN B-2013-698-8/8

上饶蓝皮书
上饶发展报告（2016~2017）
著（编）者：廖其志　2018年6月出版 / 估价：128.00元
PSN B-2014-377-1/1

深圳蓝皮书
深圳经济发展报告（2018）
著（编）者：张骁儒　2018年6月出版 / 估价：99.00元
PSN B-2008-112-3/7

四川蓝皮书
四川城镇化发展报告（2018）
著（编）者：侯水平　陈炜　2018年6月出版 / 估价：99.00元
PSN B-2015-456-7/7

四川蓝皮书
2018年四川经济形势分析与预测
著（编）者：杨钢　2018年1月出版 / 定价：158.00元
PSN B-2007-098-2/7

四川蓝皮书
四川企业社会责任研究报告（2017~2018）
著（编）者：侯水平　盛毅　2018年5月出版 / 估价：99.00元
PSN B-2014-386-4/7

四川蓝皮书
四川生态建设报告（2018）
著（编）者：李晟之　2018年5月出版 / 估价：99.00元
PSN B-2015-455-6/7

四川蓝皮书
四川特色小镇发展报告（2017）
著（编）者：吴志强　2017年11月出版 / 定价：89.00元
PSN B-2017-670-8/8

体育蓝皮书
上海体育产业发展报告（2017~2018）
著（编）者：张林　黄海燕
2018年10月出版 / 估价：99.00元
PSN B-2015-454-4/5

体育蓝皮书
长三角地区体育产业发展报（2017~2018）
著（编）者：张林　2018年6月出版 / 估价：99.00元
PSN B-2015-453-3/5

天津金融蓝皮书
天津金融发展报告（2018）
著（编）者：王爱俭　孔德昌
2018年5月出版 / 估价：99.00元
PSN B-2014-418-1/1

图们江区域合作蓝皮书
图们江区域合作发展报告（2018）
著（编）者：李铁　2018年6月出版 / 估价：99.00元
PSN B-2015-464-1/1

温州蓝皮书
2018年温州经济社会形势分析与预测
著（编）者：蒋儒标　王春光　金浩
2018年6月出版 / 估价：99.00元
PSN B-2008-105-1/1

西咸新区蓝皮书
西咸新区发展报告（2018）
著（编）者：李扬　王军
2018年6月出版 / 估价：99.00元
PSN B-2016-534-1/1

修武蓝皮书
修武经济社会发展报告（2018）
著（编）者：张占仓　袁凯声
2018年10月出版 / 估价：99.00元
PSN B-2017-651-1/1

偃师蓝皮书
偃师经济社会发展报告（2018）
著（编）者：张占仓　袁凯声　何武周
2018年7月出版 / 估价：99.00元
PSN B-2017-627-1/1

扬州蓝皮书
扬州经济社会发展报告（2018）
著（编）者：陈扬
2018年12月出版 / 估价：108.00元
PSN B-2011-191-1/1

长垣蓝皮书
长垣经济社会发展报告（2018）
著（编）者：张占仓　袁凯声　秦保建
2018年10月出版 / 估价：99.00元
PSN B-2017-654-1/1

遵义蓝皮书
遵义发展报告（2018）
著（编）者：邓彦　曾征　龚永育
2018年9月出版 / 估价：99.00元
PSN B-2014-433-1/1

地方发展类-社会

安徽蓝皮书
安徽社会发展报告（2018）
著(编)者：程桦　　2018年6月出版 / 估价：99.00元
PSN B-2013-325-1/1

安徽社会建设蓝皮书
安徽社会建设分析报告（2017~2018）
著(编)者：黄家海　蔡宪
2018年11月出版 / 估价：99.00元
PSN B-2013-322-1/1

北京蓝皮书
北京公共服务发展报告（2017~2018）
著(编)者：施昌奎　　2018年6月出版 / 估价：99.00元
PSN B-2008-103-7/8

北京蓝皮书
北京社会发展报告（2017~2018）
著(编)者：李伟东
2018年7月出版 / 估价：99.00元
PSN B-2006-055-3/8

北京蓝皮书
北京社会治理发展报告（2017~2018）
著(编)者：殷星辰　　2018年7月出版 / 估价：99.00元
PSN B-2014-391-8/8

北京律师蓝皮书
北京律师发展报告No.4（2018）
著(编)者：王隽　　2018年12月出版 / 估价：99.00元
PSN B-2011-217-1/1

北京人才蓝皮书
北京人才发展报告（2018）
著(编)者：敏华　　2018年12月出版 / 估价：128.00元
PSN B-2011-201-1/1

北京社会心态蓝皮书
北京社会心态分析报告（2017~2018）
北京市社会心理服务促进中心
2018年10月出版 / 估价：99.00元
PSN B-2014-422-1/1

北京社会组织管理蓝皮书
北京社会组织发展与管理（2018）
著(编)者：黄江松
2018年6月出版 / 估价：99.00元
PSN B-2015-446-1/1

北京养老产业蓝皮书
北京居家养老发展报告（2018）
著(编)者：陆杰华　周明明
2018年8月出版 / 估价：99.00元
PSN B-2015-465-1/1

法治蓝皮书
四川依法治省年度报告No.4（2018）
著(编)者：李林　杨天宗　田禾
2018年3月出版 / 定价：118.00元
PSN B-2015-447-2/3

福建妇女发展蓝皮书
福建省妇女发展报告（2018）
著(编)者：刘群英　　2018年11月出版 / 估价：99.00元
PSN B-2011-220-1/1

甘肃蓝皮书
甘肃社会发展分析与预测（2018）
著(编)者：安文华　谢增虎　包晓霞
2018年1月出版 / 定价：99.00元
PSN B-2013-313-2/6

广东蓝皮书
广东全面深化改革研究报告（2018）
著(编)者：周林生　涂成林
2018年12月出版 / 估价：99.00元
PSN B-2015-504-3/3

广东蓝皮书
广东社会工作发展报告（2018）
著(编)者：罗观翠　　2018年6月出版 / 估价：99.00元
PSN B-2014-402-2/3

广州蓝皮书
广州青年发展报告（2018）
著(编)者：徐柳　张强
2018年6月出版 / 估价：99.00元
PSN B-2013-352-13/14

广州蓝皮书
广州社会保障发展报告（2018）
著(编)者：张跃国　　2018年8月出版 / 估价：99.00元
PSN B-2014-425-14/14

广州蓝皮书
2018年中国广州社会形势分析与预测
著(编)者：张强　郭志勇　何镜清
2018年6月出版 / 估价：99.00元
PSN B-2008-110-5/14

贵州蓝皮书
贵州法治发展报告（2018）
著(编)者：吴大华　　2018年5月出版 / 估价：99.00元
PSN B-2012-254-2/10

贵州蓝皮书
贵州人才发展报告（2017）
著(编)者：于杰　吴大华
2018年9月出版 / 估价：99.00元
PSN B-2014-382-3/10

贵州蓝皮书
贵州社会发展报告（2018）
著(编)者：王兴骥　　2018年6月出版 / 估价：99.00元
PSN B-2010-166-1/10

杭州蓝皮书
杭州妇女发展报告（2018）
著(编)者：魏颖
2018年10月出版 / 估价：99.00元
PSN B-2014-403-1/1

河北蓝皮书
河北法治发展报告（2018）
著(编)者：康振海　2018年6月出版 / 估价：99.00元
PSN B-2017-622-3/3

河北食品药品安全蓝皮书
河北食品药品安全研究报告（2018）
著(编)者：丁锦霞
2018年10月出版 / 估价：99.00元
PSN B-2015-473-1/1

河南蓝皮书
河南法治发展报告（2018）
著(编)者：张林海　2018年7月出版 / 估价：99.00元
PSN B-2014-376-6/9

河南蓝皮书
2018年河南社会形势分析与预测
著(编)者：牛苏林　2018年5月出版 / 估价：99.00元
PSN B-2005-043-1/9

河南民办教育蓝皮书
河南民办教育发展报告（2018）
著(编)者：胡大白　2018年9月出版 / 估价：99.00元
PSN B-2017-642-1/1

黑龙江蓝皮书
黑龙江社会发展报告（2018）
著(编)者：王爱丽　2018年1月出版 / 定价：89.00元
PSN B-2011-189-1/2

湖南蓝皮书
2018年湖南两型社会与生态文明建设报告
著(编)者：卞鹰　2018年5月出版 / 估价：128.00元
PSN B-2011-208-3/8

湖南蓝皮书
2018年湖南社会发展报告
著(编)者：卞鹰　2018年5月出版 / 估价：128.00元
PSN B-2014-393-5/8

健康城市蓝皮书
北京健康城市建设研究报告（2018）
著(编)者：王鸿春　盛继洪
2018年9月出版 / 估价：99.00元
PSN B-2015-460-1/2

江苏法治蓝皮书
江苏法治发展报告No.6（2017）
著(编)者：蔡道通　龚廷泰
2018年8月出版 / 估价：99.00元
PSN B-2012-290-1/1

江苏蓝皮书
2018年江苏社会发展分析与展望
著(编)者：王庆五　刘旺洪
2018年8月出版 / 估价：128.00元
PSN B-2017-636-2/3

民族教育蓝皮书
中国民族教育发展报告（2017·内蒙古卷）
著(编)者：陈中永
2017年12月出版 / 定价：198.00元
PSN B-2017-669-1/1

南宁蓝皮书
南宁法治发展报告（2018）
著(编)者：杨维超　2018年12月出版 / 估价：99.00元
PSN B-2015-509-1/3

南宁蓝皮书
南宁社会发展报告（2018）
著(编)者：胡建华　2018年10月出版 / 估价：99.00元
PSN B-2016-570-3/3

内蒙古蓝皮书
内蒙古反腐倡廉建设报告 No.2
著(编)者：张志华　2018年6月出版 / 估价：99.00元
PSN B-2013-365-1/1

青海蓝皮书
2018年青海人才发展报告
著(编)者：王宇燕　2018年9月出版 / 估价：99.00元
PSN B-2017-650-2/2

青海生态文明建设蓝皮书
青海生态文明建设报告（2018）
著(编)者：张西明　高华　2018年12月出版 / 估价：99.00元
PSN B-2016-595-1/1

人口与健康蓝皮书
深圳人口与健康发展报告（2018）
著(编)者：陆杰华　傅崇辉
2018年11月出版 / 估价：99.00元
PSN B-2011-228-1/1

山东蓝皮书
山东社会形势分析与预测（2018）
著(编)者：李善峰　2018年6月出版 / 估价：99.00元
PSN B-2014-405-2/5

陕西蓝皮书
陕西社会发展报告（2018）
著(编)者：任宗哲　白宽犁　牛昉
2018年1月出版 / 定价：89.00元
PSN B-2009-136-2/6

上海蓝皮书
上海法治发展报告（2018）
著(编)者：叶必丰　2018年9月出版 / 估价：99.00元
PSN B-2012-296-6/7

上海蓝皮书
上海社会发展报告（2018）
著(编)者：杨雄　周海旺
2018年2月出版 / 定价：89.00元
PSN B-2006-058-2/7

社会建设蓝皮书
2018年北京社会建设分析报告
著(编)者：宋贵伦 冯虹　2018年9月出版 / 估价：99.00元
PSN B-2010-173-1/1

深圳蓝皮书
深圳法治发展报告（2018）
著(编)者：张晓儒　2018年6月出版 / 估价：99.00元
PSN B-2015-470-6/7

深圳蓝皮书
深圳劳动关系发展报告（2018）
著(编)者：汤庭芬　2018年8月出版 / 估价：99.00元
PSN B-2007-097-2/7

深圳蓝皮书
深圳社会治理与发展报告（2018）
著(编)者：张晓儒　2018年6月出版 / 估价：99.00元
PSN B-2008-113-4/7

生态安全绿皮书
甘肃国家生态安全屏障建设发展报告（2018）
著(编)者：刘举科 喜文华
2018年10月出版 / 估价：99.00元
PSN G-2017-659-1/1

顺义社会建设蓝皮书
北京市顺义区社会建设发展报告（2018）
著(编)者：王学武　2018年9月出版 / 估价：99.00元
PSN B-2017-658-1/1

四川蓝皮书
四川法治发展报告（2018）
著(编)者：郑泰安　2018年6月出版 / 估价：99.00元
PSN B-2015-441-5/7

四川蓝皮书
四川社会发展报告（2018）
著(编)者：李羚　2018年6月出版 / 估价：99.00元
PSN B-2008-127-3/7

四川社会工作与管理蓝皮书
四川省社会工作人力资源发展报告（2017）
著(编)者：边慧敏　2017年12月出版 / 定价：89.00元
PSN B-2017-683-1/1

云南社会治理蓝皮书
云南社会治理年度报告（2017）
著(编)者：晏雄 韩全芳
2018年5月出版 / 估价：99.00元
PSN B-2017-667-1/1

地方发展类-文化

北京传媒蓝皮书
北京新闻出版广电发展报告（2017~2018）
著(编)者：王志　2018年11月出版 / 估价：99.00元
PSN B-2016-588-1/1

北京蓝皮书
北京文化发展报告（2017~2018）
著(编)者：李建盛　2018年5月出版 / 估价：99.00元
PSN B-2007-082-4/8

创意城市蓝皮书
北京文化创意产业发展报告（2018）
著(编)者：郭万超 张京成　2018年12月出版 / 估价：99.00元
PSN B-2012-263-1/7

创意城市蓝皮书
天津文化创意产业发展报告（2017~2018）
著(编)者：谢思全　2018年6月出版 / 估价：99.00元
PSN B-2016-536-7/7

创意城市蓝皮书
武汉文化创意产业发展报告（2018）
著(编)者：黄永林 陈汉桥　2018年12月出版 / 估价：99.00元
PSN B-2013-354-4/7

创意上海蓝皮书
上海文化创意产业发展报告（2017~2018）
著(编)者：王慧敏 王兴全　2018年8月出版 / 估价：99.00元
PSN B-2016-561-1/1

非物质文化遗产蓝皮书
广州市非物质文化遗产保护发展报告（2018）
著(编)者：宋俊华　2018年12月出版 / 估价：99.00元
PSN B-2016-589-1/1

甘肃蓝皮书
甘肃文化发展分析与预测（2018）
著(编)者：马廷旭 戚晓萍　2018年1月出版 / 定价：99.00元
PSN B-2013-314-3/6

甘肃蓝皮书
甘肃舆情分析与预测（2018）
著(编)者：王俊莲 张谦元　2018年1月出版 / 定价：99.00元
PSN B-2013-315-4/6

广州蓝皮书
中国广州文化发展报告（2018）
著(编)者：屈哨兵 陆志强　2018年6月出版 / 估价：99.00元
PSN B-2009-134-7/14

广州蓝皮书
广州文化创意产业发展报告（2018）
著(编)者：徐咏虹　2018年7月出版 / 估价：99.00元
PSN B-2008-111-6/14

海淀蓝皮书
海淀区文化和科技融合发展报告（2018）
著(编)者：陈名杰 孟景伟　2018年5月出版 / 估价：99.00元
PSN B-2013-329-1/1

河南蓝皮书
河南文化发展报告（2018）
著(编)者：卫绍生　2018年7月出版 / 估价：99.00元
PSN B-2008-106-2/9

湖北文化产业蓝皮书
湖北省文化产业发展报告（2018）
著(编)者：黄晓华　2018年9月出版 / 估价：99.00元
PSN B-2017-656-1/1

湖北文化蓝皮书
湖北文化发展报告（2017~2018）
著(编)者：湖北大学高等人文研究院
中华文化发展湖北省协同创新中心
2018年10月出版 / 估价：99.00元
PSN B-2016-566-1/1

江苏蓝皮书
2018年江苏文化发展分析与展望
著(编)者：王庆五 樊和平　2018年9月出版 / 估价：128.00元
PSN B-2017-637-3/3

江西文化蓝皮书
江西非物质文化遗产发展报告（2018）
著(编)者：张圣才 傅安平　2018年12月出版 / 估价：128.00元
PSN B-2015-499-1/1

洛阳蓝皮书
洛阳文化发展报告（2018）
著(编)者：刘福兴 陈启明　2018年7月出版 / 估价：99.00元
PSN B-2015-476-1/1

南京蓝皮书
南京文化发展报告（2018）
著(编)者：中共南京市委宣传部
2018年12月出版 / 估价：99.00元
PSN B-2014-439-1/1

宁波文化蓝皮书
宁波"一人一艺"全民艺术普及发展报告（2017）
著(编)者：张爱琴　2018年11月出版 / 估价：128.00元
PSN B-2017-668-1/1

山东蓝皮书
山东文化发展报告（2018）
著(编)者：涂可国　2018年5月出版 / 估价：99.00元
PSN B-2014-406-3/5

陕西蓝皮书
陕西文化发展报告（2018）
著(编)者：任宗哲 白宽犁 王长寿
2018年1月出版 / 定价：89.00元
PSN B-2009-137-3/6

上海蓝皮书
上海传媒发展报告（2018）
著(编)者：强荧 焦雨虹　2018年2月出版 / 定价：89.00元
PSN B-2012-295-5/7

上海蓝皮书
上海文学发展报告（2018）
著(编)者：陈圣来　2018年6月出版 / 估价：99.00元
PSN B-2012-297-7/7

上海蓝皮书
上海文化发展报告（2018）
著(编)者：荣跃明　2018年6月出版 / 估价：99.00元
PSN B-2006-059-3/7

深圳蓝皮书
深圳文化发展报告（2018）
著(编)者：张骁儒　2018年7月出版 / 估价：99.00元
PSN B-2016-554-7/7

四川蓝皮书
四川文化产业发展报告（2018）
著(编)者：向宝云 张立伟　2018年6月出版 / 估价：99.00元
PSN B-2006-074-1/7

郑州蓝皮书
2018年郑州文化发展报告
著(编)者：王哲　2018年9月出版 / 估价：99.00元
PSN B-2008-107-1/1

社会科学文献出版社

皮书系列

❋ 皮书起源 ❋

"皮书"起源于十七、十八世纪的英国，主要指官方或社会组织正式发表的重要文件或报告，多以"白皮书"命名。在中国，"皮书"这一概念被社会广泛接受，并被成功运作、发展成为一种全新的出版形态，则源于中国社会科学院社会科学文献出版社。

❋ 皮书定义 ❋

皮书是对中国与世界发展状况和热点问题进行年度监测，以专业的角度、专家的视野和实证研究方法，针对某一领域或区域现状与发展态势展开分析和预测，具备原创性、实证性、专业性、连续性、前沿性、时效性等特点的公开出版物，由一系列权威研究报告组成。

❋ 皮书作者 ❋

皮书系列的作者以中国社会科学院、著名高校、地方社会科学院的研究人员为主，多为国内一流研究机构的权威专家学者，他们的看法和观点代表了学界对中国与世界的现实和未来最高水平的解读与分析。

❋ 皮书荣誉 ❋

皮书系列已成为社会科学文献出版社的著名图书品牌和中国社会科学院的知名学术品牌。2016年，皮书系列正式列入"十三五"国家重点出版规划项目；2013~2018年，重点皮书列入中国社会科学院承担的国家哲学社会科学创新工程项目；2018年，59种院外皮书使用"中国社会科学院创新工程学术出版项目"标识。

中国皮书网

（网址：www.pishu.cn）

发布皮书研创资讯，传播皮书精彩内容
引领皮书出版潮流，打造皮书服务平台

栏目设置

关于皮书：何谓皮书、皮书分类、皮书大事记、皮书荣誉、
皮书出版第一人、皮书编辑部

最新资讯：通知公告、新闻动态、媒体聚焦、网站专题、视频直播、下载专区

皮书研创：皮书规范、皮书选题、皮书出版、皮书研究、研创团队

皮书评奖评价：指标体系、皮书评价、皮书评奖

互动专区：皮书说、社科数托邦、皮书微博、留言板

所获荣誉

2008 年、2011 年，中国皮书网均在全
国新闻出版业网站荣誉评选中获得"最具商
业价值网站"称号；

2012 年，获得"出版业网站百强"称号。

网库合一

2014 年，中国皮书网与皮书数据库端
口合一，实现资源共享。

权威报告・一手数据・特色资源

皮书数据库
ANNUAL REPORT(YEARBOOK)
DATABASE

当代中国经济与社会发展高端智库平台

所获荣誉

● 2016年，入选 "'十三五'国家重点电子出版物出版规划骨干工程"
● 2015年，荣获 "搜索中国正能量 点赞2015" "创新中国科技创新奖"
● 2013年，荣获 "中国出版政府奖・网络出版物奖" 提名奖
● 连续多年荣获中国数字出版博览会 "数字出版・优秀品牌" 奖

WWW.PISHU.COM.CN

成为会员

通过网址www.pishu.com.cn或使用手机扫描二维码进入皮书数据库网站，进行手机号码验证或邮箱验证即可成为皮书数据库会员（建议通过手机号码快速验证注册）。

会员福利

● 使用手机号码首次注册的会员，账号自动充值100元体验金，可直接购买和查看数据库内容（仅限使用手机号码快速注册）。
● 已注册用户购书后可免费获赠100元皮书数据库充值卡。刮开充值卡涂层获取充值密码，登录并进入 "会员中心" — "在线充值" — "充值卡充值"，充值成功后即可购买和查看数据库内容。

数据库服务热线：400-008-6695　　　　图书销售热线：010-59367070/7028
数据库服务QQ：2475522410　　　　　　图书服务QQ：1265056568
数据库服务邮箱：database@ssap.cn　　　图书服务邮箱：duzhe@ssap.cn

更多信息请登录

皮书数据库
http://www.pishu.com.cn

中国皮书网
http://www.pishu.cn

皮书微博
http://weibo.com/pishu

皮书微信"皮书说"